纠纷调解与基层法律服务

主　编:唐素林
副主编:王　玲　刘跃新

知识产权出版社
全国百佳图书出版单位

图书在版编目（CIP）数据

纠纷调解与基层法律服务 / 唐素林主编. —北京：知识产权出版社, 2014.11
ISBN 978-7-5130-2768-7

Ⅰ.①纠… Ⅱ.①唐… Ⅲ.①民事纠纷 – 调解（诉讼法）– 中国②法律 – 工作 – 中国 Ⅳ.①D92

中国版本图书馆CIP数据核字(2014)第120040号

内容提要

调解作为一种重要的纠纷解决机制，被西方学者誉为中国纠纷解决制度中的"东方经验"，具有化解纠纷，促进社会和谐的独特优势。本书从理论和实践相结合的角度，对与基层百姓利益攸关，容易产生纠纷的调解，如婚姻纠纷、家庭纠纷、邻里纠纷、物业纠纷、侵权纠纷、劳务帮工纠纷等的调解要点与技巧作了较为全面的阐述，以期引导在基层的法律工作者、社会贤达人士及当事人在化解纠纷时能够正确适用调解制度，采用科学合理的调解策略，公平有效地化解纠纷，从而为建设和谐社会做贡献。

责任编辑：唐学贵　　**执行编辑：**于晓菲　吕冬娟　　**责任出版：**孙婷婷

纠纷调解与基层法律服务
JIUFEN TIAOJIE YU JICENG FALÜ FUWU
唐素林　主编

出版发行：	知识产权出版社有限责任公司	网　址：	http://www.ipph.cn
电　话：	010 – 82004826		http://www.laichushu.com
社　址：	北京市海淀区马甸南村1号	邮　编：	100088
责编电话：	010 – 82000860转8363	责编邮箱：	yuxiaofei@cnipr.com
发行电话：	010 – 82000860转8101 / 8029	发行传真：	010 – 82000893 / 82003279
印　刷：	北京中献拓方科技发展有限公司	经　销：	各大网上书店、新华书店及相关专业书店
开　本：	720mm×960mm　1/16	印　张：	25.5
版　次：	2014年11月第1版	印　次：	2014年11月第1次印刷
字　数：	370千字	定　价：	59.00元

ISBN 978 – 7 – 5130-2768-7

序　言

孟德花[1]

　　自古以来，凡是有人的地方就有冲突和纠纷。在当代，冲突和纠纷存在于人与自然之间、人与社会之间，其中，人与人之间的冲突尤甚。从社会学视角看，冲突是社会互动的一种基本形式，只要有互动，就可能产生冲突和纠纷。因此，社会冲突和纠纷并不可怕，关键是如何化解这些冲突和纠纷，并从纠纷及其化解中实现更加有效的社会整合，实现更加紧密的社会团结。于是，化解冲突与纠纷，归于社会和谐，已成为一个亘古恒新的话题，也是一个被普遍追求的理想。

　　当今的中国社会正处于转型期，利益关系趋于复杂，社会矛盾亦显紧张，阶层冲突也在加剧，不同利益群体的诉求彼此冲撞，各类群体性事件频频发生。各级政府积极处理，忙于"救火"，但总是"按下葫芦浮起瓢"，效果欠佳。

　　中国共产党第十八届三中全会提出"创新有效预防和化解社会矛盾体制"，要求"建立畅通有序的诉求表达、心理干预、矛盾调处、权益保障机制，使群众问题能反映、矛盾能化解、权益有保障"。在十八届三中全会精神的指引下，面对现阶段人民群众的纠纷，我们要综合运用法律、政策等手段，以及协商、疏导、调解等办法，把矛盾纠纷化解在基层，解决在萌芽状态。

　　调解就是在第三方主持下，以国家法律、法规、规章、政策及社会公德为依据，对纠纷当事人进行疏导劝说，促使他们平等协商、互谅互让，自愿达成协议，消除纷争的活动。调解作为一种重要的纠纷解决机制，被西方学者誉为

---

[1] 孟德花，北京政法职业学院社会法律工作系主任，教授。

中国纠纷解决制度中的"东方经验"或"东方之花"。它在化解纠纷，促进社会和谐方面具有独特优势。因为调解可以减少诉讼带来的对抗性，促进当事人双方互谅互让和友好合作，还可以快速、简便、经济地解决纠纷，缓解当事人的讼累，降低纠纷解决成本，达到化解纠纷目的，具有很好的社会效果。调解制度符合中华民族"和为贵"的优良传统、以人为本的理念和社会主义道德规范的要求，是维护社会和谐稳定的"第一道防线"，是化解社会矛盾、减少社会对抗、化消极因素为积极因素的有效途径。多年来，调解在解决民事纠纷、防止矛盾激化、维护城乡社会稳定方面发挥了独特的作用。

《纠纷调解制度与基层法律服务》一书，是有关民间纠纷解决的基本原理和基层法律服务的教材，内容涉及纠纷调解制度基本原理、纠纷调解实务和基层法律服务等方面的法律实务。旨在为已在基层工作或未来将在基层工作的人员提供一个学习与借鉴的平台，丰富调解经验和调解技巧，增强工作的责任感、使命感。本书具有以下3个特点。

1.体例统一，风格独特

全书章节基本遵循统一的体例，具有独特的风格。本书在每章节开始列出了本章节所要达到的知识目标和能力目标，让读者目标明确；然后用典型情境引入本章节主题，阐述本章节的理论知识和调解的方法技巧，接着对典型情境材料进行操作指引，最后给出本章节的"思考与练习"，易于为读者所接受和掌握。

2.理实结合，颇具特色

本书既有对纠纷调解制度和基本原理的阐述，在理论阐述中也有实例的指引；既有纠纷调解实务，也讲述每一类纠纷调解的相关知识，展示该类纠纷调解要点与技巧方法；每章节由典型情境引入，并对典型情境纠纷进行操作指引，让读者能更好地掌握该类纠纷调解方法与技巧。理论与实践有机结合在一起，特色鲜明。

3.案例典型，实用性强

本书选取了大量来自实践中的纠纷调解案例，这些形象、生动并具有一定代表性的调解实例，展示了实践中调解员在调解纠纷时所运用的调解技巧、调解要点，能够使读者获得直观和深刻的印象，将他人的成功经验转化为自己的体会，从而领悟和掌握民间纠纷调解的要领和精髓，具有很强的实用性。

"春风化雨止纷争，润物无声促和谐"，这是对调解工作很好的写照。通过调解的方式化解矛盾纠纷，既是一条维护社会稳定、促进社会和谐的重要途径，也是一项符合国际司法潮流、符合我国具体国情的重要法律制度。无论是个人、家庭，还是群体、组织，了解和学习冲突与纠纷化解技巧，对于提升互动的效果，推动关系的和谐，都大有裨益。

目 录

导　论

【知识目标】

了解中国古代纠纷调解制度的产生与发展，理解近现代纠纷调解制度的延续与变革；了解基层社会组织，了解基层法律服务的特征，理解基层法律服务与调解的重要意义，掌握基层法律服务的主要内容。

【能力目标】

能判别基层百姓的某一项需求是否属于基层法律服务的范围，并提供相应法律服务。

【导入情境1】

本社区居民张某的父亲（68岁）因病去世，留有市区商品房1套，据其父生前反复自叙，有存款30多万，现已找到的存单有两张，共18万，但不知密码；另外的10余万元存单不知存放何处，一时无处查询。为继承遗产，张某到社区来寻求帮助。

问题：（1）假设你正在社区工作，社区主任指派接待张某，你该如何解答？

（2）如果指派你帮助张某办理继承遗产事宜，你该如何办理？

【导入情境2】

2008年5月，本社区居民王某有二居的自住房，但因父母年事已高需要就近照顾，于是租住本楼层刘某的房屋，合同约定：建筑面积60平方米的租赁房，月租金1500元，租期2年，违约金3000元。2009年12月，刘某通知王某，欲将该租赁房出售，请王某在1个月之内搬出，刘某愿支付违约金3000元。王某不同意搬出，要求租至2010年5月，届时合同期满。刘某不答应王某的要求，于2010年3月以120万元的价格将该房卖与孙某。孙某签署了房屋买卖合同，并支付了房屋对价，次月要求王某于3日之内搬出。王某不肯，声称自己也要购买此房屋，也愿意支付120万。为此三方产生纠纷，闹得不可开交。这时社区介入调解。

你作为社区派去的调解员，该如何主持调解？

一、纠纷调解制度概述

自由、公平、正义等一直为人类所追求，可人类社会却每每陷入冲突与纷争中，人类社会若要延续下去，就必须化解这些冲突与纷争。为此，人类创造了多种纠纷解决机制，如神断、调解、司法判决等。

调解被西方学者誉为中国纠纷解决制度中的"东方经验"或"东方之花"。多年来，调解在解决民事纠纷、防止矛盾激化、维护城乡社会稳定方面发挥了独特的作用。

（一）中国古代调解制度的产生与发展

在原始社会中，纠纷和矛盾的解决通常是由当事者所在的氏族解决的；部落之间的纠纷和争端，是由有关的部落首领，按照原始社会长期形成的习俗、习惯，相互协商解决的。而对氏族个别不遵守习惯的人，则依靠社会舆论和社会道德的力量，采取调和的办法，从而达到调整相互之间的关系，维持正常社会秩序和生产秩序的目的。可以说，这是调解的原始形式。

在奴隶制社会中，同样确立了调解制度对于解决冲突和纠纷的地位。据史料记载，周代的地方官吏中就有"调人"之设，职能是"司万民之难而谐和之"❶，也就是调解纠纷的人。而在春秋时期，孔子可谓是我国古代调解制度理念的首倡者，他憧憬着"必也使无讼乎"的社会，在孔子当鲁国的司寇时，竭力主张用调解的方式处理家庭内部的讼争。

在封建社会，调解则始终被封建统治阶级作为推行礼治和德化的工具。孔子的无讼理念得到进一步推广和发展，民间调解延续不衰，官府调解也受到重视，不断改进，调解显示出强大的生命力。汉代设有"乡啬夫"调解民间争讼，唐代的乡里讼事，则先由里正、村正、坊正调解。宋代是调解制度发展的

---

❶ 曾宪义.中国法制史［M］.北京：高等教育出版社，2000.

关键时期，调解制度得到法律确认，调解被引入司法程序。劝解息讼仍然是地方官的职责，地方官为官"当以职务教化为先，刑罚为后"❶。只有当双方当事人各持己见，不听教化，调解无效时，才采用判决形式。从宋代的有关调解和判决的运用上看，当时调解并没有一个统一的模式，完全由司法官按照自己的理念和诉讼实际情况自行决定。元、明、清时期，调解的法律特性得到进一步发展。在元朝，调解被广泛用于解决民事纠纷，乡里设社，社长负有对婚姻、家财、田宅、债务等方面争讼的调解职责。元朝还强调各级司法机关对民事纠纷的调解作用。双方接受调解之后，调解意见就具有法律效力。到了明朝，关于调解的制度已经相当完备，其标志是明初在大规模立法活动基本完成的情况下制定了影响深远的《教民榜文》。当时在基层设有里老人理讼制度。里老人具有半公职人员的性质，由乡民推举，州县政府任命。里老人对不孝不悌或好盗者，将其姓名写在申明亭上以示警戒，当其改过自新后就去掉。里老人对于婚户、田土等一般纠纷有权在申明亭劝导解决。里老人理讼不论裁决好坏都不得向上陈告，裁决仅是平息争端而不评判公正与否，提倡忍让息讼，不到万不得已，不参与诉讼等。❷清代仍然延用了调解的纠纷解决方式，清末制定的《大清民事诉讼法典》仍有调解结案的规定。

中国古代调解制度的形式多样化，基本上形成了民间调解与官府调解并重，相辅相成，构成了一个相对严密的机制。一般来讲有民间的自行调解、宗族调解、乡治调解、官府调解。

民间自行调解是纠纷双方当事人各自邀请乡邻、亲友、长辈或在当地民众中有威望的人出面说合、劝导、调停，从而消除纷争。宗族调解是指宗族成员之间发生纠纷时，族长依照家法族规进行调解。乡治调解则是一种具有半官半民性质的调解，自周代起，我国就有了自治组织。春秋战国时期的"调人"，就是当时乡治组织的负责人，秦汉的"乡蔷夫"，南北朝直至唐代时的"里长""里正"，元代的"社长"，明清时的"里老""甲长""保正"等，都是乡治调解的主持人，这种调解通常是有官府批令，并应当将调解的结果报给官府，如果乡治调解成功，则请求销案；如果调解不成，则需要禀复说明两造不

---

❶ 柴建国.民商案件举证要点与调解技巧[M].北京:人民法院出版社,2003:15.

❷ 韩秀桃.《教民榜文》所见明初基层里老人理诉制度[J].法学研究,2000,(3):147.

愿私休，从而转由官府的审理。

官府调解是在行政长官的主持下对民事案件或轻微刑事案件的调解。我国古代司法与行政合二为一，大量的民事案件集中于州县衙门，组织主持调解的主体主要是州县官，是诉讼内的调解。故在中国古代司法调解包含在官府调解形式之内。

中国的调解历史悠久，其原因在于：①中国封建社会历史很长，又缺乏成文的民事法律作为审判根据。②中国的传统文化与道德均提倡以和为贵，以让为贤。所以遇有民事权益纠纷，双方当事人习惯于在当地邀集同乡、同族中长辈耆老进行调解、鉴证。从婚丧嫁娶到买卖土地房产、继承遗产等纠纷，一般都愿在当地调解解决。

（二）近现代调解制度的延续与变革

到了近现代，中国社会发生了巨大变革。受深厚的传统文化的影响，调解制度一致延续下来，虽有曲折，但也得到了完善与发展。辛亥革命后，有的地方有"息讼会"的调解组织，但多数为当地绅士、族长、地主所把持。国民党政府于1931年颁布的《区乡镇坊调解委员会权限规程》，对乡、镇调解委员会的组织、权限、调解方法等作了规定。但由于农村阶级的对立，调解委员会的实际领导权，仍然掌握在绅士、族长、地主手里。抗日战争和解放战争时期，中国共产党领导的陕甘宁边区政府及各个解放区政府，把人民调解制度推入一个新的发展阶段。自1941年起，各根据地民主政权相继颁布了适用本地区的有关调解工作的单行条例和专门指示，如《山东省调解委员会暂行组织条例》《晋西北村调解暂行办法》等，使调解工作走上了制度化与法律化轨道。人民也相信调解是解决民事纠纷的有力工具，于是大量民事纠纷都在当地及时解决了。

新中国成立后，随着民主与法制建设的加强，调解制度也走上了一条不断完善和发展的道路。在总结建国前人民调解工作经验的基础上，《中华人民共和国宪法》明确了人民调解委员会的地位。为落实宪法的规定，政务院于1954年2月25日通过了《人民调解委员会暂行组织通则》，并公布施行，作为新中国成立后指导人民调解工作的主要依据。这个通则的主要内容有：①在中国范围内农村以乡为单位，城市以街道为单位，普遍建立调解委员会，调解民间一般的民事纠纷与轻微的刑事案件，并通过调解进行政策法令的宣传教育。②调解委员会在城市由居民代表推选，在乡村由乡人民代表大会推选。调解委员的条件是为人公正，联系群众，热心调解工作。调解委员在任期内如有违法失职的情况，由原推选机构随时撤换改选。③调解纠纷要利用生产空隙时间进行，要以和蔼耐心的态度，倾听当事人的意见，诚恳地说服教育当事人互相谅解，达成协议。④调解不得强迫，也不是诉讼的必经程序；调解不成，不能阻止当事人向法院提起诉讼。调解委员会调解的案件，受基层法院的监督和指导。⑤调解可以由审判员一人主持，也可以由合议庭主持，并且尽可能就地进行。⑥在进行调解时，除双方及有关当事人必须到场外，根据案件的需要，可以邀请有关单位和群众协助参加调解工作。⑦调解必须双方自愿，不得强迫。⑧调解达成的协议，应当制作调解书，由审判员、书记员签名，并加盖人民法院印章。调解书送达后，即具有法律效力。⑨调解未达成协议或者调解书送达前一方翻悔的，人民法院应当进行审判，不应久调不决。

中国共产党第十一届三中全会后，中国的法制建设逐步走上正轨，各项法律制度被修改完善，调解制度也再次得到了重视。1989年国务院重新制定了《人民调解委员会组织条例》，与1954年《人民调解委员会组织暂行通则》一样，还不是很完善，只规定了人民调解的组织程序，没有全面地对人民调解制度作出完整规定。为了更好地规范人民调解活动，司法部于2002年9月26日发布了《人民调解工作若干规定》，对人民调解工作的性质、任务和原则等作出规定，确立了我国现行的人民调解制度。最高人民法院于2002年9月16日发布了《关于审理涉及人民调解协议的民事案件的若干规定》，最高人民法院、司法部又共同于2002年1月1日和2004年2月13日发布了《关于进一步加强新时期人民调解工作的意见》及《关于进一步加强人民调解工作切实维护社会稳定的意见》，这些规范性文件对于发挥人民调解的功能虽然起到了重要的指导作用，但却具有以下重要缺陷：第一，其效力层次偏低，与人民调解的重要性不相称；第二，其内容不完整，有关的法规、规章、司法解释或其他规范性文件相互之间的规定还不够协调甚至存在一定的矛盾；第三，经济、社会的发展对人民调解制度提出了新的要求，而原有的调解制度在组织规范、程序规范和协议效力等许多方面都需要通过立法进一步完善。

1991年颁布的《中华人民共和国民事诉讼法》将1982年《中华人民共和国民事诉讼法（试行）》规定的"着重调解"改为"自愿合法调解"，确立了现行的诉讼调解制度。1999年颁布的《行政复议法》取消了1990年《行政复议条例》关于"复议机关审理复议案件，不适用调解"的规定，2007年颁布的国务院《行政复议法实施条例》明确规定两种案件可以适用调解，在行政复议中也最终确立了调解制度。

随着经济社会发展，我国进入了社会转型期和矛盾凸显期，各类矛盾纠纷呈现出多样性、复杂性、群体性等特点。与此同时，传统的调解类型也面临种种困境，难以适应及时缓和大量纠纷的现实需要，解决纠纷的作用日趋下降。这使得惯于把人民调解作为"防止纠纷的第一道防线"的国家产生了构筑一种更具实效、更具权威的纠纷解决方式的内在需要，以改变过去各种调解单兵作战、各自为政的调处格局。自2001年起各地开始探索在新的形势下对调解制度进行重构。2003年江苏省南通市借鉴社会治安综合治理工作经验，结合重建调解网络，率先在全国建立"党政领导、政法牵头、司法为主、各方参与"的大调解机制，其他地方如山东陵县、浙江诸暨、上海浦东等也都建立了各具地方特色的大调解机制，并在实践中取得了良好效果。北京探索建立纵横交错的调解网络。在区县、街乡、社区（村）、楼门院（小组）建立起四级较为完善的调解组织，形成了纵向的组织网络；在企事业单位、流动人口集中的区域、建筑工地、旅游景区、集贸市场、大型商场等矛盾纠纷多发的地点建立人民调解组织，形成了横向的组织体系。同时还建立了符合人民调解特点的较为严密的矛盾纠纷预防和信息反馈系统，实现了第一时间发现矛盾纠纷，第一时间介入解决纠纷，成效明显。经过一段时间的探索，《中华人民共和国人民调解法》于2010年8月28日第十一届全国人民代表大会常务委员会第十六次会议通过。这部法律的颁布实施，对于及时、高效、妥善地解决民事纠纷和促进社会主义和谐社会的建设，人民调解制度的完善发挥更加重要的作用。

二、基层法律服务制度概述

（一）基层社会组织

基层（base course）本意指的是设在面层以下的结构层，主要承受由面层传递的车辆荷载，并将荷载分布到垫层或土基上。如果用基层来指代社会组织，它是各种组织中最低的一层，它跟群众的联系最直接。基层的内涵十分丰富。过去一谈到基层，很多人的第一印象就是农村和穷乡僻壤。而基层应该是一个大概念，既包括广大农村，也包括城市的街道社区；既涵盖县级以下党政机关、企事业单位和社会团体组织，也包括非公有制组织和中小企业；既包含自主创业、自谋职业，也包括艰苦行业和艰苦岗位。在城乡最基层的地方是社区，现代的人都生活在一定的社区，归属于一定的社区。什么是社区？社区是指聚集在一定地域范围内的社会群体和社会组织根据一定规范和制度结合而成的社会实体，它不是单个人的组合，而是以一定制度联系在一起的群众或组织的结合体。在现代意义上，这种社区生活是一种共有、共治、共享的生活。因此，如何实现社区内的各种群众和组织的有效整合关系社区共同体能否和谐进步，换句话说，社区的健康发展，离不开通过各种不同关系相互联结而成的有机社区组织体系的发展。社区组织有许多，如居民会议或村民会议、社区居委会或村民委员会。它们是最基层的社会组织，属于村民或居民自治性组织，非政府派出组织，但它们与基层政府有着密切的联系。

1. 居民（或村民）会议

依据《居民委员会组织法》和《村民委员会组织法》规定，居民（或村民）会议（或居民代表会议、村民代表会议）是居民（或村民）发扬民主的组织制度和民主决策的组织形式，是实行自治的决策机构，真正的权利属于居民会议或村民会议。

居民（或村民）会议（居民代表会议、村民代表会议）由18周岁以上没有被剥夺政治权利的本居住区居民（或村民）或者每户派1名代表组成；也可以由每个居民（村民）小组选举代表2~3人组成。本社区党组织成员、（村）居委会成员或居住在社区的各级人大代表、政协委员为当然代表，享有户代表或居民代表等权利和义务。

居民（或村民）代表应热心社区工作，办事公道，代表居民意愿发表意见、表决，了解、监督居委会的工作。建立居民代表联系居民制度。居民代表由居民小组组织居民民主选举产生。任期3年，与居委会同时换届，可连选连任。

居民（或村民）会议由居委会或村委会召集，每半年至少召开一次。以下情况应当及时召集居民（或村民）会议：①讨论决定属于居民（村民）会议职权范围内的问题；②需要听取居委会（或村委会）的工作报告；③有1/5以上的居民（村民）代表和党员代表提议。

居委会或村委会应当在居民（村民）会议（或居民代表会议）召开前3天通知出席对象，并告知议题。必须有相应的会议组成人员的过半数出席，才能举行。

居民（或村民）会议（或居民代表会议）作出的决议，必须由出席会议人员的2/3以上通过才能生效。居民（或村民）会议作出决议，由居委会或村委会负责实施。

居民（村民）会议的职能包括：①议听取并审议居委会（村委会）的工作报告和资金筹集的收支情况报告；②选举、撤换或补选居委会（村委会）成员；③讨论并决定社区建设规划建议、居委会（村委会）年度工作计划及实施项目；④讨论涉及全体居民（村民）利益的重要问题。

居民（村民）会议（或居民代表会议）在讨论和决策时应遵循以下原则：①贯彻党的路线、方针、政策的原则；②遵守国家的法律、法规和规章的原则；③体现居（村民）民意志和利益的原则。

2. 社区居委会

社区居委会，全称为"社区居民委员会"，简称"居委会""社区居委会"，它是中国大陆地区城市街道、行政建制镇的分区即"社区"的一个主要社会组织机构，属于城镇居民的自治组织，地位相当于农业区的村民委员会，管辖对象为城市、镇非农业居民为主。

（1）社区居委会的性质

根据《中华人民共和国居民委员会组织法》的规定，社区居委会是指党领导下的社区居民依法实行自我管理、自我教育、自我服务、自我监督的基层群众性自治组织，是我国城市基层政权的重要基础。

不设区的市（县级市）、市辖区的人民政府或者它的派出机关（街道及其办事处）对居民委员会的工作给予指导、支持和帮助。居民委员会协助不设区的市、市辖区的人民政府或者它的派出机关开展工作。

（2）社区居委会的职责

根据《中华人民共和国居民委员会组织法》有关规定，结合各地实际，社区居委会的基本职责包括以下方面。

①宣传宪法、法律、法规和国家的政策，维护居民的合法权益，教育居民履行法律规定的义务，爱护公共财产，合理利用自然资源，保护和改善生态环境；

②发挥社区自治组织作用，执行社区居民会议或社区居民代表会议的决议；

③引导居民开展健康向上的文体活动，建设人际关系和谐的文明社区；

④扶持和发展社区服务业；

⑤指导业主委员会工作，监督物业管理企业；

⑥整合社区资源，发展社区公益事业；

⑦加强社区救助保障等社会事务的管理；

⑧反映社情民意，评议和监督政府部门的政务工作；

⑨完成市、市政府交办的事关全局的临时性工作；

⑩履行法律、法规规定的其他职责。

（3）社区居委会的主要任务

①宣传宪法、法律、法规和国家的政策，维护居民的合法权益，教育居民履行依法应尽的义务，爱护公共财产，开展多种形式的社会主义精神文明建设活动；

②办理本居住地区居民的公共事物和公益事业；

③调解民间纠纷；

④协助维护社会治安；

⑤协助人民政府或者其他派出机关做好与居民利益有关的公共卫生、计划生育、优抚救济、青少年教育等项工作；

⑥向人民政府或者其他派出机关反映居民的意见，要求和提出建议。

3. 村民委员会

根据《村民委员会组织法》第2条明确规定，村民委员会是村民自我管理、自我教育、自我服务的基层群众性自治组织，实行民主选举、民主决策、民主管理、民主监督。

根据《村民委员会组织法》，村民委员会的基本职能和任务是：

（1）宣传宪法、法律、法规和国家的政策及社会主义道德，教育和推动村民履行法律规定的义务，督促村民遵守村民自治章程、村规民约，维护村民的合法权益；

（2）支持和组织村民依法发展各种形式的合作经济和其他经济，承担本村生产的服务和协调工作，促进农村生产建设和社会主义市场经济的发展；

（3）依照法律规定，管理本村属于农民集体所有的土地和其他财产，教育村民合理开发利用自然资源，保护和改善生态环境，管理本村财务；

（4）编制并实施本村建设规划，办理本村的公共事务和公益事业；

（5）调解民间纠纷，促进村民之间、村与村的团结和家庭和睦；协助维护社会治安，促进社会稳定；

（6）组织开展文化教育、普及科技知识，开展多种形式的精神文明建设活动；

（7）维护村民的合法财产及其他合法权益和利益；

（8）召集村民会议和村民代表会议，讨论涉及村民利益的事项，执行会议决定决议；

（9）协助乡、民族乡、镇的人民政府开展工作，向人民政府反映村民意见、建议和要求；

（10）教育村民加强民族团结，相互尊重，相互帮助。

（二）基层法律服务

1. 什么是基层法律服务

法律服务是指律师、非律师法律工作者、法律专业人士（包括法人内部在职人员、退、离休政法人员等）或相关机构以其法律知识和技能为法人或自然人实现其正当权益、提高经济效益、排除不法侵害、防范法律风险、维护自身合法权益而提供的专业活动。

本教材所讲的基层法律服务，不是指基层法律服务所这样的机构所提供的法律服务，而是指针对特定社区提供相应的法律服务，主要是指律师、非律师法律工作者和一些法律专业人士为特定社区内的组织、企事业单位和社区居民或村民等提供有限的法律服务，也就是老百姓通常说的"法律服务进社区"。

法律服务的角色是整个社区服务的一个组成部分，是法律服务于社会最直接的体现，也是对人民群众生活最直接的关怀。

2. 基层法律服务的特征

基层法律服务具有亲民、本土、高效率、低成本的基本特征。

（1）空间距离近。设在基层社区的法律服务站，与社区民众、农村百姓地理位置较近，与普通民众的生产生活区域密切接触。

（2）心理距离近。基层法律服务的办公场所设在社区，设施多为普通低档的办公环境设施，它的朴实简单，给一般的民众、普通的寻求法律帮助者提供了一个出入随意自在，访谈无心理压力，熟悉适宜的背景环境。

（3）文化背景近。基层法律工作者多为本土出生人士，或者虽为外乡人，但是已在当地工作多年，充分了解所在地区的乡土民情并已基本融入当地文化的人员，基于相同的文化背景，社区法律服务工作者与当地民众遇事也就有着共同的心理反应，双方互有认同感，这也是基层法律服务工作者与本土民众易于交流沟通的有利条件之一。

（4）高效率。基于上述三点，基层法律服务工作者在为民众提供法律服务时自然具备了时间成本节省、交通成本节省、沟通成本节省的特点，再加上绝大多数法律服务工作者的敬业、努力、勤奋，随叫随到，效率当然也就大大提高。

（5）低成本。一是在基层、在社区，法律服务是免费的，可以节约经济成本；二是空间距离近，可以节约时间成本；三是心理距离近，可以降低心理成本。

（6）解决法律纠纷的手段多样化。基层法律服务工作者一般以化解纠纷、维护团结为目的，能不诉讼就尽量不诉讼，重在调解解决，拒绝挑词架讼，反对浪费司法资源。

（三）基层法律服务与纠纷调解的重要意义

1. 基层呼唤法律服务与调解，群众急需法律服务与调解

历经20多年的普法工作，我国公民的法律意识明显增强，法律这个概念已经被公民所普遍知晓、接受。在遇到各种矛盾和纠纷的时候，已经有越来越多的群众想到运用法律武器维护来自己的合法权益，但是遇到具体问题该如何使用法律武器，具体运用哪类部门法，很多公民还没有完全掌握，这就需要我

们加强基层（社区）法律服务，为社区居民提供法律宣传、法律咨询、法律援助等具体服务，把普法宣传工作做到社区，把法律知识送到每一位社区居民（或村民）身边，积极为居民（或村民）提供优质、便利、高效、低廉的法律服务，切实维护社区居民（或村民）的合法权益，为社区居民（或村民）创造一个安定、团结、文明、和谐的美好社区环境。

2. 加强基层社区建设，提高居民自治水平离不开法律服务

在基层，无论是城市社区还是农村社区，其建设都离不开法制，法制建设是社区建设的重要保障，法律服务是民主法制的重要内容之一。这些年，基层政府通过"法律服务进社区"，为老百姓提供形式多样的法律服务，普及法律常识，增强基层老百姓法制观念，调动广大老百姓积极参与社区事务管理，充分行使自己的民主权利，依法维护自身的合法权益。通过"法律服务进社区"，为社区管理组织当好法律顾问，为依法管理社区起到参谋和助手作用。另外，还可以对基层干部进行法律知识的培训，提高基层干部依法决策、依法管理的能力水平，不断提高社区法制化管理水平，促进基层民主法制建设。

3. 维护社会和谐，保障社会稳定需要法律服务与调解

随着我社会主义市场经济体制的逐步建立，人们的生活质量、思想观念、邻里关系也发生了很大的变化，呈现出很多新的特点和新的发展趋势。从实践总结来看，主要体现在以下方面：一是家庭和邻里矛盾纠纷增多；二是合同纠纷，尤其是劳务合同、买卖合同等纠纷增多；三是企业经济之间的纠纷增多。而这些问题如果不在社会的基层——社区内部解决，就会使矛盾越积越深，或者激化爆发，造成社会的不稳定；或者诉讼到法院，加重司法负担。因此，把法律知识送进社区，把各种问题和纠纷放在基层解决，有利于公民、企业知法、守法，维护社会稳定，加速经济社会发展。

4. 新形势新任务对基层工作提出的新要求

《中华人民共和国宪法》明确规定，要依法治国，建设社会主义法治国家，要加快实现社会主义的法制化。要实现这个目标，公民的拥护和参与是关键，而最有效的做法便是把法律知识送进社区，提高公民的法律意识和道德文化素质，增强公民的主人翁责任感，自觉拥护党和国家的方针政策，使公民参

与到社区建设、城市建设、国家建设中来，使公民安居乐业，维护社会稳定。

（四）基层法律服务的内容范围

1. 制度服务

法律制度服务主要是指为基层社区组织的制度建构提供法律服务。在社区制度性法律服务问题上，我们应当有一个基本的共识：社区的制度建设在我国尚处于探索阶段，法律服务不能仅以既有的制定法作为依据，否则就只能缩手缩脚。只有不断进行社区组织的制度实验，才能积累经验，才能为完善社区立法提供更加翔实的感性材料。

制度性法律服务的核心是如何理顺有关社区组织内外两个方面的关系：一是社区组织与社民（包括居民和村民，下同）的关系，这包括社区组织的权力机构如何产生、机构设置和人员安排、社区组织资金的来源及运作方式、社民控制社区组织的形式和程序、突发性事件的预案及实施细则等问题；二是社区组织与街道等政府机构的关系，包括处理与政府组织关系的原则和对话协商方法、影响政府机构的渠道和方式、抵御政府机构非法干预的预案及具体措施等。

2. 权利服务

基层权利服务的内容有许多，包括：①社区自治权。这是基层权利系统中一项最重要的权利，它直接关系其他权利实现的范围和程度。社区自治权主要包括社民有权利选择社区自治组织的形式、选择社区负责人及决定社区自治组织的运行方式、经费来源、工作范围等重大事项，这是社区权利积极的一面。②物业管理权。物业管理权是维持社区正常运转的基本权利，它应当由社区业主选举产生的业主委员会聘请的物业公司来具体行使。但目前出现了物业管理权由社区房地产开发商掌控的情况，因而是社区权利中一项最容易引发纠纷的权利。③环境权。环境权是社区的一项重要权利，社区所坐落的位置、周边环境是人们选择社区的重要依据之一。环境权利包括宁静权、采光权、排除环境污染权等具体权利。只要是在社区开发之后的工程，又可能影响到社区环境，其立项论证就必须包括社区业主委员会的意见，否则，立项工程就造成对社区环境权利的侵害。④政府、社会救济接受权。作为自治组织的社区，除了社民的管理费和少量捐助之外，没有其他任何经济来源，维持日常管理都捉襟见肘，特别是当社区遇到突发性事件需要救助时，国家和社会的经济和其他力量可能会显示出来，此时，社区就有享有接受国家和社会救助的权利。

当然，社区权利不限于上面列举的这些，在日常服务过程中，社区要为社区居民所享有的相关权利提供服务，帮助社民行使权利，维护自身的合法权益。

基层权利服务最常见、又是最重要的项目是社民房产权的完善性服务。主要包括房产权的形式要件、实质要件的合法性审查，社区整体性拆迁时房屋产权的合理性补偿，土地使用权，特别是房产附属性权利的保护。这些问题解决不慎会给社会带来震动。因此社区要合理调解社区居民之间的纠纷，维护社区居民们的权利。

当前，权利服务中容易被忽视的项目是社民参政、议政等民主权利的保护。对于原来习惯于单位生活的居民来说，对社区中的生活，尤其是民主政治生活很不习惯。如何保障他们的民主权利是社区权利保护的一项重要内容，并且随着政治文明程度的提高，社民的民主权利显得愈加重要。

3. 调解和诉讼服务

基层法律服务中的调解和诉讼与一般的民事调解和诉讼有不同特点。

（1）基层权利纠纷的调解和诉讼可能涉及的是群体利益，在法律上表现为整体性权利。与个体性权利不同的是，整体性权利的处分必须反映权利主体的整体意志和愿望。

（2）帮助社区建立自己的调解组织，这是基层法律服务者的一项基础性工作。社区调解工作的一项重要内容是调解社区内部、社民之间的权利纠纷，社民之间的权利纠纷与传统中国社会的邻里纠纷有些近似。调解并不仅仅是为了解决眼前的纠纷，还为了更长远的权利共存。

（3）与一般的民事诉讼不同的是，涉及社区权利的诉讼主体可能表现为集团诉讼的比较多见。这就需要注意主体权利资格的审查问题，既不要遗漏有关权利主体，也不要虚设权利主体。此外，从民事诉讼程序上看，有些简便的诉讼程序可以为集团诉讼中的权利主体节省时间和费用，在社区权利诉讼中可以采用。

4. 法律咨询和宣传

基层法律服务有一个重要的领域就是法律咨询和宣传。与法律宣传相比，法律咨询服务更注重对话与交流，更容易使服务对象理解法律，并形成法律理念。传统法律咨询方式是法律工作者深入社区，摆摊设点，现场答疑。这种方法的好处是能够现场解决问题，且更方便交流，更能把握服务对象的心态和想法，有针对性地答疑解惑。解答社区居民的法律问题其实也是在宣传法律，除此社区还要有专门的法律要有专门的法律宣传。在新时期，法律宣传从内容上使社区法律宣传更生动、更接近社区居民权利，使他们认识到社区法律宣传是站在社区角度，而不是站在其他主体角度考虑问题，增强社区法律宣传的亲和力，使社区法律宣传真正落到实处。

5. 提供法律援助与法律帮助

（1）协助办理法律援助

法律援助是指由政府设立的法律援助机构组织法律援助人员，为经济困难或特殊案件的法律主体给予无偿提供法律服务的一项法律保障制度。法律援助是一项扶助贫弱、保障社会弱势群体合法权益的社会公益事业，也是我国实践依法治国方略，全面建设小康社会的重要举措。社区法律服务机构为有困难和有需要的社区居民办理法律援助或提供这方面的信息与便利。

（2）法律帮助

能为基层老百姓提供的法律帮助包括：为弱势人员代理非诉法律事务、代写法律文书等。

社区法律服务工作者可以为社区老百姓代理无争议非诉讼法律事务，也可以代理有争议但可通过非诉讼解决的法律事务。

什么是无争议非诉讼法律事务？无争议非诉讼法律事务主要指为本社区居民代办公证事务、遗嘱执行、遗赠事务代理、见证及出具相关法律意见书等非诉讼法律事务。

办理有争议非诉讼法律事务，主要包括办理民事、经济、行政方面所发生的各种非诉讼法律事务，以及因轻微刑事案件引起的非诉讼法律事务；办理方式主要有代理参加仲裁、代理参加调解和居间调解、代理申诉或申请复议、代理和解等。

代写法律文书包括：诉讼文书，包括起诉状、答辩状、上诉状、申诉状等；有关法律事务文书，包括委托书、遗嘱等；非法律事务文书。

出具法律意见书。法律意见书是指律师或非律师法律工作者应当事人之委托，根据委托人所提供的事实材料，正确运用法律进行分析和阐述，对相关事实及行为提出的书面法律意见。

6. 协助办理公证

公证是国家专门设立的公证机关根据当事人的申请依法证明法律行为、有法律意义的文书和事实的真实性、合法性的非诉讼活动，只能由国家设定的公证处来办理。社区可以协助办理公证，因为有的地方离公证处比较远。一般情况是社区收集居民所需公证的信息，通知居民将所需要公证事项的材料准备齐全，或者是将需要办的公证手续弄全后，攒到一定数量，然后到公证处去统一办理；或者是请公证处的公证员到社区来为居民办理公证。这样节省了社区居民的车船路费。

7. 有限制地开展见证服务

此处"见证"是指社区工作人员接受当事人委托或经各方当事人同意，对当事人的申请事项的真实性、合法性进行审查并予以证明。社区可以为居民的某些正当需求提供见证服务。

（五）基层（社区）法律服务的方式

基层法律服务的方式在一个典型的社区法律事务中心中，应该有纠纷调解机构、法律服务业务、法律咨询帮助、法律援助和各种形式的法制宣传。

一般情况下，社区法律服务中心的人员有专职和兼职构成，兼职人员主要包括：社区周边的律师事务所指派的律师；一些熟悉法律的志愿人员；在本社区居住的司法机关的工作人员，如法官、检察官等；人民调解员。

三、导入情境案例操作指引

（一）导入情境1的操作指引

1. 针对张某的咨询，解答的要点

（1）你应先将《中华人民共和国继承法》（以下简称《继承法》）的相关

规定告知张某，并询问张某家中有继承权的亲属情况，如张某的母亲（即被继承人的配偶）是否健在，张某的祖父母（即被继承人的父母）是否健在，张某的兄弟姐妹（即被继承人的子女）共有几人，被继承人有无法律意义上的、有继承权的养父母、养子女关系？

（2）告知并协助张某查找可能存在的，但一时找不到存单的银行存款的方法，如可以持被继承人的死亡证明、户籍证明、身份证等，去被继承人生前可能存款的各家银行查询，请求银行工作人员给予帮助。现在银行联网，在用户提供身份证号码、寻求合法帮助的情况下，在本银行系统的任何一个计算机终端系统上，查询查找存储于本行的存储信息，都不难办到。

告知并协助张某继承不知道密码的银行存单的办法：继承人凭继承银行存款的公证书和本人身份证到银行办理继承手续，继承存款。

（3）在掌握了继承人的全部信息之后，就每个继承人的继承份额比例作出解答。例如，如果被继承人的配偶健在，则银行存款、房产等由被继承人的配偶先分得其中的1/2，这是配偶的个人财产。如果其他的继承人还有3位，则4位继承人（包括被继承人的配偶）再将另外1/2做4份分配继承，各得其中的1/4。换言之，被继承人的配偶得到的继承总份额为5/8，另3位继承人各为1/8。

2.协助办理遗产继承操作流程

（1）证前服务。步骤：就全部有继承权的继承人对被继承遗产分配达成一致意见方面，指点或协助张某，由全体继承人各自或一起准备办理与继承相关的必备材料：①办理亲属关系证明。如果继承人与被继承人的户籍在同一派出所，可到该公安派出所凭被继承人的死亡证明注销被继承人的户籍，开出与变更过的户籍簿原件一致的户籍证明，即由户籍所在的公安派出所在变更过的户籍簿的复印件上注明"此复印件与原件一致"，并加盖派出所公章；如果继承人的户籍与被继承人的户籍不在同一派出所，就必须追根溯源，找到由同一户籍迁出的原始记录，开出证明。②到被继承人父母户籍所在地的派出所或街道办事处，开出被继承人的父母是否健在的证明。③到被继承人的档案保管单位根据被继承人生前自己书写的履历表，开具加盖公章的亲属关系证明。以上三种证明必须相互印证。

陪同帮助张某开具各项证明，如果继承人无法就继承份额达成一致意见，可召集继承人作调解工作。存款、证券宜按数额比例分配，汽车、房屋类不宜分割的标的物的继承，比较容易产生纠纷。以房屋继承为例：或者继承人达成一致意见，大家严格按照份额继承，如果每套房屋由5人继承，1套房屋便需作出5本房产证，注明共有份额比例，但在实际使用中，如果5位继承人及5位继承人的家属都住进该套房屋，势必产生种种纠纷；或者说服某些继承人，放弃某套房屋的继承份额，获得其他补偿。如果不能达成一致意见，导致无法公证，结果将是亲情断绝，走司法途径，诉讼解决，或者维持现状，不能继承。

（2）证中服务。协助办理公证申请、协助办理公证过程中的有关事项。

（3）证后工作。协助张某到房管局、地税局、国土局办理房产证、土地使用权证的变更手续，其中房产证的变更必须由继承人及其配偶携带结婚证（单身继承人必须出具单身证明）及身份证亲自到场才能办理。

【注意事项】

1. 说服继承人根据法律规定分割遗产，结合习俗化解纠纷，求大同存小异，尽可能通过非诉讼的方式解决问题。

2. 公证前的准备工作需要仔细周到，尽可能避免遗漏。

（二）导入情境2的操作指引

首先要了解全案情况，了解该房屋的市场行情，依据法律规定，合情合理地、设身处地地为三方着想，分析利害关系，争取调解成功。

第一方：从租赁者王某的角度讲，"买卖不破租赁"，无论房东刘某将房屋卖与何方人士，他都有权要求履行租赁合同，直至租赁合同到期为止，但如果刘某愿意依照合同支付3000元的违约金，也算是履行合同、解决纠纷的一种方式；再者，王某有购买此房屋的优先权，但前提是支付与其他购房者相同的购房款。

第二方：从买房者孙某的角度讲，他支付的购房款与租赁者王某一样，当然不可以购买此房屋。如果他支付的购房款高于租赁者，即使交易成功，他也不能要求王某提前搬出，"买卖不破租赁"，孙某可以替换刘某，成为新的出租方。

第三方：从房东刘某的角度讲，他在出售房屋之前通知房客王某要出售该出租房，并表示愿意支付违约金，这是正确的做法，但另外还有义务告知房客王某，如果王某愿意，在条件相同的前提下，王某可以优先购买此房屋。可他没有这么做，应负相应法律责任。

【思考与练习】

一、查找与基层法律服务相关法律与条例

1. 《中华人民共和国宪法》

2. 《中华人民共和国人民调解法》

3. 《中华人民共和国城市居民委员会组织法》

4. 《中华人民共和国村民委员会组织法》

5. 《取缔非法民间组织暂行办法》

6. 《中华人民共和国残疾人保障法》

7. 《中华人民共和国老年人权益保障法》

8. 《城市居民最低生活保障条例》

9. 《中华人民共和国继承法》

10. 《中华人民共和国城市房地产管理法》

11. 《城市房屋租赁管理办法》

12. 《民间纠纷处理办法》

13. 《中华人民共和国妇女权益保障法》

14. 《中华人民共和国未成年人保护法》

15. 《中华人民共和国预防未成年人犯罪法》

16. 《城市新建住宅小区管理办法》

二、请阐述基层法律服务的内容范围

第一编　纠纷调解基本原理与制度

第一章　民间纠纷调解的基本制度

【知识目标】

了解民间纠纷的类型极其解决途径，掌握民间纠纷调解的体系，重点掌握人民调解工作与位置、基本原则。

【能力目标】

会根据纠纷的不同类型与程度，选择合适的解决方法。

【导入情境】

2014年3月7日上午，彭阳县白阳社区调委会来了一位中年妇女，此人一脸血迹，身上几处伤痕，一进门就泣不成声，工作人员见此情形急忙上前扶她坐在沙发上，倒上一杯热茶，稳住了她的情绪。

经详细询问，此人是白阳镇老庄村海河队农民马某，她的丈夫刘某经常因家庭生活琐事殴打她，也经常虐待她和2个孩子。这次因家庭生活琐事，刘某又将马某毒打一顿。

工作人员了解此事后，对当事人马某作了大量的安抚工作，并立即和村队干部取得联系，通知刘某，调查此纠纷的详细情况。经用手机联系，终于在中午12时在其亲戚家找到了刘某，刘某当时的态度也不好，经过再三说服，才愿意到社区调委会进行调解处理。

夫妻俩一见面，好像仇人相见，分外眼红，双方你争我抢各说各的理，待双方都将理由讲完后，调解员才开始对双方做工作，指出了双方的错误，对夫妻二人展开批评教育，说得刘某直点头，此时马某也面带微笑，夫妻双方表示日后遇事要冷静，克制自己，改掉坏脾气。

就这样，一起即将恶化的婚姻家庭纠纷经过社区调解员耐心调解，夫妻双方终于和解了。为了巩固调解成果，调解员又先后2次进行了回访，如今两口子和好如初，孩子也乐了，老人也很高兴，一家人和睦相处，小日子过得红红火火。

讨论：结合上述案例，谈谈你对社区人民调解工作的直观理解。

延伸问题：社区纠纷有哪些类型？

一、民间纠纷及其解决途径

（一）民间纠纷的界定

1. 纠纷

纠纷，亦作"纷争"。"纠"是指纠缠的意思，"纷"是指纷争的意思。两个字合起来叫"纠纷"，其是指人们在某种义务或权利界线模糊不清，观点看法不同时发生的不和与争执，是人们对某一件事争执不下或不易解决的问题。

纠纷系人类社会生活中自然产生的一种现象，也是人类社会交往中不可避免的一种现象。纠纷对社会而言，不仅有消极的、负面的作用，同时还有积极的、正面的作用。就其消极的、负面的作用而言，系纠纷制造者造成了对社会秩序、伦理道德的挑战和破坏，纠纷涉及的当事者为消弭纠纷而消耗了时间、精力、情感、金钱，甚至遭受到精神痛苦等。其积极的、正面的作用体现在纠纷的产生与解决彰显了其所处社会背景下的制度规范、价值尺度、伦理道德标准等的功效，同时也发展了其所处社会背景下的制度、规范等，甚至可以说推动了社会的发展。

纠纷可发生在各种不同领域：如政治领域的纠纷、民族领域的纠纷、国际领域的纠纷、宗教领域的纠纷、经济领域的纠纷等。其表现形式多种多样，可以表现为暴力的纠纷或非暴力的纠纷、显性的纠纷或隐性的纠纷、冲突激烈的纠纷或相对缓和的纠纷等。

2. 民间纠纷的概念

民间纠纷属于纠纷的一种类型。历史上,民间纠纷是指相对于"官方"而发生在民间的一切纠纷。在现代,民间纠纷是人民调解委员会所能化解的纠纷,它是指公民之间有关人身、财产权益和日常生活中发生的其他纠纷,包括发生在公民之间的一般民事纠纷、特殊民事纠纷,以及轻微刑事违法行为和因违反社会公德而引起的纠纷。

(二)民间纠纷的性质

民间纠纷主要是民事纠纷,因而不具有太大的对抗性,是人民内部矛盾。

1. 民间性

民间性表现为:

(1)无论是一般民间纠纷还是社区纠纷,都主要是以一定范围的社区居民及社区的各种民间组织为主体的纠纷。民间是和官方相对而言的。作为社区纠纷,其主体主要是社区范围内的主体,包括社区居民、社区内的法人组织或其他社会组织,它们在法律上都是平等的。基于法律地位的平等,在它们之间引发的民事纠纷,都可以通过平等的对话来解决。

(2)民间纠纷主要是民事纠纷。民事纠纷主要是指发生在平等主体的公民、法人和其他社会组织之间的人身权益和财产权益的纠纷。

(3)民间纠纷还包括轻微刑事违法行为和因违反社会公德而引起的纠纷。轻微刑事违法行为虽然构成了犯罪的行为,但由于情节轻微、情况特殊,法律允许对其特殊处理,这更有利于问题的解决;因违反社会公德而引起的纠纷虽然只是违反了道德,不是法律问题,但影响却很大,如不及时处理,也可能会激化,造成不良后果,所以应纳入社区纠纷范畴。

2. 非对抗性的人民内部矛盾

民间纠纷,无论是普通民事纠纷,还是轻微刑事违法行为或者因违反社会公德而引起的纠纷,本质上都是人民内部的非对抗性矛盾。因此,主体之间不存在着你死我活的斗争。这种纠纷的主体不管是对于纠纷的发生,还是对于纠纷的解决,都不主张激烈的对抗,而是要寻求合理的途径来解决,实现合法的利益。

（三）民间纠纷的特征

现在存在传统社区以及众多新型社区，引发民间纠纷的原因比较复杂，因而民间纠纷的类型也多，主要包括：社区内的公共利益受损、个人与社会公共利益的冲突，居民个人之间、家庭之间的利益冲突，个人利益与政府行为的冲突，社区公共利益、企事业单位与社区居民的利益冲突，社区社会中介组织行为引发的冲突，社会自治行为引发的利益冲突，社区新型管理带来的冲突，行政不作为、行政服务失当引发的群众不满、处理社区矛盾不当引发的更大冲突等。这几年来，我国经济社会发展的外部环境总体趋好，但影响社会和谐稳定的因素仍大量存在，社会矛盾纠纷呈不断增加的态势。新时期社区纠纷具有如下特征。

1. 民间纠纷的广泛性

民间纠纷的广泛性主要表现为以下方面。

（1）纠纷主体多元化。随着我国市场经济的建立和逐步完善，越来越多的公民和经济组织参与其中，并成为市场经济的主要力量。传统的民间纠纷主体，村民或居民占多数。从近年民间纠纷发生的情况来看，纠纷主体变化较大：村民之间、村民与村民小组和村委会之间及社区居民之间、居民与社区的各种民间组织之间，因单一的或多元的因素产生争议，形成纠纷，成为纠纷的主体，更突出的是，过去处理纠纷的主体如村委会或基层政府部门成为现时纠纷的当事人。换句话说，当前民间纠纷已不再是过去的村民或居民之间的一般性纠纷，矛盾纠纷的当事人已不再是单纯的公民个人，纠纷主体呈现多元化并存趋势，如公民、法人、其他组织等平等主体之间及他们与基层组织、基层政府等隶属关系主体之间的纠纷日益增多，矛盾纠纷的主体呈现了多元化。纠纷主体的多元化，促使以往的纠纷界定标准、调解工作范围、内容和方式等均发生了较大变化；同时也意味着纠纷能量的增大、复杂程度的提高和解决难度的加大。

（2）涉及的社会关系和纠纷种类多样化。现代社区的功能越来越复杂，像是个复杂而庞大的组织，每天在各种各样的人之间发生各种各样的关系，如生产关系、工作关系、劳动关系、生活关系、邻里关系等，个体的差异不同，必然会发生大量的矛盾，形成广泛的纠纷。传统的民间纠纷争议往往是为了一头猪、一道篱笆或一条道路；近几年来，随着城市化进程的加快，经济交往也日趋频繁，有的牵扯多个法律关系，处理需要同时适用多个法律规范；有的涉及多个部门，需要部门之间协调。

2. 民间纠纷的复杂性

由于社会关系的错综复杂，民间纠纷也必然具有复杂性。如在一个社区内存在各类经济组织，它们要实现自己的经济利益，但实现的渠道并非那么畅通，然而有关行政组织的行政行为和办事行为的随意性，就导致了社区矛盾纠纷内容的复杂化。纠纷成因的复杂化，社区矛盾纠纷已由过去简单的"一因一果"，代之为"一因多果""多因一果"和"多因多果"，矛盾纠纷的形成因素多，生成过程复杂，导致的后果严重。矛盾纠纷的演化由直线式变成曲折式，并且在矛盾纠纷彼此消长的渐进过程中，还关联了诸多不确定因素，矛盾纠纷的后果不是涉及一个或几个人的利益，而是牵扯众多当事人的利益，解决矛盾纠纷的方法已不再简单化，增加了当前社会矛盾纠纷的复杂性，因此，也增加了解决矛盾纠纷的难度。

民间纠纷的复杂性还表现在：既有一般民事纠纷，又有轻微刑事违法行为和因违反社会公德而引起的纠纷；既有财产方面的纠纷，又有人身方面的纠纷；既有争议不大的一般性纠纷，又有比较复杂的特殊纠纷。此外，由于纠纷当事人职业、年龄、民族、性别、性格和文化程度的不同，也会导致他们对民间纠纷的态度不同，使民间纠纷趋于复杂性。

3. 群体性问题突出

民间纠纷的一方或多方群体化。涉及农村产业结构成片调整，村级财务管理及大宗土地、水事纠纷，矛盾的主体一般为多人，矛盾一方当事人的整体利益一致，矛盾的焦点一致，矛盾一方的整体合力大，化解难度大，处理不当容易形成群体性纠纷或群众性上访，引起不良的社会影响，危害社会稳定。

当前，常见的个人之间、家庭之间的争执在社区中仍然存在，但随着改革的深入，社会各类主体和群体的利益格局的调整力度越来越大，有些群体的利益受到了损失。当这种损失达到一定程度以后，纠纷就会发生。如居民群体与建筑工地或职能部门之间的矛盾；农村中的土地、山林、荒山、荒地、水塘承包纠纷，农民负担、不当集资收费等纠纷，众多农民成为纠纷当事人；在企业改制、金融兑付、城市房屋拆迁等方面，许多有共同利益的群众成为纠纷当事人。因社会矛盾纠纷当事人的群体化而使其规模不断增大，许多纠纷因处理不当而引发群体性事件。这些纠纷的发生，既有政策本身的问题，也有政策配套的问题，还有政策执行中的问题等。政策调整的对象都是不特定的某类主体或某几类主体，因此政策引发的纠纷也就很容易形成群体性纠纷。由于这些纠纷多涉及党和政府的行为，关系广大群众的切身利益，因此通常牵涉到的人数众多，弱势群体或是利益失衡者往往联合起来集体诉讼或上访，集体上访批次和人次大幅度增加，上访规模增大。引外，这类纠纷又多是因社会转轨时期的政府决策行为而起，社会政策性、敏感性强，没有现成或完善的法律可以适用。

这种群体性事件往往具有较大的社会破坏性，影响生产生活秩序乃至行政机关的工作秩序，有的还会采取一些过激的行为，有的还聘请律师、寻求媒体支持，把经济问题政治化，对社区稳定的冲击极大。

4. 纠纷解决的对抗性及难度也较大

有不少纠纷做不到案结事了，表面上看纠纷已经被处理过了，但并没有解决实质问题，只是完成了对案件的处理过程。这种情况经常与体制和制度的设计有关，涉法上访越来越多。有些纠纷除了按照诉讼程序解决以外，还有不少纠纷并不进入法律规定的纠纷解决程序。造成这种现象的原因是多方面的，有法定途径成本太高、不能有效解决问题、对法定途径不信任等方面的因素。一个信访问题往往会涉及多个部门，而一次申诉上访就解决纠纷或者就说服当事人息访的情形很少，实践中大多存在的是反复申诉上访、长期上访，这使得纠纷越来越尖锐，对抗情绪也越来越大。由于纠纷解决的程序启动难，问题经常长期得不到解决，越级申诉上访的案件也日益增多，社会冲突和对抗加剧。

5. 利益相关性凸显

毋庸置疑，只要有人类存在，就有人的各种各样的利益，就有人们之间的利益矛盾。随着社会主义市场经济体制的建立与深入，受市场作用的驱使，经济利益矛盾和物质利益冲突成为引发矛盾纠纷的核心内容。具体来说体现在两个方面：一是各类纠纷更多地表现出财产性质。过去，家庭内部和邻里之间发生的许多纠纷往往属于"陈芝麻，烂谷子"之类怄气不和，而现在则主要围绕一些具有相当经济含量的事件。例如，在家庭纠纷中，住房问题仍是一个重要的问题，但其意义已从能否住得下而更多地转变为"这份财产归谁所有"。同样，在邻里之间，现在的纠纷往往与财产损害和物业权利等有关。二是各类纠纷的解决越来越要求明确的经济补偿。纠纷性质的变化必然带来纠纷解决方法的变化。由于因财产而起的纠纷经济含量较高，一般已不接受以"谦让"等道德要求作为解决方法，当事人越来越多地提出明确的赔偿要求，并愿意通过法律途径来实现。

6.民间纠纷的长期性

民间纠纷从发生到解决，往往要经历很长时间，除少数之外，都不太可能在短期内获得解决。特别是要想彻底做通当事人的思想工作，使当事人心悦诚服地接受某种解决结果，更难在短期内奏效。此外，反复性是长期性的一种表现形式。有些纠纷形式上得以解决，当事人也同意解决结果，但到真正执行协议时，当事人却又反悔。甚至在协议执行完毕后，一方当事人"找后账"，要推翻已达成并执行完毕的协议。

7.民间纠纷的潜伏性、季节性和易变性

民间纠纷的潜伏性。冰冻三尺，非一日之寒。多数民间纠纷在正式形成之前，一般都有一个酝酿发展的过程，即存在引发纠纷的隐患，但不足以真正引发纠纷。当这种隐患积累到一定程度，就会爆发纠纷。这种民间纠纷的潜伏期有长有短。潜伏期的长短，与纠纷的性质、当事人的主观状况、客观的外部环境等都有密切关系。当然，也有些民间纠纷不存在潜伏期，如矛盾十分尖锐的突发性民间纠纷。这种突然爆发的民间纠纷，如不及时制止，会造成极其严重的后果。

民间纠纷的季节性。某些纠纷，由于其自身的特性使其发生、发展在一定程度上受季节的影响，如宅基地纠纷，多发生在农村建房较集中的农闲季节；赡养、债务纠纷，多发生在实行结算、分红、收益分配的年终。

民间纠纷的易变性。纠纷不是一成不变的，而是随着客观情况的变迁发生多种多样的变化，如果人民调解委员会不及时进行卓有成效的调解，有的案件往往有可能转化为刑事案件。例如，有的开始只是一般争吵，逐渐成为邻里斗殴，甚至是宗族械斗。民间纠纷的易变化特点要求人民调解员在纠纷苗头刚出现时，就展开调解工作，防止纠纷的蔓延和恶化，引导纠纷的缓解和解决。

（四）民间纠纷的类型

民间纠纷从不同角度可划分为不同的类型，根据纠纷所指向的对象，大致可以划分为以下类型：婚姻家庭纠纷、生产经营性纠纷、财产性纠纷、侵权性纠纷等。

1.邻里民事纠纷

邻里纠纷多是因相邻土地通行关系，用水、排水关系，公共场地使用关系，环境保护关系，防险关系，采光关系，通风关系，种植关系及日常生活的矛盾等而引起的。这类纠纷一旦发生，必然影响群众的生产、生活，影响邻里之间的和睦团结。

（1）相邻关系纠纷。相邻关系，两个或两个以上相互毗邻不动产的所有人或使用人，在行使占有、使用、收益、处分权利时发生的权利义务关系。相邻关系纠纷主要是相邻的某一方在行使所有权或使用权时侵害或将要侵害另一方的权益，故而引起另一方的不满。如因公用部位的使用问题、占路置物问题等引起的矛盾就是如此。另外，因为生活噪声、晾晒衣服、装修房屋、安装空调、饲养宠物等引发的矛盾也比较多见。这时，应当运用法律调节彼此间的矛盾，使他们有权从相邻方得到必要的便益，并防止来自相邻方的危险和危害。同时，对各自所有权的行使也应有所节制，不能损害相邻方的合法权益。

（2）动物纠纷。随着生活水平的提高，养宠物的人也越来越多，随之而来的纠纷也就出现了，如宠物伤人，或伤了宠物，或者宠物扰民等。

（3）无因管理纠纷。无因管理是指没有法定的或者约定的义务，为了避免他人的利益受损而自愿管理他人事务或者提供服务的行为。为他人进行管理或者服务的人称为管理人，受管理事务之人称为本人。基于无因管理而产生的债称为无因管理之债。无因管理纠纷就是无因管理双方因为无因管理行为而发生的债的纠纷。

（4）帮工纠纷。邻里之间居住时间长了、熟悉了，难免会相互帮忙或帮工。如果事情完成了，没有出什么差错，当然是皆大欢喜。但有的时候不小心出了意外，就会产生帮工纠纷。如有人主动帮工，因不小心导致物品损坏，或者人员受伤，这时如果关于赔偿达不成协议，就会产生纠纷就是帮工纠纷。

（5）建筑物上悬挂物、搁置物的侵权纠纷。建筑物或者其他设施及建筑物上的搁置物、悬挂物发生倒塌、脱落、坠落造成他人损害，因此产生的纠纷。这时它的所有人或者管理人应当承担民事责任，但能够证明自己没有过错的除外。

2. 婚姻家庭纠纷

（1）离婚纠纷。离婚是指夫妻双方依据法定条件和程序解除婚姻关系的法律行为。夫妻双方离婚，必须遵守法律规定的条件和程序，否则将不发生离婚的法律效力。即必须经过婚姻登记机关的批准，或者向人民法院提起诉讼后由人民法院判决准予离婚。夫妻双方离婚，只有合法有效的婚姻关系的存在，才谈得上离婚。而离婚的主体必须是具有夫妻身份的男女。凡夫妻双方感情确已破裂即可离婚。离婚纠纷包括一方当事人想离婚另一方不同意离，以及离婚后财产纠纷、离婚后损害赔偿纠纷、共同财产分割纠纷、子女抚养纠纷等。

（2）同居纠纷。同居，一男一女基于某种原因，以夫妻名义共同生活的行为。比较常见的有三种，即均无配偶者同居、一方有配偶者同居、双方均有配偶者同居。第一种均无配偶者同居的现象很普遍，尤其是在大城市，年轻恋人间流行"试婚"，这样既可以缩短婚后的磨合期，又可以促进感情，而双方真的觉得不合适时，也可以从容分手，没有什么后顾之忧。同居之后因各种原因分手，涉及同居期间共同财产的分割及孩子抚养等问题就可能产生同居纠纷。

（3）婚外情引发的纠纷。婚外情是指男女双方在已有婚姻家庭之外而产生的感情，俗称偷情。通常表现为背着老婆（或丈夫）及家人在外面有了除婚配妻子（丈夫）之外的情人。婚外恋是违背传统道德观念，违背社会公德的。婚外情一般处于隐蔽状态，是婚姻生活的定时炸弹。婚外情常常产生纠纷，对个人、家庭和社会都有极大的危害，是一个十分让人头疼的家庭问题，也是一个严重的社会问题。

（4）婚约财产纠纷。男女之间恋爱及所订的婚约，并没有法律意义，不受法律的保护。但是在恋爱和订婚时，男方往往要花些钱，一方或双方要送彩礼，后来恋爱不成，婚约失败，不成婚便成仇，因追索钱财礼物而发生纠纷。

（5）分家析产纠纷。分家析产，指的是家庭成员分割家庭共有财产，各自生活的行为。即分家，分割财产，各自过活。分家，就是把一个较大的家庭分成几个较小的家庭。析产，又称财产分析，就是将家庭共有财产予以分割，分属各共有人所有。由此而产生的纠纷就是分家析产纠纷。分家析产的前提是存在家庭共有财产。家庭共有财产是家庭成员在家庭共同生活期间共同创造、共同所得的共有财产。在分割家庭共同财产过程中产生的各种争执就分家析产纠纷。

（6）继承纠纷。公民死亡后其遗留的个人财产转移给他人所有称为继承，是指依照法定程序把被继承人遗留财产转移归继承人所有的法律行为。在对被继承人的遗产分割过程可能会产生一些纠纷，如法定继承纠纷、代位继承纠纷、转继承纠纷、遗嘱继承纠纷、被继承人债务清偿纠纷、遗赠纠纷、遗赠抚养协议纠纷等。

（7）赡养、扶养、抚育纠纷。赡养、扶养、抚育纠纷都是基于婚姻家庭关系产生的。赡养是子女对父母生活所负的责任，扶养是夫妻之间互相在生活上的帮助，抚育是父母对子女生活、教育所负的责任。如果父母死亡，祖父母和孙子女间、兄姐和弟妹间也会发生赡养、扶养、抚育的关系。这些关系是法律规定的，是一种法律义务。

3. 物业纠纷

（1）业主与开发商之间的纠纷。随着业主维权意识及维权行为的增强，业主与开发商之间的矛盾日益突出，引起开发商与业主之间矛盾主要是：房屋质量缺陷问题。可以说由于房屋质量缺陷问题而引起的矛盾在所有的因素中占75%比例。商品房存在质量缺陷也是一个难以回避的问题，有些潜在的缺陷往往在验收及交房时无法察觉，要等到住上一段时间，业主才会察觉。这时候，就会引发纠纷，甚至有的业主提出退房和高额赔偿金的要求。此外，销售广告是否当然构成商品房买卖合同的内容的问题始终是引发开发商与业主纠纷的焦点问题。绝大多数开发商在销售策划时都会出于商业运作上的考虑而在销售广告中对楼盘的优势及功能进行一定程度的夸大，导致日后业主与开发商发生纠纷。

（2）业主与物业公司之间的纠纷。随着房地产市场不断的发展，物业管理和物业公司在我国也得到蓬勃发展，物业管理作为一种先进的管理模式，一方面对城市住宅小区管理的专业化、科学化、现代化起到了重要作用；另一方面由于物业管理是新生的行业，虽然国务院和各地出台了相关的物业管理法规、规章，但过于死板，缺乏可操作性，导致在实践中也引发了大量的纠纷，包括物业管理费纠纷、因物业管理服务不到位引起的各种纠纷、开发建设遗留问题引起业主与物业公司纠纷等。

（3）业主与业主之间的纠纷。业主是指房屋的所有权人，在实际生活中分为自然人业主和非自然人业主。自然人业主是指拥有房屋的个人，非自然人业主是指拥有房屋所有权的主体是自然人以外的主体，包括法人和非法人组织，如公司、工厂、企事业单位等。业主在行使权利的过程，可能影响到其他业主的权益引发纠纷。

4.拆迁纠纷

随着城市建设和新农村建设的深入，拆迁的现象越来越多。在拆迁中，拆迁人与被拆迁人因房屋补偿、安置等问题发生争议，或者双方当事人达成协议后，一方或者双方当事人反悔，就会发生纠纷。此纠纷如果不妥善解决，会引起纠纷升级，甚至引发群体性纠纷。

5.合同纠纷

在社区生活中，社区居民之间或社区居民与社区服务组织之间会订立相关合同。在履行合同过程中，当事人就合同的生效、解释、履行、变更、终止等行为而引起的合同所有争议，这就是合同纠纷。合同纠纷的内容主要表现在争议主体对于导致合同法律关系产生、变更与消灭的法律事实以及法律关系的内容有着不同的观点与看法。对于合同纠纷，有些当事人协商加以解决，有些却协商不了，就可能会使一方当事人诉诸仲裁或诉讼，一旦纠纷得不到解决，就会影响合同的正常履行，甚至扰乱社会经济秩序。

6.侵权纠纷

侵权是行为人侵害他人权利或利益的违法行为。侵权行为，是侵害他人权利或利益的违法行为。违法有两种性质，一种是违反刑事法律构成刑事犯罪，或者违反行政法规，构成治安管理违法行为；一种是违反民事法律、法规，构成民事违法行为。作为人民调解工作对象的侵权纠纷，主要指由于民事方面侵权行为而引起的纠纷。刑事犯罪和违反治安管理，不属于民事范畴。人民调解委员会调解民间纠纷的范围主要包括民间债务、析产、婚姻、家庭、收养、继承等方面的纠纷。2010年7月开始实施的《中华人民共和国侵权责任法》对各类民事侵权及其责任作了较为详细的规定。

（五）民间纠纷的解决途径

从人类社会发展的视角观察，人类社会纠纷解决方式各式各样，有野蛮的、暴力的，有文明的、规范的。野蛮的、暴力的方式被法律禁止，文明的、规范的方式为社会倡导。当代社会解决纠纷的方式或机制多种多样，其主要解决方式通常有以下几种。

1. 谈判（自行和解）

谈判是指纠纷当事人自行就他们之间争议的事项，通过交流、说理、协商等方式，对争议事项达成一致意见，进而解决纠纷的方式。谈判包括协商、交涉的含义在内。以谈判的方式自行解决纠纷，通常不需要借助第三方的力量。

2. 调解

调解是指通过第三方的斡旋、调停、劝说等，促使纠纷当事人之间达成协议、消除争议的制度。调解在我国的法律规定中分为诉讼外调解和诉讼调解（法院调解）。

（1）诉讼外调解。是指民事纠纷的当事人在第三方的主持下，就纠纷的问题进行协商并达成协议的制度。诉讼外调解主要是指民间调解（在我国称为人民调解），但也包括其他种类的调解，如消费者协会、劳动争议仲裁机构及律师对纠纷的调解等。诉讼外调解的特点在于民事纠纷的当事人在协商解决纠纷的过程中有第三方介入，是由第三方进行劝导和"说和"。

（2）诉讼调解（法院调解）。是指人民法院作为第三方，利用国家的公权力（审判权）对纠纷进行的调解，即国家以调解的方式介入纠纷。这种调解的结果带有强制性。

3. 仲裁

仲裁是指纠纷的当事人根据其达成的协议，将争议提交非司法机构的仲裁机构，由仲裁机构作为第三方对纠纷进行裁决的活动。仲裁主要适用民商事领域的纠纷。仲裁的前提条件是当事人均同意采用仲裁的方式解决纠纷，仲裁机构是按照国家有关法律规定设立的、解决民商事纠纷的民间机构。仲裁机构作出的仲裁裁决可以申请法院强制执行。

4.诉讼

诉讼是指纠纷当事人通过行使诉权向人民法院提起诉讼，人民法院通过行使审判权对纠纷进行审理裁判的活动。根据司法最终解决原则，当事人之间的民事纠纷最终可以通过诉诸法院来解决。法院的裁判为最终裁判，当事人不可再寻求其他任何社会救济方式。诉讼的性质为司法性，法院裁判的结果具有强制力，非经法定程序不得变更，当事人必须遵守。

二、民间纠纷调解体系

当前社会转型尚未完成，社会转型及其特点直接影响了民间纠纷的性质和表现形式，在一定意义上也决定了对纠纷解决方式的选择。目前调解（包括人民调解、行政调解、司法调解）、法庭裁决、信访督办是我国解决民间纠纷的主要方式。本部分的重点是民间纠纷调解，在此将着重论述调解方式。

（一）调解概述

1.调解的内涵

根据说文解字释义，"调"是由"言"和"周"字组合而成的，其含义为用语言去周旋。显然，"调解"即为用语言艺术去做周旋，排除矛盾，化解纷争，解决问题，保留和谐因素。在中国几千年历史文明发展进程中，调解一直是解决纠纷的主要手段，被西方称为"东方之花"。那什么是调解？调解是以"调"的方式达到"解"的目的，是指第三者（调解人）依据纠纷事实和社会规范（风俗、惯例、道德、法律规范等），在纠纷主体之间沟通信息，摆事实明道理，促成纠纷主体相互谅解、相互妥协，达成解决纠纷的合意。由此可以看出，调解其实就是通过内部的自组织和自治机制，以妥协而不是对抗的方式解决纠纷，这使当事人有更多的机会和可能参与纠纷的解决，有利于维护需要长久维系的合作关系和人际关系，乃至维护共同体的凝聚力和社会的稳定。❶从根本上讲，"调解"就是指经过第三者的排解疏导、说服教育，促使发生纠纷的双方当事人依理、依法自愿达成协议，解决纠纷、平息矛盾的一种实践活动。在这个界定中有以下四个方面需要注意。其一是与争议的事项无利害关系的第三者（或调解人），唯有与争议事项无利害关系才能调停各方面的纠纷。

---

❶ 范愉.非诉讼程序（ADR）教程[M].北京：中国人民大学出版社,2002:48.

其二是当事人的自主自愿。接受调解必须是当事人自愿自主的意志行为。所谓自愿并非指当事人处于绝对无压力的状况下，完全主动、积极地接受调解，事实上大多数调解都是在一定的道德、感情、行政、经济、法律或舆论等压力下达成的，这里所要求的只是这些压力及其作用方式必须合法。其三是纠纷当事人原本相互对立的诉求在调解过程中，由于第三者的斡旋而发生一定的调整，这种调整可以出现于一方，也可以出现于多方或所有各方的诉求中，其方向是使各方诉求趋于一致。其四是最后需要达成各方共同接受的处理意见。共同接受意味着纠纷根源（至少暂时）的消除，也意味着调解协议对任何一方都不是一种强加。然而，即使是共同接受，也不等于说凡是调解协议都具有无条件遵守的基础。

2. 调解的基本特征

如前所述，"调解"就是指经过第三者的排解疏导、说服教育，促使发生纠纷的双方当事人依理、依法自愿达成协议，解决纠纷、平息矛盾的一种实践活动。其本质特征是始终尊重当事人的意志，使当事人在自愿的前提下参加调解过程，在互相理解的基础上达成共识，从而达成协议，使纠纷得到圆满解决。调解的基本特征如下：

（1）调解必须是纠纷各方当事人自愿接受，不具有强制性。

（2）调解协议必须是纠纷各方当事人自愿达成的。

（3）调解必定是纠纷当事人之外的主体调停。

（4）调解的程序和适用的规范具有广泛选择性。

（5）调解是一种成本低廉的纠纷解决方式。

（二）民间纠纷调解体系的构成

民间纠纷看似琐碎，但由于涉及方方面面，社会影响很大。为了全面化解民间矛盾，需要有完整的民间纠纷调处工作体系。人民调解、行政调解、司法调解共同构成民间矛盾调处体系的主干，但由于各自发挥作用的方式不同，其在体系中的功能定位也有所不同。

1. 司法调解及其效力

司法调解，又称法院调解或诉讼调解，是指一些民间纠纷起诉到法院，在人民法院主持下，劝导双方当事人协商解决民事纠纷，自愿达成调解协议的活动。司法调解达成的调解协议，一旦生效，具有与法院判决的同等效力。

2.行政调解及其效力

行政调解是指由国家行政机关主持的，根据国家政策、法律，以自愿为原则，在分清责任、明辨是非的基础上，通过说服教育，促使双方当事人互谅互让，从而达成协议解决纠纷的活动。一般分为两种：一是基层人民政府，即乡、镇人民政府主持的对一般民间纠纷的调解（主要依靠当事人自愿履行）；二是国家行政机关（如公安、劳动、国土、城建、工商等）依照法律规定对某些特定民事纠纷、经济纠纷、劳动纠纷等进行的调解。如果调解协议不履行，行政机关可依职权作出行政处理决定。

3.人民调解及其效力

由人民调解委员会对民间纠纷的调解，属于诉讼外调解，或称民间调解；经人民调解委员会调解达成的调解协议具有民事合同的效力，主要依赖当事人的自愿履行。当事人可以在协议达成一个月内向人民法院申请确认，经法定程序确认之后，才具有强制执行力。

（三）人民调解

在我国，人民调解是一种具有明确法律地位的社区纠纷解决方式，它主要是通过居民委员会（村委会）中所设的人民调解委员会来运作。

1.人民调解的概念与特征

人民调解，是民间调解之一，是指在纠纷当事人的申请下，由社区人民调解委员会或民调员主持，以国家法律、法规、规章、政策和社会公德为依据，对民间纠纷当事人进行说服教育，规劝疏导，促使纠纷各方互谅互让、平等协商、自愿达成协议、消除纷争的一种群众性解决纠纷的活动。

人民调解具有如下特征。

（1）人民性。人民调解的主持者是居委会（村委会）的人民调解委员会或人民调解员，人民调解员由经人民群众选举产生的具有调解技能的人担任；人民调解的对象是发生在当事人之间的民事纠纷和轻微的刑事纠纷，调解的纠纷属于是人民内部矛盾；调解的目的是平息人民群众之间的纷争，增强人民内部团结，维护社会稳定。所以，人民调解首先具有人民性。

（2）民主性。人民调解坚持的是平等自愿原则；调解采用说服教育、耐心疏导、民主讨论和协商等方法，在充分尊重当事人的意愿的基础上，达成协议，促成纠纷解决。从这些可以看出，人民调解具有民主性的特征，是人民群众直接行使民主权利、直接管理社会事务的一种表现，是民主自治的重要形式，体现了社会主义的"直接民主"和人民群众当家作主的地位。

（3）自愿性。人民调解必须依靠当事人自愿，人民调解组织不得强行调解。表现在以下方面。

第一，调解是纠纷当事人自愿提起的，人民调解委员会应根据纠纷当事人的申请受理调解纠纷。当事人没有申请，也可以主动调解，但当事人表示异议的除外。

第二，调解是否达成协议及达成协议的内容如何必须根据当事人双方的意愿决定。

第三，调解协议不具有强制执行力，由负有义务的一方当事人自愿履行。

（4）规范性。首先，于2011年1月1日起施行的《中华人民共和国人民调解法》（以下简称"人民调解法"）对人民调解委员会的组成和人民调解员的构成、选任及调解工作的相关制度、方法都有明确的法律规定，体现出调解工作的规范性；其次，人民调解依据的规范是国家的法律法规、规章、政策和社会公德等，具有较强的规范性。

2. 人民调解的性质

人民调解的性质是由人民调解委员会的性质决定的。人民调解委员会的性质，在我国的法律、法规和其他规范性法律文件中有明确规定。我国《宪法》规定："城市和农村按居民居住地区设立居民委员会或者村民委员会，是基层群众性自治组织……居民委员会、村民委员会设人民调解、治安保卫、公共卫生等委员会，办理本居住地区的公共事务和公益事业，调解民间纠纷，协助维护社会治安……"2011年实施的《人民调解法》以基本法律的形式再次肯定了人民调解委员会的性质，即人民调解委员会是依法设立的调解民间纠纷的群众性组织。因此人民调解是群众自我管理、自我教育、自我服务的自治行为，属于诉讼外调解。正确理解人民调解的性质要把握以下几个重点：第一，人民调解是群众性组织的自治活动；第二，人民调解是说服、疏导的居间调解；第三，调解活动是平等协商，调解协议是自愿达成。

因此，人民调解不具有国家权力的属性，同时，人民调解也不同于民间自发的调解活动，而要在基层人民政府和基层人民法院指导下工作，发挥党和政府与人民群众之间的桥梁和纽带的作用。

3. 人民调解的工作与位置

按照相关规定，每个调解委员会应当有1~3名专职的人民调解员负责调解工作（因地方不同而有所区别）。专职调解员的工作包括协调、联络、指导、培训和参与调解。

社区调解委员会向上与县、乡镇街道的矛盾调处中心等有指导关系，向下与社区居民直接接触，构成社区矛盾调处工作体系的基础。

4. 人民调解的法律地位

《中华人民共和国宪法》第111条规定："居民委员会、村民委员会设人民调解、治安保卫、公共卫生等委员会，办理本居住地区的公共事务和公益事业，调解民间纠纷，协助维护社会治安，并且向人民政府反映群众的意见、要求和提出建议。"这一规定使人民调解的地位在国家的根本大法中得到体现。2002年9月最高人民法院出台的《关于审理涉及人民调解协议的民事案件的若干规定》规定："经人民调解委员会调解达成的、有民事权利义务内容，并由双方当事人签字或者盖章的调解协议，具有民事合同性质。"该规定明确了人民调解协议的性质和法律约束力，增强了人民调解工作的公信力和权威性，促进了人民调解法律制度的进一步完善，在人民调解法律制度发展史上具有里程碑性质的重要意义。2011年实施的《人民调解法》规定了人民调解的性质、任务、工作原则、工作程序及其指导等，进一步明确了人民调解工作在国家基本法律中的地位。

5. 人民调解遵循的原则

（1）自愿平等原则。人民调解，必须在各方当事人平等自愿的基础上进行，不得强迫。这一原则的要求，一是纠纷的受理，必须基于当事人自愿，而且是各方当事人自愿，如果当事人不愿意接受调解，或者不愿意接受某个组织和个人的调解，或者有一方当事人不愿意接受调解，均不能强迫之；二是在调解的过程中，对当事人必须进行耐心细致的劝解、开导、说服，不允许采取歧视、强迫、偏袒和压制的办法；三是经调解达成协议，其是非界限、责任承担、权利义务内容，必须由当事人自愿接受，不得强加于人。

（2）不违背法律、法规及国家政策原则，即人民调解委员会调解民间纠纷，必须依据法律、法规、规章和政策进行，法律、法规、规章和政策没有明确规定的，依据社会主义道德进行。这一原则要求，一是人民调解活动必须合法，其调解范围、程序步骤、工作方法必须符合有关法律、法规和规章的规定，调解行为规范、公正、合理；二是调解民间纠纷的主要方式是以国家法律、党和政府的政策及社会主义道德对当事人进行说服教育，使当事人按照法律、政策和道德，分是非、辨责任；三是纠纷调解的结果和当事人权利义务的确定，不得违背法律、政策和道德的要求，不能用本地的"土政策"代替法律，也不能在法律与情理发生抵触的时候违背法律的规定，无原则地求得纠纷的平息。

（3）尊重当事人权利原则，即尊重当事人的诉讼权利，不得因未经调解或调解不成而阻止当事人依法通过仲裁、行政、司法等途径维护自己的权利。纠纷发生后，当事人有权向人民法院提起诉讼，不得因未经调解而限制其诉讼权利。在调解民间纠纷过程中，当事人在任何时候、以任何理由都可以中断调解，向人民法院提起诉讼。经调解达成协议的纠纷，当事人仍然有权利提起诉讼，请求人民法院对纠纷及其协议予以裁判。当然，当事人也负有履行人民调解协议的法定义务，不得随意反悔。当事人不履行调解协议的，对方当事人可以以人民调解协议起诉。一方当事人以原纠纷起诉的，另一方当事人可以以人民调解协议抗辩。

（4）合情合理原则。这里的"情"指的是人情，所谓人情包括亲情、友情、爱情、同事情、同学情等，合情就是合乎人际间交往中感情世界能够接受的方式方法；这里的"理"是指人们办事过程中所要遵守的一般的行为规则及事物运动的规律，即连老百姓都知道的广为群众接受的思想及思维方式、定律、规矩等。在人民调解过程中，我们不能仅依据刚性的、冷冰冰的国家法律制度，必须同时考虑当地的风土人情、风俗习惯及情理等。

6. 人民调解的基本功能

（1）预防矛盾纠纷功能。这从人民调解的工作方针就看出："调防结合，以防为主；多种手段，协同作战"。这十六字方针强调了"调防结合，以防为主"。由于人民调解工作处于矛盾纠纷调解的第一线。人民调解员本身来自基层，能深入了解群众情况，能及时捕捉有关纠纷信息，能尽快掌握事情动态，准确把握民间纠纷的成因和特点，积极有效地开展预防矛盾发生，防止纠纷升级；同时广大人民群众应积极支持和参与，充分发挥群众自治的优势，及时发现矛盾纠纷的潜在因素，掌握工作的主动权，做到矛盾纠纷早发现、早调解、早解决，把矛盾纠纷化解在基层，解决在萌芽状态和初始阶段，防止纠纷的激化和转化，有效地预防和减少犯罪，消除当事人之间的矛盾隔阂，起到预防矛盾纠纷的功能。

（2）纠纷解决功能。纠纷解决是人民调解制度最为基本和重要的功能。民间纠纷具有突发性、易变性、潜伏性等特征，发生纠纷双方并没有什么深仇大恨，往往由一些鸡毛蒜皮的小事引起，只要能够及时调解，矛盾很容易化解，但如果得不到及时有效的调处，就有可能导致矛盾激化、纠纷升级，小纠纷演变成严重的刑事案件，造成意想不到的严重后果，这样的案例并不鲜见。调解作为一种平等、自愿、参与、自主选择和灵活、便利、经济的纠纷解决途径永远具有不可替代的魅力。尤其是，人民调解员来自基层，来自群众，对纠纷能够第一时间发现，第一时间进行调解，及时达成调解协议，快速有效化解矛盾纠纷。由于调解及时，方法灵活多样，所以调解成功率比较高，具有及时性。因此，人民调解在针对矛盾纠纷化解上，具有针对性。发挥好人民调解化解矛盾纠纷功能，能有效化解矛盾，化解社会矛盾，维护社会稳定。

（3）社会治理与组织功能。人民调解依托于村居委会组织，具有群众性和自治性，属于社会治理系统的一个基本环节，这些基层组织完成进行社会自治功能的同时，还承担着组织群众的职能，比如对广大群众进行组织、管理和教育，开展各种形式的活动等。可以说，在我国，人民调解是基于社会调整的需要而产生的一种不可或缺的社会治理手段。即使今后社会发展可能改变基层社会治理的方式，但只要地域性组织或社区组织存在，依托于基层社会组织的调解就必然有其存在的理由并发挥这方面的功能。

（4）传承传统文化与道德、法制宣传教育的功能。人民调解在解决纠纷时依据的规则既有现时的国家法律与政策，也大量依据公共道德、习俗、情理等社会规范。首先，人民调解对公共道德、习俗、情理等社会规范的适用和依赖，实际上具有支撑东方"和为贵"及礼义伦常等传统价值观、维护公共道德和公共利益、培养社会凝聚力及健康的人际关系的社会力量，具有传承与维系传统文化、社会公共道德和社会联系的功能。其次，人民调解员在调解纠纷的过程中，担负起对基层群众的法制宣传重任。他们来自基层，能够充分发挥这种亲情、友情、乡情的优势，把个案调解与法制宣传紧紧结合起来，运用具体案例在基层群众中开展生动直观的法制宣传，增强人们的法制观念，引导广大群众积极学法、知法、用法、守法，从源头上预防和减少矛盾纠纷的发生。在人民调解工作开展的同时，就能教育基层群众，对基层群众进行普法宣传，就是人民调解法制宣传功能的直接体现。

综上所述，人民调解是我国现行的具有中国特色的社会主义法律制度，是基层群众自治制度的重要组成部分，是基层民主政治的重要内容，是基层司法行政工作的重要任务。人民调解工作与人民群众的切身利益密切相关。通过人民调解，纠纷当事人在遵守法律、政策和思想道德的前提下，互相谅解，妥善解决矛盾纠纷，防止矛盾激化，这有助于建立良好的社会秩序、生活秩序和工作秩序，有利于解决人民内部矛盾，符合实现和维护广大人民群众根本利益的要求。它把大量的民间矛盾纠纷化解在基层，解决在萌芽状态，既方便群众节省人力、物力、精力和时间，又维护了社会稳定。人民调解工作通过纠纷调处，既可宣传党的路线、方针、政策，以案释法开展生动的法制宣传教育，弘扬社会主义道德，又可提高人民群众的法律素质和道德水平，符合先进文化发展的要求，具有独特的和不可替代的功能。

7. 人民调解的优势与不足

（1）人民调解的优势如下：①人民调解的方式具有主动性，有利于矛盾纠纷及时解决，防止矛盾纠纷的激化和升级，从而能有效预防"民转刑"案件的发生。②人民调解的方式具有简捷、及时和经济的特点，它着重在调解委员会的主持下，就近、及时地化解民间纠纷，以最短的时间完成对矛盾纠纷的处理，降低了纠纷解决的成本，减轻了人民群众和国家财政的负担。③人民调解的方式具有广泛性，有利于方便广大人民群众。首先，就我国调解组织的设置情况来看，调解机构星罗棋布，只要是社区、乡镇、村、居的地方就有调解组织，即使是工矿企业，也都设有调解组织或调解员。其次，调解组织受理纠纷和进行调解没有严格的程序上的规定，调解组织和调解人员进行调解不受地点的限制，随时随地都可以进行调解。④人民调解有利于当事人之间和睦相处。用人民调解的方式解决纠纷，比起用诉讼的方式来解决，显得温和得多，平缓得多，会使双方当事人心理负担减轻许多，不会形成精神上的某些压力。因为，在群众的眼中，人民调解和诉讼是两种截然不同的方式。人民调解的过程是协商的过程，调解达成的协议也是双方情愿的，所以，自始至终都不伤和气，进而达到维护团结和稳定的目的。⑤人民调解能实现情与法的融合。合法不合情，合情不合法，是行政和司法实践中经常遇到的情况，也给行政官员和司法人员的工作带来很大的困惑。人民调解的性质可以使调解避免这方面的困惑，可以将法与情融合在调解过程中，实现法与情的统一，使法的实施更易于被广大人民群众所接受。

（2）人民调解的不足之处如下：①调解方式随意性大，缺乏严格的程序规范。②资金严重短缺，缺乏相应的奖励制度和补贴办法，限制和影响了人民调解工作的发展。③调解员文化程度参差不齐。多数调解人员文化程度偏低，法律政策和业务水平欠缺，影响调解质量与效率。④调解人员的年龄偏大，且队伍不稳定，人员调整频繁，不能专职专用。

（四）行政调解

尽管人民调解这种方式具有程序简易、所费成本小、形式灵活等优势，但它一般仅限于基层老百姓之间的纠纷，一旦涉及居民与法人、政府、团体之间的纠纷或是纠纷涉及居民较大的财产、人身权利时，人们更多地倾向于直接向政府讨公道，要说法，这就涉及行政调解。

1. 何谓行政调解

顾名思义，行政调解是由行政调解机关对其权限范围内的纠纷所进行的调解。行政调解是现代社会行政主体管理社会公共事务，及时化解矛盾和纠纷所不可缺少的行政手段，是行政主体作出不具有强制力的行政事实行为。行政调解是以行政部门的法定权力作支撑，解决人民内部矛盾的方法，其性质为政府行为。对于社区内较为复杂，涉及面较广，较难处理的矛盾纠纷的调停，由街道办事处或乡镇政府，依据有关法律法规等，运用行政手段和政府权威，动员各方资源进行调停，这也是行政调解。因此我们可以说，对涉及社区内纠纷，行政调解的主体是街道办事处，或乡镇政府。

2. 涉及民间纠纷的行政调解

在乡镇、街道一级专门负责民间纠纷调解的是社会治安综合治理委员会和乡镇或街道司法所。其纵向联系向上是区政府相应机构、司法局和区人民法院，向下是居委会人民调解委员会；横向联系则是政府各职能部门的派出机构，如环保局、工商局、派出所以及社区内的大型企事业单位等。为了综合协调各方面的力量，街道成立矛盾纠纷排查调处中心。它的实际工作性质是加强行政干预和协调各方力量在社区矛盾调处中的作用，以应对当前社区矛盾纠纷利益纠葛深、主体多样化、成因复杂和规模扩大等新情况，所以从根本上可以视为政府行政机构深度卷入人民调解的一种做法。

3. 行政调解的特征

（1）具有权威性。解决纠纷的组织者是代表国家的人民政府，具有极大的权威性，使纠纷各方对主持调解方表示信服。

（2）具有自律性。纠纷的解决过程既有严肃性又有自律性，人民政府调解要遵循一定的程序，但不同于严格意义上的诉讼程序，这样做既体现了人民政府代表国家处理纠纷的公正性的必然要求，又体现了当事人相对平和的互谅互让精神。

（3）强制性与自治性的结合。纠纷的解决既有国家的强制力作为后盾，又充分体现了"和为贵"的传统观念和现代意义的自治原则。

4. 行政调解的优势与不足

（1）行政调解的优势如下：①行政机关调处社区纠纷符合我国国情与传统习惯。在现实中，公民与公民、组织以及行政机关发生纠纷后，往往不通过司法机关解决而寻求行政机关解决。在行政调解中，没有原告和被告，只有申请人和被申请人，且双方是在调解机构的主持下协商解决纠纷，所以，对抗性不强，被申请的一方既不会感到丢面子，也不会感到屈辱和愤怒。②行政调解具有专业性和综合性。随着社会的不断发展，民间纠纷涉及的内容也越来越复杂，纠纷的形式呈现出多样性。与行政管理有关的具有行政、民事和技术等综合特色的纠纷往往适合由行政机关来解决。③行政机关调处社会纠纷具有便捷性。首先，行政机关调处社会纠纷具有时间迅速的特点，行政机关调处纠纷一般为1~2个月。其次，行政机关调处社会纠纷具有手续简便的特点。行政机关调处民间纠纷手续较司法程序简便源于对行政行为与司法行为不同的要求。

④行政调解具有开放性，有利于纠纷的彻底解决。诉讼一般只对原告的诉讼请求作出判决，而不解决诉讼请求以外的事项，因此，其具有一定的封闭性。由于行政调解实行自愿原则，在调解过程中可以一并解决与争议有关的各种问题，从而在整体上具有开放性。

（2）行政调解的不足之处

行政调解的不足之处主要有以下几点：①行政机关在调处民间纠纷时缺乏相对的独立行和公正性。具体调处民间纠纷的往往是行政机关的所属机构或行政机关的上级机关，特别在调处与行政管理有关的纠纷时，其不独立性和不公正性更为明显。②行政机关调处民间纠纷的程序，实践中随意性很大，从而使当事人对行政机关调处民间纠纷的结果不满，导致行政机关调处纠纷的作用没有很好的发挥出来。③行政调解结果没有明确的法律效力。

（五）司法调解

1.司法调解的概念

司法调解是法院调解，又称诉讼调解，是指在民事诉讼中，人民法院主持劝导双方当事人协商解决民事纠纷的诉讼活动。

司法调解仍然属于社区调解的范围，因为司法调解主要还是利用了社区的资源，包括作为社区主管机构的街道办事处还有社区居民的力量，而不是完全依赖社区外的司法机构，如地区法院等。

2.司法调解具有强制性。在司法调解中，无论由什么样的人或机构担任调解人，都是作为法律及其规定的代表。人民法院调解达成的协议或形成的调解书是国家审判机关行使审判权所形成的司法文书，一旦送达立即生效，不允许反悔，任何一方当事人再不得以同一诉讼标的向法院起诉。它与生效判决具有同等的法律效力，是一种强制执行的根据。

3.司法调解优势与不足●

（1）司法调解的优势如下：①调解人员的法律素质高。主持调解的法官具有专业的法律知识和丰富的审判经验。②调解程序规范。诉讼法中一整套回避制度、举证制度等，调解法官都能熟练地运用到调解程序中去。③调解的法律

● 盛永彬、刘树桥.人民调解实务［M］.北京：中国政法大学出版社，2010.

效力高，当事人对司法调解的认同度高。④由于司法调解具有强制执行力，所以司法调解更能促进当事人自觉履行义务。⑤司法调解能弥补判决功能的局限，从客观上讲能彻底化解纠纷，扭转判决所造成的上诉多、申诉多、涉讼信访多、执行难的局面。

（2）司法调解的不足之处如下：①调审结合的模式往往使同一审判人员兼作调解法官和裁判法官。法官为了提高办案效率，规避诉讼风险，在审理案件时往往会忽视调解的"自愿"原则，容易导致以压促调、以判促调、久调不决，从而损害了当事人的合法权益。②现行《民事诉讼法》中规定司法调解要遵循"查明事实、分清是非"的原则，混淆了判决与调解的界限。调解是当事人行使处分权、根据双方合意达成的一种纠纷解决方式。只要当事人不违反法律的禁止性规定，不损害国家、集体和第三人的合法利益，就应当允许其达成协议并赋予其法律效力。但现行《民事诉讼法》却将调解与裁判设置了同样的前提条件，这为法官根据具体案情选择不同的诉讼阶段进行调解设置了障碍，不利于办案效率的提高和诉讼成本的减少。

（六）三种调解的功能定位及相互关系❶

人民调解、行政调解、司法调解等纠纷解决方式是相互独立但又相互联系、相互融合的。

相互独立是指各种解决方式不存在强制性递进关系和明显的替代效应。纠纷发生后，当事人可以按意愿直接选用其中的任何一种方式来解决纠纷，除非法律、法规另有规定。也就是说，人们遇到的矛盾纠纷不需要首先经过人民调解、行政调解然后进入司法调解，人民内部矛盾的化解可以直接进入司法调解程序，也可以首先从人民调解开始。

相互联系是指这几种纠纷解决方式并非孤立的，他们之间是有联系的。我们鼓励和引导居民或村民选择非对抗性或对抗性较弱、成本较低的方式解决纠纷。首先协商和解，和解不成再进行调解或申请行政处理，再选用仲裁或诉讼的方式，除非法律、法规另有规定。体现了"司法是维护社会正义的最后一道防线"。

---

❶ 何菲.社区调解——城市社区的整合机制［D］.武汉：华中师范大学,2007.

相互融合是指各种纠纷解决方式程序的衔接与互补。协商和解作为鼓励首选的纠纷解决方式，在更多的情况下被作为一种方法或手段用于各种纠纷解决程序，在调解、行政处理、仲裁等程序中都要做好促成和解的工作。调解作为一种解决纠纷的手段，也可以与仲裁、诉讼相结合，通过各种纠纷解决方式的衔接与融合，形成功能互补、相互协调的有机体系。三种方法的权威性是递进的:人民调解最小，行政调解较高，司法调解最高。对许多矛盾人们一开始往往愿意进行人民调解或行政调解，但如果人们感到这样的调解处理仍不公道，他们将最终诉诸于法院。

三、导入情境案例操作指引

在导入情境中，马某和刘某的矛盾虽不是对抗性矛盾，但发生矛盾时，两人的对立情绪十分严重。刘某将马某打了，在调解员好不容易劝解刘某到调委会调解时，二人犹如"仇人相见分外眼红"。待二人发泄情绪之后，调解员进行了劝说和调解，说得刘某直点头，马某笑容满面，最终化解了二人纠纷，一个频临解体的家庭保留了，孩子有了一个完整的家，日子也过得红红火火。此案的成功化解，说明了人民调解有利于矛盾纠纷及时解决，防止矛盾纠纷的激化和升级。一般来讲，对于民间纠纷，发生纠纷双方并没有什么深仇大恨，往往由一些鸡毛蒜皮的小事引起，只要能够及时调解，矛盾很容易化解，但如果得不到及时有效的调处，就有可能导致矛盾激化、纠纷升级，小纠纷演变成严重的刑事案件，造成意想不到的严重后果。

此外，人民调解有利于当事人和解。在本案中，如果当事人没有选择人民调解，而是选择诉讼，则不利于当事人和解和纠纷解决。人民调解的过程是协商的过程，调解达成的协议也是双方情愿的，所以，自始至终都不伤和气，进而达到维护团结和稳定的目的。

最后，人民调解能实现情与法的融合。通过人民调解，纠纷当事人在遵守法律、政策和思想道德的前提下，互相谅解，实现情与法的融合，妥善解决矛盾纠纷。人民调解工作通过纠纷调处，既可宣传党的路线、方针、政策，以案释法开展生动的法制宣传教育，弘扬社会主义道德，又可提高人民群众的法律素质和道德水平，符合先进文化发展的要求，具有独特的和不可替代的功能。

【思考与练习】

1. 调查自己居住社区的纠纷类型及化解的情况。

2. 化解民间纠纷的方式或途径有哪些？各种适用的条件是什么？

3. 阐述人民调解、行政调解、司法调解及仲裁在化解民间纠纷中的优势与不足。

4. 阐述人民调解的基本原则及工作方针。

5. 根据情境材料回答下面的问题。

【情境材料】

小王系某食品经营部送货工。在机动车送货途中，突然被一辆疾驶的"摩的"撞了，发生了交通事故。肇事"摩的"跑了，小王受伤，被路人送到医院。但老板张某翻脸不认人，以从未与王某签订合同为由，否认小王是经营部的员工以逃避责任。小王病愈后，在与老板交涉无果的情况下，来到某食品经营部所在社区寻求法律方面的帮助，社区法律工作者解娜接待了小王，小王诉说了自己的遭遇，自己是经营部另外一个合伙人田某让自己去送散装啤酒途中被撞伤的。

问题：解决此纠纷的途径有几种？哪种途径最方便快捷？

第二章　构建纠纷调解组织

【知识目标】

了解人民调解委员会的定义及法律地位，掌握人民调解委员会的任务及人民调解委会员的优势与不足，并理解人民调解委员会制度。

【能力目标】

能根据工作及相关法律要求，正确办理设立基层人民调解委员会相关事宜；能根据要求选聘合适人员担任人民调解员。

【导入情境】

丽华庭小区是一个新入住的小区，居民在入住过程中，因为装修、垃圾清运等，在居民之间以及居民与物业公司之间发生了争执，大部分居民采取协商和解，但有的时候协商的效果并不明显，到法院打官司吧，需要花费过多的时间与精力，因此，希望社区能帮忙调解。但社区居委会及调委会都还没来得及设立。

问题：1. 如何组建一个人民调解委员会，组建一个调委会有哪些要求？

2. 人民调解委员会的工作场所如何建设？

3. 人民调解委员会的工作制度有哪些？

4. 人民调解员如何选任？什么样条件的人可以担任调解员？

根据《宪法》《人民调解法》《人民调解工作若干规定》等法律、法规的规定，我国人民调解组织的建设工作在全国各地迅速开展起来，形成了以村、居（社区）人民调解组织为基础、多种形式并存的人民调解组织。全国已经普遍建立了乡镇（街道）调委会、村（居）及企事业单位调委会、调解小组、调解员或纠纷信息员四级调解网络，并逐步探索多种形式的人民调解组织。

一、人民调解委员会的设立

（一）人民调解委员会的性质

《人民调解法》第1条的规定揭示了人民调解委员会的性质，人民调解委员会是依法设立的调解民间纠纷的群众性组织。这里"依法设立"的含义是设立的主体应当符合法律规定，主要包括村民委员会、居民委员会、企业事业单位、乡镇、街道及社会团体或其他组织等；人民调解委员会的组织形式、产生方式符合法律规定；人民调解委员会的工作制度、工作范围符合法律规定。

（二）人民调解委员会的设立

按照《人民调解法》的规定，人民调解委员会设立有三种形式：村民委员会、居民委员会设立人民调解委员会；企业事业单位根据需要设立人民调解委员会；乡镇、街道及社会团体或者其他组织根据需要参照人民调解法设立人民调解委员会。

1. 村民委员会、居民委员会设立人民调解委员会

村民委员会设立的人民调解委员会由村民会议或者村民代表会议推选产生的人民调解委员会委员组成。村民会议由村民委员会召集。召开村民会议，应当有本村半数以上的18周岁以上村民，或者本村2/3以上的户的代表参加，

村民会议所作决定应当经到会的半数以上人员通过。人数较多或者居住分散的村，可以设立村民代表会议，讨论决定村民会议授权的事项。人民调解委员会成员可以由村民委员会的成员兼任。

居民委员会设立的人民调解委员会由居民会议推选产生的人民调解委员会委员组成。居民会议由居民委员会召集和主持。召开居民会议，必须有半数以上的十八周岁以上的居民、户的代表或者居民小组选举的代表出席。会议的决定，由半数以上的出席人的过半数通过。人民调解委员会成员可以由居民委员会的成员兼任。

2. 企、事业单位根据需要设立人民调解委员会

所谓根据需要设立，首先，应根据国家经济社会发展的形势要求设立；其次，是根据企事业单位的情况设立，如企事业单位规模较大、职工较多、纠纷多发的，即需要设立人民调解委员会。从目前情况看，企、事业单位人民调解委员会不仅调解职工、家属之间有关人身、财产权益和其他日常生活中发生的民间纠纷，调解或协同有关部门的调解组织联合调解本单位职工与其他单位职工、街邻之间的纠纷，还调解职工与企业之间的劳动争议。企、事业单位设立人民调解委员会，已经成为仅次于村（居）人民调解委员会的重要组织形式。

企、事业单位人民调解委员会委员有三种产生方式：（1）召开全体职工大会推选产生；（2）由职工代表大会推选产生，职工代表大会推选人民调解委员会委员时，既可以推选职工代表，也可以推选职工代表以外的其他人；（3）由工会组织推选产生。

3. 乡镇、街道及社会团体或者其他组织根据需要参照《人民调解法》有关规定设立人民调解委员会

乡镇、街道人民调解委员会主要调解村（居）人民调解委员会难以调解的疑难、复杂民间纠纷和跨区域、跨单位的民间纠纷。社会团体或者其他社会组织设立的人民调解委员会主要调解专业性较强的矛盾纠纷，如医疗、交通事故、物业管理、劳动争议、消费权益、知识产权等多方面纠纷。

乡镇、街道人民调解委员会委员应当具备高中以上文化程度，并符合下列条件，第一，本辖区设立的村（居）民委员会、企事业单位人民调解委员会的

主任；第二，本辖区的司法助理员；第三，在本辖区居住的懂法律、有专长、热心人民调解工作的社会志愿者。

乡镇、街道人民调解委员会主任一般由司法所所长、司法助理员担任。其他成员则通过任命、选举、聘任产生。

社会团体或者其他组织设立的人民调解委员会的委员应该具有相关专业知识，熟悉相关纠纷特点，同时要具有一定法律知识水平和丰富的调解经验。

（三）调解小组的设立

村民委员会，居民委员会和企、事业单位的人民调解委员会根据需要，可以在自然村、小区、楼院、车间等单位，设立人民调解小组，聘任调解员，开展调解工作。调解小组隶属于人民调解委员会。健全人民调解委员会调解网络，努力提高村（居）及企、事业单位人民调解委员会的活力，充分发挥维护社会稳定的"第一道防线"作用。

（四）调解室或信息员的设立

人民调解委员会可以根据需要在人民法院、公安机关等场所设立人民调解工作室，承担专门特定的纠纷调解任务。人民调解工作室隶属于人民调解委员会。人民调解委员会也可根据需要在一定居民或村民数量范围内推选或聘任一名调解信息员，该调解信息员负责对这一范围内的矛盾纠纷排查调处，进行周摸排、月汇总，能够调处化解的当即处置。如果是矛盾比较大的纠纷，必须在第一时间内向村（居）调委会汇报。同时，一旦发生突发性事件，调解信息员也要及时赶赴现场，并予以处险，对于案情紧急、问题复杂、难以防控的重大纠纷，及时向村调委会汇报，由村调委会协助解决，乃至向上报告。这种制度能充分发挥近邻的优势，矛盾纠纷排查信息灵、发现早，能及时、快速、有效地处理基层的突发事件和偶发矛盾。

（五）设立备案与变更登记

1.设立备案

村民委员会、居民委员会及企、事业单位的人民调解委员会组建后，应当将人民调解委员会的设立及人员组成情况及时向所在地的司法所备案。

乡镇、街道、社会团体或者其他组织设立的人民调解委员会，应当将人民调解委员会以及人员组成等情况，自设立之日起30日内报送所在地县级司法行政机关备案。

2. 变更登记

人民调解委员会发生撤销、地址变更，人民调解委员会委员选任、换届，人民调解员聘任、解聘等情况时，应自发生变化之日起30日内向所在地县级司法行政机关备案。

二、人民调解委员会的组建

（一）人民调解委员会的组成

按照《人民调解法》的规定，人民调解委员会由委员3至9人组成，每个人民调解委员会应当设立1名主任，必要时可以设立副主任。人民调解委员会应当有一定比例的妇女委员，少数民族地区应当有一定比例的少数民族委员。

人民调解员包括人民调解委员会委员和人民调解委员会聘任的人员。

人民调解委员会委员每届任期3年，可以连选连任。

（二）委员推选

人民调解委员会委员经推选产生，村民委员会、居民委员会的人民调解委员会委员，由村民会议或者村民代表会议、居民会议或者居民代表会议推选产生。企、事业单位设立的人民调解委员会委员，由职工代表大会或者工会组织推选产生。乡镇、街道设立的人民调解委员会委员由区域内有关单位、社会团体、其他组织和村民委员会、居民委员会推选产生；社会团体或者其他组织设立人民调解委员会的委员由有关单位、社会团体或者其他组织推选产生。人民调解委员会委员由3至9人组成。其中应有妇女委员，多民族居住的地区还应有人数较少民族的成员。

（三）调解员聘任

人民调解委员会应根据化解矛盾纠纷的需要，从具有相关专业知识、热心人民调解工作的人员中聘请一定数量的人民调解员。人民调解员可以兼职，也可以专职。根据工作需要，有条件的村（居）人民调解委员会可聘请至少1名专职人民调解员，乡镇（街道）人民调解委员会可聘请至少2名专职人民调解员，行业性、专业性人民调解委员会可聘请至少3名专职人民调解员。

三、人民调解委员会的工作制度建设

制度建设是依法开展人民调解活动的重要保障，也是人民调解规范化建设的主要内容之一。为了使人民调解委员会更好地完成调解工作任务，增强调解人员的事业心和责任感，就必须建立健全人民调解工作制度。人民调解委员会应建立以下工作制度。

（一）岗位责任制度

人民调解委员会应明确人民调解委员会委员和每名调解员责任分工，确定具体任务，根据任务完成情况对调解员进行考核奖惩，做到责权利统一。只有做到权责明确，奖罚分明，才能激发和调动人民调解员的积极性，尽心调解，避免出现由于职责不清、任务不明而敷衍了事、影响工作的情形。

（二）纠纷登记制度

纠纷登记制度是指人民调解委员会对群众来访、咨询、纠纷排查、当事人的口头申请或书面申请受理、调解情况进行登记的制度。这是人民调解委员会调解民间纠纷的依据。人民调解委员会和调解小组均应设立专门的民间纠纷登记簿。对于当事人的申请，调解人员应认真进行登记，登记内容应当载明当事人的姓名、性别、年龄、工作单位、家庭住址、纠纷事由，并由记录人签名或盖章，注明登记日期。对不属于人民调解委员会调解范围的纠纷，人民调解委员会登记后应注明移交的机关、承办人，并告知当事人。调解委员会将受理登记的纠纷每季度汇总后上报司法所或司法助理员。纠纷登记簿要妥善保存，以便将来复查。

（三）档案管理制度

人民调解档案包括工作档案和案件档案。

工作档案：工作计划、工作总结、各项工作制度、人民调解委员会委员及聘任人民调解员名册、人民调解小组、人民调解工作室等组织情况、人民调解组织队伍经费保障情况统计表、其他应当归档的人民调解工作文件和材料。

案件档案：人民调解员调解案件登记单、人民调解委员会调解案件汇总登记表、人民调解案件情况统计表、人民调解委员会调解卷宗。档案包括纸质文件、图像和视听资料。借阅、复制档案应由人民调解委员会主任或确定的档案负责人批准，办理登记手续，并按时归还，保证档案完整和安全。

（四）共同调解制度

共同调解制度是指2个或2个以上人民调解委员会依照一定程序或规定对民间纠纷进行调解的工作制度。由于民间纠纷日益复杂，有些纠纷超出了某一个人民调解委员会的管辖范围，这就需要由2个或2个以上的人民调解委员会共同调解，只有这样，才能及时有效地解决纠纷。实践中共同调解制度主要适用于纠纷当事人属于不同地区或单位，或纠纷当事人虽属于同一地区、单位，但纠纷发生在其他地区、单位的民间纠纷。

共同调解的人民调解委员会分为主持调解方和协助调解方。主持调解方在调解过程中负责主要的调解工作，一般是最先受理纠纷的一方，也可以由共同调解的各人民调解委员会协商确定。其主要职责是：受理纠纷；采取相应措施，防止纠纷激化；开展调查研究，收集有关材料，制订共同调解的方案；提出共同调解意见，通知当事人及有关调解委员会参加调解；主持调解，制作调解文书；督促当事人履行调解协议；做好回访工作；负责统计和档案管理。协助调解方的职责主要是：协助进行调查，收集有关资料；采取相关措施，防止纠纷激化；配合主持调解方对纠纷进行调解；促使当事人达成调解协议；督促当事人履行调解协议。

（五）纠纷讨论制度

纠纷讨论制度是指人民调解委员会对纠纷的调解进行集体研究的制度。建立实施这项制度是由于当今社会的民间纠纷较传统的婚姻家庭、邻里纠纷越来越复杂，涉及面越来越广，单靠某一个调解员的力量是不够的。稍有处理不当，很可能引起矛盾激化，既影响社会稳定，又影响人民调解组织的威信。通过集体研究讨论，充分发挥集体的智慧和力量，可以弥补调解员个人力量的不足和个人认识的片面性，减少调解工作中的失误，保证纠纷的正确处理。

对纠纷进行讨论，一般应在调委会主任或副主任的主持下，由调委会的全体成员参加。在必要时，也可以邀请专家、有关方面的代表参加。在讨论时，充分发扬民主，认真听取各方意见，采取少数服从多数的原则作出处理决定。

（六）回访督促制度

回访督促制度是指人民调解委员会对已经调结的民间纠纷进行走访、了解情况，督促履行调解协议的工作制度。回访的内容主要包括：了解协议的执行情况，是否存在影响协议履行的不利因素；了解当事人特别是重点人的思想状况，是否存在抵制情绪；有无新的纠纷苗头；了解当事人对调解人员的意见和建议。回访的对象主要是当事人和知情人，要听取他们的意见。同时，要注意收集群众反映的信息，以便全面掌握情况。回访应由人民调解委员会根据纠纷实际情况定期进行。重点对调结的较复杂的或可能出现反复的纠纷及时进行走访，并在协议履行期间或调结后的一段时间内经常进行回访，巩固调解效果。

通过回访，可以使调解组织了解和掌握调解工作的效果；发现调解的不足，改进调解工作；帮助、督促当事人履行调解协议；果断采取措施，排除纠纷重新发生的隐患。

（七）统计分析制度

统计制度是对反映调解工作的信息和有关数据进行收集、整理、计算和分析等工作的一项基本的调解制度。人民调解委员会应按照统计工作要求，及时统计、汇总，认真分析、掌握矛盾纠纷发生的规律和特点，为矛盾纠纷排查化解提供依据。

人民调解统计制度的内容有：①确定统计人员，建立统计簿册。人民调解委员会应设专人负责此项工作，并按实际工作需要设立各种工作簿册。②设立统计表。统计表一般包括人民调解委员会组织建设统计表和人民调解委员会工作统计表。各地可以根据本地的具体情况，结合自己的工作特点设定统计项目。③统一统计标准。人民调解委员会应按司法部下发的统计表附有的统计说明的要求执行，避免漏报、重复上报，确保统计数字的真实性和准确性。④及时汇总上报。人民调解委员会应于每月月底将所登记的调解的民间纠纷按统计项目填表汇总，核对无误后上报司法所（司法助理员）。人民调解委员会工作统计表每季度、组织建设统计表每半年由司法所（司法助理员）上报县区司法局。⑤建立统计档案，设立统计台账。人民调解委员会各种登记簿册、统计表按时间、年限分类装订成册，建立统计档案和统计台账，保管备查。

通过统计，一方面可以检查人民调解工作的计划落实情况、任务完成情况及存在的问题；另一方面可以反映民间纠纷的现状、特点及发展规律，为正确决策提供客观依据。可见，统计制度是一项既有基础性又有指导性的工作制度。

（八）工作例会制度

例会制度是人民调解委员会通过定期召开会议，由人民调解员汇报工作情况，解决调解工作中的有关问题的工作制度。人民调解委员会每月至少召开一次人民调解工作例会，也可以根据工作需要随时召开。工作例会可以安排学习培训、工作情况交流、重点案件研讨、工作任务部署等内容。工作例会应做好会议记录，载明调解人员出席情况和会议内容。

（九）矛盾纠纷信息的传递与反馈制度

矛盾纠纷信息的传递与反馈制度是指通过各种渠道将矛盾纠纷的征兆或消息传送到人民调解组织，人民调解组织对矛盾纠纷信息分析的研究，加工处理后，将具体的调解意见返回矛盾纠纷发生地或传递到有关部门，为科学地预测、预防、疏导、调解矛盾纠纷提供依据的活动。

具体内容包括：（1）建立信息传递与反馈组织，人民调解委员会要经常召开调解小组和信息员工作会议，收集信息；（2）组织信息的传递；（3）做好信息的加工处理；（4）及时进行信息反馈。

（十）纠纷排查制度

纠纷排查制度是人民调解组织定期对辖区内的矛盾纠纷进行摸底、登记，分类处理的一项工作制度，也是人民调解工作向党委、政府反映社情民情，参加社会治安综合治理的措施之一。

人民调解委员会应定期组织人民调评员开展矛盾纠纷排查化解工作，要求如下：

1.人民调解委员会坚持每月对辖区内的社会矛盾、纠纷及重点人、重点户进行一次排查；

2.对矛盾纠纷进行登记，防止遗漏；

3.矛盾记录详细后，进行分类，做到系统细致；

4.对排查结果进行分析研究，以便更好地进行调解工作。

在重大活动、重要节日、社会敏感期等时期要开展专项矛盾排查化解活动，排查摸清矛盾纠纷重点人、重点事和矛盾纠纷多发区域的状况。通过纠纷排查，人民调解组织可以全面掌握矛盾纠纷信息，有的放矢地开展调解工作。

（十一）人民调解委员会业务学习与培训制度

业务学习与培训制度是指通过定期或不定期的学习和培训来提高人民调解员调解水平和业务素质的工作制度。人民调解委员会建立业务学习与培训制度是十分必要的，特别是当前，随着经济社会的深入发展，各种矛盾纠纷将会不断涌现，这就对人民调解工作提出了新的更高的要求。培养和造就一支素质优良、能胜任本职工作的人民调解员队伍，是新时期加强人民调解工作的重要环节。因此，为了提高调解员的综合素质，就要经常性地对调解员进行业务培训，以更新知识，不断提高调解工作的质量和效率。学习与培训内容包括：（1）定期学习党和国家的方针政策；（2）了解掌握与调解工作相关的法律、法规，特别是民事、经济方面的法律法规，如《婚姻法》《继承法》《合同法》《民事诉讼法》等；（3）开展调解工作的各项法规，工作方法及经验交流；（4）要理论联系实际，把业务学习与具体工作联系起来，把业务学习与讨论分析疑难案例结合起来，以便更有利于工作的开展。总之，培训、学习要针对实际问题和薄弱环节，讲求实效，要把理论和实践结合起来，把业务学习与具体工作联系起来，把业务学习与讨论分析疑难案例结合起来，从而提高调解人员解决具体问题的能力，保证调解效果和质量。

（十二）纠纷移交制度

纠纷移交制度是指人民调解委员会对已超出人民调解范围的纠纷和明文规定由其他部门处理的纠纷，应及时上报司法助理员（司法所）或移送有关部门处理的制度。通过移交，既体现对人民群众负责的态度，又保证了调解人员能正确履行职责，同时还实现了不同部门之间工作的衔接。移交前要做好疏导工作，防止矛盾激化。

（十三）重大纠纷快报制度

建立重大民间纠纷信息快报制度，对发现民间纠纷激化的事件、突发事件等重大情况要及时上报。即发现民间纠纷可能引起的刑事案件、非正常死亡、群体性械斗、群体性侵害和群体性上访及其他重大情况，调解人员和调解组织必须立即采取适当措施制止事态恶化，同时，迅速向上级部门和领导报告。快报内容包括：纠纷发生的性质、原因、涉及的人数、落实的调处措施及请求帮助的事项等。纠纷快报实行一事一报，尽量采用书面形式。情况紧急的，可电话报告，但事后应提交书面报告。对需要本地区人民调解指导委员会协调解决或辖区人民调解委员会协助的纠纷，应及时报告并请求协助。

四、人民调解委员会的工作场所建设

按照"谁设立、谁保障"的要求，积极协调有关单位或组织，切实落实人民调解委员会的办公场所、办公设备等，为人民调解委员会开展工作提供办公条件和必要保障。

（一）调解场所建设

1.村民委员会或居民委员会应当为设立的人民调解委员会提供调解室，作为接待群众、调解纠纷的场所。

2.乡镇（街道）及企、事业单位及行业性、专业性人民调解委员会，在方便群众、便于开展调解工作的地方建立独立的办公场所。人民调解工作场所应包括人民调解室、人民调解员办公室、资料档案室。

（二）设施设备齐全

人民调解委员会应配备照相机、办公桌椅、档案柜等必要的办公用品。根据工作需要，应积极创造条件配备电脑、打印机、复印机、监控录像等设备。

（三）标牌规范

有独立办公场所的，在办公场所外悬挂人民调解委员会名称标牌。标牌为竖式外挂标牌，白底黑字，悬挂于人民调解委员会正门左侧合适位置，通常规格为长165cm，宽31cm，字体为"文鼎CS大黑"。可结合人民调解委员会办公用房实际，按比例缩放，但不得改变颜色和字体。

乡镇（街道）人民调解委员会设在司法所的，在调解场所门左侧或上侧合适位置悬挂人民调解委员会名称方形标牌，白底黑字，字体为"黑简"。可结合调解室办公用房实际，按比例缩放，但不得改变颜色和字体。

（四）标志规范

人民调解工作场所内应悬挂人民调解标志，标识两侧悬挂"依法依理、互谅互让"等标语。人民调解标志按照司法部样式和规格执行。可结合调解室用房实际，按整体比例缩放，但不得改变人民调解标志的图案、颜色和比例。

调解室内主持调解人、调解人、记录人、当事人席位环行排放，体现公平公正。

（五）制度墙上公示

人民调解委员会组成人员、人民调解员名单、调解纠纷的各类范围、调解工作程序、调解原则、当事人在人民调解活动中的权利和义务、调解纪律、调解协议的效力等应在调解室内上墙公示。

五、人民调解委员会的工作方针与任务

（一）人民调解的工作方针

当前人民调解的工作方针是"调防结合、以防为主、多种手段、协同作战"，这是通过长期的人民调解工作的实践总结出来的，对人民调解工作具有重要的实际意义。"调防结合、以防为主"与"多种手段、协同作战"是解决矛盾纠纷的两个方面。"调防结合、以防为主"强调调解纠纷和预防纠纷要紧密结合起来，立足调解，着眼于预防。强调人民调解委员会不仅要做好传统的婚姻、家庭、邻里、赔偿等常见性、多发性纠纷的调解，还要结合本地的实际情况，针对突出的难点、热点纠纷开展调解工作，化解利益冲突，及时有效地化解各类矛盾纠纷。同时，要进一步做好预防工作，坚持抓早、抓小、抓苗头，把纠纷化解在萌芽状态，解决在基层，严防民间纠纷激化引起自杀、凶杀、群体性事件。调解工作做好了，就能控制事态的发展，防止矛盾纠纷激化，避免更大的损失。在实际工作中，要将两者紧密结合，做到在预防思想指导下进行调解，在调解工作中抓紧预防，调中有防，寓防于调，防重于调，才

能更好地维护社会稳定。

"多种手段、协同作战"强调调解需要采取多种手段，多个部门互相配合，通力合作。人民调解委员会在调解与预防民间纠纷的过程中不能仅仅依赖法律说服教育，必要时要运用政策、道德、经济、行政等多种手段化解矛盾纠纷。人民调解也不是人民调解委员会的单独行为，需要不同的人民调解委员会之间，人民调解委员会和有关部门，如法院、公安、仲裁、民政、信访、城管、环保、工会及妇联等部门联合起来，多管齐下，相互配合，共同化解矛盾纠纷。同时，人民调解委员会对调解不了的疑难纠纷、社会难点热点纠纷和群体性纠纷要主动及时送交党委、政府或各有关部门处理，或劝说纠纷当事人通过合法途径解决，并积极配合党委、政府、各有关部门处理纠纷，防止久调不决导致矛盾纠纷激化。

在实践工作中，具体做法如下：

1.人民调解委员会要及时效地调解各类矛盾纠纷；

2.防止矛盾纠纷激化，以防止矛盾纠纷激化为人民调解工作的重点；

3.要针对矛盾纠纷的发生、发展规律、特点，有针对性地开展纠纷预防，减少矛盾纠纷的发生；

4.要与有关部门密切配合，运用经济、行政、法律政策、说服教育等多种手段化解矛盾纠纷；

5.要在党委、政府的领导下，主动与各有关部门结合起来，相互协调、相互配合，共同化解新形势下的矛盾纠纷。

（二）人民调解委员会的工作任务

1.调解民间纠纷，防止民间纠纷激化。这是人民调解委员会的首要任务。人民调解委员会要在调解好婚姻、家庭、邻里、赔偿等常见性、多发性纠纷，控制矛盾纠纷总量，稳定社会关系的同时，结合本地经济社会发展的特点，针对突出的热点、难点纠纷开展工作，有效缓解改革进程中的利益冲突。与此同时，要防止一些较为琐碎、细小的民间纠纷激化为自杀、刑事案件和群体性事件。要坚持抓早、抓小、抓苗头，努力掌握民间纠纷发生、发展和变化的规律，把纠纷化解在激化之前。要不断总结完善防激化的有效方法和经验，畅通信息，快速反应，勇于挺身而出，耐心细致疏导，及时回访反馈。要广泛开展矛盾纠纷大排查、专项治理和联防联调等各种形式的防激化活动，增强工作效果。

2.通过调解工作进行社会主义法制宣传、法制教育及社会主义道德教育，教育公民遵纪守法，尊重社会公德。要把开展法律和道德的宣传教育寓于纠纷调解之中，与调解工作的开展紧密结合起来。可以按照纠纷的种类，结合有关法律、法规、规章和政策，以案释法、以事议法，起到调解一件、教育一片的作用；可根据纠纷发生的季节性、地域性等规律，有针对性地宣传法律、法规，防患于未然；也可以根据形势和一定时期的中心工作，结合出台的法律、法规和政策，联系群众关心的实际问题进行宣传，起到解惑答疑的作用。

3.在基层组织与群众之间起到桥梁作用，向社区居委会及基层政府反映民间纠纷情况及调解工作情况。要及时向村（居）民委员会和基层人民政府反映民间纠纷和调解工作的情况，使党和政府及时了解广大群众对国家法律和党的政策的意见和要求，了解民间矛盾和纠纷的现状，集中群众意志，维护社会稳定。要积极开展安全文明创建等活动，加强治安防范，推动社会治安综合治理工作的开展。要结合村（居）改革和建设工作，参与"村规民约"、民主监督等工作，不断促进基层民主政治的发展。同时，人民调解委员会通过调解与宣传教育活动，能及时、准确地向人民群众传递基层组织依法作出的决策及施政方针，引导群众正确理解，积极作为。

4.指导调解小组及信息员的工作。人民调解委员会要对调解员、调解信息员进行岗前和岗位培训，规范调解流程，讲解调解技能及调解协议书的制作等相关知识，提高调解小组和调解信息员矛盾纠纷的调处能力。

六、人民调解员

人民调解员是经群众选举或者接受聘任，在人民调解委员会领导下从事人民调解工作的人员。人民调解委员会委员、调解员，统称人民调解员。人民调解员就是在各级人民调解委员会从事民间纠纷调处工作的调解人员。人民调解员作为人民调解工作的主体，肩负着预防和调解民间纠纷的职责，在日常工作中预防和处理了大量的群体性纠纷和社会热点矛盾，因此，调解工作能否顺利有效地开展，与人民调解员的素质关系极大。为此，我国相关的法律、法规对人民调解员的任职条件、产生、任期、职业纪律和职业道德等都作了原则性的规定，以充分发挥人民调解工作的职能作用，规范人民调解员队伍，提高人民调解工作质量。

（一）人民调解员的任职条件

根据《人民调解法》第14条的规定，人民调解员应当由公道正派、热心人民调解工作，并具有一定文化水平、政策水平和法律知识的成年公民担任。只要具备以上条件的成年公民，不分民族、种族、性别、职业、宗教信仰等，都可以当选为人民调解员。

1. 公道正派

这是人民调解员必须具备的首要条件，也是对人民调解员道德素质的要求。作为一名人民调解员，必须具备办事公道、正直无私、坚持原则的良好品质。在调解中保持中立，主持公道，不偏不倚，不为人情所累，不为金钱所惑，不为权势所屈。人民调解员只有具备了这样的高尚品德和情操，才能为群众所信赖，真正遵循合法合理的调解工作原则，公正处理纠纷。那种自私自利、爱贪便宜、欺软怕硬的人不能担任人民调解员。

2. 热心人民调解工作

这一条件体现了人民调解员应当具备的工作态度和工作精神。人民调解工作要深入基层，工作量非常大，是一项艰苦、细致、繁重而又无名无利的工作，有时还有一定的危险性，这就要求调解人员必须有全心全意为群众调解的思想，在调解中发扬无私奉献的精神，爱岗敬业，不怕苦，不怕累，不怕受气，为人民排难解纷，心甘情愿地做好息事宁人的工作。只有这样，才能心里装着群众，急纠纷当事人所急，真心实意地为群众办实事、办好事；只有这样，才能不畏艰难困苦，不怕担风险，尽心尽力做好调解工作，即使碰上胡搅蛮缠、蛮不讲理的当事人，也会以极大的耐心去做工作，有时候受到委曲或不公正的评价，也会忍耐。反之，名利思想严重，没有坚定的事业心和高度责任感的人，不可能热心人民调解工作，也无法从事这一行业。因此，人民调解员既是为民排忧解难、只讲奉献、不图报酬的热心人，又是不惧风险、维护社会安定的卫士。

3. 具有一定文化水平、政策水平和法律知识

人民调解工作必须符合国家法律和政策，这是调解工作的重要原则之一，

也是衡量调解工作正确与否的主要标准。如果一名人民调解员没有一定的法律、政策水平，即使具有良好的品质和高度的责任心，也不可能正确有效地解决纠纷，达到双方满意的效果。实践中发生的一些违法调解，往往都是由于调解人员不能正确理解和运用法律和政策造成的。因此，人民调解员熟悉和掌握与调解工作直接有关的法律和政策，是做好调解工作的前提和关键。特别是在实施依法治国、建设社会主义法治国家基本方略的新形势下，随着群众的法律意识和法制观念不断增强，人民调解员要正确、顺利地开展调解工作，更需要提高自己的法律素质和政策水平。

对每一个人民调解员来说，在具体的调解工作中面对的是特定的民间纠纷，而各种纠纷都是由不同的证据材料来说明真实情况的。将各种证据通过思维形式加以综合，并运用法律、政策处理纠纷，就必须有一定的文化水平。否则，就无法对错综复杂的纠纷进行归纳，就会影响对法律、政策的理解，进而影响对纠纷的判断和处理。因此，对于人民调解这样一项和法律、法规紧密结合，并需要在复杂的矛盾冲突中寻找突破点，以使纠纷当事人都满意的工作，没有一定的文化水平是很难胜任的。

由于乡镇、街道人民调解委员会调解的纠纷是村民委员会、居民委员会调解不了的疑难、复杂纠纷或者是跨地区、跨单位的民间纠纷，对于这样的纠纷的调解，更需要有较高的法律政策水平和文化水平。因此，对乡镇、街道人民调解委员会委员任职资格要求应更高，一般应当具备高中以上文化程度，以利于胜任调解工作的需要。

4.成年公民

只有成年公民才具有完全辨认和控制自己行为的能力，才具有较强的独立分析和解决问题的能力，因此才能参与人民调解工作。另外，人民调解委员会作为我国的基层群众性自治组织，成为其组成人员的成年公民当然应是具有中华人民共和国国籍的人。

以上四项要求，是培养和选拔人民调解员的准则，只要是具备了这些基本条件的我国公民，不分民族、性别、职业、宗教信仰及财产状况等，都有机会成为人民调解委员会的组成人员。

（二）人民调解员应禁止的行为

根据《人民调解法》第15条规定，人民调解员在调解工作中有下列行为之一的，由其所在的人民调解委员会给予批评教育、责令改正，情节严重的，由推选或者聘任单位予以罢免或者解聘：（1）偏袒一方当事人的；（2）侮辱当事人的；（3）索取、收受财物或者牟取其他不正当利益的；（4）泄露当事人的个人隐私、商业秘密的。

（三）人民调解员的权利

根据《人民调解法》第16条的规定，人民调解员从事调解工作，应当给予适当的误工补贴；因从事调解工作致伤致残，生活发生困难的，当地人民政府应当提供必要的医疗、生活救助；在人民调解工作岗位上牺牲的人民调解员，其配偶、子女按照国家规定享受抚恤和优待。县级人民政府司法行政部门应当定期对人民调解员进行业务培训。

（四）人民调解员的素质与能力

人民调解员在日常工作中预防和处理了大量的民间纠纷和社会矛盾，是推动人民调解工作不断发展的源泉和动力，在维护社会稳定、促进经济发展等方面发挥了重要的作用。人民调解员素质的高低，直接关系到人民调解工作的成效，关系到能否把第一道防线筑牢，关系到基层社会的稳定与发展。而随着经济社会的发展变化，矛盾纠纷也越来越复杂，对人民调解员的素质提出了新的、更高的要求。这就要求人民调解员必须适应新形势的需要，努力提高个人整体素质。

1. 较高的思想道德修养

这是做好人民调解工作的首要条件。作为一名优秀的人民调解员，首先要有良好的品行、较高的思想政治素质和职业道德修养。

人民调解员必须具有较高的思想政治素质，人民调解工作的客体是各类人民内部矛盾纠纷，矛盾处理情况的好坏直接影响人民生活的安定和社会的稳定团结。人民调解员只有从政治的高度对待自己的工作，才能准确地为矛盾定性，选择合适的矛盾解决方式有效地化解纠纷，真正发挥人民调解工作"社会减震器"的作用。同时，人民调解员还必须具备良好的品行，身体力行社会主义道德，以德修身，以德服众，发挥道德示范作用，自主、自省、自警、自励，以高尚的人格力量影响和带动广大群众。遵纪守法，严于律己，牢固树立宗旨观念和服务意识，端正工作态度，改进工作作风，这是从事人民调解工作的基本前提。只有具有良好的品行、较高的思想素质和职业道德素养，才能摆正人民调解工作的角色位置，才能提高自己在群众中的威望，取得群众的信任，才能在调解工作中坚持原则，提高调解工作的效率。

2. 业务素质

作为一名调解员，不仅要有较高的思想道德修养，还要具备较强的业务素质，精通人民调解业务，才能成为人民调解工作的行家能手。随着依法调解、科学调解成为新时期人民调解工作发展的新趋势，人民调解员应及时优化自身的知识结构。一是要加强法律知识的学习。以往的调解工作重视对当事人的道德教育，力求以德解纷。当前我国正在建设社会主义法治国家，实行依法治国，人民调解工作应当将"以德调解"和"依法调解"相结合，法德并举，优化调解效果。人民调解员应当认真学习民法、经济法、合同法、婚姻法等与自身工作关系紧密的法律知识，了解依法调解对调解工作的方式、程序、效力等方面的要求，在工作实践中加以运用，开创人民调解工作的新局面。二是要加强心理学知识的学习。调解工作的对象是人，人与人交往的过程是人的心理活动相互作用的过程，人与人之间的矛盾背后有大量的心理因素在起作用，调解的过程是事实澄清、矛盾化解的过程，也是当事人的认识、情绪、态度等一系列心理活动发生转变的过程。如果不了解当事人的心理，一味地就事论事，往往难以发现导致矛盾的内在症结，也难以从根本上解决问题。相反，如果能根据当事人的认知心理，以理服人；根据当事人的情绪情态，以情感人；根据当事人的行为心理，由内而外，往往能快速、彻底地解决问题。因此，科学的心理学基础知识、良好的心理观察技巧、正确的心理干扰方法都是新时期人民调解员在科学调节过程中的必备素养。

3. 较好的心理素质

每一种职业对从业者的心理素质都会提出一些具有职业特性的要求。人民调解员作为专职的矛盾纠纷调解者，面临着纷繁复杂的社会纠纷，面对形形色色的当事人，工作环境的复杂性对调解员的心理素质提出了较高的要求。一是在态度方面，要求有耐心和热心。提请调解的矛盾都是当事人无法自行解决的较复杂的矛盾纠纷，在调解过程中会遇到很多难题和波折，有的矛盾的解决需要耗费调解员很多的精力和很长的时间，不能因此而产生厌倦、烦躁的心理，应当树立良好的服务意识，以足够的耐心和充分的热心为当事人排忧解难。二是在自我认识方面，要求有一定的自信心。并非每一次调解都能促成矛盾解决，也并非每一位当事人都会对调解员的工作给予肯定，当遭遇调解的失败和当事人的否定时，调解员容易产生自我怀疑、自我否定的心理暗示，在调解过程中表现得优柔寡断，无形中降低了自己的威信度，难以胜任中间人的角色，从而延缓矛盾的解决，因此，调解员自信程度的强弱将会直接影响调解工作的进程。三是在意志方面，要求有决心和恒心。调解工作本身就是一项迎难而上的工作，因此在工作中遇到困难和挫折是常有的事，当矛盾趋于激化、当事人关系陷入僵局时，调解员的新一轮斡旋努力往往有可能起到"柳暗花明又一村"的效果，这就需要调解员具备坚定不移的决心和坚持不懈的恒心，以坚强的意志在调解矛盾纠纷攻坚战中取得胜利。综上所述，人民调解员在调解纠纷的过程中，素质的储备将是做好新时期人民调解工作的前提和基础，也只有提高人民调解员的素质才能让这支具有中国特色的"东方之花"开得更加绚丽。

4. 能力结构

（1）较强的语言表达能力。语言表达能力是指人民调解员运用语言艺术、技巧对矛盾纠纷进行调解处理的说教能力。语言表达能力之所以被认为是纠纷调解必不可少的调解能力，是因为人民调解工作针对的对象绝大部分是普通百姓，纠纷内容主要是在日常生活和社会交往中引起的人际关系矛盾。基于此特点，决定了人民调解员更多地通过口头交流的方式在当事人之间了解情况、传递信息、劝解斡旋。因此，人民调解员的言辞表达至关重要。言辞恰当得体，可以尽快化解矛盾，达到预期效果；言辞不当，则往往不能避免调解的失败。

（2）纵横有方的协调处理问题的能力。在新的形势下，民间矛盾纠纷涉及面广，重大的突发性事件多，有公民与公民之间的、有公民与法人之间的，还有跨地区、跨行业的各类复杂疑难纠纷，这些纠纷特点决定了人民调解员在调解这些纠纷时不能单打独斗，而是要积极争取党委、政府部门的支持，动员多种力量共同调解纠纷，平息矛盾。这就要求人民调解员具备纵横协调的工作能力，保持与各方面畅通的工作渠道和良好的个人关系，从而形成工作合力，对调解民间纠纷起到关键性的促进作用。

（3）全面深入的调查研究能力。能够运用各类学科知识，运用收集、筛选、分析、综合的方法，深入调查研究，掌握案件核心及全面的信息，从不同人、不同角度、不同层次对纠纷进行深入细致的分析和研究；查明事实真相，厘清法律关系；找出纠纷发生的原因和争执的焦点；确定调解方案、化解纠纷；及时研究和解决新形势下人民内部矛盾中出现的新情况和新问题，总结调解工作的实践经验，找出矛盾发展规律。

（4）及时总结归纳的能力。能够熟练地运用专业素质和敏锐的思想素质，及时分析归纳当事人陈述的核心问题是什么，以及其背后的深意是什么，准确掌握纠纷的核心问题及当事人的真正要求，及时提出合适的调解方案；及时分析研究人民调解工作的形势、任务的发展变化，提出相应的措施与对策，当好地方党委政府的参谋，村（居）委会的助手。

（5）逻辑思辨能力。逻辑思辨能力是衡量一名人民调解员业务水平高低的重要条件。实践中调解员是在与各种矛盾纠纷的当事人打交道，处理的是各种各样、各具特色的纠纷，一刻也离不开思维活动。一旦发现对方在进行诡辩或胡搅蛮缠，就要组织正确的理论观点来剖析其破绽，通过层次分明、逻辑严谨的正反论证，据理反驳，让对方理屈词穷，心服口服。较好的逻辑思辨能力可以帮助人民调解员进行敏锐的观察，形成严谨的逻辑推理；全面、准确地分析问题和判断是非。

（6）较强的应变能力和自控能力。所谓应变能力，就是人民调解员应具备的处置各种复杂情形的应变能力。人民调解工作面广量大，调解员要面临各种矛盾纠纷，比如，有经济建设方面的，如征地、拆迁、安置方面的；有劳资方面的；有婚姻家庭方面的，如扶养、赡养、邻里、界址方面的；有突发事件的，也有群体性事件等方面的矛盾纠纷。而不同的纠纷、不同的对象应采用不同的调解方法。调解员还要面对不同的当事人，有的当事人性情急躁，而有的认准死理；有的当事人见面就夸夸其谈，有的却半天也说不上一句话。调解中，不是所有的当事人对调解员的话都言听计从，有的甚至让调解员十

纠纷

调解与基层

法律服务

分难堪。对于一个个具体鲜活的纠纷，需要调解员具有较强的应变能力。有了较强的应变能力，就能很好地驾驭纠纷局面，控制事态发展，防止纠纷激化。这种复杂的局面也要求人民调解员具备较强的自控能力，调解员在面对这些复杂的情境时，要能够保持冷静的头脑，拥有平和的心态和处乱不惊的定力，以理智的态度正确疏导好群众的情绪，将矛盾化解在和风细雨中。如果调解员本身心理失衡，没有很好的自控能力，就会导致纠纷进一步激化，从而不利于和解的达成。

（7）处置突发事件的能力。在化解矛盾纠纷尤其是群体性纠纷中，人民调解员必须随时洞察各方当事人的情绪变化，及时预防和控制场面，才可能使矛盾纠纷得到有效化解，平息争端。

（8）提升调解文书的制作能力。按照相关的规定，为防止已调解成功的纠纷发生反复，规范调解文书制作、调解卷宗，保证调解协议的法律效果，人民调解协议书的规范制作显得尤为重要，所以，人民调解员要虚心向专业人士学习，熟练掌握调解协议制作方法与技巧。在这里就要求人民调解员多看、多听、多跑、多写。

七、人民调解的指导机构与必要保障

指导管理人民调解工作是司法行政机关的法定职责。《人民调解法》第5条规定：国务院司法行政部门负责指导全国的人民调解工作，县级以上地方人民政府司法行政部门负责指导本行政区域的人民调解工作；第10条规定，县级人民政府司法行政部门应当对本行政区域内人民调解委员会的设立情况进行统计；第14条规定，县级人民政府司法行政部门应当定期对人民调解员进行业务培训。这些规定为司法行政机关依法履行对人民调解工作的指导职责提出了明确的要求和强有力的保障，同时也对司法行政机关依法指导人民调解工作提出了新的更高的要求。

《人民调解法》第5条第2款规定，基层人民法院对人民调解委员会调解民间纠纷进行业务指导。法院也出台相关措施落实这一规定。

（一）司法所（司法助理员）对人民调解工作的指导

司法所、司法助理员是司法行政机关服务大局、服务社会、服务群众的平台，是司法行政系统最基层的单位，也是司法行政机关设立在乡镇人民政府、街道办事处的派出机构或者派出人员，担负着指导管理人民调解的日常工作。其职责如下。

1.根据上级指导管理部门的计划、要求，指导人民调解委员会制订具体的工作任务及完成任务的措施，并直接负责监督和检查落实；解答、处理人民调解委员会或者纠纷当事人就人民调解工作有关问题的请示、咨询和投诉。

2.整顿人民调解委员会，建立健全人民调解工作制度，培训人民调解员，对辖区人民调解委员会、人民调解员登记备案；应人民调解委员会的请求或者根据需要，协助、参与对具体纠纷的调解活动。

3.总结交流人民调解工作经验，调查研究民间纠纷的特点和规律，组织开展矛盾纠纷排查治理；指导人民调解委员会调解疑难矛盾纠纷，对人民调解委员会主持达成的调解协议予以检查，发现违背法律、法规、规章和政策的，应当予以纠正；指导人民调解委员会改进工作。

4.向上级司法行政机关和基层人民政府反映人民调解工作情况，报告人民调解工作，向党委政府和上级司法行政机关反馈重大矛盾纠纷信息，协助有关部门做好工作，防止矛盾纠纷激化。

5.协助落实人民调解委员会的办公经费和人民调解员的补贴。

（二）各级司法行政机关对人民调解工作的指导

新形势、新任务对人民调解工作提出了新的要求，各级司法行政机关要在当地党委、政府的统一领导下，认真贯彻党的"十七大"精神，与人民法院密切配合，采取措施，指导管理本辖区人民调解委员会切实加强组织建设、队伍建设、制度建设和业务建设，健全网络体系，提高队伍素质，规范运行机制，提高工作水平，进一步推进和谐社会建设。具体职责如下。

1.根据上级管理部门的计划和要求，制定具体措施，并负责指导实施；加强人民调解工作的规范化、程序化、制度化建设。

2.调查人民调解工作情况和民间纠纷情况，检查、指导各乡、镇、街道的人民调解工作，总结和推广经验，针对新情况、新问题，不断研究和探索加强人民调解工作的思路与途径；对在人民调解工作中成绩显著、贡献突出的人民调解委员会和人民调解员，给予适当的表彰和奖励。

3.领导司法所、司法助理员开展工作，切保实效地提高人民调解工作的质量和水平。

4.整顿、健全、加强人民调解组织。采取多种形式，加强对人民调解员的培训，不断提高人民调解员队伍的素质，从根本上保障人民调解活动的公正性、合法性。

5.主动与人民法院联系，及时了解经人民调解又起诉到法院的民事案件，其调解协议被人民法院确认有效、无效或者变更、撤销的情况，认真总结经验教训，努力改进、提高调解工作质量。

6.努力争取同级人民政府的支持，采取有力措施，切实保障人民调解工作业务经费、调解人员的培训经费和表彰经费；协调和督促村民委员会、居民委员会和企、事业单位落实人民调解委员会的工作经费和人民调解员的补贴经费；完成上级管理部门交办的任务。

（三）人民法院对人民调解工作的指导

根据《民事诉讼法》《人民调解法》的规定，指导人民调解工作是基层人民法院的一项重要职责。人民法院对人民调解工作的指导不同于基层人民政府的指导管理，它只有业务指导的职责，主要是通过审判活动对调解工作进行业务指导。如选聘符合规定条件的人民调解员担任人民陪审员，使其有机会参加审判；组织人民调解员到法院实习，安排参与庭审前的辅助性工作，通过司法实践不断提高其政治素质和业务素质。在审判活动中，人民法院通过支持正确的调解协议，纠正错误的调解协议来帮助人民调解员正确运用法律、法规、规章和政策，对人民调解委员会的工作依法进行保护与监督。

实践中，各地基层人民法院特别是人民法庭还可以设立固定场所，保证固定人员、时间，负责指导调解组织的业务，也可以选派有经验的现任法官深入调解委员会指导民间纠纷调解或对人民调解组织调处的纠纷进行个案讲评等。同时，人民法院要把调解员的培训纳入司法行政队伍培训计划，坚持统一规划、注重实效，积极配合当地司法行政机关加大对人民调解员的业务培训力度，采取旁听庭审、案例讲解及举办培训班等灵活多样的方式，不断优化调解员队伍的知识结构，帮助人民调解员提高法律知识水平和调解纠纷的能力，从而提高调解组织和调解员在群众中的威望和公信力。

八、导入情境案例操作指引

查看该小区人口与面积情况。看它的人口与面积是否符合设立居委会和人民调解委员会的要求。对于人口少，面积小，不符合单独设立居委会和人民调解委员会的，要查看它属于当地哪个居委会和人民调解委员会，由所属的居委会和人民调解委员会调处该小区居民的纠纷。

如果该小区的人口和面积符合要求，可以单独设立居委会和人民调解委员会，可以在时机成熟时，组织本小区居民召开居民大会，选举居委会，并推选产生人民调解委员会。人民调解委员会由3~9人组成，调解本社区居民之间、居民与法人（或社会组织）之间的纠纷。

本社区人民调解委员会组建后，应当将人民调解委员会的设立及人员组成情况及时向所在地的司法所备案。

本社区人民调解委员会成立后，应积极协调有关单位或组织，切实落实人民调解委员会的办公场所、办公设备等，为人民调解委员会开展工作提供办公条件和必要保障。居民委员会应当为设立的人民调解委员会提供调解室，作为接待群众、调解纠纷的场所。人民调解委员会应配备照相机、办公桌椅、档案柜等必要的办公用品。根据工作需要，应积极创造条件配备电脑、打印机、复印机、监控录像等设备。有独立办公场所的，在办公场所外悬挂人民调解委员会名称标牌。人民调解工作场所内应悬挂人民调解标志，标识两侧悬挂"依法依理、互谅互让"等标语。人民调解标志按照司法部样式和规格执行。调解室内主持调解人、调解人、记录人、当事人席位环行排放，体现公平公正。人民调解委员会组成人员、人民调解员名单、调解纠纷的各类范围、调解工作程序、调解原则、当事人在人民调解活动中的权利和义务、调解纪律、调解协议的效力等应在调解室内上墙公示。

一切准备就绪，人民调解委员会就可以开展工作，调解社区居民的纠纷。

【思考与练习】

1. 人民调解组织的特征是什么？

2. 人民调解委员会的工作方针和任务是什么？

3. 人民调解委员会的主要工作制度有哪些？

4. 人民调解员应当具备什么样的任职条件和素质？

5. 请根据本章所学知识分析下列纠纷是如何调处成功的。

【情境材料1】

张章宁因小孩要在向阳小学上学，看中吴发贵名下的一套两居室的房子，二人于2012年3月25日签订了房屋买卖合同，约定：吴发贵以175万的价格将位于向阳小区5号楼302室约80平方米的房屋卖给张章宁，在所有款项都打到吴发贵指定账户一个月内办理房屋过户手续。同时约定，定金5万元，若一方违约，应向对方支付违约金3万元。合同签订时，张章宁如约交付了5万元定金，并于4月10日支付了95万元首付款，其余部分通过贷款予以支付。之后张章宁积极办理贷款。6月15日，吴发贵又将该房以195万元的价格卖给了黄大元，把房屋交付给了黄大元并办理了过户手续。张章宁知道后十分生气，认为自己买房在先，房屋应归自己，吴发贵应把房屋交给自己并过户；同时吴发贵的行为构成违约，应支付违约金3万元，并双倍返还定金10万元。吴发贵自然不同意，双方闹的很凶。张章宁到社区调委会请求帮助，维护自己的权益，要求吴发贵把房子过户给自己。

调委会主任了解事情原委后，首先对双方进行了面对面调解。先对吴发贵一房两卖的行为进行批评，因为他的行为才引发今天的纠纷。调解员对吴发贵说："你的行为给张章宁造成了损失，你应当赔偿。"吴发贵同意赔偿，但不愿意赔偿太多。

调委会主任又给张章宁讲明该房屋的所有权归属问题。虽然你购房在先，但房屋没有过户，按照《物权法》的规定，房屋不属于你，现黄大元支付房屋价款并办理了过户手续，房屋应属于黄大元。吴发贵先将房卖给你，后又卖给黄大元，吴发贵对你构成违约。对吴发贵违约，你可追究其违约责任，定金条款与违约金条款并存时，你有权选择适用定金条款或违约金条款，但无权同时适用。在这个案子中，选择定金责任对你较为有利。

经过调委会主任的劝说，吴发贵认识到自己的错误，张章宁也了解到主张房屋产权于法无据，所要求吴发贵同时支付违约金和定金也不符合法律规定，于是，张章宁不再要求吴发贵办理过户手续，而是按照合同的约定，选择定金条款，要求吴发贵双倍返还张章宁所交定金，吴发贵支付了张章宁10万元。此案调解成功。

【情境材料2】

由于儿女孝顺，给刘大妈及刘大爷在梅林小区买了一套房供老人居住养老。梅林小区周边环境不错，交通也比较便利，容积率也不高，适合老人居住。刘大妈与刘大爷也很满意，高高兴兴入住梅林小区，并与许多老人成了朋友。美中不足的，是小区西南角有几间平房一直没有拆除，也没有人居住，时间一长房子已成为流浪猫、流浪狗的栖身之地，还有不自觉的人把垃圾扔在房前的空地上，极大地影响了小区的整体美观和环境卫生。刘大妈和居民们对此意见很大，曾多次找到物业要求拆除这几间平房，还业主们一个整洁的环境。但物业公司说，这几间平房是属于王某的，不能拆。原来在该小区兴建之前，拆迁时，平房的主人王某坚持要求开发商（物业公司）根据家庭人数补偿其5套房屋，否则不同意拆迁。物业公司与开发商因无法按照王某的要求补偿其房屋，虽经多次谈判，双方都没有谈妥，王某的平房至今都没有拆除。2011年11月的一天，忍无可忍的刘大妈和20多名居民一同来到居委会，要求社区尽快拆除王某的平房，否则就不再交纳物业费。因为人数较多，影响不小。

调委会主任听说后，立即组成调解小组展开调查，了解了纠纷当事人的要求。王某希望开发商按家庭人口补偿房屋。居民代表则表示物业公司不拆除平房的行为已违反物业服务合同的约定，平房的存在严重影响了小区的居住环境，坚持要求物业拆除，否则拒绝交纳物业费。物业公司（开发商）则表示拆迁的事情已经过去很久了，无法按现在的市场价给王某补偿，只能按拆迁时的政策给予补偿。三方都坚持各自的立场，谁也不妥协。调委会主任立即与司法所、建委的工作人员协调，寻求支持和解决办法。

在司法所的指导下，在社区召开了由物业公司（开发商）、居民代表、王某、司法所、建委等相关部门负责人参加的调解会。会上调解员要求当事人从维护社区和谐稳定的角度出发，共同寻求解决问题的方法，但三方当事人还是各执一词，大有剑拔弩张之势。调解人员见状，立即协商分别做三方的思想工作。

通过耐心、细致的说服疏导，反复宣讲《物权法》和《物业管理条例》及某城市《房屋拆迁管理条例》等规定，明确拆迁安置的标准，促使当事人各方互谅互让，消除了隔阂，最终引导、帮助当事人达成解决纠纷的调解协议：①负责小区物业管理的某物业公司协调某开发公司与刘某签订拆迁补偿协议，在开发商开发建设的房屋内补偿刘某家4套两居室房屋。②刘某平房的拆迁工作由物业公司于2012年1月25日前完成。③居民按时交纳物业费。

2012年1月25日，彻底地清除了维持十多年的钉子平房，居民兴高采烈地相互转告，对人民调解员高效的工作给予了高度的评价。

第三章 纠纷调解的基本程序及相关文书

【知识目标】

熟悉人民调解工作流程要求：理解和掌握民间纠纷的预防、调解及回访工作的具体内容，掌握各调解文书的格式和内容要求。

【能力目标】

能按照人民调解工作流程要求，完成人民调解流程不同环节的具体工作任务，制作调解各阶段需要的调解文书。

【导入情境】

一天，小张（二十七八岁）陪着93岁爷爷来到社区居委会，要求调解。小张诉说：与爷爷同住的小姑虐待爷爷，他们为了房子把爷爷逼到养老院去了，因而原属于爷爷的房子不能给小姑，小姑要把房子还给爷爷，并改为爷爷的名字；而张爷爷则说："我与小女儿的矛盾在于房子本来是我的名字，怎么就变成她（指小女儿）的名字呢？要改过来，不然我的其他孩子该有想法了。"

如果你是社区的接待人员，你需要采取什么工作步骤来调解小张及爷爷与小姑的矛盾？

一、人民调解案件受理

根据《人民调解法》第17条的规定："当事人可以向人民调解委员会申请调解；人民调解委员会也可以主动调解。当事人一方明确拒绝调解的，不得调解。"老百姓因自己的合法权益受到侵害或者发生争议时，可与侵害人协商解决，协商不成亦可向当地人民调解委员会提出申请，要求调解委员会分清是非，解决争议。人民调解委员会也可以根据需要主动调解居民的纠纷，但有一方明确拒绝调解，不得强行调解。

对于老百姓调解申请，人民调解委员会需对该申请进行审查，确定是否受理该案。

（一）人民调解案件的受理审查

1.人民调解受理的案件范围

《民事诉讼法》及《人民调解法》未对人民调解受案范围作出明确规定，仅笼统限定在"民间纠纷"，而对于何谓"民间纠纷"没有作进一步界定。2002年司法部的《人民调解工作若干规定》第20条将调解民间纠纷的范围明确规定为：包括公民与公民之间、公民与法人和其他社会组织之间涉及民事权利义务争议的各种纠纷。可见，人民调解委员会可以调解除法律法规不能调解以外的所有民间纠纷。具体如下。

（1）家庭关系纠纷：婚姻纠纷、抚养、赡养纠纷、继承纠纷等；

（2）邻里关系纠纷：通行、通风、采光、排水、截水等纠纷；

（3）山林、土地的使用、经营权纠纷，宅基地纠纷、责任田（山）经营纠纷，林木、果树地经营纠纷等；

（4）经济纠纷：承包合同纠纷、借贷纠纷、欠款纠纷等；

（5）损害赔偿纠纷：财物损害赔偿纠纷、轻微人身伤害赔偿纠纷、精神损害赔偿纠纷等；

（6）其他民间纠纷。

2.人民调解委员会不能受案调解情形

《人民调解工作若干规定》第22条还规定了人民调解委员会不能调解的情形。

（1）法律、法规明确规定由有关部门管辖处理的，如工商管理引发的纠纷、税务纠纷等；

（2）人民法院已经受理或正在受理的纠纷；

（3）一方当事人不同意调解的纠纷；

（4）已构成犯罪或构成违反治安管理处罚行为的纠纷；

（5）已经申请基层人民政府处理或处理完毕的纠纷；

（6）其他不属于人民调解受理范围的纠纷。

3. 人民调解实践中对调解受案范围内的拓宽

随着人民调解工作的深入开展，社会的不断发展，矛盾纠纷越来越复杂和多样化，在各地的司法实践中，人民调解的受案范围又突破了原有的规定，已经渗透到法人、社会组织之间纠纷的化解中，更有甚者，有些地方（如上海、北京、浙江等地）人民调解已经拓展到轻微刑事案件的化解中，并且取得了积极的效果。近年来，人民调解的内容不断被拓宽，下列纠纷都逐渐被纳入人民调解的受案范围。

（1）各类民事纠纷：劳动、债务、赔偿、房屋、宅基地、土地、山林、水利、承包、租赁、农机等方面的纠纷。

（2）土地承包调整、土地征用、移民和城市拆迁方面的纠纷。

（3）民事违法行为引起的纠纷。

（4）轻微刑事违法行为引起的纠纷，如侮辱、诽谤、损害名誉、虐待、干涉婚姻自由、故意伤害致人轻微伤等属于刑事范畴，但由于情节显著轻微、法律也有特别规定，此类案件如果诉讼，人民法院也可调解。因此如果当事人不去法院起诉或者诉讼后又撤诉的案件，人民调解委员会可对其进行调解。

（5）因民间纠纷引发的故意伤害致人轻伤案。这类案件在农村比较常见。如果加害人是初犯、偶犯，被害人有一定的过错，未激起民愤、案件社会影响也不大，司法机关在案件受理、立案侦查、审查起诉、审判阶段，征得双方当事人同意后，将部分有可能通过人民调解委员会调解的轻伤害案件，委托人辖区内人民调解委员会调解，以促进当事人交流和解，达到撤案、不起诉，免予刑事处罚等处理结果的，人民调解委员会可以协助司法部门调解。

轻微刑事案件委托人民调解委员会调解，使人民调解在调处社会矛盾、维护社会稳定中发挥了更大的作用，在促进社会和谐及提高矛盾冲突的社会自我消解能力等方面具有重要意义，同时也极大地节约了司法资源。但是，这种做法目前仍处于探索阶段，各地做法不同，在法学界也存在一些争议。因此我们在操作中应当多加注意。

4. 人民调解受理的管辖

基层老百姓发生了纠纷需要调解找哪个人民调解委员会？换句话说，民间纠纷应如何确定管辖的人民调解组织?

（1）一般民间纠纷的管辖。分两种情况：一种是按照当事人所在地（所在单位）来确定受理纠纷的调解组织，条件是双方当事人应处于同一辖区或单位内。另一种是以双方当事人的纠纷发生地为标准来确定受理纠纷的人民调解组织。

（2）复杂、疑难和跨地区、跨单位民间纠纷的管辖。此类纠纷可由乡镇、街道人民调解委员会受理，或由几个相关的调解委员会共同调解。一般由纠纷当事人所在地（所在单位）或者纠纷发生地的人民调解委员会受理调解。村民委员会、居民委员会或者企、事业单位的人民调解委员会调解不了的疑难、复杂民间纠纷和跨地区、跨单位的民间纠纷，由乡镇、街道人民调解委员会受理调解，或者由相关的人民调解委员会共同调解。

（二）人民调解受案的方式

人民调解是指人民调解委员会通过说服、疏导等方法，促使当事人在平等协商基础上自愿达成调解协议，解决民间纠纷的活动。这决定了人民调解委员会在受理民间纠纷的方式上有别于行政程序和司法程序。《人民调解法》第17条规定：当事人可以向人民调解委员会申请调解；人民调解委员会也可以主动调解。按照《人民调解法》的规定，人民调解委员会受理民间纠纷的方式有申请受理、主动受理和移交受理。

1. 当事人申请受理。矛盾纠纷发生后，纠纷一方当事人可以向人民调解委员会申请调解，也可以由双方当事人共同向人民调解委员会申请调解。纠纷当事人的近亲属、邻里、同事、朋友等也可以代其向人民调解委员会申请调解。当事人在申请调解时，可以口头申请调解，也可以书面申请调解。一般情况下，纠纷当事人应当向居住地或工作地的村民委员会、居民委员会、企事业单位的人民调解委员会申请调解；物业、消费、医疗、劳动、交通等纠纷可以向特定的专业性、行业性人民调解委员会申请调解；疑难、复杂、涉及多方当事人且不在同一居住地的矛盾纠纷可以向所在的乡镇、街道人民调解委员会申请调解。纠纷当事人共同申请调解的，由最先受理的人民调解委员会登记受理，其他调解委员会应协助调解。

申请受理必须具备以下条件：

（1）有明确的双方当事人。纠纷当事人在提出申请时，必须说明谁侵犯了他（她）的权益或者他（她）与谁发生了争议。

（2）有具体的请求目的。纠纷当事人必须说明请求调解要达到什么目的，解决什么具体问题。

（3）有事实依据。纠纷当事人必须提供申请所依据的纠纷事实，包括发生纠纷的事实情况及相应的证据事实。

（4）申请调解的纠纷属于人民调解组织主管和管辖。纠纷当事人申请调解的纠纷，如不属于人民调解组织主管职权范围的，人民调解组织应告知纠纷当事人到有关部门要求解决，或主动联系有关部门并配合解决问题。纠纷当事人申请调解的纠纷，如不属于该人民调解组织管辖范围或该人民调解组织与其他人民调解组织共同享有管辖权，人民调解组织应告知纠纷当事人到有管辖权的人民调解组织申请；或与共同享有管辖权的人民调解组织协商决定由谁管辖或由一方受理，双方共同调解。

人民调解委员会接到申请后，应做好现场记录，记明矛盾纠纷的基本情况、当事人的请求理由等。人民调解组织无论通过哪一种方式受理纠纷，都应遵循自愿的原则，尊重当事人的诉讼权利，不能强迫当事人接受调解。对于当事人明确表示不愿意接受调解组织调解的，人民调解组织应当尊重当事人的选择，而不能强行调解。

2. 人民调解委员会主动受理。人民调解委员会主动受理民间纠纷，是人民调解有别于其他纠纷解决机制的特色和优势。人民调解委员会通过定期排查，及时发现矛盾纠纷线索，主动介入，把矛盾纠纷化解在萌芽状态，同时，人民调解委员会也可以接受群众举报，对正在发生的矛盾纠纷主动调解，防止矛盾纠纷激化。基于人民调解的任务就是调解民间纠纷，防止民间纠纷激化，维护社会稳定性，这就要求人民调解委员会以社会稳定为自己的工作目的，积极主动地提供调解服务，及时发现矛盾，主动化解纠纷，如果不主动化解纠纷，就无法防止矛盾激化，就会使人民调解失去维护社会稳定第一道防线的作用。

主动受理和人民调解自愿的原则并不矛盾。前者是工作的态度与方式，后者是工作的原则和根本要求，两者必须有机地结合起来，才能顺利完成人民调解的工作任务，避免民间纠纷的激化。

3. 移交受理。一是人民法院移交。人民法院受理、审理案件中，可以将适宜人民调解的案件，在征得当事人同意后，移交、委托人民调解组织调解。二是公安机关移交。公安机关在处理治安案件、交通肇事案件中，可以将适宜人民调解的案件交由人民调解委员会调解。三是其他有关部门移交。如信访部门、工商行政管理部门、医疗行政部门、住房和城市建部门、环境保护部门、国土资源保护部门、农业部门、人力资源和社会保障部门等在处理人民群众来信来访或涉及消费权益、医疗、征地拆迁、环境污染、土地承包流转、劳动争议等纠纷时，可以将适合人民调解解决的纠纷，移交给相关人民调解委员会进行调解。

（三）申请受理的步骤要求

对老百姓申请调解的纠纷，人民调解委员会应遵循一定的步骤做好相应的工作，包括接待当事人、审查当事人的申请、制作接待笔录、填写受理登记表，为介入调解做好准备。

1. 接待当事人。当事人申请人民调解委员会对其纠纷进行调解时，人民调解委员会应做好相应接待工作，主要是向上门要求调解的当事人了解有关调解的意向和纠纷的基本情况并做好笔录。如果是电话申请的，可根据实际情况要求其到社区进行面谈。

2. 审查当事人的申请。主要是审查纠纷是否属于人民调解委员会的受案和管辖范围以及当事人的申请是否符合条件。

人民调解委员会在受理纠纷时要认真审查当事人的申请，对于没有法律、法规禁止事由的申请，应当受理。而对于当事人申请人民调解组织调解，经过审查又不符合受理条件的纠纷，人民调解委员会应当根据《人民调解工作若干规定》第24条第2款的规定，向当事人作出解释，并且告诉当事人到相关部门要求处理。但对于随时可能激化的民间纠纷，应当在采取必要的缓解疏导措施后，及时移送有关机关处理。

3. 制作接待笔录。对于各类纠纷，无论是否受理，接待人员都应认真制作接待笔录。接待笔录的内容至少应当包括由谁接待、接待的当事人姓名、纠纷事由、纠纷简要概况、当事人的要求、接待人签字等事项。

4. 填写受理纠纷登记表。对当事人提出的纠纷调解申清，经调解组织审查后，无论受理或不受埋，都要填写受理纠纷登记表；对于涉及面广、跨辖区的疑难、复杂纠纷，认真做好登记。

附1：纠纷受理阶段成果——纠纷受理登记表

纠纷受理登记表

纠纷类型：_____编号：_____

当事人：_____

纠纷简要情况：_____

_____

受理日期：于_____年____月____日告知当事人_____受理该纠纷。

经过调解，于_____年____月____日达成调解协议，协议主要内容

_____，当事人于_____年____月____日全部（部分/拒绝）履行。

因调解不成，于_____年____月____日告知当事人_____因____决定不受理（或终止调解）该纠纷，告知当事人（解决途径）_____。

调解员（签名）：_____

登记日期：____年____月____日

附2：××人民调解委员会受理案件通知书

××××人民调解委员会
受理案件通知书

（　　）×民调通字第　　号

_____：

你诉请与　　　一案的调解申请书已收到。经审查，申请符合法定条件，本委员会决定立案审理。并将有关事项通知如下：

一、在调解过程中，当事人必须依法行使各项权利，有权行使民事诉讼法相关的权利，同时也必须遵守调解过程中的秩序，履行调解中的义务。

纠纷调解基本原理与制度

二、如需委托代理人参加调解，应向本委员会递交有委托人签名或者盖章的授权委托书，授权委托书须记明委托事项和权限。

××××人民调解委员会

二〇 年 月 日

（公章）

附3：人民调解委员会举证通知书

××××人民调解委员会

举 证 通 知 书

（ ）×民调通字第   号

_____：

根据《中华人民共和国民事诉讼法》、最高人民法院《关于民事诉讼证据的若干规定》和《人民调解法》，现将有关举证事项通知如下：

一、当事人应当对自己提出的申请请求所依据的事实或者反驳对方申请请求所依据的事实承担举证责任。当事人没有证据或者提出的证据不足以证明其事实主张的，由负有举证责任的当事人承担不利后果。

二、你必须在__日内提供相关证据，和足已证明自己主张的其他证据材料。

三、向×××人民调解委员会提供的证据，应当提供原件或者原物，或经×××人民调解委员会核对无异的复制件或者复制品。并应对提交的证据材料逐一分类编号，对证据材料的来源、证明对象和内容作简要说明，依照对方当事人人数提出副本。

四、申请鉴定，增加、变更请求，应当在举证期限届满前提出。

五、如你方申请证人作证，应当在举证期限届满的__日前向本委提出申请。

六、申请证据保全，应当在举证期限届满的__日前提出，本委可根据情况要求你方提供相应的担保。

七、你方在收到本通知书后，可以与对方当事人协商确定举证期限后，向本委申请认可。

八、你方在举证期限内提交证据材料确有困难的，可以依照最高人民法院

《关于民事诉讼证据的若干规定》第三十六条的规定，向本委申请延期举证。

九、你方在举证期限届满后提交的证据不符合最高人民法院《关于民事诉讼证据的若干规定》第四十一条、第四十三条第二款、第四十四条规定的"新的证据"的规定的，视为你方放弃举证权利。但对方当事人同意质证的除外。

十、符合最高人民法院《关于民事诉讼证据的若干规定》第十七条规定的条件之一的，你方可以在举证期限届满的七日前书面申请本委调查收集证据。

二〇　年　月　日

（公章）

二、调解前的准备

（一）选定调解人员

人民调解委员会对于已受理的纠纷，应在正式调解前尽快确定一名纠纷调解主持人。《人民调解法》第19条规定："人民调解委员会根据调解纠纷的需要，可以指定一名或者数名人民调解员进行调解，也可以由当事人选择一名或者数名人民调解员进行调解。"根据这一规定，人民调解委员会应根据纠纷的复杂、难易程度和调解人员的业务能力，指定合适的调解员对受理的纠纷进行调解；对于调解难度较大的纠纷，除了指定纠纷调解主持人外，可根据需要指定若干人民调解员共同参加调解。也可根据当事人的意愿，由他们自己选定调解员来调解纠纷。

《人民调解法》第20条规定："人民调解员根据调解纠纷的需要，在征得当事人的同意后，可以邀请当事人的亲属、邻里、同事等参与调解，也可以邀请具有专门知识、特定经验的人员或者有关社会组织的人员参与调解。"因此，根据纠纷调解的具体情形，可以邀请那些热心调解工作、在当地有较高的威望和影响力、有一定的法律知识和政策水平、富有正义感、语言表达能力强，以及对纠纷比较了解的个人，加入纠纷调解的过程中。被邀请的单位或个人应积极配合，共同做好调解工作。

在确定调解人员时，要遵守有关回避的规定以维护人民调解的公正性。回避主要有两种方式：①调解人员的自动回避；②根据当事人的申请回避。有下列情况之一的应当回避：（1）调解员与当事人存在亲属关系；（2）调解人员与当事人有其他关系，可能影响调解的公正解决；（3）调解人员与纠纷的处理结果有利害关系；（4）有其他正当理由。遇有回避情形时，人民调解委员会应另行指定调解人员，或由当事人提名、其他方都同意的调解员主持或参与。调解主持人或调解员选定好了，他们就可以着手进行下面的工作开展调解。

（二）调查核实纠纷

人民调解组织受理纠纷后，选定好的具体调解人员就要深入开展调查工作，充分掌握材料，弄清纠纷情况，判明纠纷性质和是非曲直。这是正确、圆满调解纠纷的前提，也是做好调解工作和达成调解协议的基础。

1. 调查的内容

在正式调解纠纷前，调解员要分别向当事人和相关知情人询问纠纷的事实和情节，了解当事人双方的要求及其理由，根据需要向有关方面调查核实，做好调解前的准备工作。

调查的内容主要是纠纷性质、发生原因、发展过程、争议的焦点、目前所处的程度及证据和证据来源、当事人个性特征和当事人对纠纷的态度。重点是弄清纠纷症结和事实真相的关键情节。

2. 调查的途径

（1）耐心听取双方当事人的陈述，了解纠纷过程和他们的真实思想和要求；

（2）向纠纷关系人、知情人和周围的群众做调查，进一步掌握其他有关情况，并印证双方当事人的陈述；

（3）到当事人所在单位了解情况，必要时，可求得单位领导和有关人员的支持；

（4）有些纠纷还需到现场调查，有些疑难的伤害纠纷还须请有关部门进行伤情检查鉴定，查明伤害程度。

调查过程中，调解人员应当对调查情况作出详细的记录，必要时可以请被调查人写出书面材料。在广泛调查的基础上，进行综合分析，通过去粗取精、去伪存真，抓住纠纷的主要矛盾和矛盾的主要方面，对症下药，这样才能有效、顺利地调解纠纷。

（三）拟订调解预案

具体负责对纠纷事项进行调解的调解人员，在调查了解纠纷详情后，对纠纷事实和相关证件裁决进行分析、判断，并在此基础上，应拟订调解预案。调解预案大致应包括以下要素：

（1）纠纷概况，即矛盾双方当事人发生纠纷的具体情况；

（2）争执的焦点，即双方当事人的主要矛盾；

（3）调解要达到的目的，即调解双方都能接受的一致意见；

（4）调解所具体涉及的法律、法规、规章、政策条款；

（5）调解过程中可能出现的问题及对策，要站在双方当事人的立场，设计调解方案，提出对策，以便顺利解决问题；

（6）具体的工作方法和工作重点，根据双方矛盾的焦点，确定工作方法，在重点问题上给予调解；

（7）对调解可能达成的协议的基本设想。

调解预案一般应由调解主持人或参与调解工作的调解员亲自拟订。对于疑难、复杂、易出现反复的纠纷，应事先做好多次调解的准备。在调解时，要根据实际情况的变化，灵活、有效地把握调解活动的节奏和进程。

（四）调解地点、规模和形式的确定

1.调解地点的选定

人民调解委员会调解纠纷一般在专门设置的调解场所进行，根据需要也可以在便利当事人的其他场所进行。人民调解委员会应当创造条件，设置专门的用于调解纠纷的场所，如人民调解室等。对于一些事实清楚、情节简单、争议不大的纠纷，或应当事人要求，人民调解委员会从便利当事人的角度出发，也可以在其他场所，如当事人所在的车间、田间、地头、家里进行调解。对于疑难复杂的矛盾纠纷，则应当在专门的调解场所进行。

2.调解规模的确定

对于那些比较小的纠纷或隐私、不宜公开调解的纠纷，可由人民调解员主持，仅限于纠纷当事人参加。对于一些家庭纠纷，如婆媳不和、夫妻吵架、兄弟姊妹间的矛盾，以及赡养、继承、财产之类的纠纷，可由人民调解员主持在家庭范围内开调解会，必要时邀请他们的亲友、邻居参加，帮助调解。对于打架斗殴、遗弃、虐待、侵占、伤害、损害名誉等影响较大、教育意义较大的纠纷，还可以将参加调解会的人员扩大到村民小组、居民小组、楼院、车间等范围，以扩大教育范围。

3. 调解会的组织形式

人民调解组织召开调解会议，纠纷当事人双方必须出席，调解会由人民调解员1~3人组织进行，小型纠纷可由调解员1人组织，比较大的复杂的纠纷可由2~3人组织，必须指定主持调解人。在当前调解实践中，一般采用圆桌式调解和庭式调解的形式。

（1）会议式调解，这是传统的调解方式，调解人员把纠纷当事人召集到一个地方，以开座谈会的形式展开调解。会议式调解既体现了双方当事人之间不同的利益诉求，调解员的中立立场，也适当拉近了对立的当事人之间的心理距离，适合于面对面的调解。

（2）圆桌式调解，即调解人员、记录人员、调解双方当事人围坐在圆桌旁，在平缓的气氛中陈述纠纷事实，交换相互看法，协商解决纠纷。圆桌式调解可以缓解当事人的对立情绪和对抗心理，为达成调解铺平了道路。圆桌调解模式在位置上由对立变为平等，在形式上由按指令发言变为平和互动。对双方当事人晓之以情、动之以理、明之以法地讲解，让他们知晓权利义务、违法成本，规避产生不利后果的危险，达到解决纠纷。

（3）庭式调解。具体做法是：仿照法院的"开庭审理"模式，通过纠纷双方当事人举证质证、当庭控辩，找准发生纠纷的"症结"所在，再"对症下药"进行调解。其引入了法院开庭审理、仲裁庭开庭仲裁制度，以开庭形式对民间纠纷进行调解。包括公开选聘调解员，公开调解规则，公开调解员名册，公开办案流程，公开办案动态，公开开庭调解和建立调解监督机制等主要内容。庭式调解具有程序规范、制度严格、依法调解、可信度高等优点，提高了调解成功率，有效缓解了政法力量的不足，密切了干群关系；同时对于防止调解员徇私舞弊，及时化解矛盾纠纷，防止矛盾激化，减轻上级部门的信访压力均起到重要作用。

（五）送达调解通知书

通常在每一次面对面调解正式实施前，调解员要将调解通知书送达给纠纷各方当事人，告知其该案的调解时间、调解地点等，要求其准时到场。每一份调解通知书均应有存根，上有当事人签名、调解员签名，以及人民调解委员会的公章等。有的人民调解委员会配有送达回执（见附件）。

（六）调解现场的布置

调解现场的布置直接关系到当事人与其他调解参与人在调解现场的心理活动，在一定程度上影响着调解工作的实效。适当的现场布置能拉近调解员与当事人，以及当事人彼此直接的心理距离，调适当事人与其他调解参与人的心理压力，营造良好的调解氛围；反之亦然。因此，调解现场的布置不可小视。

调解现场的布置主要通过选择与纠纷情况和纠纷调解方案相适应的现场及调解现场环境布置来实现的。调解的方式有面对面调解与背靠背调解、座谈会调解或联合调解等。调解组织应选择与上述调解方式相适应的现场，如选择圆桌式调解、会议式调解或庭审调解等。

1.调解工作室的布置

（1）桌椅布置。根据纠纷调解的需要和选择的调解方式，可以将桌椅摆放成圆形、椭圆形、T字形及法庭式等格局。在桌子上相应的位置摆放调解员、记录员、申请人、当事人等桌签。在适当的位置可设旁听席。

（2）墙面布置。在调解庭入口悬挂××人民调解委员会标牌。在调解员席后方墙壁正中悬挂司法部统一制定的人民调解工作标志，周围墙壁悬挂人民调解委员会工作制度、纪律、纠纷双方当事人权利、义务、调委会人员名单、调解受理范围及调解流程等。

2.调解休息室及其他

除了调解工作室，在条件许可下，最好还设置1~2个小会议室和调解休息室，小会议室及休息室要空间相对封闭，能在里面举行私人会议，需要良好的隔音处理，适用于当事人休憩和背靠背调解，以及调解间隙供一方当事人私下商谈。

调解现场的布置没有一定之规，基本原则是现场的布置要适应纠纷的类型、当事人的特征，有利于调解的实施和调解协议的达成。调解人员要善于运用各种元素营造良好的调解工作现场环境。如利用暖色调的装饰有利于平复当事人的情绪，有助于化解矛盾与纠纷；再如绿色植物、鲜花等有利于使当事人心平气和，容易达成调解协议。

在确定好调解的时间、地点和方式后，应及时通知当事人。

附4：调解准备阶段成果——调查笔录

×××× 人民调解委员会
调查笔录

时间：_____ 地点：_____

事由：_____ 调查人：_____

被调查人：_____

笔录：_____

_____

_____

_____

_____

被调查人（签名）：_____调查人（签名）：_____

记录人（签名）：_____

附5： 人民调解委员会参加调解通知书

×××× 人民调解委员会
参加调解通知书

_____：

我委员会受理　　　　　一案，现决定于20　年　月　日（农历
　）午　时　分在　　　　依法调解，请准时参加。

特此通知

此致

×××× 人民调解委员会（公章）

调解员：×××、×××

二〇　　年　　月　　日

附6：人民调解委员会送达回执

×××× 人民调解委员会

送达回执

文件名称	送达日期	接收人签名	备注

三、实施调解

（一）开场陈述，履行相关告知义务

在第一次面对面调解开始之时，调解员需要一个简短的开场陈述。调解员的开场陈述在整个调解过程中起着不容小视的作用。主要作用有：融洽调解参与人之间的气氛，为后续的调解创造一个平静而积极的氛围；让当事人了解调解的主要特征；尽可能取得当事人的信任；让当事人对调解是如何进行的有大致的了解；确认参加调解的人是有权决定调解结果的人。

1.调解员开场陈述主要内容

（1）调解员的自我介绍；

（2）本次调解会议的目的；

（3）调解员公平公正主持的承诺；

（4）调解规则，特别要强调发言礼节，如应尊重调解员和对方当事人，不得随意打断调解员和对方当事人的发言，不得有攻击性的语言等；

（5）确定参加调解的代理人是否得到当事人的特别授权。

2.向当事人出示人民调解告知书，告知相关事项

在正式调解开始之前，调解员有义务将人民调解工作需要当事人了解的有关内容告知纠纷当事人。需要告知的内容有：

（1）人民调委员会的性质；

（2）调解的原则；

（3）人民调解协议的法律效力；

（4）当事人在调解中所享有的权利和应承担的义务。

根据《人民调解法》第23条的规定，当事人在人民调解活动中享有下列权利：选择或者接受人民调解员；接受调解、拒绝调解或者要求终止调解；要求调解公开进行或者不公开进行；自主表达意愿、自愿达成调解协议。

根据《人民调解法》第24条的规定，当事人在人民调解活动中履行下列义务：如实陈述纠纷事实，遵守调解现场秩序，尊重人民调解员，尊重对方当事人行使权利。

3.询问当事人是否清楚以上所告知内容，对当事人不清楚的问题予以解答

出示人民调解告知书，并由当事人仔细阅读后，问当事人对以上所告知的内容是否清楚，对其不清楚的问题应予以解答，对不具备阅读能力的当事人应予耐心讲解。当事人确定自己已经清楚的，在人民调解告知书上注明。

4.询问当事人是否愿意接受调解

在正式调解之前，需要进一步确认当事人是否愿意接受本调解委员会的调解，并由当事人在人民调解告知书上写明。对当事人明确拒绝调解的，不得调解。

5.当事人签字并写明日期

当事人对以上事项确认无误后，应当在人民调解告知书上签名，并写上日期。

（二）调解的进行

1.双方当事人陈述

根据《人民调解法》第22条规定的要求，人民调解员要充分听取当事人的陈述。因此，双方当事人陈述是调解工作的重要环节和步骤。调解开始时，必须首先由双方当事人对纠纷进行陈述并提出证据，以表达各自对纠纷责任的看法和解决纠纷的具体意见。调解人员要积极、耐心地引导当事人讲清事实真相，并做好相应的记录；并在此过程中进一步开展深入调查，查明事实，分清责任，确认争议的问题。对于个别当事人在陈述过程中故意歪曲事实、无理纠缠的，应当及时予以制止和纠正。

2.讲解法律法规及政策事理，劝导当事人转变思想，互相谅解。

在听取了双方当事人的陈述后，调解人员应当依据纠纷当事人的特点、纠

纷的性质、难易程度、发展变化的情况，采取灵活多样的方式方法，依据有关法律、法规和政策规定，对双方当事人进行耐心细致的说服、教育和疏导，帮助他们提高认识，解开思想上的疙瘩，消除对立情绪。在此基础上，引导双方当事人就纠纷事实和责任交换意见，达成一致，使双方当事人重归于好。

3. 提出纠纷解决方案，或引导当事人提出纠纷解决方案

在谈判过程中双方当事人必定都希望探明对方的"底线"，调解员需要探明双方当事人的"底线"，并为此重新营造一个"底线"。调解员应尽可能占有、收集与调解相关的事实、数据、推论及法律理由等信息，本着互利互助、公平合理的精神，综合考虑法律的规定、公序良俗、双方当事人各自的过错程度、经济状况、彼此的关系、经济纠纷的实际情况等因素，提出双方都能接受的调解意见。或者引导一方或双方当事人提出解决问题的方案，并引导双方向一个彼此均可接受的合意点靠拢，促成协议的达成。

这是一个技巧性很强的过程，调解员应注意掌握以下技巧：（1）对期望过高的当事人，调解人员应在查明事实、分清责任的基础上冷静分析，击碎其幻想，告知其若不放弃非常之念谈判只能陷入僵局，劝说其放弃幻想甚至以中止调解或终结调解相威慑；（2）不要轻易相信当事人所说的底线是其真正的承受极限，了解当事人的最终要求，对不松口的当事人可告知其谈判已陷入僵局，促使当事人让步；（3）妥善处理"离席威胁"，真诚地劝说当事人忍耐一二，或休庭，将面对面调解改为背靠背的私下会议，上述方式都不合用时，可视情况告诉作出离席表示的一方当事人将终止调解；等等。

在调解过程中，还要密切注意当事人的情绪和周围情况的变化，以便及时发现纠纷激化的苗头，有效采取对策，防止纠纷激化。对于已有激化征兆或易向恶性案件转化的纠纷，要及时采取必要的防范措施，以免当事人情绪失控，酿成恶性事件。

（三）制作调解笔录

《人民调解法》第27条规定："人民调解员应当记录调解情况。"据此规定人民调解委员会在调解纠纷过程中，应制作调解笔录。调解员通过制作调解笔录记载调解的过程。调解笔录包括首部、正文与尾部三部分。正文主要记载调解员调解纠纷的过程、当事人对纠纷的态度等。尾部由当事人、调解员、参加

人、记录人签名。

调委会在调解纠纷过程中，应制作调解笔录。即使调解不成功，也要保留笔录。

附7：实施调解阶段成果——调解笔录

调解笔录

时间：_____地点：_____

事由：_____调解员：_____

当事人：_____

当事人：_____

笔录：_____

_____

_____

_____

当事人（签名）：_____调解员（签名）：_____

当事人（签名）：_____记录人（签名）：_____

四、调解结束

在当事人逐渐向合意点靠拢并基本达成共识时，调解员应当趁热打铁，将双方召集在一起，主持调解协议的达成。在调解人员主持下，由当事人双方自行协商，达成解决纠纷的协议。对多次做思想工作仍不具备达成调解协议条件的，不应久拖不决，应及时终止调解。

（一）达成调解协议

经人民调解委员会调解解决的纠纷，达成具有民事权利义务内容的调解协议，或者当事人要求制作书面协议的，应当制作书面调解协议。简单的纠纷也可达成口头协议。口头协议，一般是即调即结。

调解协议应当场制作，主要内容包括当事人基本情况纠纷简要事实、争议事项及双方责任、权利义务、履行协议的方式、地点和期限等内容，双方当事人签名或盖章，调解主持人签名，调解委员会盖章后生效。调解协议书一式四份，其中双方当事人各执一份，调解组织留存一份，报乡镇（街道）司法所备案一份。调解协议应当载明事项有以下几个方面：

（1）纠纷当事人基本情况。

（2）纠纷简要事实、争议事项及纠纷当事人责任。

（3）纠纷当事人的权利和义务。

（4）履行协议的方式、地点、期限。

（5）纠纷当事人"自愿接受或同意调解协议上述内容"的文义。

（6）纠纷当事人签名，调解人员签名，人民调解委员会印章。

（二）达不成调解协议

《人民调解法》第26条规定，人民调解员调解纠纷，调解不成的，应当终止调解，并依据有关法律、法规的规定，告知当事人可以依法通过仲裁、行政、司法等途径维护自己的权利。据此规定，如果一个纠纷经多次调解，仍不能达成协议，就不能久调不决，要在做好相关工作的基础上，告知当事人向乡镇、街道人民调解委员会申请调解，或者向基层人民政府申请处理，或者向人民法院起诉。人民调解委员会可以帮助打不起官司的当事人寻求法律援助。

（三）制作纠纷调解登记表

纠纷调解结束，无论是否调解成功，都应制作纠纷调解登记表。

制作纠纷调解登记表，在首部 写明纠纷类别和编号及当事人的基本情况，在正文写明纠纷简要情况，调解达成协议的时间和协议的主要情况，协议履行情况。纠纷调解不成的，也要在此表进行说明。尾部有登记人 签名，并写明登记日期。需注意的是，有的人民调解委员会将此表与纠纷受理登记合并在一起。

附8：调解结束阶段成果——调解协议书

人民调解协议书

编号：

当事人：_____

当事人：_____

纠纷简要情况：_____

_____

_____

经调解、自愿达成如下协议：_____

_____

履行协议方式、地点、期限：_____

_____

本协议一式_____份，当事人及人民调解委员会各持一份。

当事人（签名）：_____

当事人（签名）：_____

（人民调解委员会印）

调解员（签名）：_____

____年____月____日

附9：纠纷调解登记表

纠纷调解登记表

纠纷类别：_____编号：（　　）×民调字第　　号

申请人：_____

被申请人：_____

纠纷事实及申请事项：

_____

_____

经调解，于　　年　月　　日达成如下协议：

_____

_____

协议履行情况：_____

_____

登记人：_____

___年___月___日

五、调 解 回 访

（一）调解回访的含义

调解回访，指的是人民调解委员会主持调解达成协议后，应适时派员了解掌握协议履行情况，听取当事人和群众的意见，以巩固调解成果。

当事人应当自觉履行调解协议，调解人员有义务督促当事人履行协议。对于诸如自我检讨、赔礼道歉、保证改过等内容的协议，可以在达成协议的现场，当即履行。对于需要一定时间才能完成的协议内容，如返还原物、恢复原状、赔偿损失、提供劳务等，能当日履行的尽量当日履行；如不能当日履行，当事人必须作出承诺，保证在一定期限内履行。人民调解委员会应当对调解协议的履行情况适时进行回访，并就履行情况作出记录。

（二）调解回访的要求

要做好回访工作，必须坚持以下几点：

（1）必须坚持实事求是的原则。要本着对当事人负责的精神，认真进行，讲求实效，不走过场。

（2）回访工作必须及时。人民调解委员会要在调解协议达成后的适当时间内派员进行回访，以便及早发现和解决新出现的情况和问题，减少工作中失误，避免影响扩大。

（3）回访应当有重点地进行。对那些比较复杂、疑难的纠纷，或者协议的履行有一定难度的纠纷，或者当事人思想情绪尚不稳定、容易出现反复的纠纷，要列为重点回访的对象，坚持适时回访。

（4）回访必须注意发现问题，加强对当事人的说服教育工作。如当事人思想出现反复，或者有些问题尚未落实的，或是未能完全履行协议的，调解人员都应当及时发现，针对不同情况及时采取措施加以解决，引导、说服当事人本着互谅互让的原则，自愿达成协议，从而化解矛盾。

通过回访，可以产生以下效果：①使调解组织了解和掌握调解工作的效果；②发现调解的不足，改进调解工作；③帮助、督促当事人履行调解协议；④果断采取措施，排除纠纷重新发生的隐患。

（三）对回访出现当事人不履行协议或达成协议后反悔情况的处理

当事人不履行调解协议或者达成协议后又反悔的，人民调解委员会应当按下列情形分别处理：

（1）当事人无正当理由不履行协议的，应当做好当事人的工作，督促其履行。

（2）如当事人提出协议内容不当，或者人民调解委员会发现协议内容不当的，应当在征得双方当事人同意后，经再次调解变更原协议内容；或者撤销原协议，达成新的调解协议。

（3）对经督促仍不履行人民调解协议的，应当告知当事人可以请求基层人民政府处理，也可以就调解协议的履行、变更、撤销向人民法院起诉。对当事人因对方不履行调解协议或者达成协议后又后悔，起诉到人民法院的民事案件，原承办该纠纷调解的人民调解委员会应当配合人民法院对该案件的审判工作。

附10：回访阶段成果——回访记录

回访记录

当事人：_____　调解协议编号：_____

回访事由：_____　回访地点：_____

回访情况：_____

_____

_____

_____

_____

受访人（签名）：_____

回访人（签名）：_____

_____人民调解委员会印

_____年_____月_____日

六、调解材料的立卷归档

《人民调解法》第27条规定："人民调解委员会应当建立调解工作档案，

将调解登记、调解工作记录、调解协议书等材料立卷归档。"根据这一规定，在纠纷调解结束后，调解员要将调解过程中形成的调解文书和相关材料立卷归档，进行妥善保管，以备查阅。

附11：调解卷宗封面

_____人民调解委员会

卷宗

卷宗类型：_____

卷　名：_____

年　度：_____　卷　号：_____

调解员：_____　调解日期：_____

立卷人：_____　立卷日期：_____

保管期限：_____

备　注：_____

附12：调解卷宗目录

卷 宗 目 录

序号	文件名称	页次
1		
2		
3		
4		
5		
6		
7		
8		
……		
备注		
本卷内共计　　页　　附证物　　袋		

七、人民调解协议及其变更

人民调解协议是纠纷的双方当事人在自愿平等的基础上，就争执的权利义务，依照法律政策达成的一致协议，也是在人民调解委员会主持下形成的解决纠纷的法律文书。《人民调解法》首次以法律的形式肯定了人民调解协议的法律效力，该法第31条规定，经人民调解委员会调解达成的调解协议，具有法律约束力，当事人应当按照约定履行。

（一）人民调解协议的性质及其效力

1. 人民调解协议的性质

最高人民法院于2002年9月5日通过的《关于审理涉及人民调解协议的民事案件的若干规定》，首次明确了人民调解协议具有民事合同的性质。根据该规定第1条，"经人民调解委员会调解达成的、有民事权利义务内容，并由双方当事人签字或者盖章的调解协议，具有民事合同性质。当事人应当按照约定履行自己的义务，不得擅自变更或解除调解协议"。

民事合同是平等主体的自然人、法人和其他组织之间设立、变更、终止民事权利义务关系的协议。凡是在民事主体之间就财产利益或者某些身份利益所自愿达成的协议，均属民事合同。人民调解组织调解的范围主要是民事纠纷，人民调解协议虽然是在人民调解委员会主持下，由双方当事人达成的协议，却是双方当事人意思表示一致的结果，是双方当事人在地位平等的基础上自愿达成的为确立、变更、终止民事权利义务关系协议，符合民事合同的特征。

需要注意的是，有些人民调解协议，其内容不涉及民事权利义务，不属于民事合同。例如，妻子与丈夫约定改掉酗酒恶习，或遇事与妻子商量、不擅自做主，等等。这样的调解协议不具有民事合同的性质，不具有法律意义。这种调解协议虽然不会对当事人产生法律约束力，但可以发挥道德约束作用，对净化社会风气、建设和谐社会具有积极意义。因此，仍要鼓励当事人通过达成协议来解决纠纷。

需要强调的是，《人民调解法》并没有规定人民调解协议属于民事合同。在实践中，人民调解协议的效力应高于一般的民事合同。因为《人民调解法》第33条规定："经人民调解委员会调解达成调解协议后，双方当事人认为有必要的，可以自调解协议生效之日起三十日内共同向人民法院申请司法确认，人民法院应当及时对调解协议进行审查，依法确认调解协议的效力。"人民调解协议可以申请司法确认，而一般的民事合同是不可以申请司法确认的。

2. 人民调解协议的法律效力

前面提及的最高人民法院《关于审理涉及人民调解协议的民事案件的若干规定》的司法解释首次赋予人民调解协议一定的法律效力，初步实现了人民调解制度和诉讼制度的对接，在当时具有积极意义。《人民调解法》第31条第1款规定："经人民调解委员会调解达成的调解协议，具有法律约束力，当事人应当按照约定履行。"这一规定明确了人民调解协议在法律上的效力，即履行调解协议不仅是当事人的道德义务，也是其法定义务。

根据上述规定，人民调解协议的法律效力主要体现在以下三个方面：

（1）人民调解协议具有法律约束力，当事人应当按照协议内容履行自己的义务。一方当事人不履行的，对方当事人可以要求其履行，也可以请求人民调解委员会督促其履行。

（2）人民调解协议不具有强制执行力，但可以申请司法确认，由人民法院依法确认调解协议有效的，该调解协议具有强制执行力。

人民法院依据最高人民法院《关于适用简易程序审理民事案件的若干规定》审查后，确认调解协议的效力。确认调解协议效力的决定送达双方当事人后发生法律效力，一方当事人拒绝履行的，另一方当事人可以依法申请人民法院强制执行。

必须指出的是，《人民调解法》第31条第2款规定，人民调解委员会应当对调解协议的履行情况进行监督，督促当事人履行约定的义务。依据该规定，人民调解委员会的职责是监督协议的履行情况，督促当事人及时履行自己的义务。但如果当事人经人民调解委员会督促仍然拒绝履行协议的，调委会不能强迫当事人履行，而只能根据《人民调解法》第31条和第32条的规定，建议另一方当事人向人民法院起诉或以其他方式解决纠纷。

（3）在民事诉讼中，人民调解协议书具有较强的证明力。人民调解协议书在证据种类上属于书证。人民调解协议书的内容是在人民调解委员会主持下达成的纠纷解决共识，其写明了纠纷发生的原因、主要事实、达成协议的内容，并有当事人的签名或盖章、调解员的签名和人民调解委员会的印章，是双方自愿达成协议的真实记录，在制作程序上是比较严格的。因此，人民调解协议书一般来说具有比普通合同更强的证明力。最高人民法院《关于审理涉及人民调解协议的民事案件的若干规定》第3条第1、2款规定："当事人一方起诉请求履行调解协议，对方当事人反驳的，有责任对反驳诉讼请求所依据的事实提供证据予以证明。当事人一方起诉请求变更或者撤销调解协议，或者请求确认调解协议无效的，有责任对自己的诉讼请求所依据的事实提供证据予以证明。"因此，经过人民调解且达成协议的一方或双方当事人反悔起诉到人民法院的，如果没有新的确实、充分的证据加以证明，人民调解协议是不能被当事人单方面任意推翻的。

（二）人民调解协议的司法审查

1.对调解协议的履行或内容发生争议的审查

根据《人民调解法》第32条规定，经人民调解委员会调解达成调解协议后，当事人之间就调解协议的履行或者调解协议的内容发生争议的，一方当事人可以向人民法院提起诉讼。对调解协议的履行发生争议主要是指当事人不愿意履行或履行不符合约定，或在订立调解协议时对履行的期限、方式等约定不明确等；对调解协议的内容发生争议，指的是当事人认为在订立调解协议时存在误解、显失公平等情形，或当事人认为自己是在受欺诈、胁迫等情况下订立的调解协议。当事人到人民法院提起诉讼，应当遵守《民事诉讼法》和有关司法解释关于管辖、起诉和诉讼时效等事项的规定。根据最高人民法院《关于审理涉及人民调解协议的民事案件的若干规定》第5条的规定，人民法院可依法确认调解协议无效。

2.对调解协议效力的审查

《人民调解法》第33条规定，经人民调解委员会调解达成调解协议后，双方当事人认为有必要的，可以自调解协议生效之日起30日内共同向人民法院申请司法确认，人民法院应当及时对调解协议进行审查，依法确认调解协议的效力。这是《人民调解法》对调解协议的司法确认制度。根据此规定，人民法院依法确认调解协议有效，一方当事人拒绝履行或者未全部履行的，对方当事人可以向人民法院申请强制执行。人民法院依法确认调解协议无效的，当事人可以通过人民调解方式变更原调解协议或者达成新的调解协议，也可以向人民法院提起诉讼。当事人依法申请强制执行，应当遵守《民事诉讼法》和有关司法解释关于管辖、起诉和诉讼时效等事项的规定。

在司法实践中，当事人向人民法院对人民调解协议提请司法审查，人民法院不予确认该协议效力的情形：一是调解协议不明确，无法确认和执行的；二是确认非法同居等身份关系存在的协议；三是主张以物抵债的协议等。

（三）人民调解协议的无效、变更与撤销

1. 人民调解协议的有效

人们签订人民调解协议的目的在于得到法律的保护，只有有效的人民调解协议才能受法律保护。要想使人民调解协议有效，根据最高人民法院《关于审理涉及人民调解协议的民事案件的若干规定》第4条规定，有效的调解协议必须具备下列条件。

（1）当事人具有完全民事行为能力。根据《民法通则》第11条规定，18周岁以上、智力正常的是成年公民，具有完全民事行为能力，可以独立进行民事活动，是完全民事行为能力人。16周岁以上不满18周岁的公民，以自己的劳动收入为主要生活来源的，视为完全民事行为能力人。如果纠纷由限制民事行为能力人和无民事行为能力人引起，则由其监护人参加调解。纠纷当事人也可以委托授权代理人参加调解。法人的民事行为能力自其成立时取得，至法人消灭时终止。法人行为能力通过法人的法定代表人或代理人实现。

（2）意思表示真实。意思表示真实，是指人民调解协议的当事人就纠纷解决所表达出来的意见与其内心真实意愿一致。意思表示真实有两层含义：一是"意思自由"，即当事人内心意思与外部表示是其自觉自愿作出的，不存在欺诈、胁迫等于涉和妨害其自由形成意思和自由表示意思的因素；二是"表示一致"，即表示出来的意思与行为人的内心真意相符，不存在误解、表示错误、内心保留等妨害意思表示一致的因素。

（3）不违反法律、行政法规的强制性规定或者社会公共利益。这里的法律指的是全国人大及其常委会制定的法律规范，行政法规指的是国务院制定的法律规范。法律规范可分为任意性规范和强制性规范。前者允许主体变更、选择适用或者排除该规范的适用。后者必须依照法律适用，不能以个人意志予以变更和排除适用。这类规范不允许当事人违反，否则将导致法律的全然否定性评价，如不得买卖禁止流通物等。社会公共利益，是社会全体成员的共同利益，社会经济秩序、政治安定、道德风尚等皆应包括在内。当事人达成的人民调解协议如果损害了社会公共利益将会导致该协议无效。

人民调解协议必须同时具备上述条件，才是有效的。缺乏上述条件中的任何一个，协议都不具有法律效力。

2. 调解协议的全部无效或部分无效

无效人民调解协议，是指因欠缺人民调解协议的有效条件而不具有法律约束力，不发生履行效力的人民调解协议。根据最高人民法院《关于审理涉及人民调解协议的民事案件的若干规定》第5条的规定，有下列情形之一的调解协议无效。

（1）损害国家、集体或第三人利益。当事人为解决争议对自己的利益进行处分，符合民法的平等自愿原则，法律对这种处分予以保护。但是，人民调解协议不能损害国家、集体或者第三人的利益，否则是无效的。因为其他主体的利益也是受法律保护的，任何人不得侵犯。

（2）以合法形式掩盖非法目的。以合法形式掩盖非法目的，是指当事人达成人民调解协议的行为在形式上是合法的，但在目的上是非法的。在实施这种行为的过程中，当事人故意表示出来的形式并不是其要达到的目的，也不是其真实意思，而只是希望通过这种形式掩盖和达到其非法目的。例如，张某与其表哥周某签订了货物买卖合同，但张某无法按时交货，二人发生纠纷。后来二人在人民调解委员会的主持下达成了调解协议，张某表示愿意用所有的财产赔偿周某所受的损失。但事实上，张某欠银行一大笔货款，他赔偿周某的目的是转移财产、逃避银行的债务。这种行为就其外表来看是赔偿他人损失，是合法的，但是其目的是非法的，会对他人造成损害，因此这种协议是无效的。

（3）损害公共利益。在我国，一般认为社会公共利益主要包括两大类，即公共秩序与公共道德两个方面。公共秩序，是指社会之存在及其发展所必要的一般秩序。公共道德，则是指社会存在及其发展所必要一般道德。公共秩序和善良风俗对于维护国家、社会一般利益及社会道德观念具有重要价值。社会公共利益是社会全体的最高利益，不违反社会公共利益是人民调解协议的有效要件。而违反社会公共利益的人民调解协议则不发生法律效力。

（4）违反法律、行政法规的强制性规定。人民调解协议无论从内容还是从形式来说都应具有合法性。全国人大及其常委会制定的法律中的强制性规范、国务院制定的行政法规中的强制性规范是确认调解协议效力的依据。违反法律、行政法规强制性规定的人民调解协议无效。例如，在家庭财产继承上，男女享有平等权利。如果调解协议违反这一规定则是无效的。但也不能随意扩大对"违反法律、行政法规的强制性规定"的理解，只有违反法律、行政法规的禁止性规定，才是调解协议无效的情形之一，因此，不能以调解协议中存在违反法律授权性规定和倡导性规定为由，认定该调解协议违法而无效。

（5）人民调解委员会强迫调解的，调解协议无效。虽然人民调解是一种有效并且被广泛适用的纠纷解决方式，但是，纠纷当事人对是否采用这种方式有选择权。如果当事人不愿选用人民调解的方式，而是选择诉讼或者其他方式，那么人民调解委员会就不能进行调解。这是民法平等自愿原则的体现，也是人民调解自愿原则的要求。如果人民调解委员会强迫当事人调解就干涉了当事人的自由，达成的所谓调解协议也不具有合法性，是无效的。

人民调解协议部分无效，不影响其他部分的效力，其他部分仍然有效。如果一个人民调解协议由若干部分组成，或在内容上可以分为若干部分，有效部分和无效部分可以独立存在。一部分内容无效并不影响另一部分内容的效力，那么一部分内容被确认无效后，其余部分继续有效。

3. 人民调解协议的变更

人民调解协议的变更，是指因人民调解协议当事人意思表示存在瑕疵，通过权利人行使变更权，使已经生效的协议发生变更。根据《人民调解法》第33条和《人民调解工作若干规定》第37条的规定，调解协议的变更，一是调解人员在回访中发现原来的协议有错误或不当之处而提出变更，二是当事人认为原调解协议有不当之处而要求变更，三是人民法院依法确认调解协议无效的，当事人可以通过人民调解方式变更原协议或者达成新的协议，也可以向人民法院提起诉讼。

无论是哪种情况，都要尊重当事人的意愿，在取得双方当事人同意的基础上，进行重新调解。经重新调解，对调解协议进行修改或者撤销原调解协议、达成新的调解协议并进行登记。人民调解协议的变更，主要包括协议双方权利、义务的变更，即标的的种类、品种、规格、数量、质量等的变动，以及履行协议的时间、地点、方式或者其他权利、义务的变更。

4.人民调解协议的撤销

人民调解协议的撤销，是指因人民调解协议当事人意思表示存在瑕疵，通过权利人行使撤销权，使已经生效的协议发生消灭。

根据最高人民法院《关于审理涉及人民调解协议的民事案件的若干规定》第六条的规定，下列调解协议，当事人一方有权请求人民法院变更或撤销。

（1）因重大误解订立的。所谓重大误解，是指行为人对于与法律行为有关的重大事项存在错误认识，并使行为与自己的意思相悖的情形。当事人在签订人民调解协议时，对涉及协议法律效果的重要事项存在认识上的错误，其后果是使误解人受到较大损失，以致根本达不到缔约的目的。如果当事人对涉及协议法律效果的重要事项能正确认识就不会订立合同。在此种情况下，如果直接认定协议有效，会严重损害误解人的利益，亦不符合私法自治的宗旨，故而法律规定此种情况下订立的人民调解协议可变更或撤销。

（2）在订立调解协议时显失公平的。显失公平是指一方当事人利用自己的优势或者利用另一方没有经验、轻率，致使协议双方的权利义务严重不对等，明显违反了公平原则。需要注意的是，这种不公平是在订立协议时就已经存在，而不是订立协议后才出现。对于显失公平调解协议的判断主要在于结果上的不公平，但在操作上，对具体标准的掌握缺乏统一性，实践中只能根据个案情况进行认定。

（3）一方以欺诈、胁迫的手段或者乘人之危，使对方在违背真实意思的情况下订立的人民调解协议。具有上述情形下，签订了调解协议，受害当事人有权请求人民法变更或撤销。当事人请求变更的，人民法院不得撤销。

对可撤销的人民调解协议，有变更和撤销两种救济方法。权利人有权请求变更人民调解协议，也有权请求撤销人民调解协议。变更还是撤销，取决于权利人的态度，当事人请求变更的，人民法院不得撤销。这体现了对当事人处分权的尊重。但撤销权不能永久存续。根据最高人民法院《关于审理涉及人民调解协议的民事案件的若干规定》第7条的规定，有下列情形之一的，撤销权消灭：除斥期间届满；明示或者默示放弃撤销权。

八、导入情境案例操作指引

（一）调解程序的启动

1.接待当事人小张和张爷爷

简要听取小张和张爷爷的陈述，确定本机构能否处理此案。按照人民调解制度的相关规定，公民之间、公民与法人和其他组织之间有关人身、财产权益和其他日常生活中发生的纠纷，由当事人所在地（单位）、纠纷发生地或指定的人民调解委员会管辖。本纠纷是赡养纠纷，且是本镇辖区内发生的纠纷，本社区调委会可以处理，并告知小张写一份调解申请书。

2.受理纠纷

社区调委会在接到小张和爷爷的申请后，工作人员随即与小张的小姑（我们称之为张小姑）进行了联系，询问其是否愿意参加调解，得到肯定答复后，社区调委会决定受理此纠纷。工作人员填写了纠纷受理登记表，并向小张和爷爷发了《××人民调解委员会受理案件通知书》和《××人民调解委员会举证通知书》；并与张爷爷和小张约定，等定好时间和地点通知他们正式调解。

（二）调解准备工作

1.选定调解主持人和调解员

社区调委会指派具有丰富调解经验的调解员老王做调解主持人，老王了解情况后，认为张爷爷年纪大，应尽快化解该纠纷，让张爷爷尽快安顿下来，安享晚年。鉴于工作量比较大，于是老王找了两位调解员一起着手该纠纷的调解。

2.调查核实纠纷

该调解主持人随同其他两名调解员随即开展纠纷事实调查核实。张小姑述说，张爷爷及其老伴一直由张小姑陪伴照顾，张小姑本来有二间市区的平房。但为了方便照顾父母亲，与父母商量好之后，与父亲单位协商，将原来的平房换成了目前居住的一套二居的房子，换房之时，征询了张大姑及张大爷（即小张的爸爸）的意见，二人均同意把房子的名字写成张小姑，由张小姑照料二老生活。张大爷到东北插队就留在了当地，小张出生后与爷爷奶奶生活，张小姑也参与照料了小张，比如开家长会什么的都由张小姑参加。为了核实张小姑所说，调解员又与张大姑及张大爷电话联系，二人均证实张小姑的说法，称当初换房改名时，张父、张母及二人都知情并同意，目前二人对该套房屋均不主张权利。调解员还去张小姑的单位房管部门调查此事；在调查中还还了解到，张奶奶已于几年前去世，一直由张小姑照料；目前张小姑身体状况很差，是胃癌前期，不得已才将张爷爷送到养老院的，因为张大姑目前自己就住养老院，张大爷在外地也无法赡养老人。经过多方调查，调解员们掌握较为详细的资料，核实了纠纷的相关细节，并将所有调查都做了相应的记录。

3. 拟订调解预案

调解员老王会同其他两名调解员对纠纷事实和相关证据进行分析、判断，拟订了调解预案。准备好消除双方争执的各种可行性方法和技巧，确定调解中当事人可能提出的问题及解决方法以及化解矛盾纠纷所需要的法律法规或政策条款。

4. 确定调解时间、地点和形式

调解员三人根据案情商议后，认为在社区调解室调解该纠纷比较合适；因为双方的矛盾并不是很尖锐，宜采用圆桌式的调解形式；同时还和双方当事人商议确定了大家都方便的时间，然后通知大家在确定时间到社区调解室进行调解。

（三）实施调解

1. 正式调解前的准备

调解当天，老王和两名调解员提前来到调解室，等待双方当事人的到来，然后引导他们在合适的位置就座。

张小姑还请当年办理换房的工作人员来到了调解现场，张大姑也来了，一些邻居也想来听一听。老王在征得大家同意后，也安排他们在合适位置就座。

2. 开出陈述，履行相关告知义务

在第一次面对面调解开始之时，调解员需要一个简短的开场陈述。开场陈述内容包括：调解员的自我介绍，本次调解会议的目的，调解员公平公正主持的承诺，以及调解规则。特别要强调发言礼节，如尊重调解员和对方当事人，不得随意打断调解员和对方当事人的发言，不得有攻击性的语言等；然后告知张爷爷、张小姑和小张有关事项：人民调解委员会的性质，调解的原则，人民调解协议的法律效力，以及当事人在调解中所享有的权利和应承担的义务；并询问双方询问当事人是否清楚以上所告知内容，对当事人不清楚的问题予以解答。

再次询问小张、张爷爷和张小姑是否愿意接受调解，并让他们签字并写明日期。

3.调解的进行

（1）由张爷爷、小张和张小姑分别陈述相关事实。

（2）调解主持人老王概括总结，并确定调解争点：张小姑有无虐待张爷爷的行为及房子的归属。

关于张小姑有无虐待爷爷，小张举出了一些实例，张小姑进行了解释，在场的调解员和旁听的人都认可，张爷爷本人也否认了这一点。再看张爷爷，虽然93岁了，但身体还是比较硬朗，不胖也不瘦，气色也很好。关于张爷爷为什么不能在家住，要去养老院，张小姑拿出了诊断证明，自己是胃癌前期，需要花时间去治疗，不能很好地照顾老人家。在张大姑的提议下，才让张爷爷去张大姑目前所在的养老院。张大姑证明了这一点，并说养老院条件不错。

关于房屋的归属，张爷爷还有点想不明白。张小姑单位的工作人员带来了当年的换房协议及相关手续，上面有张爷爷本人的签字；除当面询问了张大姑的意见外，还现场连线了张大爷，张大爷也在电话中明确表示房子归小妹妹，并责骂儿子，还和张小姑道歉，说教子无方。

至此，事实已经十分清楚了，调解员们首先劝说张爷爷："您看您身体这么好，儿女孝顺，您就好好安享晚年吧。"一席话说得张爷爷乐呵呵。调解员再劝说小张，先用褒扬激励法，表扬小张关心爷爷、照顾爷爷的举动很不错，再用情感唤起法，鼓励小张回忆张小姑在其小时候对他的照顾；最后用换位思考法让其体量张小姑身体有病的困难。

（四）调解结束

经过一番劝解之后，小张深感愧疚，表示这次提起调解有些鲁莽，没把事情弄清楚就怀疑小姑，并给张小姑道歉，张小姑也接受了道歉。大家鼓励以后要继续关心爷爷，经常去养老院看望爷爷。小张也作了相应保证。一场纠纷就此化解。

记录人员将整个调解过程做了记录，让双方当事人签字。

（五）调解回访

调解员老王过了两星期到养老院看望张爷爷，有张大姑的陪伴，张爷爷在养老院已经适应下来，还认识了一些朋友，大家一起聊聊天，有时还下下棋、打打牌，张爷爷对这样的生活还是比较满意的；张小姑正按医生的嘱咐坚持治疗；小张也安心工作。老王将回访获得的情况都记录在回访记录上。

【思考与练习】

1. 人民调解的受理方式有几种，分别是什么？

2. 纠纷调解的程序有哪些，请予以阐述。

3. 如何调查核实纠纷，并拟定调解方案。

4. 调解回访的含义及要求是什么？

5. 根据本章所学，完成下列实操训练。

【情境材料1】

2010年7月21日上午，朝东县琉璃镇陈亿（男，11岁）、黄楠（男，10岁）、杨环（男，10岁）、张超（男，9岁）、吴京（男，9岁）及邹克（男，9岁）因放假没什么事，到镇上网吧玩游戏时相遇，因天气太热便互约同去洗澡，先在小溪河洗了一会儿，后又一起到大河边洗澡，其中邹克不幸溺水身亡。事情发生后，邹克父母以是陈亿喊大家去大河边洗澡为由，纠集几十人到陈亿家中要求陈亿家长赔偿损失，并扬言如果事情不能处理好，谁家的小孩也别想好过。镇调委会几次组织6名小孩的家长对此事进行调解处理，因始终未能达成一致意见，事情迟迟不能了结，邹克家长情绪极度波动，矛盾处于随时恶化的状态。

8月14日，该县司法局在接到镇政府的电话后，立即启动流动调解庭，由局长亲率5名工作人员和法律工作者及时赶到镇政府调处该起矛盾纠纷。在了解上述基本情况后，当即对事情进行了分析判断，拿出了调解的基本方案。

首先积极地做死者家长的思想工作，让死者的父母把心中的悲痛倾诉出来，把心里的想法都说出来，好言好语地安慰死者父母，劝死者父母事已至此，要面对现实，请相信他们一定会把事情公正地处理好。使死者父母冷静下来，心平气和地回到桌面上来解决这起矛盾纠纷，为解决纠纷开了一个好头。调解人员趁热打铁，立即组织6名小孩的家长（即当事人）进行正式的调解。先是采取面对面的方式请各当事人讲清楚事情的经过，由法律工作者对发生的事情进行客观的分析，让各当事人都清楚事情的真相和自己应负什么样的责任，再由各当事人当面表态。由于双方的分歧很大，调解员紧接着又采取背靠背的方法分头做当事人的工作。当了解死者的外公是老师、舅公是国家工作人员后，又及时地做其外公、舅公的工作，把事情的性质和死者家长应负的责任都一五一十地讲清楚，请他们再去做死者父母的工作，把要求放低，只有这样才有利于事情的解决。

当双方的差距快接近时，调解员又让当事人去单独地商议，促使他们更进一步地拉近距离，希望各当事人能互谅互让、和谐共处地把这起纠纷解决好。就这样，经过两天近十个回合，采取多种办法做耐心细致的思想工作、说服工作、教育工作，终于促成死者家长与其他5位当事人达成给予死者家长适当经济补偿的协议，补偿总金额为10万元，每位当事人家长2万元；给付时间为协议签订后7天内；履行的地点为邹某家中。最终使这起矛盾纠纷得以圆满解决，成功地避免了一起可能出现的民转刑案件。

问题：请同学们根据该案调解情况，拟写一份调解协议书。

【情境材料2】

某村村民李某与陈某是相邻关系，陈某所建的房屋旁边留有一条一米多的行人通道。陈某为了方便自己的日常生产，就在行人通道上筑起了宽0.40米的水泥板及路障。李某认为此举给村民的出行带来不便，要求陈某拆除水泥板及路障，但多次与其协商未果。李某多次向市、省、国家信访局信访，多年的邻里纠纷使双方心力交瘁。

问题：本案调解前应如何准备，怎样核实纠纷及如何拟定调解方案？

【相关法律、法规】

1. 《中华人民共和国人民调解法》；

2. 最高人民法院《关于审理涉及人民调解协议的民事案件的若干规定》；

3. 《人民调解工作若干规定》。

第四章　纠纷调解方式的选择

【知识目标】

掌握社区纠纷调解方式的种类及其运用。

【能力目标】

根据社区纠纷的实际情况选择合适调解方式。

【导入情境】

2012年1月4日，某市东南社区梅园新村3栋楼的几户居民神情气愤地到社区反映该栋楼因为一楼下水堵塞后，一楼房主关闭自来水主阀门导致楼上几家均无法用水，日常生活受到极大的干扰，与一楼房主几次协商没有结果。现在他们找到社区请求社区帮助解决。

问题：关于此纠纷应采用何种调解方式？

调解方式是指调解人员在调解纠纷的过程中所采用的具体方式。目前常用的调解方式有：单独调解、共同调解、直接调解、间接调解、公开调解、非公开调解、联合调解等。

一、单独调解、共同调解和联合调解

（一）单独调解

单独调解是指由纠纷当事人所在地或纠纷发生地的调委会单独进行的调解。

这是调解委员会最常用的调解方式之一。单独调解适用于调委会独任管辖的纠纷。这类纠纷不涉及其他地区、其他单位的关系人。调解组织对纠纷双方当事人都比较熟悉，便于深入调查研究，摸清纠纷发生、发展情况，针对当事人的心理特点，开展调解工作；便于督促调解协议的履行；便于解决当事人合理的实际困难。因此调解成功率较高。单独调解应注意因人熟、地熟、情况熟而照顾情面或碍于一方势力所造成的不公正调解等弊端。

（二）共同调解

1. 共同调解的含义

共同调解是指由两个或两个以上的人民调解组织，对于跨地区、跨单位的民间纠纷，协调配合，一起进行的调解。《人民调解委员会组织条例》第7条规定："……跨地区、跨单位的纠纷，可以由有关的各方调解组织共同调解。"那么什么是跨地区、跨单位的民间纠纷呢？跨地区、跨单位的民间纠纷指的是纠纷当事人属于不同地区或单位，或者纠纷当事人属于同一地区或单位而纠纷发生在其他地区或单位的。

2. 共同调解的运用

共同调解民间纠纷与人民调解委员会单独调解民间纠纷的方法、步骤基本相同，但共同调解实施起来较单独调解要复杂，因此，人民调解委员会在与其他地区或单位的人民调解委员会共同调解纠纷时应注意：

（1）共同调解是数个调解组织共同调解一起纠纷，在受理后，必须分清主次，以一个调解组织为主，其他调解组织协助。一般情况下，以先行受理民间纠纷的人民调解委员会为主，其他各方为协助调解方。当有两个或两个以上人民调解委员会同时受理时，应本着有利于纠纷调解的原则确定由其中哪个调委会管辖，并以有管辖权的调委会为主调解，其他有关各方协助调解。

（2）在实施调解前，要详细研究制订调解计划，明确分工。在进行调解时，参与调解的调解组织要相互配合，加强信息交流，协调一致地开展工作。

（3）共同调解，要以事实为依据，以法律为准绳，对当事人要一视同仁，防止小团体主义、宗派主义对调解工作的干扰。

（4）调解协议达成后，各调解组织要以高度负责的精神督促本辖区内当事人认真履行调解协议。

（5）以为主方的调解委员会进行纠纷统计，并做好纠纷档案管理工作。

（三）联合调解

1. 联合调解的含义

联合调解是指人民调解委员会会同其他地区或部门的调解组织、群众团体、政府有关部门，甚至司法机关，相互配合，协同作战，共同综合治理民间纠纷的一种方式。

2.联合调解的运用

联合调解与共同调解既有区别又有联系。联合调解不仅适用于跨地区、跨单位、跨行业的纠纷，久调不决或有激化可能的纠纷，以及涉及调解组织无力解决当事人合理的具体要求的纠纷，而且更适用于调解处理土地、山林、坟地、宗教信仰等引起的大型纠纷和群众性械斗，适宜于专项治理多发性、易激化纠纷以及其他涉及面广、危害性大、后果严重的民间纠纷。联合调解较共同调解规模更大，必要时可在当地党委、政府的统一领导下，发动政府职能部门以及司法机关共同对民间纠纷进行疏导、调解、处理。联合调解是政府有关部门及司法机关与调解组织共同参与调解、处理民间纠纷，将调解组织的疏导、调解同基层人民政府的行政处理、法院的审判活动联为一体的综合治理，因此较共同调解的权威性更强，效力更大。

联合调解处理程序应遵循参与部门的工作程序，如调解程序、处理程序、司法程序。

3.运用联合调解应注意的问题

联合调解除共同调解应注意的问题外，还应注意以下几点。

（1）加强组织领导。联合调解工作对象是大型的、复杂的民间纠纷，需要参与的各部门之间密切合作。因此，必须做好组织、发动工作，特别是面对带有家族性、宗教性的大型纠纷和群众性械斗，专项治理多发性、易激化纠纷，更应加强组织领导，必要时可由基层人民政府出面，制订工作计划，统一部署。

（2）加强调解处理民间纠纷中的信息传递与反馈。大型纠纷往往涉及几个地区或者跨出县界、省界，参与调解处理的部门较多，并且分散。因此，必须加强调解处理民间纠纷信息传递与反馈，使主管领导了解纠纷发生、发展动态，了解调解处理效果，了解群众对联合调解的反映；同时也可使各部门更好地贯彻领导意图，按照民间纠纷调解处理部署开展工作。

（3）要严格政策界线。联合调解往往会与行政处理、法院审判相联系，因此，要严格按照各部门的分工，防止以罚代调，以调代法，严禁越权处理。

二、直接调解和间接调解

（一）直接调解

1. 直接调解的含义

直接调解是指调解人员将纠纷双方当事人召集在一起，主持调解他们之间的纠纷。直接调解可以单独调解，也可共同调解。在实行这种调解之前，调解人员一般都事先分别对当事人进行谈话，掌握处理这起纠纷的底数。

2. 直接调解的运用

直接调解普遍适用于以下几种情形。

（1）情节比较简单的纠纷。这类纠纷事实清楚，经说服教育，当事人能够认清是非曲直，使矛盾得到解决；

（2）矛盾冲突只限于双方当事人之间的纠纷；

（3）当事人隐私或其他不宜扩散的纠纷。调解人员在采用直接调解的方式时，特别需要对当事人做深入细致的思想工作，促使当事人之间和解，在新的基础上增进团结。

（二）间接调解

1 间接调解的含义

间接调解是指调解人员动员借助纠纷当事人以外的第三者的力量进行调解。

2. 间接调解的运用

间接调解方式的运用可分为两种情况：一是针对某些积怨深、难度大的纠纷，动员借助当事人的亲属、朋友的力量，共同做好当事人的思想转化工作。这种调解方式在实践中经常被用来与直接调解结合或者交替使用；二是针对某些纠纷的当事人依赖幕后人为其出主意的心理特征或其意志受幕后人控制、操纵的特点，先着重解决好与纠纷当事人有关的第三者的思想认识问题，然后利用人们对亲近的人较为信任的心理共性，把对纠纷的正确认识通过第三者作用于当事人，促其转变。如有些婚姻纠纷，表面上看是夫妻之间闹矛盾，其实是公婆或岳父母在背后指使、操纵。对这类纠纷，调解人员受理后，应首先从做公婆或岳父母工作入手，解决好他们的思想认识问题，然后再通过他们做夫妻双方的工作，间接调解是人民调解委员会在实践中经常运用的一种工作方法和调解技巧，其中蕴含着深刻的哲学道理。

三、公开调解与不公开调解

（一）公开调解

公开调解是指人民调解委员会在调解纠纷时，向当地群众公布调解时间、调解场所，邀请当事人亲属或朋友参加，允许群众旁听的调解方式。

这种调解形式主要适用于那些涉及广、影响大、当事人一方或双方有严重过错，并对群众有教育示范作用的纠纷，以起到调解一件、教育一片的作用。采取公开调解的方式要注意：

1.纠纷选择要有典型意义，要使群众通过参与调解达到受到法律、政策及社会公德教育的效果；

2.所选择的纠纷不得涉及当事人的隐私；

3.公开调解要注意方法，不能搞成"斗争会"或"批判会"，应以说服教育为主，促成当事人之间和解。公开调解是人民调解委员会通过调解工作宣传法律、法规、规章和政策，教育公民遵纪守法，尊重社会公德的重要方式。

（二）不公开调解

不公开调解是指人民调解委员会在当事人在场且无其他人参加的情况下进行的调解。不公开调解是与公开调解相对而言的。不公开调解是调委会针对纠纷当事人的特点和纠纷的具体情况，灵活采用的调解方式和调解技巧。因此，不公开调解适用于涉及纠纷当事人隐私权的纠纷，如一些婚姻纠纷、恋爱纠纷、家庭内部纠纷和调委会认为不宜公开调解的其他纠纷。有些纠纷当事人心胸狭小，有些当事人认为家丑不可外扬，还有的纠纷内容属于不宜公开的。采用不公开调解，能够使纠纷当事人说出心里话，使调解人员找到纠纷症结，对症下药调解纠纷。

四、导入情境案例操作指引

在导入案例中，因为一楼下水堵塞后，一楼房主关闭自来水主阀门导致楼上几家均无法用水而引发纠纷，纠纷人数虽然较多，但属于社区调委会独任管辖的纠纷。因为它不涉及其他地区、其他单位的关系人。社区调委会对纠纷双方当事人都比较熟悉，便于深入调查研究，摸清纠纷发生、发展情况，针对当事人的心理特点，开展调解工作；便于督促调解协议的履行；便于解决当事人合理的实际困难，所以宜采用单独调解的方式；因为该纠纷情节比较简单，事实清楚，经说服教育，当事人能够认清是非曲直，使矛盾得到解决；且矛盾冲突只限于双方当事人之间。这时，调解人员在采用直接调解的方式时，需要对当事人做深入细致的思想工作，促使当事人之间和解，在新的基础上增进团结。

【思考与讨论】

1. 为何大多数社区纠纷调解应以不公开调解为宜？

2. 与一般的调解方式相比，联合调解是否更为有效？联合调解的优势有哪些？存在的问题是什么？

3. 根据本章所学，回答下列情形中需采用何种调解方式？

【情境材料】

2006年3月31日晚7点左右，位于某市望江街道的潘某家的饭店突然起火，大火迅速蔓延并烧毁了近邻五家的房屋及相关财产，造成了很大的损失。被烧毁的人家情绪非常激动，多次去起火人家进行吵闹，眼看一场大的矛盾纠纷难以避免，如处理不当，可能引起民转刑案件的发生。

社区调委会得知情况后，立即与有关当事人联系，及时地稳定了他们的情绪，并一再告知当事人会处理的，不要采取过激的措施，否则就会由主动变为被动。调委会工作人员在稳定当事人情绪的同时，立即与消防大队联系，请他们对火灾的起因进行调查，并对有关的损失进行核实。经过几天的调查，消防大队鉴定的结果显示，是潘某家的线路老化是导致起火的主要原因。因此潘某家应负主要责任。现在起火的原因及相关的损失已经查明，但要求潘某按全部赔偿可能有点困难，按照消防大队的评估赔偿也有困难，因为当时并没有把全部损失都登记上来。

问题：现由你去主持调解，你应该采用何种调解方式进行调解？

第五章 纠纷调解方法的运用

【知识目标】

理解一般纠纷调解方法的含义，熟悉一般纠纷的不同调解方法，掌握一般纠纷调解方法的适用规则和要求。

【能力目标】

能灵活运用不同的人民调解方法针对不同的纠纷进行调解。

【导入情境】

王春明，系某街道原王庄村居民，共养育四子：王喜、王华、王吉、王洪。2009年年底，王庄村拆迁，王吉先行拆迁，并安置于幸福小区。王春明与其他三个儿子后拆迁拿房，王春明与老伴自此一直与老大一起居住，相安无事。但至2012年，王春明夫妻因家庭琐事想要回自己在拆迁中的面积，单独居住，父子五人由此产生矛盾。11月，王春明在胸口挂"还我主权"的牌子，手里敲着锣，腰间系着导尿袋，带着患病老伴，情绪激动地来到街道上访，要求政府帮他们解决家庭内部安置房分配及赡养矛盾。

1. 如果你是一名调解员，在日常调解工作中会采取什么方法进行调解？

2. 在本案的具体调解过程中，你将采用哪些调解方法？你将怎样具体适用这些方法进行调解？

调解员调解纠纷，必须通过有针对性的方式、手段的运用，才能保证取得较好的调解效果。如果人民调解的方法运用得恰当，可以使人民调解起到事半功倍的效果。反之，如果人民调解的方法运用得不恰当，则可能导致调解不成功，甚至会使纠纷进一步恶化。因此，人民调解方法的运用对于纠纷的调解来讲是非常重要的。正是因为纠纷的多样性决定了用来解决纠纷的调解方法也必须具有多样性，从理论上讲调解方法是不能被概括完全的，因此我们在这里介绍的只能是比较常用的调解方法。

一、纠纷调解的一般要求

纠纷的调解，离不开人民调解组织和调解人员对调解方法的运用。在调解过程中，调解员需要运用何种调解方法只能根据具体纠纷的性质、难易程度、纠纷所处的发展阶段、当事人的性格特征、当事人所处的境地等因素来决定，在同一纠纷的调解过程中也会需要用到多种调解方法，因此调解方法的运用一定是灵活多样的。要想成为一名优秀的人民调解员，必须掌握灵活多样的人民调解方法。

那么，人民调解员进行人民调解应当掌握哪些方法呢？对此，法律作出了一般的规定。《人民调解法》第21条规定，人民调解员调解民间纠纷，应当坚持原则，明法析理，主持公道。根据这一规定，人民调解员在进行人民调解过程中，无论遇到任何类型的纠纷，至少要做到以下几个方面。

（一）及时化解纠纷

调解民间纠纷，应当及时、就地进行，防止矛盾激化，这是调解纠纷的首要要求。及时化解，突出一个"快"字，社区要以"哪里有矛盾纠纷，哪里就有调解"为工作目标，建立由社区干部、社区民警、楼长、院长、单元组长、驻区单位综治成员及社区志愿者骨干力量共同参与的矛盾纠纷排查网络，对矛盾的易发点心中有数，及时发现矛盾纠纷的苗头，发现问题后快速反应，第一时间解决，将矛盾纠纷化解在基层。

（二）通过调查研究弄清事实真相

任何纠纷的公正解决都必须建立在弄清事实真相的基础上。换言之，人民调解组织和调解人员有效解决民间纠纷的前提是，首先应知道是什么样的纠纷，纠纷的真相是什么。如果不清楚纠纷的事实真相，调解工作就无从下手，根本不可能解决纠纷，更无从说起公正调解。

（三）坚持原则的基础上，明法析理，分清是非曲直

在弄清事实真相之后，就要根据法律和相关政策，进一步分清是非曲直。民间纠纷的最终解决就是根据双方的是非曲直确定责任。所以，如果不能分清是非曲直，不能确定谁对谁错，就不能确定由谁承担责任，最终也会导致不可

能公正地进行调解。因此，对任何纠纷进行调解必须根据法律法规和相关政策，明法析理，分清是非曲直，明确纠纷当事人的是与非：是一方过错还是双方过错，过错的原因是什么，以及这种是非与法律和道德的要求有何冲突等。从而在此基础上确定责任承担者，并最终化解纠纷。

（四）公正地对待各方，说服、疏导，消除隔阂

人民调解的性质决定了不论任何纠纷都要采取说服、疏导的方法。在调解过程中，人民调解员要运用国家的法律和政策，根据社会公德和民间风俗习惯的要求，对当事人进行说服、教育，耐心疏导，使当事人的思想觉悟提高，对纠纷形成正确的认识，理性地对待纠纷，互相谅解，消除隔阂，化解纠纷。

采取说服、疏导的方法，要求人民调解员必须把自己放在与当事人平等的位置上，要保持诚恳、和蔼的态度，耐心听取纠纷当事人的不同意见，并做到耐心地对纠纷当事人宣传国家的法律、政策，并且要、公正地对待各方当事人。只有这样，纠纷当事人才会接受人民调解员的说服、教育、疏导。

上述一般方法是对任何纠纷进行调解都必须采取的方法，对民间纠纷调解的一般要求。但是，在人民调解过程中，不同的纠纷又具有不同的性质、特点、难易程度、发展状况，不同的纠纷也存在着影响纠纷的不同因素。因此，对不同的纠纷进行调解，不可能采取完全相同的调解方法。对纠纷调解除了按一般要求做之外，还要针对具体纠纷情形采用适当的一种或几种的调解方法化解矛盾纠纷。

二、纠纷调解的具体方法

（一）苗头预测法的运用

1.苗头预测法的基本含义

苗头预测法，就是要求人民调解员善于洞察和发现纠纷发生、发展、变化的苗头和客观规律，特别是纠纷当事人的思想和行为不断变化的特点，找出纠纷发生、发展、变化的原因，及时确定预防、解决纠纷的对策，把纠纷化解在萌芽状态或者遏制住其发展的势头，避免纠纷发生，防止矛盾进一步恶化、升级。

例如，某社区11号楼王某家兄弟姐妹四人都有工资收入，过去一直关系不错。但近年因照顾一个重病卧床的母亲和一个在市胸科医院住院治疗的父亲，兄弟姐妹之间产生很大的矛盾，关系十分紧张。王某最后走到哪儿都带着一把菜刀，随时有伤人的可能。社区通过走访了解情况后，主动介入，一方面社区工作人员买了牛奶、鸡蛋、挂面到他家看望重病卧床的母亲，另一方面用法律、政策攻心，分别找到了四个子女进行多次调解。经过耐心的思想工作，终于使该家的兄弟姐妹四人在照顾父母亲方面达成一直意见，将此事得以妥善解决，避免事情的恶化。

该案中，在双方纠纷没有发生之前，社区人民调解委员会及时发现，面对将要发生的危险，果断介入，避免了当事人之间矛盾的升级，充分体现了苗头预测在解决纠纷过程中的重要作用，在一定程度上有效地化解了社会矛盾、维护了社会稳定。

2. 运用苗头预测法的基本要求

运用苗头预测法解决民间纠纷必须做好两个方面的工作：（1）在纠纷还没有发生之前，就及时主动地预测纠纷可能发生的问题，进而了解情况，发现问题，把纠纷遏制在萌芽状态，避免纠纷的发生；（2）纠纷发生以后，要做到预测纠纷发展的态势和可能出现的变化，以便采取措施，防止纠纷激化、升级。只有做到这两个方面，才能真正实现苗头预测法的准确运用。

运用苗头预测法解决民间纠纷实际上是人民调解"防调结合，以防为主"工作方针的具体要求。要做到"防调结合，以防为主"，必须及时掌握纠纷发展、变化的客观规律，发现纠纷发展和变化的苗头，洞察纠纷当事人思想和行为不断变化的蛛丝马迹，及时、有针对性地采取措施，进行积极的疏导，把矛盾解决在萌芽状态，防止扩大和激化。

在目前的社区实践中，有成效的社区的通常做法是，通过"民情台账"，细化规范工作，主动走访发现问题。一是主动了解居民的实际困难。每周至少两次，主动到百姓家了解居民最需要解决的实际困难。对于排查到的问题及时解决，有难度的及时上报有关部门。二是特别对于困难家庭、两劳释解人员、法轮功习练者等重点人不定期进行走访，时时掌握其动态，做到心里有数。三是做好登记工作，认真记明当事人的自然情况和纠纷事由，建立翔实档案。

可以说，运用苗头预测法处理纠纷是目前解决民间纠纷的一种非常重要、有效的方法。由于我国正处于社会转型时期，我国民事主体的利益和要求日趋多元化，利益冲突在所难免，纠纷多且容易激化，有些纠纷会处在一种隐发的状态，一旦条件成熟或者一些因素介入，就会爆发，后果会很严重，直接影响社会的稳定。有些纠纷极易出现反复，难以调解。成功地运用苗头预测法就能够主动地预测并掌握这些纠纷的发生、发展态势，面对可能发生的纠纷及发展变化的复杂情况就可以及时采取有效措施进行预防和解决，从而有效预防纠纷的发生，避免纠纷进一步复杂、激化，防止严重态的发生。

（二）面对面调解法的运用

1.面对面调解法的含义

面对面调解法是指调解人员在调解民间纠纷时，将纠纷当事人召集在一起，当面摆事实、讲道理，调解的过程中双方当事人和调解员同时到场的调解方法。

例如，2008年4月21日早上，青藏高原的春天迟迟未到，凛冽的寒风，飘飞的雪花，让人不禁感到天气的寒冷。西北某镇调委会的工作人员上班的时候，只见一个身着绿色上衣的年轻妇女，披着满身的雪花，站在镇调委会办公室门口瑟瑟发抖，喃喃自语道："活不下去了，活不下去了……"看到她那个样子，真的让人感到心疼。调解员上前仔细一问，才知道这位妇女叫吴兰，丈夫王先福十分凶悍，经常对她实施暴力，打骂成了家常便饭，并且还曾提着斧子威胁过她的父母，甚至还因夫妻闹矛盾而烧毁了自家的房子。家中还有一个偏瘫卧床的婆婆和2岁的儿子，沉重的生活压力之下，丈夫依旧恶习不改，两天前，又动手打骂她，并将其赶出家门，无处可去的女人只好在附近山的窑洞中栖身。

调解人员意识到问题的严重性，立即随吴兰前往王先福家所在的村，并找来村支部书记沈国元、村调委会主任李强及双方家长了解情况。经过实地调查了解才知道事情的原因，丈夫王先福与吴长兰已结婚4年，上有65岁的母亲，下有2岁男孩。双方系自由恋爱，婚初感情尚好，后因母亲患脑溢血，导致半身不遂，卧床已有2年，生活不能自理。在王先福外出打工期间，吴兰对婆婆的日常起居照顾不周，以致多次产生家庭矛盾纠纷，影响到夫妻感情，经常出现夫妻间的吵嘴打架现象。此事虽经村调委会多次调解，但收效甚微。4月18日，王先福与吴兰又因家庭琐事发生争执，王先福殴打了妻子，妻子一怒之下便离家出走，在山中窑洞居住了两天两夜。

调解员在了解事实真相后，会同村党支部书记、村调解委员会主任进行了调解，耐心细致对吴、王进行了面对面的劝说和批评教育，据理分析双方的过错，指出作为妻子的吴兰在丈夫外出打工、婆婆患病期间，没有尽到妻子的责任，对婆婆的起居照顾不周是错误的，子女应当孝顺老人，不能因人老、多病而嫌弃，应该发扬中华民族的传统美德，尊老爱幼，笃行孝道。作为丈夫的王先福也应多体谅妻子的苦衷，多做一些说服、慰籍的工作，让妻子在心理上感到宽慰，不能动辄打骂，更不能使用家庭暴力，甚至将妻子逐出家门，家庭暴力是一种野蛮愚昧、违法的行为。同时，积极讲解了《宪法》《婚姻法》和《老年人权益保障法》相关规定。王先福和吴兰都认识到了自身存在的问题，表示今后改正自身错误，最后夫妻俩握手言和，吴兰高高兴兴地回了家。目前，全家人和睦相处，夫妻恩爱，共同致力于发展生产，改善家庭生活。

在本案中，调解员面对的纠纷不是十分复杂，当事人之间存在感情基础，且双方当事人均存在过错的情形，采用了面对面调解法，通过明法析理，指出了双方的过错，让双方认识到自身的问题所在，最后解决了纠纷。

2. 运用面对面调解法的基本要求

面对面调解有利于凸显调解人员的中立地位，保障程序公正。面对面调解法一般在以下两种情况可以适用。

（1）适用矛盾较小，涉及亲情类纠纷。表现为当事人之间或者分歧不大，或者矛盾不尖锐，或者纠纷当事人之间有一定的感情基础，需要坐在一起来解决问题，如家庭、婚姻、邻里、同事、朋友之间的纠纷大都可以运用此调解方法。此类纠纷并不是十分复杂，容易处理。所以让当事人面对面各自说出对纠纷的态度和要求，可以进行更好的沟通，也容易明确双方的分歧，从而进行调解。

（2）适用于双方分歧逐渐缩小，对抗性不强，情绪也较稳定的情形。在调解人员做了大量工作的基础上，当事人双方的分歧越来越小，情绪也趋平稳冷静，有可能进行理智协商的情形下，宜采用面对面调解的方式。在面对面调解过程中，为了防止场面失控局面的出现，调解员必须有能力主导话题、安抚情绪。一旦出现场面失控的苗头，调解员要注意把握时机中止调解。

（三）背靠背调解法的运用

1. 背靠背调解法的含义

背靠背调解法是指调解人员在调解民间纠纷时，分别对当事人进行个别谈话沟通，调解的过程中只有一方当事人和调解员到场的调解方法。换句话说，就是调解时不让当事人直接面对面的沟通，而是由人民调解员分别对当事人进行说服、教育，使双方不断让步，分歧趋于接近，从而促成调解的方法。

例如，2012年11月12日，家住碧桂花园一楼的张某气急败坏地来到社区反映昨天下午她与四楼的马某之间发生的矛盾。事情是这样的，昨天天气好，马某趁着有太阳把家里的被子给晒晒，可被子没有夹，因下午风大，将被子吹落，掉在一楼院子里的房顶上。马某也没有与一楼的张某说一声就翻墙上了房顶自己取被子，不小心踩坏了张某房顶上的瓦。当张某发现并与马某理论时，马某却毫不理会。经了解，两家的矛盾由来已久，张某住一楼，每天院子里都会有许多从楼上扔下来的垃圾，张某很是不满。一次，张某亲眼看到马某扔下垃圾，两人发生口角，两家由此结下怨，一直见面都像仇人一般。这次马某的被子落在张某家，马某也不好意思直接去张某家取，就自己上房去取，可又踩坏了张某家的瓦。调解员们首先对张某的遭遇表示理解，让张某先冷静冷静，也希望两家可以借这次调解化干戈为玉帛。当天调解员又找到马某，马某也向调解员说明了自己的为难之处。调解员劝说马某："大家都是邻居，难道要为了这一点小事而让矛盾越积越深吗？抬头不见低头见的，又何必因此而影响每天的心情呢？这次确实是你错在先，张比你年长，你就主动给老人道个歉，日后大家还是好邻居。"马某听后，也同意调解员的建议。第二天，两人在社区调解室里，马某向张某表示了歉意，张某也接受了马某的道歉，该纠纷就此解决。

在本案中，调解员面对积怨已久的马某和张某，双方的对抗比较激烈，采用了背靠背调解法，先让双方把对对方的怨气发泄出来，再分别做双方的思想工作，结果收到了明显的效果，化解了双方多年的积怨。

2. 运用背靠背调解法的要求

背靠背调解一般适用于调解员需要私下了解当事人的情况，如想了解当事人的谈判底线；或者当事人情绪较激动，双方存在明显的对抗情绪，或者当事人固执己见，对事实的认识分歧较大的情形。在此类情形，如果采用面对面的摆事实讲道理，反倒激化矛盾，使调解陷入僵局。如果此时，调解员分别听取双方当事人对纠纷的看法和各自所持的态度，考察双方的共同点和差异，寻找调解的突破口，然后分别对当事人进行说服、教育，逐步使双方缩小分歧，并形成双方都能接受的调解方案，促使调解成功。

在背靠背调解时调解员特别需要注意，由于当事人互相之间的沟通有赖于调解员的传递，所以调解员一定要谨慎掌握分寸，在传递信息的过程中，既要去除会引起对方当事人不满的用词又要保持表达意见者的原意，不能为了追求调解成功而运用欺瞒等手段。否则就有违调解自愿原则，也会使当事人彻底丧失对调解员的信任。

（四）换位思考法的运用

1. 换位思考法的基本含义

换位思考法就是在解决纠纷时，使调解员和当事人都能站在对方的立场上体验和思考问题，体察对方的感受和态度，形成与对方在情感上的交流，从而理解对方并改变自己的观点、态度和做法，使问题得到圆满的解决。

从纠纷解决情况看，换位思考法的运用体现在以下两个方面：

（1）人民调解员的换位思考，即调解员要站在纠纷当事人双方的立场和角度，促使当事人全面解决纠纷。人民调解员在调解民间纠纷时站在当事人双方的立场和角度进行调解是非常重要的。因为人民调解员在进行调解时，只有从当事人双方的立场和角度来思考，才能真正理解他们的感受及想法，才能知道怎样去进行调解，不至于在调解时引起当事人的对抗。因此调解员站在当事人的立场，有助于与当事人顺利沟通，了解双方的不同观点、感受和想法，得到对方的信任，这样双方的情绪才有可能平静和缓和，能够坐下来理智商议解决方案。调解员一定是要以当事人的心态来理解具体的纠纷，而不能仅仅站在"一般人"的立场来思考当事人"应该"有什么想法、感受和要求。

例如，小美自幼父母离异，一直跟随母亲生活。今年要上高中，可她妈妈却以生活困难为由不再让她继续读书。小美很想上高中，甚至想上大学，可她妈妈说她是异想天开。小美与妈妈数次争吵未果，于是找到人民调解委员会，希望能帮她说服妈妈让其读书。尽管人民调解员多次劝说，小美的妈妈就是不同意让小美继续上学，认为那就是浪费钱，小美出去打工还能挣钱呢。但是，调解员并没有气馁，思索怎样才能说服小美妈妈。调解员认为，每个母亲一定都希望自己的孩子比自己生活得更好。那么，小美的妈妈为什么不让小美继续上学了呢？她是怎么想的呢？于是，调解员不再直接劝说小美的母亲，而是和她聊天。当聊到小美的妈妈因为自己没文化仍然受穷，而村里其他人因为懂技术有文化都富起来时，调解员趁机劝说小美的妈妈，一步一步地引导：你为什么不让小美上学呢？因为你家里生活困难。为什么你家里生活困难呢？因为你没文化。如果你不让小美上学，小美也会没有文化，将来过得可能会比你还苦。你的今天也就是小美的明天。调解员的这些话对小美的母亲触动很大，她终于同意让小美继续上学。

该案中，人民调解员就是通过换位思考，站在当事人的角度感受、分析当事人可能的想法，最终说服当事人，使调解取得了很好的效果。

（2）当事人之间的换位思考，即调解员引导、启发纠纷当事人相互在对方的立场上考虑问题。人民调解员在调解民间纠纷时，除了自己站在当事人双方的立场和角度进行调解外，还要引导、启发当事人之间进行换位思考，只有这样才能使调解顺利进行。

例如，白石村中兴组的郑某和承建其房屋的朱师傅因建房工程款发生激烈的冲突，调解员在调解此纠纷时就采用了换位思考法。原来，郑某想自建三楼，把架模工程承包给赵场街道朱师傅，施工过程中因模板爆裂，混凝土掉落，砸坏了雨棚，造成一系列损失。于是郑某就扣掉6000多元的工程款赔偿损失，导致朱师傅无足够的钱发工人工资。于是，朱师傅带着六七名工人到郑家讨要说法，郑某也约了几个亲朋好友，双方的争斗一触即发。

了解情况后，司法所调解员首先在村干部等人的协助下控制了事态，要求双方冷静，绝不能动手。其次把朱师傅和郑某请到旁边进行调解。原来，朱师傅以前做类似工程时，混凝土都是人工挑送，受力较均匀，而这次是泵车输送，混凝土输送量大且集中，所以导致模板无法承重破裂。但郑某强调他在施工之前对朱师傅说了泵车输送混凝土这个情况，而朱师傅却说没有问题，所以这次损失应由朱师傅承担。调解员批评了朱师傅承包工程时对一些问题估计不足，过于自信，对这次工程事故应承担责任；看到郑某面有得意，话锋一转，对郑某进行了教育，郑某应换位考虑一下朱师傅和工人的困难，工程出了事，工钱未拿到，作为劳动者是什么心情？出事后朱师傅和工人们积极补救，打扫场地，修复模具等，尽可能减少损失。郑某计算的一些损失有问题，如雨棚是按新建时的价格计算的，能不能考虑一点折旧因素等。关键是要"换位思考"，充分体谅对方的困难和想法，才能达到最大的和谐。

听了调解员的话，郑某点头表示接受。最后在司法所的主持下，通过双方互谅互让的协商，郑某少付800元给朱师傅，剩余工程款当场兑付。工人们拿到了自己的辛勤所得，露出了质朴的笑容，纷纷表示："感谢调解员，你们真是我们农民工的贴心人啊！"

作为纠纷的当事人，一般都会存在本位和利己的思想，都想在纠纷中获得最大利益。因此在纠纷调解过程中都会出于自身利益考虑，互不相让，很容易造成矛盾激化，不利于纠纷解决。但是，如果人民调解员引导、启发当事人在考虑自己得失的同时，也站在对方的立场上体会对方的感受，将心比心，以真诚换取真诚，以信任换取信任，就会很自然地为当事人营造相互融通的心理氛围，便于纠纷的调解。

2. 运用换位思考法的基本要求

人民调解员在采用引导、启发当事人进行换位思考的方法进行调解时，一方面要求当事人善于从公正客观的角度出发考虑纠纷的具体情况，寻求合理的解决方法；另一方面要给当事人描述对方的处境，讲述出当事人所不了解的对方的苦衷，并通过类似"如果你是对方，会怎么办""如果是你，你将会……"或者"如果你的亲属是对方，会怎么样"的假设性问题引导当事人思索对方的立场、感受和想法。值得注意的是，人民调解员引导、启发当事人进行换位思考，并不能直接告诉当事人对方的想法及感受，而应当通过告知对方的处境等背景资料并不断提出适当的问题来引导，让当事人自己体会对方的感受，得出正确的结论。这种引导当事人主动的思考可以减少由于对调解员的抵触或不信任而可能对调解造成的消极影响。

人民调解员采用换位思考的方法，要给当事人灌输凡事都要全面看问题的观点，告诉当事人面对纠纷既要考虑自己的理由和利益，又要考虑对方的想法和感受。只有双方都能站在对方的角度去思考、去感受、去体会，才会感觉对方的想法也在情理之中，才能进行有效的沟通。换位思考，实质上是促使双方的相互理解，消除对抗情绪，从而达成和解。

（五）褒扬激励法的运用

1.褒扬激励法的基本含义

褒扬激励调解法，主要是对纠纷当事人本身所具有的优点和长处或者在该纠纷中表现出来的正确做法，运用激励的语言唤起当事人自尊心、荣誉感，调动当事人的积极性，使当事人主动作出让步以了结纠纷的一种方法。调解人员要善于发现当事人的优点和长处，并及时用热情洋溢的话语加以赞赏、表扬，巧妙地唤起当事人的自尊心、荣誉感，不失时机地鼓励当事人以高姿态、高风格来对待纠纷。

例如，2011年10月的某天，某乡郑村村民郑某对同村村民刘某说："李某昨天在村里说，你家夏某好像和吴某有不清不楚的关系啊！"当时刘某对此非常生气，回家就把原话学给了夏某，夏某一听顿时火冒三丈，手提着大菜刀就要找李某对证，如果李某说不出事实来，就用刀把他杀了。刘某一见夏某眼睛都红了，知道大事不好，她怕夏某闯出祸来，就死死抱住夏某不放，并大喊儿子晓光快去叫人来。晓光刚跑出家门找到了人民调解员老张。晓光一见老张就哭着说："张叔，不好了，快到我家看看吧，我爸要杀人了！"老张听后二话没说，跟着晓光来到夏某的家里。好险哪，刘某已经拖不住他了，如果再晚来一会儿，后果就不堪设想了。老张立即上前，夺下了夏某手中的大菜刀。夏某见是调解员老张前来阻拦，委屈地说："老张，今天我要找李某算账去，他要是说不出个事实来，我就宰了他！老张，今天这事你管不了，就别拦我了，让我去找他算账！"老张看到夏某的情绪非常激动，就说："夏某，我知道你是个明白人。村子里的人谁不说你是清清白白做人？甭管出了什么事，你可不要一时激动干出傻事，到时候你可是后悔也来不及啊！"夏某说："老张，你可要还我清白啊！李某到处造我的谣，说我和吴某有关系，这叫我以后怎么做人？"老张感到这个问题很严重，因为他很明白夏某和吴某的为人，但在把事情真相查清楚前，首要的问题是先稳定住夏某的情绪，不能让他胡来，于是他说："夏某，你还不了解事情的真相，就这样提着大菜刀找人家算账，你就没想过要是搞错了怎么办？你是什么样的人，大家心里都有谱，你这样大动干戈又是何必呢？我一定调查清楚事情的真相，还你一个公道。"一连串语重心长的话语，打动了夏某。老张经过各个方面的调查，终于弄清了事情的真相。原来，郑、夏两家是近邻，前几天两家为了孩子的一点小事发生了口角，郑某怀恨在心，为了达到泄私愤的目的，他就节外生枝地编造了这些假话。情况弄清了，调解员老张把夏某、刘某和李某找到调委会，当面向他们讲明了事实的真相，批评了夏某遇到事情就跳，夏某这时才如梦方醒，他说："今天要不是老张及时把事实弄清楚，我就可能已经成为杀人犯了，根本不可能再安静地坐在这里了。"老张又来到郑某家找郑某谈心，向他挑明了一句流言所带来的严重后果，差一点闹得人家家破人亡。他还向郑某讲明了法律的规定，指出有意见可以和邻居好好谈，编造谣言破坏他人名誉的做法，是法律所不允许的。经过老张的一翻工作，即将激化的矛盾得到了解决。

本案中的调解员老张运用了褒扬激励法成功地解决了这起险些激化的纠纷。调解员老张刚看到夏某时，夏某的情绪十分激动，表现在他竟然要拿着大刀和别人算账，而且他对老张所说的两句话基本是不包含实质性内容的相同含义的重复。老张深知如果不把夏某的情绪稳定下来，他将无法弄清事情的前因后果，也就无法有针对性地劝说夏某。于是他通过列举大家对夏某的众口一词的积极评价，肯定了他的为人。夏某听到老张的话语，果然情绪开始平复，并向老张倾诉了他的委屈。老张一边指出他冲动行事将会造成严重后果，一边告诉他大家相信他的为人，要他保持冷静。老张抓住夏某因为被人造谣而产生的委屈不满，侧重向夏某表明了对他人格上的信任。老张对夏某恰到好处的赞扬有效地稳定了夏某的情绪，使他得以最终放弃做傻事的念头。

2. 褒扬激励法的作用

（1）平稳当事人的情绪。通过上面的案例，可以看出，褒扬激励法确实能够平复当事人的情绪。因为喜欢接受表扬是每个正常人固有的心理特征。每个人都希望得到别人的支持和肯定，而对批评一般都比较反感。因此，当纠纷出现后，人民调解员通过对当事人表扬激励，使当事人的抵触心理得以缓解，使当事人激动的情绪趋于平静。这样，就可以为调解工作创造一个良好的氛围。

（2）赢得当事人的信任，缩短人民调解员和当事人之间的距离。在调解纠纷中，调解员可以通过运用褒扬激励的方法赢得当事人的信任，缩短与当事人之间的距离。调解员一般是产生于群众中的，来自最基层，他们一般与当事人比较熟悉，但这并不意味着调解员肯定能赢得当事人的信任。如果调解员基于各种原因无法得到当事人的信任，即使调解员说话头头是道，分析事情有条有理，当事人也可能不愿听从他们的建议。而调解员如果能恰当地夸奖当事人，可以减轻他们之间的生疏感，当事人会感觉调解员很了解自己。而且调解员对当事人的赞扬，表明了调解员对当事人某个方面的认同与支持，从而人民调解员也就能够取得当事人的信任，并会被当事人看作"一伙的"。此外，当事人"投桃报李"的心理，使他们容易接受人民调解员的劝解。此时，当事人也会较平静地向人民调解员讲述自己的观点，表明自己的态度。调解也就容易取得成功。

（3）通过褒扬激励法，还可以堵住当事人反复的后路。对当事人给予肯定的评价，等于公开给他人贴了一个好的标签，会使当事人以此为衡量自己行为的标准，从而不会作出与此相悖的行为，这时再提出符合该标签特点的要求，当事人为了名符其实，就会同意调解员的要求。

3. 运用褒扬激励法的基本要求

（1）使用褒扬激励法需要注意以下技巧：①不能无中生有地奉承或进行虚伪的称赞。对当事人的赞扬应该是针对当事人实实在在、真真切切的优点或长处，是当事人自己认可的闪光点。如果是进行无中生有的奉承或进行虚伪的称赞，可能会被当事人误解，以为是讽刺，最终不信任调解员，导致事与愿违。要做到切实地赞扬当事人，需要对当事人有一定的了解，因此，调解之前，一定要尽量熟悉当事人，分析当事人的性格特点。②对当事人的赞扬、激励要注意分寸。即对当事人的赞扬、激励要恰如其分，不能夸大。否则，当事人会怀疑你的真诚，从而影响调解的效果。③人民调解员可以选择多种多样的赞扬的方法。人民调解员可以直接肯定当事人的优点，这样产生的效果更直接；也可以通过间接表扬的方式达到预想的效果。如可引用当事人尊重信任的其他人对他的评价，也可引用大家对他的一致看法，甚至引用对方当事人对他的客观积极的评价。

（2）适当运用"二分法"，即人民调解员对这类纠纷进行调解时，不能一味地赞扬激励，一定要注意当事人行为的两面性，对正确的方面要充分给予肯定，对错误的方面要进行必要的批评。也就是说，人民调解员对这类纠纷进行调解时，不能一味地赞扬激励。这样只会助长纠纷当事人的气势，反而不利于调解。因此，人民调解员在对这类纠纷进行调解时，一定要注意当事人行为的两面性，对正确的方面要充分给予肯定，对错误的方面要进行必要的批评。

（六）情感触动法的运用

1. 情感触动法的基本含义

情感触动法就是在调解中利用亲情、友情、族亲、邻里关系和调解员的情感方式打动当事人促成和解的方法。因为当事人发生纠纷大都处在当地或者当地附近，所以很容易在当地找到促进纠纷解决的感情调解办法。而且调解员也能够在调解中了解到当事人之间存在的亲缘或者乡邻关系，邀请亲友、长辈和有名望人士协助，再加大其调解的教育说服力，通过调解员不遗余力的情感疏导和唤醒，一般顾情面的当事人便能够接受其调解而化干戈为玉帛。

尤其对那些感情基础较好的纠纷当事人，通过使他们回忆从前相处，或者共同生活、共同经历的情与景，使其重温过去的美好时光，再现同舟共济、相互包容、相互理解、相互支持的历程，体会到他们从前的深厚感情，从而产生心灵触动，使纠纷得以解决的调解方法。

这种方法一般适用于同事、朋友、家庭、婚姻等当事人之间具有感情基础的纠纷。当同事之间、朋友之间、父母子女之间、兄弟姐妹之间、夫妻之间出现纠纷时，基于一时的气愤或情绪激动，一方当事人一般不会顾及他们之间的友情、亲情、血缘关系，往往会与对方强烈对峙，甚至恶语相加。但是，一般情况下，他们之间的纠纷并不是不可协调、不可化解的纠纷，只是由于双方一时的冲动、不理性的行为导致冲突，他们之间有着广泛的和好空间。怎么样促使他们和好并解决矛盾？无疑，需要人民调解员引导当事人回忆从前相处的时光，唤起他们的感情，通过情感触动，让纠纷当事人想到对方的好，从而对自己的行为进行反思，最终作出妥协或回心转意。

2. 运用情感触动法的基本要求

该种方法的运用是基于纠纷当事人之间有着较好的感情基础，他们之间的纠纷可能通过情感的因素得到化解和解决。因此，人民调解员如果运用该种方法进行调解，事前一定要做好充分的调查工作，首先了解纠纷当事人之间是否有着较好的感情基础；其次充分掌握纠纷当事人之间相处或共同生活的经历，即掌握大量的第一手材料。这样，才能够恰当地运用该种方法，并运用手中掌握的材料达到唤起旧情的效果。如果纠纷当事人之间没有良好的感情基础，则不能运用该种方法，否则，结果可能适得其反。

此外，在运用情感触动法时还需注意利用其他可资利用的感情因素，不要只盯着纠纷双方当事人的感情因素。例如，夫妻因感情不和而离婚，可以利用父亲或母亲对孩子的爱，让双方和平分手。

（七）明法析理法的运用

1. 明法析理法的含义

明法析理法就是指调解员在调解过程中向当事人讲解法律法规和政策规定，向当事人讲明道理，纠正他们的某些错误观点，让他们意识到自己的有些行为和主张是于法不合、于理不通的，若他们一意孤行可能要承担不利的法律后果，从而引导当事人按照法律规定的思路寻找纠纷的解决办法。

很多纠纷的产生，是由于当事人对法律不甚了解或者只是一知半解，如果调解员能够把法律的规定诠释透彻，把案情同法律规定有机地结合起来对照分析，当事人可能会很容易接受；对于法律没有规定的，也可以结合政策法规、公约良俗讲解，当事人也会接受而听从调解员的引导把纠纷妥善了结。

案例引导法也是明法析理法中较常用的一种调解方法。案例引导法是指运用调解成功的相似案例或者法院的相似判例，提供给当事人参考，充分运用法律的引导和宣传作用，与当事人共同进行分析，引导当事人进行比对、理解，并对自己诉求有合理预期，最终达成调解协议，使案件得以妥善了结。

调解成功的典型案例具有研究的价值，也有让当事人参考的作用。如果调解员能够用它引导当事人像这些典型案例那样的当事人去理解、比较和对照，当事人自然会感觉到自己应该有所退让才能把纠纷解决，或者完全有必要听从调解员的调处使案件归于了结。

2. 运用明法析理法的要求

明法析理法的适用对象大多是法律意识淡薄、法律知识欠缺的当事人，他们往往按照自己固有的思维和意识分析、处理问题，只顾及一己之私。这就要求调解员有足够的耐心，特别是在某些涉及农村的案件中，当事人文化水平低，有的甚至是文盲，对于有些法律问题时往往需要反复讲述和解释，而当事人多是听不进去，"认死理"。这就要求调解员，有时用当事人听得懂的语言，有时甚至要用一些土语方言来解释某些问题。

在使用明法析理时，根据纠纷情况的不同，调解员需要耐心地向当事人释明法律，调解员也需要运用严厉的语气、简短明了的语言，对当事人进行法律震慑。

在运用明法析理法时还要巧妙地运用社会舆论对当事人的影响力，因为大多数纠纷当事人都会很在意周围人对他们的道德评价，如果当事人的行为明显违背道德的要求，肯定会受到舆论的谴责，舆论的压力会促使当事人选择更符合社会道德观念的行为。

（八）利弊分析法的运用

1. 利弊分析法的含义

利弊分析法是指调解员从各方面为当事人分析接受调解或接受某一调解方案的利和弊，从而引导当事人作出最理性最有益的选择。弗洛伊德说过，一个人做一件事，不是为了得到一些乐趣（利），便是为了避开一些痛苦（弊）。所以，利弊是做与不做任何事情的理由。问题是几乎任何一个选择都是利弊共存的，既然我们没法找到只有利没有弊的选择，我们就要学会权衡。当事人在面对纠纷时，其思想往往具有局限性和片面性，容易固执地盯着事情利的一面或者弊的一面，从而坚持自己的观点不肯妥协。作为调解员，就要启发、引导当事人从事情的多方面对利弊进行综合分析和思考，在客观权衡之下作出最有益的选择。

2. 利弊分析法的运用

可以引导当事人进行利弊分析的方面主要包括：解决纠纷所需的经济成本，时间、精力等方面的成本，纠纷的持续或解决对工作、生活等的影响，对未来需维系的人际关系、情感关系的影响，对个人声誉的影响，若调解不成涉诉的成本和支出，败诉的风险，胜诉以后执行不能的风险，案件的社会影响，等等。

利弊分析法是在调解中最常用的调解方法，同时它又是一个综合性的调解方法，利弊分析法的运用过程中往往需要同时运用到明法晰理法、情感触动法等调解方法。

（九）热处理法和冷处理法的运用

1. 热处理和冷处理法的含义

所谓"冷处理""热处理"是指调解员在调解工作中要掌握纠纷的火候，适时采用不同方法，有的纠纷不要急于求成，宜放一放，给当事人一个思考、回旋余地；有的纠纷则需趁热打铁，快刀斩乱麻，否则将夜长梦多，使案件激化，造成恶劣的后果。

热处理法适用于纠纷单一、事实清楚或双方当事人认识上基本一致的纠纷。此种纠纷一旦发生，应立即组织人员调解，避免久拖不决，使矛盾纠纷扩大或激化；还适用于时间紧、危害大，不及时解决，就可能导致矛盾激化，造成人身伤害的纠纷。如打架斗殴、停水断电、水质污染、影响生产生活等纠纷，必须立即解决，将损失控制在最小范围内。

冷处理法一般针对比较激烈的纠纷，这类纠纷的当事人一般文化水平比较低，或者脾气暴躁，容易冲动失去理智。

2. 采用热处理和冷处理法的要求

调解员在面对纠纷时，一定要临阵不乱、冷静思考，分清纠纷的性质，判断采用的方法；注意缜密把握事态的发展，及时采取措施。因此调解员的本身的素质和应变能力及处理问题的能力至关重要。

（十）现场调解法

1. 现场调解法的含义

现场调解法是调解员亲自到纠纷发生的现场或者纠纷发生地了解、勘查、比对案件事实情况，获得了可靠依据后组织当事人双方现场调解的方法。到现场调解有两个目的，一是方便当事人；二是可以在现场获取当事人双方均不能举证解决的疑难问题。调解员能够亲自到纠纷发生地不仅是当事人比较欢迎的，而且可以实地指认，让当事人真正明白对错的原因，容易使调解员与当事人之间相互沟通，使调解员就案情的分析判断后作出正确的处理。此法主要是针对不易判明的事实而使用，也是减少当事人跑路、促使当地群众接受法治教育的好方法。

例如，2010年6月的一天，淮北平原艳阳高照，机声隆隆，人声鼎沸，农民们正在抢收抢种，一派繁忙的丰收景象。突然，某调委会的电话铃声骤然响起，调解员拿起电话，话筒里传来急促的声音："我们是外地的收割机主，因收割费用与当地农民发生纠纷，数台收割机不能作业，给我们造成很大损失，求求你们到现场帮我们处理一下，谢谢你们！"听到这个消息，调解员意识到现在正是抢收抢种的关键时节，情况紧急，立刻问明他们的作业位置并答应马上就去。

十分钟后，两名调解员赶到纠纷现场，分别找双方当事人了解情况，弄清了事情的原委。原来是因为农民们嫌收割机主留的麦茬长，影响下一季的耕种，不愿给付收割费用，而收割机主则强调麦茬长是因为地太潮，麦秸湿度大，收割机无法割浅，不是故意造成的。听了双方的陈述，调解员到麦地实地查看小麦情况，并让收割机主现场收割，结果证实收割机主所言属实，麦茬长确实是麦秸潮湿所致，属自然原因，并非收割机主故意所为。了解到事情真相，调解员针对今年气候反常，小麦生长期延长，现在正值抢收抢种时节，分别作双方的思想工作。通过辩法析理，向农民讲清因为气候反常，造成小麦麦茬长，不是收割机主人为造成的，按照法律规定，应该按事先约定的价格给付收割费用。通过调解员耐心细致的说服劝解，收割机主和农民终于握手言和，农民将收割费用全部付清。金黄色的麦田里，收割机又唱起了欢乐的歌声。

在本案调解中，针对纠纷发生的情况，调解员及时赶到现场，听取双方的意见，并查看双方所说是否属实。再根据现场调查的情况进行辩法说理，终于化解了纠纷，挽回了收割机主的损失。

2. 运用现场调解法的要求

对界址、引水、通行等相邻关系纠纷，需采用"现场调解法"。这类纠纷往往当事人各执一词，情况千差万别，调解时调解员应到现场勘察了解，邀请有关专业人员和村干部、邻居和亲朋好友参加，由当事人陈述理由，出示证据，大家共同评判是非，作出合理的结论，最后再说服有过错的一方，促成纠纷的调解。

对有现场可查的纠纷，尤其是权属类纠纷案件，如停止侵害、排除妨碍、承包经营权、林业承包合同纠纷、污染纠纷等，即使路再远、山再陡也要坚持到争议发生地实地查看现场，现场了解原被告诉争的实际情况，并向当地群众了解纠纷产生的原因，倾听他们的意见，在可能的情况下，寻求他们的配合，做到就地调解。

（十一）重点突破法的运用

1.抓住主要矛盾调解法

（1）抓住主要矛盾调解法的含义

抓主要矛盾调解法是指调解员在调解时，依照纠纷的具体情况，抓住纠纷发展过程中起决定作用的矛盾进行调解的方法，即抓住当事人最关心的核心问题进行调解。

2008年7月15日，九龙岗镇陈前村九组的拆迁工作发生了停滞，严重影响了全镇的拆迁进度。拆迁工作组了解原因，得知该村九组陈某的应征土地房屋发生了疏理不清的房屋产权纠纷后，请求某调委会立即介入该起纠纷，及时化解矛盾。

该调委会受理该纠纷后，首先来到陈前村九组，通过多次详细了解，找到了纠纷的根源，表面上，纠纷是由陈某拆迁房屋中前院所建两所房间所有权引发，其本质则为陈某的三哥（即前院所建房屋的前主人）因其七弟陈某在一年前因另一起案件将三哥告上法院，三哥认为在村民中失了面子，因此，在此次拆迁时，才发生上述纠纷。了解清楚纠纷的实际原因后，调解员多次到陈家三哥家中，利用亲情、兄弟情化解纠纷，后得到圆满化解。

在本案例中，调解员起初以为是调解拆迁纠纷，调查之后发现真正的问题是陈家三哥与七弟的矛盾，经过多次说服，终于化解兄弟二人的矛盾，使得所谓的拆迁纠纷迎刃而解，使拆迁故障顺利进行。

（2）运用抓住主要矛盾调解法的基本要求

首先，人民调解员要立足于对纠纷的全局和整体的深刻认识和准确把握。

其次，既要善于捕捉主要矛盾，注意采取有效措施集中力量解决好主要矛盾，又要注意根据纠纷的发展变化，判断主要矛盾和次要矛盾的转化，调整自己对主要矛盾的认识，修正调解方案，有效掌握调解工作的主动权。

最后，抓住主要矛盾进行调解并不意味着忽视次要矛盾的解决。

2. 抓住关键人物调解法

（1）抓住关键人物调解法的含义

抓住关键人物调解法，就是调解员在调解纠纷过程，抓住纠纷当事人中起关键作用的人物，首先对其说服、劝解，形成初步调解结果，从而带动其他纠纷当事人接受该调解结果的方法。

在某些群体性的纠纷中，某些纠纷当事人往往对纠纷的性质、事态并不会产生多大影响，他们往往是追随着某些纠纷当事人，听从或者参考这些纠纷当事人的意见，见机行事，随波逐流。因此，在调解时，只要集中力量，突破这些"关键"当事人的防线，那么整个纠纷也就容易解决了。

例如，阳春三月，一个喜讯传遍××办事处的各个社区：为照顾特困户，区民政局分给××街道两套廉租房指标，办事处要对全街36户特困户采取摇号的方法，确定这两套廉租房的居住权，区公证处将现场监督整个摇号过程，确保公正。鼓楼社区居民吴某、常某和王某等因没有摇中，心怀不满，经常到办事处吵闹，这三人均为无业人员，丧失劳动能力，且吴某系解教人员，且喜欢胡搅蛮缠，办事手段狠毒，在教养期间曾虐针自残。3月11日中午，常某、王某随吴某喝酒后又来到办事处社区建设指导科大吵大闹。调委会主任雷玉杰听到后，立即赶去处理，并把二人带到司法所办公室进行调解。在调解过程中，吴某态度蛮横，不听劝解，常某及王某不断给吴某帮腔、附和。后来，吴某把手中大雪碧瓶子中的液体从头到脚倒下来，办公室里刹那间充满了浓烈的汽油味，只见吴某手中拿着打火机大声叫喊道：要是不给我房子，我就点火！这时屋外走廊里挤满了人，只要吴某手指一动，一场惨祸就不可避免，气氛顿时高度紧张起来。雷玉杰同志心里一惊，但他很快镇定下来，他以平和自信的语调规劝吴某说："你有什么事慢慢说，政府为你们办实事，是你自己没有抓住机会嘛，只要你不办蠢事，以后还有机会，有什么要求可以提，要多替自己的老婆孩子着想，仔细想想这样做的后果。"雷玉杰同志以沉着冷静平和自信的态度，把吴某镇住了，简练而深刻的调解语准确地击中了吴某等人的要害，打击了他们的嚣张气焰。雷玉杰趁机将吴某手里的打火机拿了下来，脱去了吴某被汽油浇湿的衣服。一场恶性事件就这样避免了。

该案中，吴某是这起纠纷的关键人物，常某和王某都是看吴某的脸色行事的，跟着吴某无理取闹。如果先把吴某镇住，常某和王某就好办了。在突发情况下，调委会主任雷玉杰，用沉着自信的态度和简短有力的语言镇住了吴某，将危机化解，避免了异常恶性事件。随着事后调解工作的跟进，这三人再没有到办事处吵闹。

（2）运用抓住关键人物调解法的要求

该种方法的运用，在于首先确定谁是纠纷中的关键人物。只有确定了谁是纠纷中的关键人物，才能对其集中精力进行突破。这就要求人民调解员必须通过细致的调查，了解每一个纠纷当事人的具体情况，特别是每一个纠纷当事人在纠纷中的地位和作用，找出影响纠纷解决的关键人物。只有这样，才能有效地抓住关键人物进行调解。

3. 先易后难、逐个击破法

（1）先易后难、逐个击破法的含义

采用先易后难、逐个击破的方法进行调解，就是在人民调解组织和调解人员对纠纷进行调解时，先对纠纷中比较容易接受调解的当事人进行调解，达成调解协议，然后再对较难接受调解的当事人进行说服、劝导，最终使调解成功。

（2）先易后难、逐个击破法的具体运用和基本要求

当不同的纠纷当事人对解决纠纷的态度不同时，人民调解员可以通过背靠背的方法，先对容易接受调解的纠纷当事人动之以情、晓之以理，达成调解协议。然后再对其他纠纷当事人进行说服教育，让其他当事人知晓调解的底线，知道再无理取闹也不会有结果，从而最终接受人民调解员的建议。

（十二）模糊处理法的运用

1. 模糊处理法的含义

模糊处理法，是指人民调解员调解纠纷时，对一些非关键又无法调查清楚的事实不进行深入调查，对纠纷当事人之间的一些非原则性问题，并不进行细致的分析和探究，而是出粗线条地作出处理的调解方法。

由于民间纠纷所涉及的某些事实并不能清晰地进行判断，或者纠纷的处理结果不宜绝对地"一是一，二是二"。如果在这些枝节问题上斤斤计较反而会影响调解的效果。采用模糊处理法就可以避免这些问题。模糊处理法并非无原则地调解，同样需要建立在以法律和政策为依据、分清是非责任的基础上。

2. 模糊处理法的基本表现和运用要求

调解人员运用模糊处理法并不是无原则地调和、各打五十大板，而是建立在以法律和政策为依据，分清是非责任，保护受侵害一方当事人的合法权益，让有过错方承担相应义务的基础上。

模糊表述。在纠纷的调解过程中，难免会碰到一些问题不宜作出非此即彼的判断。在这种情况下，态度鲜明地表态是不必要的。此时，就应进行模糊表述。而且，现实生活中大量现象的模糊性及人的某些认识的模糊性，也决定了某些问题模糊表述的必要性。在纠纷调解时更是如此，特别是对一些一时难以分辨或难以启齿的问题，运用模糊表述的方法效果会好一些。

模糊传达的双方信息。对于那些当事人双方意见分歧较大、情绪波动大、对抗较严重的民间纠纷，人民调解员对于双方陈述的事实、表达的要求要适当"过滤"后再传达给对方。这样就可以避免当事人的分歧和对立升级。

模糊调查。人民调解员在调查此类纠纷的具体情况时，特别是在了解纠纷的具体事实时，不要企图把纠纷发生过程中的每一个事实、每一个细节、当事人的每一个行为及所说的每一句话都调查得清清楚楚，这既没有必要也不可能。所以，要采用一种模糊的方式对纠纷事实进行调查，其调查程度只要基本脉络清晰、基本事实清楚，足以分清是非责任就可以了，某些不易查清且不影响纠纷当事人责任认定的事实可以忽略。

模糊调解。模糊调解强调在调解过程中，人民调解员只要在大是大非的基础上，使当事人双方的权利和义务得到保障和明确、协议得以达成就可以了，不需要对任何问题都面面俱到查证属实并严格区分责任。因为，对责任的严格区分有时是不可能的：有些纠纷确实很难确定纠纷双方当事人的责任；有些纠纷如果严格区分责任，并绝对地要纠纷当事人承担责任是不现实的。这样的做法往往导致调解不成功。所以，在有些情况下，人民调解员要求纠纷当事人承担的责任只要基本符合法律的规定，双方当事人没有异议就可以了。当然，模糊调解并不等于和稀泥，调解的基本原则还是要坚持的，谁是谁非也必须分清楚。

模糊批评。模糊批评就是在调解过程中，对当事人的模糊行为、错误思想，在适当的时机和场合指出来，但不能过分指责和死死抓住不放，而是强调"点到为止"。模糊批评实质上就是既适时、适当指出纠纷当事人的错误，又让纠纷当事人接受，不致让当事人感觉人民调解员是专门针对自己的缺点、错误进行说教。要程度适当，恰到好处。

例如，某市华港社区79岁的徐阿婆是位独居老人。今年7月21日中午，她用煤气灶点火做饭时，靠左侧台面下的煤气罐瓶口处突然发生爆燃。徐阿婆来不及多想，立即用双手关闭煤气罐的总阀门，之后迅速用冷水冲洗双手，并涂抹了能治疗烫伤的药物。由于徐阿婆处置得当，未酿成大祸。随后，徐阿婆向某市消协投诉，要求液化气公司进行赔偿。

7月22日，某市消协工作人员来到徐阿婆家调查，发现徐阿婆的双手内臂处仍呈淡红，左手臂未涂抹药物的地方有两个水泡。徐阿婆说，7月21日上午，她刚换了市某液化气公司送来的煤气，但送气员没有将连接阀拧紧，导致煤气泄漏，而且也未试一下点火开关。而在此之前，该液化气公司的送气员每次都会主动帮助她把煤气罐放置妥当，拧紧连接阀，试一下点火开关后才离开，唯独这一次没有做，导致了事故发生。

某市消协工作人员与液化气公司取得了联系。该公司技术人员不认同徐阿婆的说法，他们认为，可能是徐阿婆忘记了关闭灶前阀，导致煤气泄漏，再次点火时，瞬间发生爆燃事故，着火点应在右边的煤气灶，而不可能在煤气罐瓶口处爆燃。

消协工作人员带着双方的意见和厨房简易平面草图，来到区消防大队请教。消防人员认为，除了上述两种可能外，不排除第三种可能，即由于煤气罐处相对密闭，如果煤气罐瓶口处连接阀未拧紧，煤气容易聚集，在煤气灶打出火星的瞬间，引燃煤气罐周边的煤气，导致爆燃。

经过某市消协耐心细致的调查，事故双方确认了以下事实：徐阿婆被煤气灼伤双臂，头发表层有被火焰燎过的痕迹，一件上衣左胸部位过火后硬化，不便穿着；双方有长期供用煤气的书面合同；7月21日上午，液化气公司的2名工人送气到徐阿婆家，并帮助连接，未试点火开关；徐阿婆手脚灵便，视力正常，思维清晰，语言表达清楚。

由于徐阿婆未在第一时间报火警，消协人员又是在事故后到现场调查的，谁也没办法重现事故发生前的场景。在这种情况下，若要彻底查清事实，分清责任，几乎是不可能的。但如果就这样终止调解，徐阿婆心绪难平。如果消协工作人员坚持谁主张谁举证；以事实为依据，以法律为准绳；过错责任追究制等调解原则，调解又难以进行。到底该怎么办呢？

为了妥善处理这一纠纷，某市消协多次召开讨论会，最终决定，引入模糊集合理论中的不确定性和信息理论，用模糊调解法处理这一难以分清责任的小额消费纠纷。也就是说，在充分尊重双方当事人意愿的情况下，按照双方当事人意思自治的原则，对煤气爆燃的起因、双方的责任采取模糊处理的方式，不再计较，动员当事双方互谅互让，求同存异。

在某市消协工作人员的陪同下，液化气公司的2名工作人员专程来到徐阿婆家，当面致歉，并送上500元慰问金。此时，徐阿婆的心结终于打开了："只要你们有个态度就行!"

在本案例中，某市消协处理徐阿婆的小额消费纠纷时，很难彻底查清事实，分清责任，调解人员采用了模糊处理调解法，对煤气爆燃的原因和双方的责任采取了模糊处理的方式，使纠纷得以解决。

（十三）舆论压力法的运用

1. 舆论压力法的含义

舆论压力法，就是人民调解员在进行调解时，通过提示当事人关注周围的人对此事的看法和评价，给纠纷当事人造成一种压力，使得纠纷当事人放弃自己不正当的要求，从而达成调解的方法。

例如，某社区居民贾某（35岁，在市某委办局工作，离婚并有一个小孩），2010年与26岁的女青年李某处上了对象，由于未婚同居，李某怀孕做过一次人流。2012年4月两人反目散了伙，李某同父亲找上门来，说误了女儿青春，要求贾某赔偿青春损失费1万元。为此两家闹得不可开交，搅得四邻不安，差点动了刀子。

为了解决贾、李二人的矛盾纠纷，街道和社区真是伤透了脑筋，因为二人找法院，法院说不受理，闹到派出所，问题还是没法解决，无形中增大了调解的难度。但是，街道和社区调委会为了防止矛盾激化，毅然担起了调解的职责，苦口婆心地反复做双方的思想工作，使双方的情绪逐渐稳定了下来，可是由于双方分歧太大，没有达成调解协议。

调委会没有气馁，分析认为，贾、李双方虽然闹得很凶，但都存在着一个致命的弱点，他们都在行政机关工作，大小是个有身份的人，都怕把事情范围扩大，在单位造成不好的影响，在这种情况下，只要趁热打铁，采取攻心为上的策略，击中双方的共同弱点，问题还是有望得到圆满解决的。于是调解员再次找到双方，进一步规劝道："你们都想尽快了结此事，好舒心静气地干工作、过日子，我们也有我们的一摊儿工作，实在没有精力跟你们继续缠下去了，不行就同你们单位联系来共同解决这个问题吧。"李某的父亲首先发表反对意见，说："不行，如果单位都知道了，女儿今后还怎么找对象？"贾某也表示不同意。调解员因势利导，终于使双方达成了调解协议，贾家同意给李某一定的补偿，贾、李两家也从此化干戈为玉帛。

2. 舆论压力法运用的两种情况

一种情况是"熟人社会"。主要表现为在乡村、单位内，甚至城市生活小区内发生的纠纷。另一种情况是纠纷当事人为知名人士。

3. 运用舆论压力法的基本要求

（1）人民调解员一定要了解公众对此纠纷的看法。

（2）要注意分辨哪些舆论是正确的，哪些舆论是错误的。

正确的舆论导向，会给拒不履行法律义务或提出过高要求的当事人带来心理压力。

（十四）适当强硬手段法的运用

1. 适当强硬手段法的基本含义

适当强硬手段法，是指在适当情况下要依靠强硬手段解决纠纷。

2. 运用适当强硬手段法的基本要求

首先，是纠纷当事人具有严重违法的前提。

其次，在采用其他人民调解的方法不能解决问题时，再考虑适当强硬手段法的运用。

最后，保证运用适当强硬手段法的合法性。

（十五）多方协助调解法的运用

1. 多方协助调解法的含义

依靠多种社会力量协助调解法，就是指在调解过程中，除了依靠人民调解员自身的力量进行调解外，还根据需要邀请当事人的亲友和当地有威望的人，有一定专门知识的专业人士及其他社会力量给予支持和帮助，从而完成调解的方法。

作为人民调解员，要学会调动一切可以调动的积极因素来做工作。如我们在调解中可以利用案件双方当事人的共同上级机关出面协调，解决矛盾；利用当事人的亲朋好友或比较信任的人从中劝解，消化矛盾；利用对过错方有约束关系的主管机关教育诫勉，制止矛盾；还可以利用和当事人有特殊关系的群体如律师、"说情人"耐心开导，缓和矛盾等，这样可以变不利因素为有利因素，从而提高人民调解的成功率。

联合"消防灭火"记

随着夏季的来临，市、区两级对消防工作抓得越来越紧。××区二台子街6号住进了52名从山东沂蒙革命老区来的乡亲，乡亲们办的一座废品收购站，着实给街道和社区出了一道难题。

这道难题的内容是这样的：这个废品收购站经营小有规模，有各种机动车30余辆，院内纸垛高达10米，与4—2号楼仅一墙之隔，私接电线如蜘蛛结网，生煤炉取暖做饭，大量废纸靠近火源，堵塞消防通道，存在严重消防隐患。每天早3点多，30多台机动车集体出发，发动机声响成一片，噪声影响居民休息；车辆出入小区内外，将小区内下水井盖压坏多次，还压死了小区内垂榆等绿化树木。面对惨遭破坏的小区生态环境，纸垛未着火，居民们心中的火却越烧越旺，双方多次发生争执，小区居民愤怒谴责小站违法经营，而乡亲们却认为小区居民是欺负外地人，群体事件尤如箭在弦上，一触即发。

转眼，一年时间过去了，虽然街道办事处和社区调委会为调解这一纠纷费尽了心血，但双方的关系却日趋紧张，不见根本好转。不久，区司法局在全区范围内开展了民间纠纷大排查活动，街道和社区调委会认为这一矛盾纠纷再也不能继续下去了，若不彻底解决，不仅会严重破坏小区的人居环境，还随时会激化矛盾，酿成群体事件，影响社会稳定。街道和社区调委会经过认真研究，决定多管齐下，动员和争取各方面的力量，加大联合调解的力度，以彻底解决这一矛盾纠纷。为此，他们一是积极向有关部门反映情况，通过社区联系点的人大代表多次向区人大、区政府及有关部门反映情况，在参加区司法局召开的矛盾纠纷排查工作会议上，街道司法助理和社区王主任向区司法局领导提出了给予帮助和支持的请求。二是协调职能部门研究解决办法。街道司法所协调街道城管科和执法中队积极做工作，并向区执法局、环保局报告情况，取得他们的支持和帮助。三是召开协调会，召集社区主任、居民代表、外来人员代表和二台子公安派出所领导共同研究解决方案，宣传有关法律，教育各方当事人依法办事，还详细研究了保护小站合法权益的具体措施，经过耐心细致地工作，最终达成了一揽子协议，各方代表在协议上签了字。"五·一"前夕，这个废纸收购站终于被依法取缔了，来自革命老区的乡亲理解了政府的这一举措，社区的居民们也热情赞扬政府为他们办了一件好事和实事。

2. 多方协助调解法的具体表现

（1）依靠当事人的亲友。人民调解员要善于动员当事人的亲友协助调解，他们因为与当事人的关系比较密切，彼此之间存在着一定的信任基础，依靠他们协助调解，容易为当事人所接受。

（2）依靠当事人家族中或者当地有威望的人。在当事人家族中或者在当地有威望的人，是指那些社会经验丰富、明白事理、会处理事情，在当事人家族中或者在当地有影响并受到尊重的人。依靠这样的人对纠纷当事人进行调解，纠纷当事人基于对这些人的尊重和信赖，往往能够听得进这些人讲的话，接受某种调解结果。

（3）依靠媒体的力量。一些知名人士或有地位的人，在调解过程中可能比较强势，导致调解陷入僵局，这时调解员能够善用媒体，将所涉纠纷通过媒体曝光，会给当事人带来压力。迫于舆论压力，当事人会降低姿态，主动化解纠纷，利于纠纷的解决。

（4）依靠相关部门。如果发生一些重大、复杂或群体性的纠纷，调解员可请求相关部门到场协助，联合调解，化解纠纷。

3.运用多方协助调解法的要求

一要注意照顾当事人的情绪，避免盲目依靠他人调解引起当事人的不满，造成不好的后果。

二要要求协助调解的人从当事人的利益和社会安定团结的大局出发，运用法律和政策，自愿提供帮助和支持，公正、客观地劝服当事人。

上述人民调解的具体方法是人民调解过程中经常使用的一些方法。上述方法并不是孤立的。这些方法可以根据纠纷的具体情况结合起来共同使用，即在一个纠纷中可同时使用两种以上的调解方法。特别是在复杂纠纷的调处过程中，尤为必要。

三、导入情境案例操作指引

这是一起典型的因拆迁引起的赡养纠纷。街道接案后，调委会工作人员一方面立即与王庄村委会取得联系，向当地知情人员了解情况；另一方面，迅速行动，按提供的名单、地址、电话及时与王春明的四个儿子联系，对相关当事人进行走访了解，希望当事人能统一思想，尽快参加调解。但之前王春明夫妇与四个儿子就因房产分配及赡养纠纷闹得不可开交，五人都不愿与对方对话，都希望通过法律途径来解决此事。可是王春明现在身体状况令人堪忧，如果走诉讼程序必然耗时较多。如何尽快解决此事，让老人能够尽快安享晚年成了摆在调解员面前亟待解决的难题。

针对五人不愿与对方对话的情形，调解员采用背对背调解法进行说服，采用"各个击破"的方法，由一名调解员负责劝说一方。在劝说中采用了感情触动法等方法进行多次劝说，多次的电话与上门终于让五人看到了调解员解决此事的诚意和能力，双方也终于同意一起召开家庭会议，大家坐下来对此事进行协商。

调解前，街道调解员仔细查阅了当时的拆迁协议及拿房记录，并走访了事情的知情者，做到心中有数。调解时，调解员先是对王春明的身体状况进行阐述，并说出了老人家希望全家和睦、安享晚年的希望。同时提醒王春明的四个儿子要换位思考，如果自己把孩子养大，年老生活无着，该是一件多么寒心的事，"你们也有老的一天，如果你们的儿女也这么对你们，情何以堪"。调解员的一翻话说得大家低下了头。但在面对王春明的房产分配及今后的赡养问题时，四人仍是争锋相对：老三王吉认为自己先行拆迁，在房产分配上没有多拿父母的任何面积，这是老大王喜、老二王华及老四王洪的问题。且如果父母愿意分开居住，其本人愿意赡养，但是如果仍与老大王喜居住，自己将不负责赡养，因为父母的房产全部被其他三人拿走，谁拿房谁赡养。而老大、老二和老四均不承认自己所拿的安置房中有父母的面积。针对他们之间存在的分歧，调解人员与社区及时进行分头调解工作，调解员一方面拿出调查的证据，将老大、老二、老四三人应拿面积与实际面积进行对比，让他们对自己多占的面积无法辩解，另一方面从《中华人民共和国老年人权益保障法》及《中华人民共和国婚姻法》等法律法规中有关赡养的规定对他们进行解释。社区工作人员则不断通过风土人情及周围群众的真人真事对他们进行劝解，让他们一要让周围百姓认为兄弟间是团结友好的，二要为自己儿孙做好榜样。通过上述明法析理的方法，兄弟四人在统一思想认识的前提下，共同签订了赡养王春明的协议书。王喜、王华、王洪分别从三人的安置面积中退出 $40m^2$、$20m^2$、$20m^2$，合计 $80m^2$ 的面积给王春明夫妇在拆迁中拿房，且产权归二人所有，二老去世后，该房产由四个儿子继承，二老的赡养由四个儿子共同承担。

【思考与练习】

1. 在日常纠纷调解中，常用的调解方法有哪些？

2. 谈谈褒扬激励、换位思考、明法析理、多方协助等调解方法的运用要求。

3. 面对面调解法和背靠背调解法运用的条件是什么？它们相互转换的条件是什么？

4. 运用本节所学调解下列纠纷。

【情境材料1】

王道与张尚同住头台村，两家的承包地相距不远。张尚在自家的承包地打了一口井方便给自家庄稼浇水。王道也在自家地打井，可是没有水，这让王道浇地很不方便。2011年王道找张尚商议，王道从张尚的井里取水浇地，并给予张尚2000元补偿，双方以此订立了用水合同，并办理了登记手续。第二年春天，王道到张尚的承包的地里打算挖沟取水。张尚同意王道取水，但不同意王道挖沟，因为挖沟会毁坏张尚的庄稼，并导致一些地不好耕种。如果实在要挖沟，王道必须再给予补偿。王道不同意，认为已经给过水价了，价格也不低。张尚坚持不让王道挖沟，双方因此起纠纷。眼看春耕时节快过，王道很着急，找到村调委会请求调解与张尚的纠纷。

问题：如果由你接待王道，你准备采用什么方法对该纠纷进行调解？

【情境材料2】

家住安华社区的李大爷一生依靠经营自家一铺生活，日子过得红红火火。如今李大爷年事已高，不能再亲自经营小铺了，于是李大爷将自家小铺以每月15000元的价格租给张大海经营音像制品。李大爷以为有了这一点收入，可以安享晚年，没想到却因此惹下了一身麻烦。半年过去了，张大海一直都没有给李大爷交租金，反让李大爷垫付了7000余元的管理费和水电费。李大爷多次与张大海交涉，并称如果还不交租金就要按约定终止与张大海的合同。哪知张大海是个混球，把不交租金的原因全推到李大爷身上，并反咬一口说李大爷借故提前终止合同，并向李大爷纠缠，扬言要李大爷补偿5万元才愿意将铺位交还。后来李大爷退让一步，租金可以减半，并要求张大海早日退回铺位，张大海置之不理。李大爷在小铺边张贴租赁广告，被张大海撕掉，并在旁边写上"此铺位仍在打官司，不能出租，如有租用，定招麻烦"字样，并对前来洽谈的租户进行恐吓，仍拒不交铺。"从来没有遇到过这样的恶租户！"李大爷气愤地说。在万般无奈的情况下，抱着试试看的想法，李大爷来到了街道司法所寻求帮助。

问题：如果由你接待李大爷，你准备采用什么方法对该纠纷化解李大爷与张大海的纠纷？

第六章　纠纷调解技巧

【知识目标】

熟悉影响纠纷调解效果的不同因素；掌握人民调解不同技巧的应用。

【能力目标】

能在纠纷调解过程中熟练应用不同的调解技巧。

【导入情境】

某信用社大兴分社值班员华天，因请假参加学习造成一个工作日未到岗上班，在隔日上班后，因当天前来办理业务的群众很多，柜台前比较拥挤。大兴乡居民胡伟因急事前日未能办理金融业务，对值班员华天心存不满，因喝酒后未按排队要求办理业务并出言不逊，引发值班员华天与其吵闹，造成营业中断，营业室柜台护栏被胡伟砸烂，值班员华天的私家车也受到胡伟的损害。事发后，信用社主任章民贵赶到现场进行制止。

乡司法所接到信用社章主任请求调解的电话申请后，立即派出模范调解员张桂芳进行调解。张桂芳先走访了当地群众，从群众口中得知：值班员华天性情孤傲，服务态度较差，群众意见较大。胡伟在街道做生意，经常与信用社有业务往来，为人不太讲究细节。在走访群众后，分别与双方当事人进行约谈，在取得较大的进展后，便约定隔日在镇司法所进行纠纷调解。

双方当事人按时被请到大兴乡人民调解室。调解员宣布调解纪律，听取了当事人的陈述，张桂芳就双方当事人在此次纠纷中的错误行为从法律角度进行了剖析，明确指出胡伟损坏公私财物是一种违法行为，应当给予赔偿；值班员华天没按时到岗到位，也没有履行告知义务，给胡伟从事经营活动带来不便，属工作失误，应当给予道歉。

通过对纠纷的层层剥离分析，胡伟、华天认识了自己的错误，同时对自己的错误行为深感后悔。在调解员的主持下，值班员华天向胡伟当场道歉，信用社主任章民贵也因管理上的疏忽，向胡伟表示了歉意。因华天、章主任的举动，胡伟也受到了感化和教育，主动承认了自己的错误，通过对营业室护栏、李某私家车损失进行了估量，以胡伟赔偿损失800元化解了纠纷。

问题：调解委员会工作人员是如何运用调解技巧处理好这起纠纷的？

调解的技巧，就是调解员在调解工作中所掌握和运用的巧妙的工作技能。在调解工作实践中，经常会出现这样的情况：在调解同种类型、同等难度的民间纠纷时，尽管甲乙两名人民调解员采用的调解手段、运用的调解方法和遵循的调解程序大致相同，但调解结果却可能迥然不同。甲调解员又快又好地解决了纠纷，而乙调解员却事倍功半，久调不决。原因何在？

在调解不同类型的纠纷时，除了要运用不同的调解方法，还要根据纠纷的具体情况采用不同的调解技巧，只有把调解方法和调解技巧有机结合起来，才有助于达到事半功倍、顺利完成调解工作的目的。

调解技巧在内容上主要包括两个方面。

一是纠纷要素的运用技巧，是指调解员对纠纷的要素所具有的特点，如时间、地点或人员特点等，加以分析并巧妙运用的技能；

二是语言的运用技巧，是指调解员巧妙地运用语言来进行调解、化解纠纷的技能。

一、时间要素的运用技巧

把握火候，把握时机是调解成功的必要条件。调解案件的顺利与否、成功与否均与所承办案件的人民调解员能否把握好调解时机与火候紧密相联。这就要求在调解案件的每一个节点，都要把握时机，借势发力，用较小的成本，达到调解的目的。

（一）时间要素技巧的内涵

时间要素技巧，是指纠纷的发生和解决都有一定的时间规律可循，调解人员要根据时间预测和调解纠纷中的特点来选择恰当的时机进行工作，以取得最佳的工作效果。

纠纷中所涉及的时间要素，主要包括三个方面：纠纷发生的时间、纠纷持续的时间、调解纠纷的时机。纠纷发生的时间往往具有一定的规律，它是调解人员做好预防工作所必须掌握的。纠纷持续的时间，往往说明了纠纷的复杂程度和调解工作的难易程度。对于那些持续时间长、隔阂深、问题比较复杂的纠纷，调解人员要做好持续作战的准备。调解纠纷的时机，包括两个方面的内容：一是指对于持续时间长久未解决的纠纷，调解人员要选取最佳时机再一次进行调解；二是指在调解纠纷的过程中，调解人员要把握好说话的时机。在调解中运用时间要素的技巧，主要包括纠纷发生的时间预测技巧、调解纠纷的时机把握技巧等。

（二）时间要素技巧的运用

1.纠纷发生的预测技巧

有些民事纠纷的发生、发展具有季节性，如农忙季节就容易发生农田水利纠纷，草场、牲畜纠纷，农用物资纠纷，春耕费用的借贷纠纷等。而在农闲季节容易发生宅基地纠纷、婚姻家庭纠纷、邻里纠纷等。有些民事纠纷的发生与其他一些事件的发生具有关联性。例如，在重大工程建设过程中就容易发生以下纠纷：征地补偿和拆迁安置纠纷，工程建设中的环境污染纠纷，民工工资发放矛盾纠纷等。

把握了这些纠纷的发生规律，调解组织和工作人员就可以有效地预测，及时地预防，避免和减少纠纷的发生。

2.把握纠纷调解的时机

一是受理当事人的申请时。当事人首次到司法所申请调解纠纷，一般都希望能在这里得到调解。但大多数人对纠纷处理的结果都没有足够的思想准备，而发生的事实和后果因事发不久也来不及向他人述说，对相关事实的陈述往往还处在"第一时间"，比较真实、可靠。此时，如果双方当事人同意调解，在事实上又没有多大分歧，调解很容易成功。

二是调解准备工作时，在询问纠纷的事实和情节之后，各方当事人对双方的观点及争议有了基本的认识，已能够比较理智、客观地对等纠纷，从而增强了调解的可能性。

三是调解进行当中。在纠纷事实特别是关键事实已经明确的前提下，调解人员要重点宣讲有关法律规定，让当事人认识到违法就要承担法律责任，对自己享有的权利和要承担的义务心中有了底，为调解打下有利基础。

四是制作调解协议时，由于调解的纠纷一般都涉及权利义务内容，因此，当事人都比较看重书面调解协议。在前几个阶段的调解基础上，各自的权利义务也已明确，当制作调解协议书时，当事人容易反复，承担义务的一方往往觉得吃了亏，难以接受，享有权利的一方也动摇不定，觉得要求没有完全达到。调解人员要抓住这一时机，边说服当事人接受调解，边抓紧制作调解协议书，及时促成双方当事人达成调解协议书并签名。

五是调解协议履行时。实践证明，调解协议大多以当场履行为宜，可以减少和避免不履行调解协议或者达成协议后又反悔。

（三）运用时间要素技巧应注意的问题

1.在调解时不要急于求成，要选择好时机

在调解时不要急于求成而要反复调查研究，耐心细致做工作，抓住有利时机稳妥解决。如双方对案件的事实争议很大的时候，双方感情尖锐对立的时候（如离婚案件）就不能急于进行调解。这样即使调拢了，也有可能出现一方反悔的"后遗症"，甚至还会使当事人对调解员产生一些合理性的怀疑。再比如双方虽然争议不大，但是说话不投机，这个时候最好不要调解，俗话说得好，"话不投机半句多"。这样需待双方感情稍微缓和时再调解。

2.要根据谈话的环境和当事人的心态来决定谈话的内容

调解员要根据谈话的环境和当事人的心态来决定谈话的内容，特别是批评教育的话，提出要求的话；更要注意说话方式和说话时间，以免引起当事人的反感和敌视。

例如，今年5月，小区两位70来岁的老人多次来居委会、社区警务室和物业处反映，说楼上房东把房子租给三四户人家，人多太吵，影响了他们的正常生活，使他们睡眠不好，造成体质下降并经常生病，社区也出面处理过，但问题没有彻底解决。8月的一天，楼上房东准备再次将房子出租，楼下两位老人坚决不肯，双方子女也介入此事中争吵，老人打电话给社区调委会主任，要求去人调解。当时调委会主任正在准备外出办事，心想，双方子女已介入，容易把矛盾闹僵，很有可能激化矛盾；但是双方子女都在场，是调解的好机会。于是调委会主任召集2名调解员马上赶过去，到了那里，只见该楼下有十几个非本社区居民坐在楼下观望，楼上双方子女正在争吵，气氛很紧张。经了解分析，双方都有过错，调委会主任便对双方进行了劝导。经说理劝解，双方都作出理解和让步，终于化解了矛盾。调解结束后调委会主任发现，一当事人正在打发楼下十几个人回去，原来他们是为群体械斗而来的。

在本案中，由于调解员注意苗头的发现和防范，把握好时机，再加上调解员们对调解工作的认真负责，有效地使这起矛盾纠纷没有转化为群体性械斗和刑事案件，维护了社区的稳定。

二、地点要素的运用技巧

（一）地点要素技巧的内涵

1. 地点要素技巧的含义

地点要素技巧，是指在调解过程中人民调解组织和调解人员要根据纠纷的特点及当事人的情况来选择相应的地点进行调解，以达到最佳的调解效果。

受生活环境和传统习俗的影响，发生在不同地方的相同纠纷，会呈现出不同的特征。例如，同样是因为建房时所建房屋高于邻居家的房屋而引起的房屋纠纷，在发达的农村地区，邻居往往会因为采光权受影响而与建房者发生纠纷，大多表现为争吵；而在落后且封建迷信思想严重的农村地区，邻居往往会以自家的风水受影响而与建房者发生纠纷，发生打架斗殴的概率大大增加。调解人员只有熟悉掌握地点要素，才能因地制宜，采取行之有效的调解方法。

2. 地点要素的类型

一是纠纷发生的地点，纠纷发生的地点不同，纠纷态势的发展程度就会不同。例如，婚姻家庭纠纷，如果是发生在家庭之外，其严重性就会增加，当事人之间的矛盾就要升级甚至已经升级，调解的难度也就会增加；而如果发生在家庭内部，问题也许会比较容易解决。因此，纠纷发生的地点不同，调解纠纷所要采取的对策也要随时调整、改变。正确掌握纠纷发生的地点要素，便于正确选择适当的调解方法，也便于灵活运用其他调解技巧。

二是解决纠纷的地点。不同类型纠纷调解纠纷的地点也有要有所不同。

3. 地点要素的内容

一是根据纠纷发生的地点特征，采取相应的方法进行调解。

二是根据纠纷本身的特点，选择最佳地点进行调解，以达到最好的调解效果。

（二）地点要素的运用

1. 根据纠纷地点调整调解方法的技巧

纠纷发生的地点不同，纠纷态势的发展程度就会有所不同。

2.根据纠纷特点选择调解地点的技巧

（1）对一方过错明显且不讲理、态度蛮横的侵权、损害类纠纷，可以选择严肃型场合。

（2）对家庭婚姻类的纠纷，可以选择亲切型场合。

（3）对有固定单位的当事人之间发生的纠纷，可以选择归属型场合。

（4）对需要调动当事人特殊感情（如夫妻感情、父母子女、兄弟姐妹等）来促进调解的纠纷，可以选关联型场合。

（三）运用地点要素技巧应注意的问题

1.要注意克服"怕上门"的不良心理

2.在运用地点要素过程中，不能因条件简陋而忽视对地点要素技巧的运用

例如，在太平村的下太平屯发生了一件土地纠纷。2008年春天，村委会把村南的20亩地承包给了下太平屯的陈士龙和陈兴福等六户人家。因为是联包，自然就是平分土地，加上几户亲上有亲，友上有友，关系也不错，就乐呵呵地把地种上了。

可到了2009年春天，垄挨垄的陈兴福感到去年他亏了，是陈士龙占了他一条垄的便宜，今年他找到陈士龙非要这一条垄不可。陈士龙一听就急了，"我怎么就占了你一条垄？有啥证据？"陈兴福也说不出子午卯酉来："反正是你占了我一条垄的便宜！"两个人越说越僵，谁也不听谁的。过了两天，陈士龙把这块地种上了，可没过两天，陈兴福种地的时候，硬是把陈士龙的邻垄给毁了，种上了他的品种。过了几天，陈士龙发现是陈兴福把他的地给毁了，气就不打一处来，套上牛犁杖来到地里也给他毁了。两家就因为这一条垄你种我毁，我种你毁，翻来复去，互不相让，就差动手打架了。

还是有文化人有素质，当过民办教师的陈士龙没有和陈兴福一般见识，他找到了村调委会主任。村调委会主任一听，感到需马上调解该纠纷，于是带领2名调解员拿着绳子，来到了地里。召集陈士龙、陈兴福等六户人家的代表，当着大家的面，把六户的土地面积统一丈量了一遍，认定土地面积一样多，不涉及谁占谁土地的问题。经过仔细验证，因为地垄头子较短，是陈兴福的垄大的大、小的小造成了表面上看缺垄的现象。

村委会主任和调委会主任给在场的人上了法律教育课，解释说包括土地在

内的个人财产受法律保护，任何组织和个人不得侵占。陈兴福在不明白真实情况下，私自毁种陈士龙的邻垄土地，侵害了陈士龙的合法权益，一方面，要赔偿陈士龙相应的经济损失；另一方面，要向陈士龙道歉。陈兴福服气了，当面向陈士龙道歉说："我太粗心大意了，你让我赔多少都行。"陈士龙笑了笑说："知错就行了，不差钱就差理。"

该纠纷的调解成功，是调委会主任运用了纠纷的地点要素，进行实地勘察，在现场调解让大家心服口服。

三、人物要素的运用技巧

（一）人物要素技巧的内涵

人物要素技巧，是指在调解过程中，调解员要根据纠纷当事人的个体性格特征来选择相应的调解策略和方法，以取得最佳的调解效果。

调解纠纷实际上是调解人员对双方当事人所做的疏导、说服工作。由于自然状况、社会阅历、文化素质和道德观念的差异，每个人都有着不同的个性特征。不同个性特征的当事人对纠纷和调解人员的工作会有不同的看法。如外向型性格的人感情外露，内心想法会很快通过表情和行为表现出来；而内向型性格的人感情深沉，内心想法不易形于色和付诸于行动。这就要求调解人员善于察颜观色，通过分析纠纷当事人的表情、言语和行为，弄清楚其想法和行为。再如，文化水平、法律素质高的人，其自我调节能力较强，纠纷心理不容易形成，即使形成也不易外化为纠纷行为。如果这类人与其他人发生了纠纷，他们对调解员有道理的话容易听得进去，也能理解调解员的工作并给予配合；反之，文化水平、法律素质低的人，其自我调节能力较差，纠纷心理容易形成并容易外化为纠纷。

（二）人物要素技巧的运用

调解工作是以人为本的工作，而人的性格又各有不同，调解员要针对不同性格的人进行调解。

1.对重感情讲义气而直爽的人，要用情感触动法

在调解纠纷过程中，遇到这一类当事人时，不要急于点题，这类人往往爱面子，先用一些触动感情的语言与其谈一些纠纷以外的事情，如生活、工作、学习、生意等，也可以用动情的话提一些家常，然后逐渐转入正题，由远而

近，进行调解。

2. 对刚烈、脾气暴躁、不怕扯破脸皮的人，要运用以柔克刚法

遇到这一类当事人时，要热情主动。这一类人往往很傲慢，怕软不怕硬。要掌握当事人的心态，以诚相待，轻言细语地利用朋友式的语言谈一些让当事人感兴趣的事情，不要硬碰硬，切忌居高临下，要和风细雨，耐心地开导。

3. 对乐于听奉承话、爱戴高帽子的人，要运用先守后攻法

在调解纠纷时遇到这一类当事人，要多说一些好听的语言，多举几个当事人曾经做过的有益事情的例子，先表扬他（她）的长处，使他（她）产生自豪感，然后趁机指出他（她）的缺点与不足；再举一些开始并没有引起重视，导致后果比较严重的例子让当事人比较一下，有比较就有鉴别，这时，见缝插针，鼓励他（她）改正缺点，弥补过失，做一个受人尊重的人，这样一抬一拉，举一反三，让当事人联系自身认真进行思考，会在调解中顺利接受调解员的意见，达到化解矛盾的目的。

4. 对惰性强、遇事优柔寡断、缺乏自我主见的人，要运用正义威慑法

这类人往往情绪不稳定，对问题把握不准，在调解时，调解员运用的语言要有针对性和原则性，攻势要猛，让他们招架不住，促使他们积极配合调解人员的工作，化解纠纷。

5. 对于重视亲情的当事人，要用亲情触动法

对于这一类当事人，要善于运用孩子的负担及亲情纽带作用，老人的赡养负担等进行劝导，帮助其回忆家庭成员间的幸福时光，劝导其多看对方优点，唤起情感，能够很好地化解矛盾。

6. 对固执己见，多次做工作难以见效的人，要运用群众抨击法

在调解过程中对待这类当事人，要用措辞较为严谨的法律术语明确告诉他们该承担的法律后果和责任，或者有意识地组织开展民风评议活动，发动群众对其行为进行评议，使他们感到孤独无援，造成思想压力，陷入不认识错误就会成为"过街老鼠，人人喊打"的尴尬境地，为了摆脱这种尴尬局面，他们会很快认识错误，积极配合工作。

7. 对冷酷型性格当事人要运用情感感染法

冷酷型性格的人心理上有时近乎于丧心病狂，行为上缺乏正常人所具有的

感情，没有关心，没有同情，麻木不仁，近乎于冷血。这种人多是在冷酷生活环境中后天形成的，在情感上容易和别人发生冲突。对这类人的调解必须以火热的爱心和真挚的情感去溶化其冰冷的心，让其感受到社会有真情，周围充满爱。只有这样，才能使人民调解工作收到圆满的效果。

总之，调解人员只有把握了纠纷当事人的个性特征，清楚当事人内心的真实想法，才能有的放矢、对症下药，有针对性地采取各种调解方式和方法，攻心为上，突破当事人的种种心理障碍，以达到化解纠纷，息事宁人的目的。

（三）运用人物要素技巧应注意的问题

1. 对直爽刚烈型当事人要避免"硬碰硬"的做法，更不能以势欺人。

常用的方法有：①情感感染法。②以柔克刚法。③先守后攻法。

2. 对孤僻抑郁型当事人要避免采用"和稀泥"的做法，要多采用积极正面的方法去鼓励他。

常用的方法有：①正义威慑法，即强硬手段法。②亲情触动法，即唤起旧情法。③群体抨击法，即舆论压力法。

例如，2011年2月，嵩县车村镇农民王某，过完年后就留下家中2岁的幼子与智障的妻子外出打工。可他刚刚外出不到一月，就接到家里电话，说王某的岳父岳母在王某外出后不久就将智障的妻子接走，至今未归。王某当时不以为意，就让自己父母到妻子的娘家接人。一个月过去，王某父母始终未将妻子接回，岳父岳母的态度也让他很纳闷，每次去接都满口应承过几天就送闺女回去，可是始终不见妻子回家。想到2岁的幼子已经2个月未见母亲，王某只好从外地回来，从此他开始了艰难的接妻路程。直至2011年8月10日，王某已来回车村与合峪接妻子回家20多次，可每次都无功而返，岳父岳母的态度从一开始的答应过几天送回，到现在找各种理由拖延妻子回家。老实巴交的王某无可奈何，只得求助镇司法所。

听完当事人的陈述后，司法所同志问了几个问题："王某，你在家中是否存在家庭暴力，谩骂、殴打智障的妻子？"王某直接找来自己的邻居为自己作证，从结婚到现在从未打骂过妻子。接着问王某的婚姻是否存在第三者插足，王某也找到证人证明自己从来没有。而且证人还证明王某夫妻俩一直很恩爱，尽管妻子是智障,生活无法完全自理,可是对王某也是温柔体贴,感情一直很好。又问王某岳父岳母拒绝将女儿送回家中,是否问他索要财物,王某回答:去接20多次了,岳父岳母从来没提过要钱要物的事。

　　了解完这些,司法所同志当时都愣了,不存在家庭暴力,不存在第三者插足,妻子娘家也未索要钱物。可是为什么始终不让一家人团聚?解铃还须系铃人,司法所同志马上通知王某岳父李某到司法所接受调解。李某的态度也是司法所同志很纳闷,问李某为什么不让女儿去丈夫家,他回答女儿在婆家受虐待;问哪里受虐待却又说不出所以然来,只是说王某对女儿不好。问能否现在让他女儿回婆家,让他们一家团聚,李某回答:暂时不行,要让女儿在家多住几天。于是司法所同志就耐心地劝导,从《婚姻法》讲到《未成年人保护法》,从夫妻感情讲到母子亲情。整整一天,李某始终态度如一,说不出任何理由,只是要求让女儿在家多住几天。司法所同志感到很伤脑筋,一个人做一件事总要有他的理由和目的,李某的表现没有理由,那他的目的到底是什么?于是司法所同志决定中止调解,调查清楚李某真实的想法再行调解。

　　第二天,司法所同志走访群众调查了解,终于了解到李某真实的想法。经群众反映,李某在将女儿接回家中的这段时间,曾多次扬言当时王某只给了5000块彩礼就把闺女嫁了,现在嫁个女儿彩礼怎么也得2万,言语中颇有自己吃亏上当的感觉。可李某又是个死要面子的人,不愿意邻居们说他为了钱把女儿卖了,就从来不提钱的事。了解这一情况后,司法所同志马上通知双方继续调解,在调解过程中,司法所同志提出让王某支付给李某一些钱时,李某顿时大怒,叫嚷着"我不是卖女儿,我不要钱",说完气愤地当场离去,调解再次陷入僵局。

　　难道调查了解有误?可群众的眼睛是雪亮的。或者方法不对?经过司法所同志一下午的考虑,终于想出一个巧妙的办法。再次通知双方当事人到场后,司法所同志对李某进行了严肃的批评教育,指出李某现在的行为是严重违反《婚姻法》《未成年人保护法》,他破坏了王某的正常夫妻生活,剥夺了王某2岁儿子的被抚养权利,是要承担一切法律后果的。经过一番批评教育,李某也意识到自己行为的严重性,此时司法所同志提出了解决办法:由于李某指出王某在家中存在虐待妻子的嫌疑，由王某写下保证书，以后生活中要善待妻子。鉴于女儿离家过远，李某无法随时监督王某是否履行承诺，由王某支付李某3000元保证金，以确保王某履行承诺。经过一上午的耐心细致的说服工作，李某终于同意此解决办法，双方当场签下协议。

在本案调解中，司法所工作人员最终利用了李某嫁女收彩礼较少，却因面子，怕大家说他卖女儿要钱的心理，巧妙地化解了这一婚姻家庭纠纷。

四、情节要素的运用技巧

（一）情节要素技巧的内涵

纠纷的情节要素主要是指纠纷发生、发展的整个过程中的真实情况。纠纷的萌芽、发生、发展乃至激化的全部事实经过，纠纷过程中双方当事人各有哪些过激的语言和行为，甚至双方当事人各自的企图、动机和目的等都是调解纠纷的事实依据。调解员只有在掌握充分的事实依据的情况下才能做到有备无患，打有准备之战。

（二）情节要素的技巧运用

1.查明基本事实，包括引起争议的原因、争执的焦点。然后在事实基本清楚的基础上，衡量各方当事人的行为和要求是否合情、合理、合法。

2.在调解过程中，要因事制宜，有的放矢

对于蛮不讲理、死不认账、心存侥幸的当事人，调解员出示真实全面的事实证据，可以起到威慑当事人，促使其低头认错的作用。而对于心存疑虑，有所顾虑的当事人，一个充分掌握纠纷情节的调解员更能赢得他们的信任和配合。对调解人员来说，只有通过深入细致的调查，掌握这些事实依据，才可以在调解中灵活运用多种多样的调解方法，继而使当事人双方心服口服，使纠纷顺利得到解决。

（三）情节要素技巧运用应注意的问题

1.忌讳道听途说，不深入实地调查研究

俗话说，没有调查就没有发言权。做好调解工作，不能只听一方诉说，只有深入调查，掌握翔实的第一手资料之后，才能在调解时有理有据，避免说话时授人以把柄，使自己处于被动局面。

2.在运用情节要素技巧时，对关键细节要了解清楚

有些当事人就是因为在一些细节问题上和对方当事人存在"过节"，心里的那道坎迈不过去而赌气。因此，作为一名调解员，应细心询问当事人并对关键情节调查清楚，为成功调解打下基础。

例如，正月初一的早晨，调解员老马还在睡觉，突然被手机叫醒了，是小区一位老人打来的。老人有些激动，说："昨夜楼上业主把鞭炮挂在阳台上燃放，使我的房间里全是烟灰纸屑，万一着了火，我们两个70来岁的老人怎么办？我以前也跟上面的业主说了，他就是不听，认为在自家的阳台上放鞭炮与他人无关，我不让放，他偏放。"调解员老马想，现在马上过去有事实证据，说服力强，等老人打扫完房间，楼上业主就有可能不认账了。于是调解员老马立刻起床赶到现场，确认情况属实后，到楼上一敲门，业主还在睡觉，老马把业主叫醒，说："你到楼下业主家看看吧，满屋都是烟灰纸屑，屋里住着两位70来岁的老人，万一着了火后果不堪设想。"业主见调解员正月初一一大早就来调解纠纷，当即埋怨楼下老人昨晚阻拦自己放鞭炮，影响了自己过年的心情。调解员老马耐心听他说完后，请他到楼下老人的家里看看，当楼上的业主看了老人房间里的满屋纸屑后，表示马上清理阳台，保证今后再也不在阳台上放鞭炮了，而且还向老人赔了不是。

在本案调解中，这种邻里纠纷发生经常是缘于一方或双方的赌气，楼上业主高兴放鞭炮，影响了楼下邻居；楼下邻居的干涉，被楼上业主认为是扫兴的事，依然我行我素。调解员在让楼上业主将自己的不满发泄完后，请他到现场看看他自己放鞭炮给楼下邻居造成的影响。这时不用调解员多说什么，楼上业主马上道歉并保证不再在阳台放鞭炮。纠纷就此调解成功。

五、原因要素的运用技巧

任何一件纠纷的发生都是有原因的。抓住了原因，调解的时候就能直奔主题，就不会在枝枝节节的问题上浪费时间和精力。

（一）原因要素技巧的内涵

原因要素技巧，是指在调解过程中，调解员对引发纠纷的原因要摸透、摸

准，只有正确了解、分析和认定纠纷的原因，才能做好调解工作。

纠纷的原因是指纠纷发生的起因，也就是引发纠纷的事实，包括直接原因和间接原因，远因和近因。纠纷的原因是纠纷的根源所在，因此，也就是调解人员调解时的切入点。

（二）原因要素技巧的运用

1. 主要原因与次要原因

对纠纷的发生起主要的、主导性作用的，是纠纷的主要原因；对于纠纷的发生起次要的、辅助性作用的，是纠纷的次要原因。分清原因的主次，是在合理分配责任基础上进行合理调解的关键。在实践中，分清原因的主次对于交通事故纠纷、医疗事故纠纷的调解具有特别重要的意义。

2. 表面原因与真正原因

对于一起看似简单的民间纠纷而言，可能直接原因和间接原因同在，远因与近因共存。但是，直接原因和近因在现实的矛盾纠纷中有时是很难查明的，往往隐藏在表象原因之后，我们可以把这两类原因分别称为表面原因和真正原因。如一些婚姻纠纷由于涉及羞于启齿的隐私问题，当事人可能避开真正原因，而把纠纷的产生归结到经济、家务等表面原因方面。所以，这就要求调解人员深入实际做艰苦细致的调查工作，拨开层层面纱，找到深藏其后的引发纠纷的真正原因。只有抓住真正的原因，才能从根源上彻底解决纠纷。

（三）运用原因要素技巧应注意的问题

1. 要注意寻找主要原因

唯物辩证法告诉我们，事物之间的联系具有多样性，因而因果关系也表现为多种不同形态。根据原因和纠纷之间的关系，可将因果关系分为"一因一果""一因多果""多因一果""多因多果"四种形态。特别是在多因一果的情况下，一个纠纷的发生是由多个原因所引起的。处理这类纠纷时，调解员要善于判断或寻找引起纠纷的主要原因，只有抓住了主要原因，才能对症下药，顺利解决纠纷。否则便会在细枝末节的问题上浪费时间和精力，无助于问题的解决。

2. 要注意弄清楚掩盖在表面原因下的真正原因

调解人员在调解过程中有时会发现这样一种情况，当事人之间的矛盾依其表现的或直观反映出的事实进行处理，却无法解决。在这种情况下，当事人一般都存在不想说或难以说出口的隐情，往往这种隐情才是发生纠纷的真正原因。这时调解员就要耐心细致地做当事人工作，让他说出实情。实情不说出，调解成功的几率就很低。

有二位七旬老人到法院起诉自己的儿子，要求儿子支付赡养费，被告儿子收到开庭传票后未到庭参加诉讼，虽然本案可以缺席审理，但审判的法官没有简单下判决，通过与老人交谈，了解到多年前儿子与二老发生家庭矛盾后，与妻子、孩子一起离家在另一村居住，虽然两村相隔不远，但双方已近十年没有见面，现在二位老人要求被告支付赡养费不是主要目的，而是想在临终前见儿子一面。

办案法官及时与被告所在村委会人员联系，了解被告现在的生活情况，随后到被告家中与其进行详谈，告知其父母现在的生活、身体情况及迫切想与其相见的心情，晓之以理，动之以情。经过反复的劝说，被告终于出席了庭审并与父母达成调解协议，庭审中两位老人泪流满面，儿子也深深地表达了对父母的歉意。

在本案中，老人告儿子索要赡养费并不是真正的目的，而是要通过这种方式见上儿子一面。主审法官掌握了纠纷的真正原因，通过做被告儿子的工作，最终达成了老人的心愿，老人儿子与父母达成了协议，纠纷也就化解了。

六、语言要素的运用技巧

语言是传播信息、交流感情的工具，是思想的直接。语言的运用在人民调解中起着不可忽视的重要作用。同样的一个观点，同样一个说服的理由，用不同的方法，从不同的角度，举不同的例子，选不同的语体，往往会有不同的效果。有的说出来当事人就很容易接受，有的当事人就接受不了。这就要求我们在案件调解时，应根据不同情况，确定不同的调解思路，哪些话当说；哪些话不当说；哪些话要言之凿凿，反复强调；哪些话要一带而过，轻描淡写，都要因案制宜、因人制宜。既要使调解语言符合法律，又要具有很强的亲和力、感染力、说服力，以增强当事人对调解员的信任感、认同感，达到"融化于情、内化于心、外化于行"的境地。感情沟通了，关系融洽了，调解员的观点当事人也自然容易接受，调解的难度也会自然而然地降低，使案件调得明、解得开。

（一）语言要素技巧的内涵

广义的语言既包括言语语言，又包括肢体语言。言语语言，包括书面语言和口头语言两部分。肢体语言，也可称为体态语言，是借助面部表情和身体的各种动作表达含义并进而实现沟通和交流，又称为辅助语言。在纠纷调解时，常用口头语言化解纠纷，但也不能忽视肢体语言的作用。因此，调解语言要素的运用技巧也分为两部分：口头语言的运用技巧和体态语言的运用技巧。

（二）口头语言的运用技巧

俗话说："良言一句三冬暖，恶语伤人六月寒。"人民调解员亲切、善良、使用恰当的语言，可给当事人以温暖、信心、慰藉，促使纠纷早日和解。反之，则会使当事人反感、戒备，增加纠纷调解难度。因此，在调解纠纷时，除把握好政策法律外，还应该发自肺腑把握好口头语言技巧。

口头语言又包括两部分：口头语言的本质内容，即谈话内容；口头语言的外在形式，称为副语言，包括语调、语气、音量、音长。

1. 谈话内容的运用技巧

（1）真情真意。一是要讲实在话。对法律上有明确规定的，要态度明朗地作肯定性或否定性回答，切不可模棱两可，含糊其辞。二是要表实在态。对法律没有明确规定的，千万不可随意表态。即使纠纷当事人一方或双方急于要你作出实质性的回答，也只能运用假设性答复，如"假如事情是这样的，最后可通过这种或那种方法解决"，以防止造成不良的后果。三是调解结束前，几句诚恳真挚的希望话，往往能使当事人产生极大的震动，能给当事人留下深刻的印象，在当事人心里打下深深的烙印。

（2）言之有据，用语明确。在纠纷调解中，调解员说话要言之有据，一方面要充分掌握纠纷事实和关键细节，另一方面要熟悉法律，掌握政策，这些都是调解纠纷言之有据的关键。在这样情况下，即使当事人提出的问题一时难以解决，他们也会心悦诚服。

此外，在充分掌握证据的基础上，对原则性问题的表达上，应使用明确的语言，对双方当事人的是非、责任表达明确的调解意见。语言表达不可含混不清，让当事人在错觉中滋生出超出原则性的，甚至是不着边际的非分想法，给调解过程形成新的绊脚石，增大调解工作的难度，条件、时机不成熟暂时沉默，或换个角度表达，但不可欺瞒、哄骗，甚至作出原则性让步或承诺。

（3）用语婉转迂回。做调解工作，不能不讲究语言艺术。在调解中，当某些调解信息不宜明确表达时，或为了照顾当事人的自尊和面子，宜采用含蓄用语；问问题也要因人因事而异，哪些可以直截了当地问，哪些需要委婉含蓄地问，哪些不该问，要把握分寸。例如，涉及个人隐私、明显的生理缺陷、民族生活习惯传统风俗。有些却不能明说，只可意会，不可言传，表达不当往往会伤害当事人的自尊心而影响调解工作的进程，这就要求调解人员的语言词汇量有多一些，表达要婉转迂回，达到对方理解的程度便于解决问题即可；又如婚姻纠纷，女方说男方有外遇，可开门见山问是传闻还是亲见。但找男方核实时，切不可穷追不舍，打破沙锅——纹（问）到底，询问语言要婉转含蓄，用弦外之音使其领会言外之意，用转换话题，巧言妙语缓和气氛，以免造成僵局。再如在调解实践中，直接的批评方式应不予采纳，应采用间接批评的方法，并适当地运用一些幽默的、使人更易接受的语言，从而起到教育的作用。

（4）言而有信。这是指对调解成功的纠纷，答应当事人一方或双方的事情，一定要帮助兑现。如恋爱纠纷，经常遇到钱和物的返还，如果不能立刻返还，人民调解员要在调解规定期限内进行回访，督促当事人按期返还，切不可信口开河，应而不办，使纠纷出现反复。

（5）说话因人而异。调解员在调解过程，要注意仔细观察，掌握当事人的情绪特点；然后区别对待，针对不同情绪的当事人采用不同的安心话；同时把握说话时机，一旦发现当事人情绪激动就马上要安抚，努力使当事人冷静下来，避免发生过激行为。

（6）运用谈话内容技巧应注意：第一，谈话内容要通俗实在，切忌用文言文和书面语。在纠纷调解过程中，调解员使用大众化、通俗化的用语，避免使用脱离老百姓生活实际和心理水平的理论化的、空洞的、华而不实的书面用语。恰当运用比喻和民间习惯性俗语、谚语，说明对某些问题的看法，使当事人容易理解和内化调解人员所讲的道理。

第二，谈话内容要明确且有逻辑，切忌模棱两可、是非不分。语言表达要恰如其分，内容要具体明确，不能含糊其辞，是就是，非就非，要开门见山，一语击中，言简易明。

第三，谈话内容要因人、因时、因地而异，忌生搬硬套。调解员面对的当事人千差万别，对待不同的当事人，其谈话内容要有所不同。调解员的谈话内容因谈话对象、谈话地点和谈话时间的不同而不同，但并不意味着人民调解员没有原则，说话言不由衷。相反，与当事人谈话时考虑人、时、地三个因素，恰恰反映了人民调解员工作态度的认真、调解技巧的成熟，符合具体问题具体分析、因人而异的实事求是原则。

2.副语言的运用技巧

为了强化不同语言运用的技巧效果，在语言表达过程中，如果像小学生念课文一样平铺直叙，往往不会引起当事人的足够重视，使用不同的音量、速度、节奏、语调这些口才的"副语言"，不仅能辅助语言交往，有助于使谈话的内容更加深刻，同时在表达感情方面往往超过语言本身的内容。所以在语言运用的技巧中，"副语言"的运用也是不可忽视的。

（1）重音、停顿、节奏变化的运用技巧。人民调解员在与当事人谈话时切忌一潭死水，语音应有轻有重，语气应有急有缓。

重音是指在说话时有意将某些词讲得响亮一些，它主要是通过音调来表现的。使用重音是调解员在调解过程中，为了达到准确表达目的而使用的手段。重音的使用方式有两种。一是语法重音，这是按照句法结构特点说出的重音，一般没有特殊用意。二是强调重音，这是为了突出某个语意，或表达某种强烈情感，将句中某些词语音量加大后所说出的重音。重音的所在，一般也就是说话者所要突出的重点所在。强调重音的位置不同，语音的表示和感情的强度也有所不同。在一次调解快结束时，调解员对一名年轻小伙子说了一句话："你呀，有点不讲理。"把"你呀"说得又长又响，似乎重点是在强调他这个人，小伙子低下头红了脸；在另一场调解中，调解员对另一名年轻人说了同一句话，因他把重音放"不讲理"上，导致这名年轻人翻脸，调解未成功。

停顿也是调解常用的一种说话策略。所谓停顿，是指语句或词语之间语音上的停歇，它能使话语划分成段，使话语形式严谨、表意明了、有条不紊。因此，掌握停顿的语言技巧，将有助于提高表达能力，使语言更为准确地传达出去。停顿有两种情况，一是语法停顿，这是句子或分句之间的停顿。这种停顿，除句末停顿外，都是表明词语间语法关系的停顿，停顿的次数不同、位置不同，词语关系就有所差别，从而句子的意义也就不一样。所以，能否准确运用这类停顿，就直接关系到意义和感情能否准确表达，如果语法停顿使用不当，有时就会闹出笑话。

要增强声音的感染力，一个很重要的影响因素就是说话的节奏。口语中带有规律性的变化，叫节奏，有了这个变化语言才生动，否则就是呆板的。在纠纷调解中，调解员根据谈话内容调整节奏。说话要有节奏，该快的时候快，该慢的时候慢，该起的时候起，该伏的时候伏，这样有起，有伏，有快，有慢，有轻，有重，才能形成口语的乐感，否则话语不感人、不动人，无法产生共鸣。另外，在调解过程中，人民调解员在表现平稳、沉郁、失望、悲哀的情绪时应该运用慢节奏；相反，在表现紧张、欢快、愤怒、生气的情绪时则适宜使用快节奏。只有这样，才能牵动当事人的情绪和思路，引导当事人接受调解方案，实现和解。

（2）语气的控制运用技巧。但凡说话都离不开语气。在一句话中，不但有遣词造句的问题，而且有用怎样的语气表达，说话才准确、鲜明、生动的问题。说话的语气是不是恰当能够影响调解效果。

第一，语调，即说话的腔调，就是一句话里声调高低抑扬轻重的配制和变化。语调往往最能反映出一个人说话时的内心世界，也能表现出个人的情感和态度，它的细微差别能够向人们传达很多信息。口头语言的语调分为：平直调、上扬调、升降调和下降调。平直调多用于陈述、说明的语句，体现庄重、严肃、回忆、思索的情形，表现平静、闲适、忍耐、犹豫等感情或心理；上扬调多用于疑问句、反问句或某些感叹句、陈述句，适用于提问、称呼、鼓动、号召、训令等场合，表达激昂、亢奋、惊异、愤怒等情绪；升降调多用于语意双关、言外之意、幽默含蓄、意外惊奇、有意夸张等地方，表示惊讶、怀疑、嘲讽、轻蔑等心理；下降调多用于感叹句，但有时也用于一些陈述句。这些使用下降调的陈述句常表示祈求、命令、祝愿等方面内容，表现坚决、自信、肯定、夸奖、悲痛、沉重等心理。

第二，语气的感情色彩。饱含感情地说话是至关重要的。在讲话时，如果没有抑扬顿挫或不带感情，听起来就会让人感到无聊乏味。充满感情的去和当事人交流，才能收到良好的效果。一般来说，表达"爱"气徐声柔，表达"憎恨"气足声硬，表达"急"气短声促，表达"喜"气满声高，表达"怒"气粗声重，表达"悲"气沉声缓，表达"惧"气提声滞，表达"疑"气细声黏。

无论你谈论什么样的话题，都应保持说话的语调与所谈及的内容相互配合，不同的语气表达出的感情是不一样的。在调解过程中，调解人员的不同语气，反映着他们对纠纷及其当事人的不同态度。当事人从调解人员的语气中也能感受到这些，他们对调解和调解员的态度也会受到调解员语气的影响。因此，调解过程中同样是一句话，由于说话人的语气不同得到的效果也就完全不同。例如，恰当的语调能够及时、准确地向当事人传递你所掌握的信息，并能够委婉地劝说当事人接受你的某种观点，并能恰当地表明你对某个话题的态度。

一般来说，在调解中，调解员的语调不能太高。同时，讲话时要注意语调的抑扬顿挫，还要注意根据当事人的情绪变化来不断地对自己的语调进行适当的调整。

（3）运用语音技巧应注意的问题

第一，要注意不断提高自己的道德修养，做到"有善心，则有善言"。一个人的语气是其内心真实想法的流露，很难刻意伪装。只有热爱调解工作、关心群众、品德高尚的人在烦琐的调解过程中，才不会有不耐烦、嘲笑及命令式的语气。因为他们懂得尊重当事人，他们是真心实意地帮助当事人纠正错误，化解他们的纠纷。

第二，要注意避免句式简单枯燥，语气平淡无味。在调解过程中，调解员不仅要会用关切的语气引导当事人倾诉，而且，还要会用委婉的语气提出批评；不仅要会用冷静平和的语气陈述事实，还要会用诚恳真挚的语气对当事人提出希望。内容翻来覆去，句式简单枯燥，语气平淡无味，是调解谈话的大忌。调解人员要学会使用起承转合的句式、抑扬顿挫的声音，充分发挥多种语气共同使用在调解工作中的作用。

第三，要注意不能随意使用嘲笑、命令和明知故问等语气。人民调解工作是一项群众工作，需要得到当事人的理解和协助。嘲笑、命令和明知故问的语气容易给当事人造成独断、不耐烦、装腔作势、摆架子等脱离群众的感觉。

在整个调解过程中，调解人员始终要注意语言的表达，发挥语言技巧的作用，说话要有层次，有章法，有道理，有依据，入耳中听，引导当事人与调解人员在调解中产生共鸣，随我而思，从我而动，进而确保调解工作的成功有效。

（三）体态语言技巧的运用

在调解人员与当事人的沟通中，除了语言技巧的运用外，伴随着语言沟通时的目光、面部表情、身体动作等体态语言技巧的运用，在交往中也起着不可忽视的重要作用。有的心理学家甚至认为：表达一项信息的情绪效果 = 7％词语 + 38％声音 + 55％面部表情（包括肢体语言）。在运用各种语言技巧对当事人进行调解时，伴随着调解人员的不同目光、面部表情和身体动作，可以起到强化交流信息的内容，表达调解人员的情感，有助于对当事人施加积极的心理影响。例如，在运用期待、鼓励性语言时，调解人员以语重心长的语调、期待的目光与和蔼的面部表情来表达，当事人就容易受到感化而接受调解人员的规劝，努力作出调解人员所期待的行为。

1. 面部表情的运用技巧

人的面部表情，能够传递很丰富的感情。同情和关心、厌恶和鄙视、信任和尊重、原谅和理解、容纳和排斥、愤怒和反感、欣慰和喜悦等，都会难以隐瞒地暴露在面部表情上。

面部表情在调解人员进行调解工作的每一个活动中，无不潜移默化地发挥作用。它可以影响调解人员与纠纷双方及纠纷双方之间情感的表达和沟通，可以影响作为一名调解人员所应具有的形象及其人格力量的发挥，还可以影响到纠纷的顺利解决。恰如其分地运用发自内心喜怒哀乐的面部表情，可以增强劝说效果。要注意避免不良表情导致的调解消极影响。

在调解中，调解员的面部表情要注意以下几点。

（1）保持面部表情的基调。即严肃中有温和，庄重中有真诚。严肃、庄重的表情，是调解人员的工作表情，可以给人以公平、公正的感觉；而温和、真诚的表情，让人觉得值得信赖。保持这样的面部表情，可以为调解创造良好的气氛，使当事人放松下来向人民调解员倾吐心声。

（2）表情鲜明、灵敏。调解员的面部表情要随着与当事人谈话所涉及的内容和发展变化，及时准确地予以配合，当谈到对方家有不幸和灾难时，就应当自然地流露同情、关心和安慰的情态；当谈及对方的思想和工作有进步，有成绩的时候，就应当适时流露出喜悦和欣慰的情态等。这时如果毫无表情，势必会引起对方的反感或不满。同样，对于对方的执迷不悟或无理取闹，面部表情上显示不出半点的期望和不满，这种劝说也就会显得十分软弱无力。此外面部表情要有鲜明性，要使脸上每一点微小的变化，都能让对方觉察到：喜就是喜，悲就是悲。一定要克服那种似是而非、模糊不清的表情，千万不要让当事人捉摸不透。

（3）表情真实、适度。所谓真实，就是要让纠纷当事人从人民调解员的面部表情看到调解员的真实内心世界。任何装模作样、矫揉造作的面部表情都会令人反感乃至厌恶。此外，任何面部表情都必须恰如其分，适可而止。过于夸张的表情，往往会使谈话内容失去真实性和严肃性，甚至造成当事人对调解人员的不信任。

2. 眼神的运用技巧

眼神或目光其实是面部表情中的一部分，但由于眼睛是心灵的窗户，而眼神则是透过窗户传递出的内心世界的本质。一个公正无私的人，那他（或她）的心底就像一方晴朗的天空，清澈、洁净、透明，从他（或她）眼神中流露出来的那种公正、公平的力量，能让我们的心情变得阳光，变得灿烂；一个与人为善的人，眼神中流动着的鼓励和肯定，像一股股暖流，温暖滋润着我们的心灵，鼓舞着我们的斗志；一个充满爱心的人，眼神也一定充满爱意，严肃中透露着慈祥，平静中透露着期盼，就像一条汩汩流淌的河流，不断地荡涤着我们的心灵。因此，眼神的运用在调解中具有很重要的作用有必要单独谈一谈。

第一，在听当事人陈述纠纷情况或提出要求时，应主动与当事人进行直接的目光接触；

第二，在向当事人宣传社会主义法律和道德时，人民调解员的目光应炯炯有神，显示出对法律和道德的信心，流露出内心的刚毅和坚定；

第三，在当事人主动认错或提出和好方案时，人民调解员的眼神里都应带着笑意，流露出鼓励、赞赏的目光；

第四，调解过程中，人民调解员不要斜视当事人，目光不要游离，不要躲躲闪闪，避免与当事人的目光接触更是要不得；

第五，目光要和有声语言、手势、姿态密切配合、协调一致。

3. 身体姿势的运用技巧

身体姿势则是指人坐、立、行的姿势，它是语言表达的一个得力助手，能加强我们说话表达时的效果，能辅助有声语言圆满地表达内容，充分地抒发感情；它可以对重要的词语、句子进行加重或强化处理，具有强调功能；而且还能生动、形象地表达口头语言中所没有的东西，尤其是在表达情感、情绪和态度方面，身体姿势有时甚至比口头语言更明确、更具体、更有感染力。

身体姿势是内心状态的外部表现，它受人的情绪、感觉、兴趣的支配和驱使。谈到由肢体表达情绪时，我们自然会想到很多惯用动作的含义。例如，鼓掌表示兴奋，顿足代表生气，搓手表示焦虑，垂头代表沮丧，摊手表示无奈，捶胸代表痛苦。当事人以此等肢体活动表达情绪，别人也可由之辩识出当事人用其肢体所表达的心境。

任何一个与内心情绪不相吻合的姿势，都会显得别扭和可笑。在调解过程中，调解人员最好是在与对方面对面的体位基础上保持身体微微前倾。一般来说，在向当事人了解纠纷情况时，调解员坐在椅子上时应腰背挺直，身体稍微向前倾，目光直视当事人。这种姿势表示对对方讲的话感兴趣，会给人留下谦虚、洗耳恭听的印象。在主持调解会议时，坐姿更应当自然、大方，应坐在椅子中央，腰背挺直，双腿并拢，不要倚靠椅背，双手也不要搭在椅把上。对人进行劝说时采用这种靠近对方并微微前倾的姿势，既能减少各种外界的干扰，听清楚对方说的话；又能给人一种亲切感和体己感，容易使对方获得一种被关心、爱护的心理体验。

在调解中，身体姿势的运用要注意以下三点。

第一，要有真实性，要发自内心，是真情实感的流露，而不要故作多情，矫揉造作；

第二，要注意其自然性，要把握分寸，适度而为，而不要有意夸张，以致失态；

第三，要有变化，即随着当事人的情感变化适度发生变化，真正做到"诚其衷而行其外"。

4.手势语的运用

手势语是使用频率较高的体态语言。手势语是通过手和手指的动作来传情达意的体态语言。不同的手势传递不同的信息，体现着人们的内心活动和对待他人的态度。例如，可以用点头或摇头的动作，表示你对他（或她）的观点赞许或反对；可以用手部动作来表明物体的大小、高低、宽窄和长短；扳动几个手指，可以表明一些数字或序数。

手势语有助于有声语言的表情达意，可以传递谈话内容的部分信息，能加强劝说语言的力量，丰富语言的色调。因此，调解人员在调解过程中，如果能恰到好处地发挥手势语的作用，将会大大提高调解语言的质量，强化与当事人交流的效果，从而有效地在当事人心目中树立良好的形象，赢得当事人的好感和信任。

大量的心理实验结果表明，体态语言比有声语言真实得多，是人内心世界的昭示和真实想法的流露，会格外引起交往对象的注意。所以，在调解中，手势语的运用要注意以下几个方面。

第一，手势适合。所谓适合，在这里有两种意思：一是内容与形式要适合。也就是，说的意思要与手势所表示的意义适合，这是质的适合。二是手势的多少要适合。这是量的适合。一定要注意手势动作的准确、幅度大小合适、力度强弱恰当、速度快慢及时间长短合适；注意避免一些在日常生活中会不自觉地流露出的一些错误手势，如端起双臂、双手抱头、摆弄手指、手插口袋、十指交叉、双手叉腰、随意摆手、指指点点、搔首弄姿等。

第二，手势要适度。手势语在调解或谈话中虽然有不可取代的作用，但它毕竟处于辅助位置。换言之，手势语要靠礼貌、得体的调解用语，热忱、微笑的面部表情，以及身体其他部位姿势的相互配合，才能使当事人感觉到调解员的公正公平、表里如一。所以在调解中，手势语的使用一定要规范和适度。如手势过多、过大，手舞足蹈，不仅与调解员的角色不相适应，还有轻浮之嫌，实不可取。

第三，手势要简练。每做一个手势，都力求简单、精练、清楚、明了。要做到干净利落，优美诱人，切不可琐碎，不可拖泥带水。

第四，手势要自然。演讲者的手势贵在自然。自然才是感情的真实流露，自然才能真实地表情达意，才能给人以真实感，才能赢得当事人的信任。

七、导入情境案例操作指引

在本章导入情境的案例调解中，调解员巧妙运用人物要素、情节要素和地点要素技巧进行了调解。首先调解员通过调查，了解到华天为人孤傲，这种人不太愿意承认自己的错误。于是调解员根据纠纷事实首先指出华天没按时到岗到位，也没有履行告知义务，给胡伟从事经营活动带来不便，属工作失误，应当给予道歉。华天无可辩驳，认识到自己的错误，当场给胡伟道歉，信用社主任也因管理不当给胡伟道歉。胡伟虽然为人不讲究细节，但华天和信用社主任的道歉还是感动了他，他也主动承认了自己的错误，并赔偿了所造成的损失。同时调解地点选择在调解室，这种地方比较正式，给双方一种威严感，大家容易态度端正，认真对待纠纷的解决，纠纷就容易调解成功。

【思考与练习】

1. 如何在调解中运用时间要素技巧？

2. 如何在调解中运用人物要素技巧？

3. 如何在调解中运用地点要素技巧？

4. 如何在调解中运用情节要素和原因要素技巧？

5. 如何调解中将调解方法、方式和技巧结合运用？

6. 根据前面所学知识，化解下列纠纷。

【情境材料1】

张三住五楼，刚装修好后外出一月，回来发现一墙面浸水，造成表层脱落，室内空气潮湿，木地板发霉变型翻翘。找到六楼户主刘某，要求赔偿，但被拒绝。找物业公司，物业公司不管。为节约维权成本，张三立即向抚琴街道为民路社区调解中心投诉，调解员薛某接受投诉后，因为张三只提供了六楼住户的基本信息，没有任何证据证明损害是由六楼刘某故意造成的，不能确定责任，所以没有当场受理，但根据社区律师意见，责成其补充证据。张三通过努力，收集到了相关证据，其中有：（1）物证；（2）证人证言；（3）录音、照片等。共同证明以下事实：六楼刘某为增大住房使用面积，在装修时改设了一道门，为此将明水管改成暗水管，水管的接头正好在张三房子浸水墙的顶上方。因此，推测水是从接头流出的。为了查明事实真相，张三承诺，如果砸开刘某家的地面查实不是水管漏水，愿意支付刘某损失2000元，并将钱交给调解员以表明态度。物业公司砸开刘某家的地板，查实水管接头漏水。刘某心服口服，立即维修，并向张三道歉，赔偿张三损失3000元。

问题：本案成功调解，调解员运用了什么调解技巧？

【情境材料2】

2008年6月21日上午，某县某镇陈某（男，11岁）、黄某（男，10岁）、杨某（男，10岁）、张某（男，9岁）及邹某（男，9岁）在镇上网吧玩游戏时相遇，便互约同去洗澡，先在小溪河洗了一会儿，后又一起到大河边洗澡，其中邹某不幸溺水身亡。事情发生后，邹某父母以是陈某喊邹某去大河边洗澡为由，纠集几十人到陈某家中要求陈某家长赔偿损失，并扬言如果事情不能处理好，谁家的小孩也别想好过。镇调委会几次组织6名小孩的家长对此事进行调解处理，因始终未能达成一致意见，事情迟迟不能了结，邹某家长情绪极度波动，矛盾处于随时恶化的状态。

7月14日，该县司法局在接到镇政府的电话后，立即启动流动调解庭，由局长亲率5名工作人员和法律工作者及时赶到镇政府调处这起矛盾纠纷。在了解上述基本情况后，当即对事情进行了分析判断，拿出了调解的基本方案。

首先积极地做死者家长的思想工作，让死者的父母把心中的悲痛倾诉出来，把心里的想法都说出来，好言好语地安慰死者父母，劝死者父母事已至此，要面对现实，请相信他们一定会把事情公正地处理好。使死者父母冷静下来，心平气和地回到桌面上来解决这起矛盾纠纷，为解决纠纷开了一个好头。调解人员趁热打铁，立即组织6名小孩的家长（即当事人）进行正式的调解。先是采取面对面的方式请各当事人讲清楚事情的经过，由法律工作者对发生的事情进行客观的分析，让各当事人都清楚事情的真相和自己应负什么样的责任，再由各当事人当面表态。由于双方的分歧很大，调解员紧接着又采取背靠背的方法分头做当事人的工作；还让那些家长做换位思考，如果溺水的自己的孩子，自己会是怎样的心情，以此理解溺水孩子的家长。当了解死者的外公是老师、舅公是国家工作人员后，又及时地做其外公、舅公的工作，把事情的性质和死者家长应负的责任都一五一十地讲清楚，请他们再去做死者父母的工作，把要求放低，只有这样才有利于事情的解决。

当双方的差距快接近时，调解员又让当事人之间去单独的商议，促使他们更进一步地拉近距离，希望各当事人能互谅互让、和谐共处地把这起纠纷解决好。就这样，经过两天近十个回合，采取多种办法做耐心细致的思想工作、说服工作、教育工作，终于促成死者家长与其他五位当事人达成给予死者家长适当经济补偿的协议，最终使这起矛盾纠纷得以圆满解决，成功地避免了一起可能出现的民转刑案件。

问题：请同学们评价本案中调解员在运用人物要素技巧和调解方法方面是如何巧妙结合的。

第二编　纠纷调解实务

第一章　婚姻家庭纠纷调解

【知识目标】

掌握婚姻家庭法律事务具体规定及处理要素。

【能力目标】

能够独立运用婚姻家庭法相关知识完成关于结婚、离婚、继承及收养等的咨询，并能办理一般的婚姻、继承及收养纠纷案件的实务工作。

家庭是社会的基本组成部分。目前，我国正在致力于建设和谐社会，而家庭和谐是社会和谐的基础。婚姻家庭关系的和谐稳定有助于社区的和谐与稳定，进而实现社会的和谐与稳定。如果对婚姻家庭矛盾处理不当，不仅会影响家庭的和谐，也会影响社区及社会的稳定。因此，做好婚姻家庭矛盾纠纷预防和化解工作，是构建和谐社会的必然要求。关注婚姻家庭问题，分析婚姻家庭矛盾纠纷的形成原因，探求纠纷预防和化解的新途径新方法，对于构建和谐家庭，维护社会稳定具有十分重要的意义。

婚姻家庭纠纷类型，从大范围来讲，可以分三大类，婚约同居纠纷、结婚纠纷及离婚纠纷。其中离婚纠纷本身又包括离婚纠纷、离婚后财产纠纷、离婚后损害赔偿纠纷、共同财产分割纠纷、子女抚养纠纷等一系列的矛盾纠纷。婚姻家庭案件注重解决人的情感与财产双重矛盾，特别是婚姻案件，有可能影响当事人的一生。因此，注重调解是婚姻家庭纠纷首先应当做到的，在调解无效的情况下，再行诉讼。因此本章专注婚姻家庭纠纷中典型纠纷调解。

第一节　解除同居关系纠纷调解

【导入情境】

王先生从内地到深圳打拼已有十多年，事业小有成就，车房皆备。由于长期两地分居，王先生与妻子的关系不好，闹到要离婚的地步，但为了孩子一直没有离成。王先生在工作中与付某相识，王先生钟情于年轻貌美的付某，与付某成为朋友。后来王先生告诉付某：自己与妻子离婚了，并向付某表达爱意。双方确立了恋爱关系，半年后同居。同居后，付某觉得找到了靠山，而工作十分辛苦也不尽人意，在王先生好言好语的劝慰下，付某便辞职在家专心做家务服侍王先生。同居一年后，付某发现王先生仍与妻子保持关系，并没有真正离婚，觉得自己上当受骗，很是气愤。付某向王先生提出分手，同时对王先生名下的房子、汽车和存款提出分割的诉求，王先生自然不同意。产生纠纷后，双方找到所在社区调解委员会请求调解。

请问：如果你是社区调委会工作人员，你将如何处理该纠纷？

一、解除同居关系纠纷的特点

婚姻法上的同居，是指未办理结婚登记而共同生活。实践中有两种同居情形：一是《婚姻法解释（一）》第5条所规定的"未按《婚姻法》第8条规定办理结婚登记而以夫妻名义共同生活"，即非婚同居；另一种情形是《最高人民法院关于适用<中华人民共和国婚姻法>若干问题的解释（一）》（下面简称《婚姻法解释（一）》）第2条所规定的"有配偶者与他人同居"，是指有配偶者与婚外异性，不以夫妻名义，持续、稳定地共同居住，即婚外同居。这两种同居情形在2001年《婚姻法解释（一）》施行之前，均定性为非法行为。《婚姻法解释（一）》第5条规定，未按《中华人民共和国婚姻法》（以下简称《婚姻法》）第8条规定办理结婚登记而以夫妻名义共同生活的男女，起诉到人民法院要求离婚的，应当区别对待：（1）1994年2月1日民政部《婚姻登记管理条例》公布实施以前，男女双方已经符合结婚实质要件的，按事实婚姻处理；（2）1994年2月1日民政部《婚姻登记管理条例》公布实施以后，男女双方符合结婚实质要件的，人民法院应当告知其在案件受理前补办结婚登记；未补办结婚登记的，按解除同居关系处理。这是法律对同居关系性质的认识所发生的一个质的变化。

形成同居关系的原因较为复杂。虽然同居是双方自愿选择的一种生活方式，但双方当事人因为感情、利益等原因想要解除关系时，容易形成纠纷，且调解难度较大。对同居关系调解申请人，要告知《婚姻法》有关同居关系的规定。凡要求解除同居关系的不予受理，但可提示当事人选择合法方式保护自己个人财产等方面的合法权益。但是解除同居关系涉及子女抚养、财产分割及以后再婚等问题，因此必须慎重处理。

二、同居纠纷调解处理的原则

（一）协议解除同居关系原则

同居是双方自愿选择的一种生活方式，但这种关系是脆弱的两性关系，不仅同居双方的利益无法得到法律保障，而且增加了社会的负担和不安定因素。在双方不愿继续同居时，应以明智的态度，通过协议解除同居关系，就同居期间的财产、债务，甚至包括感情、子女等事项作出妥善处理。虽法律未明文规定可以通过协议解除同居关系，但这种协议未违反法律规定，且可以达到解除同居关系的目的，应受到法律保护。此外，解除同居关系毕竟对同居者的人生有较大影响，为了做到稳妥，特别是考虑有关子女抚养、财产分割及以后再婚等问题，同居双方亦可通过诉讼方式解除同居关系。

（二）保护非婚生子女利益原则

同居是一种非正常的男女生活方式，不为法律所认可和保护，但同居期间男女双方所生子女仍然受我国《婚姻法》保护。非婚生子女的出生，主要是父母的过错，子女本身并无过错，任何歧视非婚生子女的思想和行为都是错误的。我国《婚姻法》规定，非婚生子女享有与婚生子女同等的权利，任何人不得加以危害和歧视。非婚生子女与婚生子女的法律地位是完全相同的，《婚姻法》中有关父母子女之间权利和义务的规定，如抚养教育、管教保护、赡养扶助和遗产继承等，同样适用于父母与非婚生子女。另外《婚姻法》规定："非婚生子女的生父或生母，应负担子女必要的生活费和教育费的一部分和全部，直至子女能独立生活为止。"

（三）依法合理分割同居期间所得财产原则

处理同居期间的财产和债务时，应遵守如下规定：同居期间，双方对财产、债务有约定的，从其约定；无约定的，解除同居关系时，应由双方协议；在协议过程中，要根据财产的具体情况，按照照顾子女和女方权益的原则依法合理分割财产。

三、解除同居关系纠纷调解要点

（一）关于同居财产分割纠纷的调解

1. 关于同居期间形成财产的处理

同居期间的共同财产是指由双方共同管理、使用、收益、处分，以及用于债务清偿的财产。具体分割财产时，应照顾妇女、儿童的利益，考虑财产的实际情况和双方的过错程度，妥善分割。解除同居关系时，同居生活期间双方所得的收入和购置的财产，按共同财产处理，应参照《婚姻法》的规定，适用平等分割原则处理。如果一方能够证明其财产是个人的，则不能分割。同居期间一方自愿赠送给对方的财物，可比照赠予关系处理。一方向另一方索要的财物，按照最高人民法院《关于贯彻执行民事政策法律若干问题的意见》处理。

2. 对因同居关系分手所产生的财产纠纷，要查清所争议的财产性质

要把同居双方共同财产与下列财产区别开来：一是与同居双方个人所有的财产区别开来，约定同居期间归各自所有的财产以及法定属于同居一方所有的财产，不能参与分割；二是与子女的财产区别开来，子女通过继承、受赠所得的财产或者其他归子女个人所有的财产，不能参与分割；三是与其他家庭成员的财产，即双方父母、兄弟姐妹等家庭成员个人所有的财产区别开来。

3. 关于同居期间所产生的债权债务的处理

同居期间为共同生产、生活而形成的债权、债务，可按共同债权、债务处理。同居期间，双方关于财产、债务有约定的，从其约定；无约定的，解除同

居关系时，应由双方协议。协议不成时，由人民法院或调解员根据财产的具体情况，按照顾子女和女方权益的原则进行调解。在此强调一下同居期间所负的债务，它是指双方为共同生活或为履行抚养、赡养义务及一方或双方治疗疾病等需要所负的债务。同居前一方借款购置的房屋等财物已转化为双方共同财产的，为购置财物借款所负的债务属于共同债务。个体工商户、农村承包经营户所负的债务，属于双方经营，并以双方共同财产承担责任的，也属于双方共同债务。

4. 解除非法同居关系时，一方在共同生活期间患有严重疾病未治愈的，分割财产时，应适当予以照顾，或者由另一方给予一次性经济帮助。

5. 对于同居期间因一方死亡，产生子女亲友争夺继承权的纠纷，要准确把握男女双方属同居关系而非夫妻关系，相互之间没有继承权。但《继承法》第14条之规定：双方互尽抚养义务的，作为法定继承人以外的人可分得适当的遗产。

（二）同居关系纠纷中子女扶养问题的调解

1. 非婚生子女享有与婚生子女同等权利

同居男女方虽然没有办理结婚登记，但所生育子女享有与婚生子女同等的权利，仍然受到法律的保护。根据《婚姻法》第25条"非婚生子女享有与婚生子女同等的权利，任何人不得加以危害和歧视。不直接抚养非婚生子女的生父或生母，应当负担子女的生活费用和教育费，直至子女能独立生活为止。"

2. 关于未成年子女的抚养权和抚养费问题

我们要按照《婚姻法》规定的父母子女关系处理，首先由双方协商，协商不成的，应根据子女的利益和双方的具体情况作出调解。法律规定哺乳期内的子女原则上应由女方抚养，如果女方有不利于子女健康成长的疾病、恶习，或者男方条件好，女方同意的，也可以由男方抚养。子女有辨识能力和判断能力的，应该征求子女本人的意见。具有抚养权的一方将未成年子女送养他人的，须征得对方同意。子女随一方生活，对方支付子女抚养费，主要包括生活费、教育费、医疗费及其他必要性费用。抚养费标准：有固定收入者每月支付工资的20%～30%，可适当提高或减少；没有固定收入者以当地公布年人均收入的20%～30%支付，可要求一次性支付。

纠纷

调解与基层

法律服务

四、导入情境案例操作指引

【受理】

社区调委会工作人员经过调查，确认双方属于同居关系，且是自愿申请调解，可以受理。

【调解过程】

调解员采用背靠背的方式与双方分别进行谈话。

调解员：付小姐，你与王先生是同居关系，你与他同居后没有职业和收入，只做家务，没有收益，所以没形成同居期间的共同财产。而王先生的存款及不动产等，是与你同居前就在他名下的个人财产，你要求分割财产的诉求没有法律依据，得不到法律支持。但是，对于你受到的损害，我们可以说服王先生给予的补偿。

付某：他恶意欺骗了我的感情，他就应该受到惩罚，否则我就是死也饶不了他，我要到法院控告他！

调解员：王先生违背社会公德的行为应该受到批评和指责。但现在他已经认识到自己的错误，并愿意与你和解。王先生的富有，也是你抵挡不住的诱惑，你应该总结自己不够慎重、轻易上当的原因。

经过说服疏导，付小姐冷静下来，调解员又进一步做王先生的工作。

调解员：王先生，你违背社会公德致使付小姐与你同居，给她造成了巨大精神损失。如有悔过表示，建议你依据付小姐在与你同居期间投入的劳务给她以相应补偿，以减轻其心理上的损伤。

【调解结束】

在调解员的批评劝导下，王先生同意对付某在与其同居期间所做的家务劳动给予8万元作为劳务补偿金。付某知道自己的诉求得不到法律支持之后，不再提出分割财产的请求，接受了王先生的劳务补偿。双方就此达成和解协议。

【分析指引】

对于同居纠纷中财产争议的调解，要注重以法律为导向，同时辅以情理疏导。在此案调解中，如果不讲清付小姐的诉求于法无据，如果不引导王先生给付小姐应得的补偿，调解就无法进行下去。调解员对王先生不道德的行为进行批评教育，同时引导其良心发现，给受损害的付小姐作出应有的经济补偿，也给他自己留一个台阶下。这种调解方式，体现出最大限度地增加和谐因素，最大限度地减少不和谐因素的调解理念和调解智慧。

【思考与练习】

1. 关于处理同居关系解除在子女抚养及财产处理的法律法规有哪些？

2. 如何处理同居期间的财产？

3. 请根据下列材料调解解除同居关系纠纷。

【情境材料1】

新疆某地，男方扎某向女方古某送了彩礼，按照哈萨克民族婚姻习俗，确立"婚姻"关系。在尚未到民政部门办理结婚登记的情况下，古某就来到扎某家，两人共同生活半年。由于某种原因，扎某提出解除"婚姻"关系，古某及家人都不同意，结果扎某离家出走，拒不见古某及家人。连队调委会、派出所多次调解，因就赔偿数额问题分歧很大，没有达成协议，家庭不断产生争执摩擦，后来上升到双方家庭及亲戚之间的矛盾纠纷，矛盾纠纷随时可能升级。牧场领导非常重视此事，要求司法所、综治办和派出所尽快联合调解给纠纷，避免矛盾激化。

如果你是调委会主任，由你主持调解，你该如何办？

要求：查阅相关法律法规，包括：

（1）《中华人民共和国婚姻法》及其司法解释。

（2）最高人民法院《关于人民法院审理未办理结婚登记而以夫妻名义共同生活案件的若干意见》。

（3）尊重当地民族习惯。

4. 根据情境材料撰写一份法律意见。

【情境材料2】

2011年，我妹妹与邻村李姓青年举行了婚礼，但一直没去民政局领结婚证，2012年我妹妹生下一个男孩。最近，双方感情不和，欲离婚。请问：如何解除他们的"婚姻"关系？请就上述问题写一份法律意见书。

第二节　离婚纠纷调解

【导入情境】

2010年7月15日，家住埝坛乡某村的阿孜（化名），满面愁容地来到埝坛司法所求助，要求与其丈夫离婚。据阿孜（化名）说，她和丈夫结婚13年多，育有一子一女。婚后不久，丈夫就变得不务正业，终日赌博，不仅输光了家业，还欠下不少赌债，并将输钱的原因归结在阿孜（化名）身上。经常对阿孜（化名）语言辱骂，甚至拳脚相加，致使阿孜（化名）身上多处伤痕，并限制阿孜外出。虽经派出所民警多次劝说，阿孜丈夫仍屡教不改。阿孜终于忍无可忍，乘其不注意，偷偷跑到埝坛司法所寻求帮助。

问题：如果你是司法所工作人员，如何接待阿孜，帮她解决问题？

家庭是社会的细胞，婚姻质量的高低，不仅直接影响个人生活质量的高低，更影响到家庭与社会的和谐与稳定。随着改革开放和经济发展，以及传统家庭生活方式的改变，人们的婚恋观念也在逐渐发生着变化，导致现在婚姻家庭矛盾增多、离婚率居高不下。根据国家民政部公布的统计数据，中国的离婚率呈上升趋势，从2004年的1.28‰逐年上升到2012年的2.29‰[1]。

离婚是指夫妻双方依照法定的条件和程序解除婚姻关系的法律行为。离婚作为导致婚姻关系终止的法律事实，必然产生一系列相应的法律后果。这表现在当事人人身和财产关系两方面。在人身关系方面，因夫妻身份而确定的相互扶养的权利义务、相互继承的权利、监护关系、共同生活关系均因离婚而消灭，同时当事人获得再婚的权利。在财产关系方面，离婚中止了夫妻之间的财产关系，发生夫妻共同生活财产与个人财产的认定和分割、债务的定性与清偿、特定情形下的经济补偿、对生活困难一方的经济帮助等法律后果。但是，离婚对父母子女的关系并无影响，父母子女间的关系不因离婚而消灭；离婚后，子女无论由父方或母方抚养，仍是父母双方的子女，父母对子女有抚养教育的义务。养父母与养子女间的身份关系及其权利义务关系，也不因养父母离

---

[1] 民政部："去年离婚310万对离婚率逐年上升增幅超结婚率"，载人民网，访问日期：2013年06月19日。

婚而消灭；养父母离婚后，养子女不管是由养父还是养母抚养，仍是双方的养子女。

离婚纠纷是民间纠纷中常见的一类纠纷，它危及夫妻关系，影响家庭和睦，给社会带来不安定的因素。因此，正确调解离婚纠纷，对建立和巩固社会主义制度下的夫妻关系和家庭关系，促进社会安定团结，建设和谐社会具有重要意义。人民调解委员会调解离婚纠纷，要坚持婚姻自由的基本原则，提倡社会主义道德风尚，反对资产阶级、封建主义的婚姻观点和旧习俗。同时，应尊重当事人的意愿，不得强行调解，更不得因未经调解或调解不成而阻止当事人向人民法院起诉。

一、当前婚姻纠纷的类型及特点

（一）道德观念的变化造成的矛盾纠纷

近二三十年来，我国经济水平和不断提高，生活也逐渐富裕，人们的道德观念也发生了变化。家庭在物质文化生活水平不断提高的同时，因婚外恋导致的家庭纠纷日益增多。非法同居、包二奶、找情人等现象已屡见不鲜。因婚外情引发的家庭纠纷在逐年上升。

（二）家庭暴力问题造成的矛盾纠纷

与其他暴力行为相比，家庭暴力具有身份的特定性、时间的连续性、行为的隐蔽性和手段的多样性等特点，加之家庭暴力不仅包括肉体上的伤害，也包括精神上的折磨，如威胁、恐吓、凌辱人格等，不仅可能造成受害者身体伤害，更可能造成受害者心理压抑和精神痛苦，导致涉家庭暴力的离婚案件不断攀升。

由于受封建思想的影响，大男子主义、重男轻女等思想仍存在，他们认为殴打、虐待妻子是自己的事，别人无权干涉。有的受个人主义、享乐主义、拜金主义的影响，对家庭不负责任，致使赌博、酗酒、吸毒、第三者插足和"情人现象"日益增多，这些原因使家庭暴力越过以往文化层次较低的人群，扩展到社会各阶层中，而且带有强烈的敌对性和攻击性。

（三）婚姻家庭关系个性化造成的矛盾纠纷

目前"个性不合"是离婚居首位的理由。这是现代社会尊重人的个体价值，人的个性得到张扬的反映。然而在家庭生活中过分强调个性，必然影响家庭关系的协调。夫妻关系的维系主要靠双方彼此认同的价值观念和行为准则，这就要求夫妻双方在心理、情感和文化素养上应同步发展，否则婚姻就存在潜在的危机。但许多家庭对此缺乏认识，结婚后，仍过分强调个性，经常抱怨对方不能满足自己的心理需求，很少考虑如何去适应对方，忽略了夫妻感情的培养和交流，致使双方出现观念和情感的落差，最终导致感情的破裂。

（四）婆媳关系紧张等家庭纠纷导致的离婚纠纷

婆媳关系不好处自古就是一个难题。媳妇从原来的家庭嫁入一个新的家庭，之前双方的生活习惯不一致，需要双方来相互适应。现在媳妇都要工作不可能再像以前那样去伺候公婆，有的个性张扬，如果双方不能做到相互尊重，加上沟通不畅，会导致婆媳关系十分紧张。这时如果丈夫不能很好地处理婆媳双方的紧张关系，最后就会导致小夫妻因感情破裂而离婚。

（五）经济矛盾，主要是在财产分配上产生的矛盾

近年来随着城市化建设的加快，土地征用、房屋拆迁等项目的实施，家庭内部成员之间围绕争夺土地补偿款、房屋补偿款产生的矛盾开始凸显。另外，家庭财产关系也日益复杂，夫妻之间的财产构成上除了住房、汽车、门市等实物外，还出现了公司股权、股票、知识产权等新的财产形式分割。据某法院调查，该院2007年审理的离婚案件涉及财产争议521.3399万元，2008年审理的离婚案件涉及财产争议387.8183万元，2009年审理的离婚案件涉及财产争议却高达1701.2841万元。由于婚后双方对共同财产的支配存有分歧，财产分配不均导致纠纷的案件占到了离婚案件的80%。

（六）缺乏婚姻基础而引起的离婚纠纷

此类离婚纠纷，主要是出于包办、买卖婚姻、借婚姻索取财物及草率结婚等原因而引发的。当事人缺乏应有的婚姻基础，如果婚后未建立起感情，很容易引起离婚纠纷。

当今社会，男女双方认识渠道多元化，双方在短时间内看到的只是对方的优点，或者看中对方的钱财或帅气，而忽视了彼此的缺点，没有审视双方能否长久相处。可是一旦生活在一起，对方的缺点就会日趋暴露。出现问题，相互

之间又不能包容和忍让，常常是针尖儿对麦芒，互不相让。有很多男女双方结婚才两三年就开始闹离婚，有的甚至更短。

（七）父母干预过多导致离婚纠纷

作为独生子女的"独一代"，可谓集万千宠爱于一身。然而，父母的"过度关爱"有时却会在某种程度上演变成一种畸形的干涉，对"独一代"的婚姻造成困扰。"父母以爱的名义参与孩子的婚姻，导致小夫妻之间因长期缺乏沟通而逐渐变得冷漠。"对于"独一代"来说，传统的婆媳矛盾已不是夫妻离婚的主要诱因，父母过度关爱反而导致小夫妻分手。另一方面，"独一代"缺乏担当，遇到问题首先想到的是向自己的父母倾诉，而不是自己想办法解决，这种依赖性直接将双方父母牵扯进夫妻矛盾之中，加上父母爱子心切，将日常生活琐事引起的小吵小闹无限放大，最终导致两个家庭的较量，最终小夫妻的婚姻以离婚收场。

二、离婚纠纷调解要点

（一）以法律为先导，用情理做铺垫

在婚姻纠纷调解中，首先要依据法律，坚持事实为依据，以法律为准绳，以理服人、依法调解。婚姻纠纷的调解必须依据相关法律，将法律底线告诉当事人，确保人民调解工作的严肃性、法律的权威性和调解的公正性；但因婚姻家庭纠纷更多融合了感情，仅靠刚性的法律难以解决问题，坚持以"情"感人，充分运用人情、亲情，努力争得当事人的信任，用"情"调解，化解当事人的纠纷；同时坚持以理服人。要消除隔阂，化解矛盾，不仅应当动之以情，更要晓之以理，只要把理讲深、讲透、讲具体，思想就容易统一，疙瘩就容易解开，纠纷就容易化解。

（二）单独交流，定向疏导

婚姻家庭纠纷，往往与感情上的纠纷有关。要解决双方的矛盾，首先要在情绪疏导上做工作，帮助双方回想感情好的时光，逐步发现对方的优点，理性包容对方的缺点，使当事人逐步回到对对方的现实看法中。情绪上的不理性因素逐步消除后，调解处理纠纷的工作难度就会逐步降低。

（三）引导换位思考，唤起亲情

亲情唤起是婚姻家庭纠纷化解中最常见、最有效，也是最独特的方法，这主要源于婚姻家庭关系的本质和内容主要是情感。亲情是世界上最牢不可破也最无私的情感。唤起亲情，等于唤起了当事人之间最深的纽带，双方在面对矛盾时就会相对克制，矛盾化解也就有了抓手。在婚姻纠纷中，很多夫妻都因缺少沟通，使矛盾积累形成。调解人员在了解双方恋爱基础、婚后感情后，疏导双方的情绪，营造和谐的调解氛围，引导、帮助当事人回顾以往一同克服的困难，走过的历程和往日的幸福生活，多想对方的好处，剖析各自存在的过错及离婚后可能发生的情况，特别是单亲家庭小孩的抚养、教育问题，激发当事人夫妻情意和对子女的亲情，在矛盾中换位思考，从而促使双方夫妻关系和好。

（四）适当拖延，做冷处理

婚姻家庭纠纷多是由琐事日积月累引起的，一旦爆发容易使矛盾极度对立，要马上彻底解决双方的矛盾，并非易事。因此，首先要做好缓和双方矛盾的工作，确保矛盾不进一步恶化，以免造成难以挽回的后果影响社会的和谐稳定。

在很多离婚纠纷中，很多当事人都是缘于一时冲动，如赌气起诉、赌气离婚，这就要求调解员查明事实，如果双方感情尚未彻底破裂，还有和好的可能，应当给予当事人一段冷静期，给当事人一个理智考虑的空间，以抑制双方激动的情绪；同时让双方当事人进一步考虑，促使当事人在理智的思维下进行考虑，多给当事人一个考虑的机会，就有可能挽救一个家庭。

（五）邀请亲友参与，借助外力促和好

父母子女之间或夫妻之间的纠葛，往往因双方之间情感互动出现问题才会产生矛盾。因此，单纯依赖夫妻双方往往难以将矛盾及时化解。这时要借助双方共同的熟人，如双方当事人的父母、子女，与双方关系密切的朋友、有较高威望的长辈、单位领导及双方聘请的律师等参与调解，引导他们劝说双方当事人理智地参与案件的调解，往往能起到较好的推动作用。无论是调解离婚，还是调解和好，当事人与他们相处日久，彼此相熟、信任，易于沟通，相对更理性。另外，通过家族的威望或组织的力量来教育存在一定过错的一方，形成双方当事人关系新的均衡，调解工作就会事半功倍。

（六）抓主要矛盾

婚姻家庭矛盾的起因是多样的，如在互谅互让的前提下，一家人可以相安无事，但有时也会因一个矛盾触发而导致关系紧张。因此，虽然双方争吵时出现的争执点很多，但关键问题往往只有一两个。调解工作重在抓住主要问题，将双方最大的对立面尽可能消除，其余问题就可以迎刃而解。

（七）合理合法地分割个人生活物品及财产

经过上面的各项工作，都不能促使当事人和好，或者这桩婚姻已濒临解体边缘就没有必要劝说当事人和好。首先让双方当事人冷静下来，做到好聚好散，理性和平分手。这时往往涉及共同财产、子女抚养等问题，只有在各项内容达成协议的基础上，才能调解结案。在这种情况下，唯有求同存异，部分协商一致后再行调解。调解人员应进行法制宣传，让双方对《婚姻法》及相关司法解释中的财产、子女抚养等规定有正确认识，以达到双方当事人想法和认识上的统一，在某些方面取得一致的时候，情绪会比较稳定，也能够将思路打开，积极地思考问题，进一步促成调解，合理合法分割个人生活用品和共同财产。

三、离婚纠纷调解的方法与技巧

（一）提高调解对婚姻家庭纠纷重要性的认识

婚姻家庭关系具有长期性特点，如果矛盾处理不当，不仅会影响家庭的和谐，也会影响社区及社会的稳定。对于婚姻家庭纠纷，采取调解方式解决具有一定的优势。

1.婚姻家庭纠纷的性质适合调解

婚姻家庭纠纷多源于日常生活，日积月累，很多事实和道理说不清道不明，法律往往难以为当事人提供直接有效的帮助。由于更多情理和道德的因素渗透其中，第三方适当介入调解往往是解决纠纷比较好的途径。

2.调解具有自愿性和灵活性等多重优势，对解决纠纷有促进作用

婚姻家庭类纠纷通过法律特别是司法途径解决，往往不具备足够的政策弹性，解决方案不一定能照顾到当事人每一项具体的需求。而调解属于当事人意

思自治范畴，法律在当事人未违反法律禁止性规定的情况下一般不介入。因此，对于当事人婚姻家庭领域的各种问题，通过调解的方式尽量做到公平合理地解决，因为调解方式具有解决问题的广泛性、解决手段的灵活性等特殊的优势。

3. 调解可以为当事人留有颜面，保持继续友好交往的可能，有利于社区和家庭的长久和谐

在中国传统文化中，撕破脸皮的事一旦发生，双方的感情和关系就很难回复。如法庭上的一决雌雄，可能会导致各方关系彻底走向破裂，难以再度和好。调解则破除了处理结果中你赢我输的对立，建立了双赢的格局，保留了双方的尊严，不仅纠纷易于解决，对未来关系的维持也留有了余地，这对于社区的和谐稳定无疑具有很好的作用。

（二）注重调解方法，提高调解质量

1. 调解人员在调解婚姻家庭纠纷时，对每一案件的婚姻基础、婚后感情、产生矛盾的原因及家庭生活的现状都要进行深入细致的调查并进行分析。

2. 针对不同的原因导致的婚姻纠纷选用不同调解方法。

对一些因家庭财产及债务引起的纠纷，采取褒奖激励法，通过对当事人的夸奖、表扬、鼓励，激发当事人情绪，有利化解矛盾，解决纠纷。

对因过分强调个性引起的纠纷，采取分析过错法，指明各自的过错，让当事人对纠纷的处理进行自我估量。

对曾经夫妻感情基础深厚的家庭，采取唤起旧情法，寻找矛盾调和点，选准感化点，用他们之间尚存的真情，唤醒双方的良知和理智，化解矛盾。

对因一方不仅具有明显的违法性，同时在道德上也具有强烈的可谴责性引起的纠纷，采取批评教育法。

对因家庭小事日积月累引起的纠纷，采取耐心倾听法。

（三）充分运用各项调解技巧，保证调解质量

首先，在调解工作中切实强调做调解工作要有"三心"，即诚心、耐心、细心，以此取得当事人的信任，激发当事人的调解愿望。

其次，针对具体案情，找准"三个切入点"，即案件争议的焦点，当事人

之间的利益平衡点，法理与情理的融合点，为案件的调解打下好的基础。

（四）拓宽调解渠道，充分利用外部资源扩大调解成效

1. 要拓宽渠道，健全协调机制

要建立有关部门相互配合的"大调解"工作机制，对疑难和重点纠纷进行联合调解，不断提高调解的效率。

2. 完善处罚制度

要认真贯彻"婚姻自由""一夫一妻"的原则，严厉谴责第三者插足、姘居和家庭暴力等不道德行为。对破坏婚姻者，要视情节轻重给予党纪、政纪处分或高额罚款、行政拘留等处分。

四、导入情境案例操作指引

【受理】

埝坛司法所工作人员接到阿孜的求助，经审查，认为阿孜确实需要帮助，且事项也属于人民调解的范围，经询问阿孜丈夫也愿意让司法所调解。符合《人民调解法》规定，调解委员会同意受理此宗离婚纠纷案。

【调处过程】

由于阿孜情绪激动，不敢回家，司法所工作人员登门向阿孜的丈夫了解情况。阿孜丈夫承认自己对妻子的辱骂和殴打行为，司法所工作人员对阿孜丈夫进行了批评，打人是违法甚至是犯罪行为。同时让其丈夫换位思考，如果自己生活在这样的环境中该多难过。在司法所工作人员的劝说及批评教育下，阿孜丈夫对自己的言行和施暴行为表示懊悔，希望司法所帮助他挽留妻子，并表示今后再也不犯同样的错误。但阿孜要求离婚的态度也很坚决，司法所及街道妇联的同志决定对当事人进行一对一的疏导。一方面，调解员以小孩为切入点，给阿孜分析离婚将给孩子带来的巨大伤害，单亲家庭孩子可能面对的问题及离婚后可能出现的新情况，同时帮阿孜回忆起与丈夫相识、相恋的美好时光，劝其再给丈夫一次机会。另一方面，调解员也依法对阿孜丈夫进行了批评教育。

【调解结束】

经过一个下午的劝解，阿孜终于答应再给丈夫一次改过的机会，其丈夫也

向阿孜一再保证绝不再犯，两人在司法所和妇联工作人员的见证下，签订了协议书，并且互相致歉，表示以后尽量不再吵闹，好好生活。调解员告知双方，经过调解委员会调解的这份协议签字后正式生效。

【指引分析】

在本案例中，司法所工作人员采用依法调解、情理相结合的调解原则，并采用换位思考、背对背等方法劝说男方认识到自己的错误，疏导女方给男方改过的机会；男方认识到了自己的错误，并向妻子保证绝不再犯。结果，妻子阿孜答应再给丈夫一次改过的机会，夫妻双方和好，一个濒临解体的家庭保全了。

调解此类离婚纠纷时，调解员要注意运用法律，《中华人民共和国妇女权益保障法》第58条规定：违反本法规定，对妇女实施性骚扰或者家庭暴力，构成违反治安管理行为的，受害人可以提请公安机关对违法行为人依法给予行政处罚，也可以依法向人民法院提起民事诉讼。

如果没有感情基础或感情已经破裂，就不能再劝和；这时要注意照顾妇女、儿童的合法权益。在住房、财物分割、抚养费及子女安置等方面不搞绝对平均。做到相对合理，双方接受，即为调解成功。

【思考与练习】

1. 总结调解离婚纠纷的方法与技巧。

2. 如果无法调解和好，如何引导当事人合理合法分割财产？

3. 请根据本节所学调处下列纠纷。

【情境材料】

杨某和张某在沿海打工认识已恋爱3年了，于2008年2月结婚，结婚前，杨某、张某两人曾与杨某父母商定，结婚后不与父母在一起生活，但要尽赡养义务，每月给付二老生活费1000元。由于当时两人工资收入达7000元，当时张某作为杨家未来的儿媳妇，也表示同意。但结婚后，张某却不同意尽赡养公婆的义务，其理由是杨某的2个哥都已结婚，他们条件比较好，应该由他们多尽些赡养义务；而他们刚结婚，且回家乡发展，每月只有3000元左右的收入，没有足够的财力赡养父母。杨某虽然知道给付父母生活费后，自己与张某的生活非常困难，但为了尽儿子的义务和自己的面子，而坚持每月给付父母生活费1000元。两人为此争吵了近半年。2008年8月张某要求离婚。

现杨某到社区寻求帮助，社区指派你出面处理此纠纷，你该如何调处？

要求：（1）分小组讨论，拿出调解的方案或思路。

（2）查阅相关法律法规，包括：《宪法》第49条，《婚姻法》第15条、第25条等，《老年人权益保障法》等。

第三节　分家析产纠纷调解

【导入情境】

居于湖滨村的马老爷子夫妇二人，生活在祖辈留下的房产中，通过分家获得东、西房4间，老两口生有三个女儿，大女儿马英，二女儿马兰，三女儿马溪。1995年，马老太太主持拆除旧房建北房5间。当年，马英已成年，与父母共同生活，并参加了劳动。1998年，马老爷子夫妇主持建东房两间，马英、马兰、马溪同样参加了劳动。2000年2月，马英与谢辉结婚，仍与马老爷子夫妇共同生活。马英与谢辉结婚后生有一女即谢莹莹。同年12月，马兰结婚，户口在本村。马溪于2003年参加工作，户口迁出，2004年5月结婚。2005年马英将户口迁出本村，2006年迁回，谢辉的户口也迁入本村。2007年，马老爷子夫妇建造西房3间、东房门道1间。2008年建南房3间。在2007年、2008年的建房中，马英与谢辉、马兰、马溪均不同程度参加了建房。该土地使用者为马老爷子。2009年马老太太去世，2010年湖滨村建设旅游区，将该房拆迁，村里给马老爷子4套楼房（小产权房），登记在马老爷子名下。同时村里说，马英、谢辉、谢莹莹三人有剩余购房平方米数，但他们没有购买。马老爷子与三个女儿马英、马兰、马溪口头协商分配4套楼房，由马老爷子与三个女儿各住一套。现马英、谢辉及谢莹莹提出，他们应该分得4套楼房中的两套，因为拆迁当年，他们是该房的共同居住者，且4套房中还有马老太太的遗产没有分割。这自然遭到马老爷子、马兰、马溪的反对，双方因此起纠纷，尤其马兰很生气，说当年母亲病重一年多，全靠马兰一人照料，大姐马英根本无权要母亲的遗产。为此，马老爷子、马兰、马溪与马英一家的关系很僵。最后没有办法，马老爷子请镇调委会出面调解。

如果你是调委会主任，该如何调解该析产纠纷？

一、分家析产纠纷及其特点

分家，就是把一个较大的家庭分成几个较小的家庭。析产，又称财产分析，就是将家庭共有财产予以分割，分属各共有人所有。分家析产就是家庭成员对原家庭共有财产进行分割的行为。分家析产的前提是存在家庭共有财产。家庭共有财产是家庭成员在家庭共同生活期间共同创造、共同所得的共有财产。

形成家庭共有财产必须具备以下条件：一是具有家庭共有财产取得的法律事实，即家庭成员有共同的生产经营活动，或是基于家庭成员的共同继承、共同接受赠予或遗赠，或家庭成员将收入交归家庭共有，等等。二是一定的家庭结构。由夫妻与其未成年子女组成的家庭一般没有家庭共有财产，即使夫妻共同生产经营，也只有夫妻共有财产，而没有家庭共有财产（共同继承、共同接受赠予或遗赠的除外）；只有三代或三代以上共同生活的大家庭，或夫妻与成年子女共同生活的家庭，并且共同生产经营，或家庭成员将收入交归家庭共有等，才出现家庭共有财产。

家庭成员在分割家庭共同财产的过程中发生利益、权益之争，就是分家析产纠纷。分家析产纠纷的特点是多发生在农村，争执焦点多为土地、房屋之类的家族固定资产，分家析产纠纷是一种严重影响家庭和睦的多发性纠纷，尤其在近些年城近郊区大搞拆迁，原有房屋升值厉害，更加剧了该纠纷的发生。分家析产纠纷，涉及家庭共有财产与夫妻共有财产、家庭成员个人财产，情况比较复杂，处理起来难度甚大。

二、分家析产纠纷调解要点

（一）调解此类纠纷时，最重要的是搞清楚各方当事人的家庭关系

家庭成员包括在同一家庭生活的夫妻、父母、子女及其他成员，如祖父母、外祖父母、孙子女、外孙子女及兄弟姐妹等。

共有财产关系的形成必须基于一定的法律事实，如家庭成员共同生产经营，或家庭成员共同继承、共同接受赠予或遗赠，或家庭成员将收入交归家庭，或共同购置家庭财产等。如果不存在形成共有财产关系的法律事实，家庭

成员之间就不存在共有财产关系。因此，只有对家庭共有财产的形成尽了义务的家庭成员，才是家庭共有财产的共有人。未成年家庭成员一般对家庭共有财产的形成没有尽过义务，如果没有共同继承、共同接受赠予或遗赠的事实，则不是家庭共有财产的共有人。

（二）厘清家庭共同财产的范围，采用合适的分割方法

1. 应把家庭成员对家庭共有财产的分割与家庭成员之间的财产赠予区别开来

"分家析产"是个古老的话题，但是民间所说的"分家析产"不等同于法律上的分家析产，民间的"分家析产"可以区分为三种不同的法律关系。一是家庭成员对家庭共有财产进行分割。这就是本节所指的分家析产。第二种情形是父母为防止子女间日后发生纠纷，把自己的积蓄、购置的房产等财产"分"给子女或其他家庭成员。由于所"分"的不是家庭共有财产而是父母的财产，因此这不是家庭共有财产的分割，而是父母把自己的财产分割赠予给其子女和其他家庭成员，这种行为实质上是赠予。财产赠予不是本文意义的分家析产，它由《合同法》等相关法律调整。第三种是在现实生活中，一个大家庭的主事家长去世之后，家庭成员往往会发生民间所说的"分家"，其实这种"分家"又往往包含了遗产继承和家庭共有财产分割。遗产继承与家庭共有财产分割既有一定的联系，又有原则的界限，两者之间具有严格的区别。遗产继承的财产基础是被继承人遗留的生前个人财产，而家庭共有财产分割的财产基础是家庭共有财产；引起继承法律关系产生的法律事实是被继承人死亡，而家庭共有财产分割法律关系产生的法律事实通常是共有人的合意。因此，遗产继承也不是本文意义的分家析产，它由《继承法》等相关法律调整。

2. 应把家庭共有财产与家庭成员共同生活期间的个人财产区别开来

分家析产只能是分割家庭共有财产，夫妻共有财产、家庭成员的个人财产不属于分割范围。认定财产所有权是家庭共有还是夫妻共有或是家庭成员个人所有，必须根据财产所有权取得的法律事实。

家庭共有财产是家庭成员在家庭共同生活期间共同创造、共同所得的共有财产。家庭承包的土地不属于家庭共有财产，应由村民委员会根据规定重新承包到人。但土地上的林木、作物等属家庭共有财产。

夫妻共有财产是夫妻在婚姻关系存续期间形成的共有财产。

家庭成员的个人财产是家庭成员中的某个人基于一定的法律事实，其个人依法取得的财产。如果没有形成家庭共有财产的法律事实，在家庭成员间也不存在共有财产关系，因此，即使在家庭共同生活期间，家庭成员个人取得的财产也不一定是家庭共有财产。

没有分配的遗产，只属于有继承权的人所有。

3. 应把父母用子女给付的赡养费出资购置的财产和父母与子女共同出资购置的财产区别开来

子女给付父母赡养费是法定义务，该赡养费属于父母个人财产，父母将赡养费积累起来购置财产，其所有权属于父母，父母与给付赡养费的子女之间不形成共有财产关系。对于这类财产的处理，以归父母所有为原则，给付赡养费的子女可以在父母去世后进行遗产分割时，根据《继承法》的相关规定，在遗产分割的份额上适当考虑多分。父母与子女共同出资购置的财产为父母与子女的共同财产，这类财产的处理原则是：财产份额有约定的，按约定分割；没约定的，原则上共有人均分，对共有财产贡献较多的适当多分，同时对老年人给予适当的照顾。

4. 应把夫妻共同财产与家庭成员共同财产区别开来

夫妻在婚姻关系存续期间所得的财产是夫妻共同财产，夫妻对财产有约定的除外。但如果夫妻与家庭其他成员约定某些财产为家庭共有财产，或者共同基于一定的法律事实所得的财产，则为夫妻与其他家庭成员共有财产。夫妻对夫妻共同财产有平等的处理权，但这仅限于为日常生活所需而处理共同财产；对于重大财产，夫妻一方不能擅自处分。夫妻因离婚而需要分割共同财产，或者因一定的法律事实而需要与其他家庭成员分割共有财产时，应该遵循权利义务相一致原则和照顾子女、照顾女方的原则。

5. 应把家庭成员共有的财产与家庭成员按份共有的财产区别开来

一般来说，家庭成员之间的共有关系为共同共有，各共有人享有均等份额。但是，如果共有人事先约定了各共有人的份额，就构成按份共有，各共有人按照约定的份额分得财产；如果共有人不能证明按份共有，则按共同共有处理；如果按份共有中，各共有人对各自应得份额约定不明确，则按等份原则处理。除按份分割共有财产外，对其他共有财产应综合考虑财产的来源、共有人的情况以及保护妇女儿童合法权益等因素与原则予以处理。

6. 应把可分割财产与不宜分割的财产区别开来

对家庭共有财产进行分割，无论是动产还是不动产，都有可分与不可分之区别，在分割时必须根据财产的性质、用途及财产所有人的具体情况，采取不同的分割方法：(1) 实物分割。共有财产属于可分物，分割后不损害财产的经济用途和价值的，可对共有财产进行实物分割。(2) 变价分割。共有财产不能分割或分割后损害其经济用途和价值的，或者共有人对共有财产均不愿意采取实物分割方法的，可将共有财物作价变卖，各共有人取得相应的价金。(3) 作价补偿。共有财产不能分割，或虽可分割但有的共有人愿意取得实物，有的共有人不愿意取得实物，可将共有财产归愿意取得实物的共有人所有，由取得实物的共有人按共有财产的价值，给未取得实物的共有人以相当于其实有份额的经济补偿。

(三) 分家析产纠纷调解步骤

1. 了解家庭各成员的想法

首先应深入调查，访问每个家庭成员，弄清他们各自的想法、意见和要求，做到心中有数。

2. 召开家庭会，确定财产的性质

召开全体家庭成员会，确定哪些是家庭的共有财产，哪些属于个人所有的财产，对不可分物作出分割的具体意见。

3. 抓住纠纷的症结所在，寻找调解的突破口

分家析产纠纷的当事人都是亲人，各方发生纠纷，互不相让甚至对簿公堂的地步往往不仅仅因为钱财，可能背后另有隐情，调解员在与各方当事人接触的过程中应注重了解纠纷背后隐情，从而找到双方矛盾的症结，为化解纠纷寻找到突破口。

4. 在调解过程中，巧用调解方法与调解技巧

在分家析产纠纷中，无论双方当事人之间矛盾有多深，都是有血缘关系的亲人，在过去共同生活的过程中肯定结下了深厚的感情。因此在调解过程中，调解员根据纠纷当事人的特点和所涉纠纷的具体情况，要善于抓住当事人之间的亲情关系，通过对过去亲情的细节描述和对固执己见的利弊分析，引导双方

作出让步。再如对于发生纠纷与分家这两个时间点相距较远的、双方当事人又都无法举证证明自己主张的分家析产纠纷，调解要引导双方当事人放弃对过去是非曲直的争辩，而将注意点放在将来，即如何求同存异地获得双方都可接受的解决方案。

5. 提出分家析产方案，征求意见

根据法律的规定及已调查获得的有关家庭财产的信息，提出分家析产的具体方案，逐一征求家庭成员的意见，合理的予以采纳；不合法的，做好工作，防止矛盾激化。

6. 签订分家析产协议书

对家庭共有财产分割达成一致意见的，应订立分家析产协议书。

在工作过程中调委会要注意事态发展，发现激化苗头，要停止分家析产，立即采取缓和矛盾措施。调委会调解不成功时，告之当事人向人民法院起诉。

7. 分家折产协议书应当包括以下基本内容

（1）立协议人姓名、基本情况，在家庭中的称呼；

（2）简述分家析产的原因；

（3）家庭共有财产分配方案；

（4）家庭共同债务清偿方案；

（5）协议生效条款；

（6）见证人姓名；

（7）立协议人、见证人签名或盖章；

（8）订立协议时间。

三、分家析产调解原则

1. 只能分割家庭成员的共有财产，不能对属于家庭成员个人财产进行分割。

2. 优先照顾鳏寡孤独者和老人、丧失劳动能力人和未成年人。

3. 对不可分割的物，共有人中有人愿意取得共有物的，可对其他共有人作价补偿；如共有人都不愿取得共有物，可把共有物作价出售由共有人分割价金。

4. 对没有分配的遗产，只能属于有继承权的人共有，如果继承人放弃继承权或同意分给其他家庭成员，才可以作为共有财产参加分割。

5.对原家庭承包的土地，在进行分家析产时，应由村民委员会根据规定重新承包到人。但土地收获物仍属共有财产，可以分割。

6.共有人对家庭的贷款、债务有共同偿还的义务，在分割共有财产时，也要分摊贷款和债务。鳏寡孤独者、丧失劳动能力者和未成年人不负担偿还贷款、欠款的义务。

四、导入情境案例操作指引

【受理】

镇调委会接到马老爷子的诉请后，判定是一起分家析产纠纷，如果处理不好会给当事人造成很多困扰，经询问老人三位子女，均表示同意由调委会调解。因此，镇调委会决定受理此案，调解该纠纷。

【调解过程】

镇调委会受理此案后，召集纠纷当事人进行调查，并到村委会调查了相关情况。与大家一起分析房屋的归属问题。坐落于滨湖村的房屋原系马老爷子夫妇的共同财产。1995年马老太太主持建房，马英成年，参与共同劳动，对房屋有贡献；1998年马老爷子主持建房中，马英、马兰、马溪已成年，与父母共同生活，并参加了劳动。姐儿仨对房屋都有贡献。在2007年、2008年的建房中，马英与谢辉、马兰、马溪均不同程度地参加了建房。虽然该土地使用者为马老爷子，但滨湖村房屋属于马老爷子与马老太太、马英、谢辉、马兰、马溪家庭共同财产。对于这一点大家没有意见。

对所争房屋的归属讲清楚后，再对房屋的权属进行分割。对于原属于马老爷子与马老太太夫妻共同所有的财产，夫妻一方去世后，所有房产一半为马老爷子所有，另一半为马老太太的遗产，其遗产由法定继承人马老爷子、马英、马兰、马溪依法继承。此外，马兰对其母尽了主要照顾义务，可以多分得财产。马老爷子作为马英的亲生父亲，现已耄耋之年，分割遗产时也应当予以照顾。由于当年拆迁时，马英、谢辉、谢莹莹三人有剩余购房平方米数，未购买房屋，应视为放弃继承其母亲遗产权利。且当年马老爷子与三个女儿马英、马兰、马溪口头协议，协商分配了已获得的4套楼房，是大家真实意思表示。目前各方已居住、生活多年。且该房屋是小产权房屋，未在国家房屋管理部门登记，虽由村委会登记在马老爷子名下，但不具有法律意义上的所有权。

【调解结束】

经过调解员据法入理的分析，马英、谢辉及谢莹莹主张分得两套房屋，于情、于理、于法均无法得到支持。最后接受调委会的调解，不再主张两套房屋的权利。

【分析指引】

此案为常见矛盾纠纷，尤其是城近郊区或新农村建设过程中，由于拆迁导致房屋升值，分配拆迁房屋容易引发纠纷。此案调解具有一定代表性。在本案中既有共同家庭财产分割，也有马老太太遗产的分割。对于马老太太遗产分割要运用《继承法》的相关规定。马兰照顾被继承人多，因而可以适当多分一些遗产。马老爷子年事已高，分割遗产时也需要照顾。对于家庭财产分割时，有协议的按照协议处理。在本争议中，拆迁当年，马老爷子与三个女儿就4套房达成了协议，是大家真实意思的表示。在本案调解中，调解员是既依照法律，又照顾了情理，最后调解成功。

【思考与练习】

1. 查找处理分家析产的法律依据。

2. 如何核定家庭财产的范围？调处分家析产纠纷的步骤有哪些？

3. 请根据本节所学调处下列纠纷。

【情境材料1】

徐飞和李华是徐虎和夏英的儿子及儿媳妇。徐虎和夏英原有宅基地及房屋共计260平方米。1995年徐虎、夏英与徐飞、李华共同翻建该房，其后一直共同居住。2008年，政府动迁办拆迁该房，按照有关政策，徐虎、夏英一家共拿到三套安置房，其中两套为60平方米，一套为90平方米，另有拆迁补偿金230000元。徐飞、李华擅自领取了全部的补偿款，拒不将相应的份额给付其父母徐虎和夏英，并把三套房屋都登记在自己名下。徐虎、夏英多次找徐飞和李华商量，要求分割补偿款的一半给老两口，并把一套60平方米房登记在老两口名下。徐飞和李华对老人说："房登记在谁的名下不重要，有你们住的就行了；再说了，等你们故去，房子还不是给我们？何必要麻烦现在登记在你们名下呢？关于补偿款，等你们以后有病了；看病用，动不了，请人照顾你们。再说，孙子要上学，开销也不小呢。"总之，既不给补偿款，也不过户房屋。为了保护自己的合法权益，徐虎和夏英找到镇调委会，请求帮助把安置房三套中的一套60平方米的安置房登记到徐虎和夏英的名下，并要回拆迁补偿款的一半115000元。

如果由你来调解该纠纷，你该如何调解？

【情境材料2】

1996年，闵先生以75778元的优惠价购买了工作单位提供的一套住房。该房坐落于南汇区惠南镇某村，总建筑面积为97.95平方米。闵先生与儿子闵东、儿媳朱莹均入住该房屋。后闵先生因与儿媳产生矛盾搬回了老宅居住。2002年4月，该房屋以闵先生为唯一权利人进行了房地产产权登记。

2004年9月，闵东和朱莹闹离婚，因牵涉到对该房屋的分割问题，大家闹得很不愉快。朱莹说当年为了购买此房，她还找亲戚借了6万元。这一点得到了闵东的认可。但闵东和闵先生都认为，该房屋由闵先生购买，产权属其所有。父子双方之间属借款法律关系。2005年5月，朱莹找到调委会，请求帮助对该房屋析产分割。调委会接手此案，进行了调查，闵东与朱莹的户口并不在此处，且入住前另有住处。并委托房地产评估事务所对该房屋的市场价格进行了评估，评估结论是1996年6月的市场售价为108000元，2005年6月的市场价格为392000元。

请问：该房是闵先生的个人财产，还是闵先生、闵东及朱莹等的共同财产？

如果由你主持，该调处该纠纷？

第四节 赡养纠纷调处

【导入情境】

2010年9月11日上午，里仁司法所工作人员刚上班，办公室就来了一位年逾70岁的老汉。他向司法所的工作人员反映，自己的两个儿子对其不尽赡养义务。

经过了解，这位老汉是里仁乡华堂村的一位村民，老人因年迈丧失劳动能力，两亩责任田由村委会承包给老汉的两个儿子各一亩。两兄弟协商决定：老人由大儿子赡养，老人的全部财产由大儿子继承。现在大儿子认为父亲随自己生活，当然父亲的两亩责任田应当全部由自己承包；而小儿子家也是人多地少，不愿拿出一亩地来。土地的纠纷引起两兄弟在赡养上的争议，而致使老汉的生活没有了着落。村委会多次调解效果不大。

如果你是里仁司法所工作人员，你该如何进行调解？

我国《婚姻法》明确规定，子女对父母有赡养扶助的义务，《中华人民共和国老年人权益保护法》也规定，赡养人应当履行对老年人经济上供养、生活上照料和精神上慰藉的义务。然而由于各种原因造成不赡养老人的纠纷时有发生。本节探讨引发赡养纠纷的原因、特点及调解的对策。

一、引发赡养纠纷的原因

（一）经济贫困导致

赡养纠纷大多发生在经济状况比较差的家庭，由于赡养人本身收入水平低，家庭负担重等原因，造成在赡养老人方面承担不起自己应尽的赡养义务，引发赡养纠纷。

（二）法律义务观念缺失引发

此类纠纷大多由于老人无固定收入又多患疾病等原因，造成有些人认为老人吃穿用住、疾病治疗都需要经济上的花费，因而把老人当作家庭负担，漠视对老人法律上的赡养义务。

（三）分家析产矛盾产生

在城近郊区及农村地方，普遍存在老人在子女成家后分家，一些老人不注意维护自身权益，给自己预留后路，将家产全部分割给儿子所有，老年人今后生活全部依赖子女供养。在分家过程中，由于受家庭实际状况及老人主观上的因素等影响，难免在财产分割上存在不平均或财产争议，这种状况极易引起日后在赡养问题上的矛盾。有的子女认为，在分家产时父母存在偏心，遂产生怨气，在父母年老需要赡养时，以家产分配不公为由，拒绝履行赡养义务。

（四）多子女现象引发赡养纠纷

赡养纠纷案件大多发生在多子女家庭。在独生子女或子女较少的家庭，则较少出现赡养纠纷。其原因在于多子女家庭中家庭关系比较复杂，易出现儿女之间、妯娌之间互相攀比、相互推诿的现象，导致老人无人赡养的状况。

（五）子女长年外出务工致老人生活无着

随着市场经济的发展，农村外出务工的人员较以往增多，大量的人员外出务工，如不对家中老年人妥善安置，失去生活来源的老人只有依靠诉讼或其他方式来解决问题。

（六）农村社会保障滞后致赡养案件多发

相对于城市老年人大多有退休工资或社会保障而言，有关农村老人的社会保障机制不健全，造成农村中老年人无生活来源保障，经济上完全依赖于子女，导致赡养案件多发。

二、赡养纠纷特点对调解工作的影响

（一）赡养纠纷的特点对调解工作的正面影响

1.赡养费的给付并非此类纠纷的主要矛盾点，其他家庭矛盾纠纷才是冲突的根源，主要矛盾的旁化，有利于调解工作的开展

赡养费纠纷当事人不履行义务，其主要原因大多并非当事人不想给付赡养费，其矛盾根源主要表现在：一是兄弟姐妹众多，相互之间推卸责任，或者子女经济状况的差别导致经济条件差者依赖其他人多承担义务；二是出嫁女儿是否承担责任在各家庭中要求不一产生矛盾；三是婆媳关系或妯娌关系紧张影响到赡养义务的履行；四是父母对各子女照顾程度的不同或在分家析产时的不均，致使部分子女心理不平衡而不愿履行赡养义务。

2.争议标的一般都不大，当事人都有能力履行，使调解内容有实际履行的可能性

一般而言，赡养纠纷案件的标的就是每年几百元生活费及一些生活必需品，标的额都不会很大，有劳动能力的成年人一般都能承受，不像其他财产类案件会出现因当事人无能力履行而达不成调解协议或者即使调解成功也只是空

有调解协议而无法履行的情形。

3. 亲情的维系是调解无形的帮手

赡养纠纷案件以父母与子女之间的纠纷为主，作为义务履行者的子女，不可能不考虑到父母对自己的养育之恩和血肉亲情，虽然与父母之间可能存在这样或那样的矛盾，但在亲情的感化和维系下，大多数人都能不计前嫌，认识错误，履行赡养父母的义务。

4. 社会舆论的压力起到利于调解的作用

不赡养父母会被他人所不耻和指责，亲戚、朋友、邻居、村干部等人往往都会积极协助进行调解，他们对当事人的劝说甚至指责都会对其形成强大的思想压力，促使当事人达成调解协议。

（二）对调解工作的负面影响

1. 此类案件当事人多，让他们同时参加调解有难度

赡养纠纷涉及当事人多在3~4名，调解的最基本前提就是双方当事人到场，在现实中，由于当事人工作繁忙，让所涉当事人同时到齐很难，增加了调解工作的难度。

2. 老人年岁高，行动不便，多次调解几乎不具有现实可行性

在赡养纠纷中父母的年龄一般都比较大，且身体不好，行动不便，让他们参加调解就比较费精力。如果一次调解不成功，多次调解几乎不具有现实可行性。

3. 当事人观念陈旧，难以接受新观念和法律知识

有些赡养纠纷当事人特别是父母，因其年龄较大，对于新的思想观念和法律知识很难接受，成为调解成功的阻碍。

4. 调解项目繁多，影响双方对调解协议内容的全面认可

赡养纠纷案件的调解协议包括：房屋的居住、金钱的给付、债务的承担、油米柴盐等生活必需品的给付、承包地的耕种、医药费的负担、生病期间的护理、丧葬事宜的费用承担等，父母因此调解协议要做到面面俱到，让当事人双方对几乎每项内容都达成一致意见。当事人对其中某一项调解内容的异议可能会影响到整个调解协议的达成。

三、赡养纠纷调解对策

（一）找准赡养纠纷发生的真实原因，有针对性地进行调解

如前所述，许多赡养纠纷，表面看是老人生活困难，需要子女给予经济等方面的帮助，但实际上赡养费的给付并非此类纠纷的主要矛盾点，其他家庭矛盾纠纷才是冲突的根源。因此，在调解过程中，虽然要将重点放在赡养费的履行上，但更要找准赡养纠纷发生的真实原因，以解决引发赡养纠纷的其他矛盾纠纷为切入点，将当事人的其他家庭矛盾纠纷和赡养纠纷一并解决。这就要求我们找准矛盾焦点，有的放矢，既要注重调解效果，也要讲求工作效率。

（二）选择合适的调解方法，做到耐心、细心、诚心

1. 选择合适的调解方法

在赡养纠纷的调解中经常采用的调解方法有：情感唤起、情理教育、法律教育及换位思考等方法。首先要引导子女回忆父母养育的恩情，通过情感的激发，唤起子女对父母的深厚情感；通过情理分析，教育子女要遵守社会公德、遵守中华民族尊老爱幼的传统美德；同时教育子女，赡养尊敬老人也是子女应尽的法律义务，履行赡养老人的法定义务是无条件的，子女不能以父母分家不公或以其他子女未尽赡养义务为借口，拒绝或减少负担赡养义务。

2. 做到"三心"，创造良好的调解氛围

"三心"即耐心、细心和诚心。赡养纠纷的调解工作和其他纠纷的调解有许多共同点，也存在一些差异，但由于存在前述的纠纷特点，应当做到更有耐心、更加细心、更有诚心。要耐心听当事人倾诉，了解纠纷的起因，对于当事人确实存在的苦衷要及时表示理解，耐心做当事人的说服和教育工作；细心安排调解时间，尽可能通知双方都到场，细心照顾老年人的情绪变化，细心保证调解内容的完整；以诚心对待当事人，用诚心感化当事人。如果调解员只注重教育和谴责子女，不注意缓和气氛，创造良好氛围，容易激发当事人的对抗心理，不利于纠纷的解决。

（三）选择合适的调解地点和方式

在许多赡养纠纷中的老人因年老体弱或疾病等原因，行动不便，调解员可

以到当事人家里或楼门等上门进行调解。这样不仅可以方便当事人，还可以起到"调解一案，教育一片"的法律教育、宣传作用。

（四）利用道德感化，找准法律与道德的结合点

不履行赡养义务既可以由法律来调整，同时也受到道德的约束。在调解中，应当动之以情，晓之以理，不仅要从法律的角度做当事人的思想工作，更要从道德的角度让当事人明白赡养老人是其应尽的义务。

（五）利用多方机制进行调解

赡养纠纷调解宜利用多方机制进行，吸收亲朋好友、家族成立区中有威望的人协助调解，社会舆论给当事人施加一定压力，让其从思想根源上树立履行赡养义务的法律意识

四、导入情境案例操作指引

【受理】

工作人员看到老汉身体状况较差，精力不济，亟须帮助，初步了解情况后，认为这属于人民调解的受案范围，决定受理此纠纷的调解。

【调解过程】

司法所工作人员立即与华堂村委会取得联系，驱车前往老汉家中。此时，老汉的两个儿媳正在为土地界线问题争吵不休，不少邻居在围观。经工作人员劝阻，兄弟俩同意坐下来调解，但谁也不愿进另一家门。不得已，工作人员只得在院子里的大树下进行调解。

工作人员就《婚姻法》中赡养老人的相关法律法规进行了解释，同时从中华民族的传统美德——尊老爱幼的角度对兄弟俩进行了批评教育，两兄弟在惭愧之余纷纷表示以后一定孝顺父亲。但大儿子对于土地问题还存在疑问：父亲随我生活，当然父亲名下的土地应该归我啊！"围观的群众也表示不解。司法所工作人员就土地承包的相关法律知识耐心地进行了解释，特别是对于人民群众容易误解的财产继承和土地承包之间的区别重点进行解释。

【调解结束】

在司法所工作人员的劝说、教育下，兄弟俩最终握手言和，达成了赡养老

人的协议，老人的生活终于有了着落。

【指引分析】

上述案例是一起因分家析产引发的赡养纠纷。多子女家庭，由于多种原因在父母分家时所得的财产各不相同，往往由此诱发赡养纠纷。对于此类纠纷的调解，要采用明法析理的方法。首先要教育子女，分家析产和赡养义务是两个不同的法律关系，绝不能以分家析产不公来对抗履行赡养义务。根据法律规定：子女年幼时被父母遗弃而由他人抚养成人的，或者子女患有弱智、精神病等法定疾病可免除赡养义务，除此都不是免除义务的理由；其次，要教育子女，根据法律规定，父母对属于自己的财产完全可以自由处分，与子女应负的赡养义务没有关系；最后，要说服子女，尽管父母可能在财产的处理上有失公平，那也是由多种原因，受客观条件的影响造成的。要尽可能理解父母，回报父母的养育之恩，使父母晚年有一个幸福生活。

【思考与练习】

1. 如何利用赡养纠纷特点促进纠纷的调解，并避免其负面影响？

2. 调解赡养纠纷应用的策略有哪些？

3. 请根据本节所讲内容调解该纠纷。

【情境材料】

王云，早年丧偶，育有一女夏芳。18年前，王云改嫁张国清，协助张国清抚养了其3个子女（1男2女）。2002年年初，张国清因病过世。而此时的王云也已年过花甲，且体弱多病。为了能妥善解决好王云的生活，同年5月，在王云所在村的村干部的主持下，王云与继子张华及自己的亲生女儿夏芳签订了一份协议。协议除了对财产等方面作了约定外，还着重就王云的赡养问题作了三点约定：（1）从2004年起，继子每年供给王云水稻600斤、小麦100斤，如王云要求种责任田，上缴由她本人负责（注：2002年至2003年，王云尚存有余粮）；（2）王云的零花钱由其女儿夏芳负担；（3）王云今后如生病，医疗费及照应护理，由其继子张华及女儿夏芳各负担一半。

按理说，有了这份协议，王云的生活应该没有问题了。孰料，继子张华仅按协议履行了6年，到了2010年，继子张华以王云未尽到继母的责任为由只给了她300斤稻谷。要知道，300斤稻谷是根本不够王云吃的。王云在多次找继子张华索要无果后，再次找村干部解决。村干部也多次找其继子调解，但都无果。万般无奈之下，王云在其女儿的陪同下来到该镇调委会寻求帮助。

如果请你主持该纠纷调解，请问该如何调解？

第五节　继承纠纷调解

【导入情境】

张先生与华女士于2008年结婚，华女士与前夫刘先生育有一男孩刘童，男孩未随其母共同生活。婚后，华女士居住在张先生2005年购置的160平方米的豪宅中。2010年12月，张先生和华女士在国外旅游时遇车祸双双身亡。两人遗产包括：豪宅一处，两人婚后购置的宝马车一台，及金银、钻石首饰和全套家电用品等折合人民币500多万元；两人婚后的存款30万元；张先生和华女士死亡后获得的人身保险赔偿金50万元。以上夫妻全部遗产由张先生的父母继承了。

2011年2月，华女士的唯一法定继承人刘童与张先生的父亲因分割遗产发生争议，找到街道调解委员会调解。

如果由主任指派你去调解他们之间的纠纷，该如何处理？

一、继承纠纷的特点

继承纠纷属多发性、复杂性的家庭纠纷，此类纠纷，多因被赡养人在世时遗嘱不清晰，或者过世时没有留下遗嘱，家人又不懂得相关法律规定，出于利益驱动等原因而产生。继承纠纷特点是涉及家族人员多，关系较为复杂，纠纷焦点是遗产的归属与分配。

二、继承纠纷调处原则

（一）男女享有平等继承权

财产继承权不分男女，平等享有；同一顺序的继承人继承遗产的份额不分男女，应当均等；有代位继承权的晚辈直系亲属不分男女都有权代位继承父或母的遗产；配偶一方死亡，继承的一方不分男女都有权处分其所继承的遗产，也可以在继承遗产后自主决定再婚与否。

（二）养老育幼，保护弱者原则

婚生子女、非婚生子女、养子女与形成抚养关系的继子女享有平等的继承权；在分割遗产时，要注意保留胎儿的继承份额，对生活有特殊困难或缺乏劳动能力又没有生活来源的继承人予以照顾，对与被继承人共同生活的老年人和未成年人应当多分遗产；在遗嘱继承中，即使遗嘱人未保留胎儿或缺乏劳动能力又没有生活来源的继承人的遗产继承份额，也要给予分配遗产。

（三）权利义务相一致原则

对被继承人尽义务较多的，应当多分得遗产。丧偶儿媳对公、婆，丧偶女婿对岳父、岳母尽了主要赡养义务的，可以成为第一顺序法定继承人；有扶养能力和有扶养条件的继承人，不尽扶养义务的，应当不分或者少分；继承人以外的对被继承人扶养较多的人，可以分得适当的遗产。

（四）充分发挥遗产效用原则

遗产分割应当有利于生产和生活需要，不损害遗产的效用，不宜分割的遗产可以采取折价、适当补偿或者共有等方法处理。

三、继承纠纷的调解要点

（一）查看有无遗嘱，并帮助判断遗嘱的效力

介入一个继承纠纷的调解，首先要查到有无遗嘱，如果没有遗嘱，就按照法定继承办理；如果有遗嘱，要帮助纠纷当事人做好下面的工作。

1.看遗嘱的形式，确定其是否生效

首先，看是什么形式的遗嘱，因为法定形式不同的遗嘱，生效的要求不太一样。遗嘱的形式包括：公证遗嘱、自书遗嘱、代书遗嘱、录音遗嘱和口头遗嘱五种。五种形式的遗嘱中公证遗嘱的效力最高，自书、代书、录音、口头遗嘱不得变更公证遗嘱。

2.看遗嘱是否存在无效的情况

根据《继承法》第22条及《继承法意见》第37、38条的规定，以下遗嘱

无效：（1）无行为能力人或限制行为能力人所立的遗嘱；（2）受胁迫、欺骗所立的遗嘱；（3）伪造的遗嘱；（4）被篡改部分的遗嘱内容；（5）处分了属于国家、集体或他人所有财产的遗嘱部分；（6）遗嘱未保留缺乏劳动能力又没有生活来源的继承人的遗产份额的，对应当保留产份额无效。

3. 看遗嘱有没有撤销、变更的情形

遗嘱设立后的撤销、变更是遗嘱人随时都可行使的一项重要权利：（1）明示的撤销或变更，是基于遗嘱人明确的意思表示而进行的。《继承法》第20条规定："遗嘱人可以撤销、变更自己所立的遗嘱。立有数份遗嘱，内容相抵触的，以最后的遗嘱为准。自书、代书、录音、口头遗嘱，不得撤销、变更公证遗嘱。"《继承法意见》第42条规定："遗嘱人以不同形式立有数份内容相抵触的遗嘱，其中有公证遗嘱的，以最后所立公证遗嘱为准；没有公证遗嘱的，以最后所立的遗嘱为准。"（2）推定的（或默示的）撤销或变更，是基于遗嘱人的行为由法律所作出的推定。《继承法意见》第39条规定："遗嘱人生前的行为与遗嘱的意思表示相反，而使遗嘱处分的财产在继承开始前灭失、部分灭失或所有权转移、部分转移的，遗嘱视为被撤销或部分被撤销。"

4. 看遗嘱是否附义务

根据《继承法》第21条及《继承法意见》第43条规定，遗嘱继承附有义务的，继承人应当履行义务。没有正当理由不履行义务的，经有关单位、受益人或其他继承人请求，人民法院可以取消他接受附义务那部分遗产的权利。由提出请求的继承人或受益人负责按遗嘱人的意愿履行义务，接受遗产。但所附义务必须合法，否则所附义务无效。

（二）查看有无遗赠并帮助处理

遗赠是公民以遗嘱方式表示在其死后将其遗产的一部或全部赠给国家、集体或者法定继承人以外的人的法律行为。遗赠是一种单方、无偿民事法律行为，在遗赠人死后生效，并要求受遗赠人未先于遗赠人死亡且有明示表示接受的行为。其中设立遗嘱的人称遗赠人，接受遗产的人称受遗赠人。《继承法》第16条第3款规定："公民可以立遗嘱将个人财产赠给国家、集体或者法定继承人以外的人。"第25条第2款规定："受遗赠人应当在知道受遗赠后2个月内，作出接受或者放弃受遗赠的表示。到期没有表示的，视为放弃受遗赠。"

（三）查看有无遗赠扶养协议，并帮助处理

遗赠扶养协议是指遗赠人（又称被扶养人）与扶养人订立的关于遗赠和扶养关系的协议。根据这一协议，遗赠人将自己合法财产的一部或全部于其死后转移给扶养人所有，而扶养人则承担对遗赠人生养死葬的义务。遗赠扶养协议是具有双方、双务、有偿、诺成性的民事法律行为，一方只能是自然人，另一方可以是法定继承人以外的自然人，也可以是集体所有制组织，当事人之间不能存在法定扶养权利义务关系。《继承法》第31条规定："公民可以与扶养人签订遗赠扶养协议。按照协议，扶养人承担该公民生养死葬的义务，享有受遗赠的权利。公民可以与集体所有制组织签订遗赠扶养协议。按照协议，集体所有制组织承担该公民生养死葬的义务，享有受遗赠的权利。"

（四）帮助确定继承人的范围

处理好上述事项后，就可以和当事人一起确定继承人的范围。根据具体情况分为两种。

1.确定法定继承人范围

我国《继承法》以婚姻关系、血缘关系、扶养关系为依据，将法定继承人的范围限定于近亲属，而不是所有的亲属。根据《继承法》第10、12条的规定，继承人包括以下几种。（1）第一顺序：配偶、子女（包括婚生子女、非婚生子女、养子女和有扶养关系的继子女）、父母（包括生父母、养父母和有扶养关系的继父母）。第二顺序：兄弟姐妹（包括同父母的兄弟姐妹、同父异母或者同母异父的兄弟姐妹、养兄弟姐妹、有扶养关系的继兄弟姐妹）、祖父母、外母。继承开始后，由第一顺序继承人继承。没有第一顺序继承人的，由第二顺序继承人继承。（2）丧偶儿媳对公、婆，丧偶女婿对岳父、岳母尽了主要赡养务的，作为第一顺序继承人。另外要特别注意《继承法意见》第19、21~24、30条的规定。

2.确定遗嘱继承人范围

一般情况下，在我国遗嘱继承人的范围与法定继承人一致。《继承法》第16条第2款规定："公民可以立遗嘱将个人财产指定由法定继承人的1人或数人继承。"换言之，能够作为遗嘱继承人的，只能是被继承人的配偶、子女、父母、兄弟姐妹、祖父母、外祖父母、对公婆或岳父母尽了主要赡养义务的丧偶儿媳或丧偶女婿以及父母先于被继承人死亡的孙子女、外孙子女等。法定继承人范围以外的人不能成为遗嘱继承人，只能成为受遗赠人。

（五）帮助判断相关继承人是否享有继承权

1.查看继承人是否取得了继承权

法定继承人的继承权是基于法律直接规定而取得的，其依据是血缘关系（包括父母子女、兄弟姐妹、祖孙）、婚姻关系（指配）和扶养关系（包括丧偶儿媳、丧偶女婿）。遗嘱继承人的继承权，其取得的条件有二：（1）有法定继承权；（2）有合法有效的遗嘱。

2.查看是否有放弃继承权的情形

《继承法》第25条规定："继承开始后，继承人放弃继承的，应当在遗产处理前，作出放弃继承的表示。没有表示的，视为接受继承。受遗赠人应当在知道受遗赠后2个月内，作出接受或者放弃遗赠的表示，到期没有表示的，视为放弃受遗赠。"继承人放弃继承的意思表示，应当以明示的方式作出，放弃继承权的效力，追溯到继承开始的时间，即继承人不再继承被继承人的遗产，其"应继份额"依照有关规定处理。遗产分割后表示放弃的不再是继承权，而是财产所有权。只要放弃和接受行为符合法律规定，原则上不得撤回。《继承法意见》第50条规定："遗产处理前或在诉讼进行中，继承人对放弃继承翻悔的，由人民法院根据其提出的具体理由，决定是否承认。遗产处理后，继承人对放弃继承翻悔的，不予承认。"

3.查看继承人是否有丧失（或被剥夺）了继承权的情形

《继承法》第7条规定："继承人有下列行为之一的，丧失继承权：（一）故意杀害被继承人的；（二）为争夺遗产而杀害其他继承人的；（三）遗弃被继承人，或者虐待被继承人情节严重的；（四）伪造、篡改或者销毁遗嘱，情节严重的。"

（六）帮助确认继承开始的时间

《继承法》第2条规定："继承从被继承人死亡时开始。"《继承法意见》第1条进一步指出："继承从被继承人生理死亡或被宣告死亡时开始。"因而，在我国继承开始的时间以被继承人死亡的时间为准，自然死亡和宣告死亡都能引起继承的发生。值得注意的是，《继承法意见》第2条规定："相互有继承关系的几个人在同一事件中死亡，如不能确定死亡先后时间的，推定没有继承人的人先死亡。死亡人各自都有继承人的，如几个死亡人辈分不同，推定长辈先死亡；几个死亡人辈分相同，推定同时死亡，彼此不发生继承，由他们各自的继承人分别继承。"

（七）帮助确认遗产的范围并指导对遗产进行处理

1. 帮助确认遗产的范围

成为遗产的条件：（1）被继承人的个人财产。《继承法》第26条规定："夫妻在婚姻关系存续期间所得的共同所有的财产，有约定的除外，如果分割遗产，应当先将共同所有的财产的一半分出为配偶所有，其余的为被继承人的遗产。遗产在家庭共有财产之中的，遗产分割时，应当先分出他人的财产。"（2）合法财产。（3）被继承人死亡时的财产，这是遗产范围大小的时间限定点。《继承法》第3条规定："遗产是公民死亡时的个人合法财产，包括：①公民的收入；②公民的房屋、储蓄和生活用品；③公民的林木、牲畜和家禽；④公民的文物、图书资料；⑤法律允许公民所有的生产资料；⑥公民的著作权、专利权中的财产权利；⑦公民的其他合法财产。"《继承法意见》第3条规定："公民可继承的其他合法财产包括有价证券和履行标的为财物的债权等。"《继承法意见》第4条进一步规定："承包人死亡时尚未取得承包收入，可把死者生前对承包所投入的资金和所付出的劳动及其增值和孳息，由发包单位或者接续承包合同的人合理折价、补偿，其价额作为遗产。"由此看《继承法》中的遗产仅指死者的财产和财产权利，而不包括债务。但继承人继承遗产时，应当清偿被继承人依法应当缴纳的税款和债务。

2. 遗产分配处理

当遗产范围被确定后，就可以进行遗产分配处理。

（1）注意法定继承、遗嘱继承与遗赠、遗赠抚养协议的适用顺序。根据《继承法》第5条、第27条和《继承法意见》第62条规定，遗赠抚养协议优先于遗嘱继承、遗赠的适用，遗嘱继承、遗赠优先于法定继承的适用。

（2）注意限定继承原则的适用。根据《继承法》第33条的规定：①继承遗产应当先清偿被继承人依法应当缴纳的税款和债务，遗产的分配顺序是：税

纠纷

调解与基层

法律服务

款、一般债务、继承。②清偿遗产债务以实际遗产价值为限，超过遗产实际价值部分的债务不受法律保护。对超过部分的债务不负清偿责任，但继承人自愿偿还的，不受此限。③继承人放弃继承的，不负清偿税款和债务的责任。要特别意《继承法》第34条的规定："执行遗赠不得妨碍清偿遗赠人依法应当缴纳的税款和债务。"以及《继承法意见》第61条的规定："继承人中有缺乏劳动能力又没有生活来源的人，即使遗产不足清偿债务，也应为其保留适当遗产……"

（3）根据法定继承遗产分配原则分配遗产。我国《继承法》就法定继承方式中的遗产分配，以"一般应当均等"为基本原则，以特殊情况下的不均等为例外。《继承法》第13条规定："同一顺序继承人继承遗产的份额，一般应当均等。对生活有特殊困难的缺乏劳动能力的继承人，分配遗产时，应当予以照顾。对被继承人尽了主要扶养义务或者与被继承人共同生活的继承人，分配遗产时，可以多分。有扶养能力和扶养条件的继承人，不尽扶养义务的，分配遗产时，应当不分或少分。继承人协商同意的，也可以不均等。"

（4）处理遗产时要注意保留胎儿的份额。《继承法》第28条规定："遗产分割时，应当保留胎儿的继承份额。胎儿出生时是死体的，保留的份额按照法定继承办理。"《继承法意见》第45条进一步规定："应当为胎儿保留的遗产份额没有保留的应从继承人所继承的遗产中扣回。为胎儿保留的遗产份额，如胎儿出生后死亡的，由其继承人继承；如胎儿出生时就是死体的，由被继承人的继承人继承。"

（5）对没有劳动能力依靠被继承人生活的人，应适当分给遗产。《继承法》第14条规定："对继承人以外的依靠被继承人扶养的缺乏劳动能力又没有生活来源的人，或者继承人以外的对被继承人扶养较多的人，可以分给他们适当的遗产。"

（6）注意对无人继承又无人接受遗赠遗产的处理。《继承法》第32条规定："无人继承又无人受遗赠的遗产，归国家所有；死者生前是集体所有制组织成员的，归所在集体所有制组织所有。"由此可见，应区别死者生前的身份，决定遗产的归属。

（八）代位继承问题的处理

代位继承是指法定继承中被继承人的子女先于被继承人死亡的情况下，由该先死子女的晚辈直系血亲代替其继承被继承人遗产的法律制度。先于被继承人死亡的子女是被代位人，其晚辈直系血亲是代位继承人。《继承法》第11条规定："被继承人的子女先于被继承人死亡的，由被继承人的子女的晚辈直系血亲代位继承。代位继承人一般只能继承他的父亲或母亲有权继承的遗产份额。"由此可见，代位继承是由代位继承人一次性地间接继承被继承人的遗产，具有替补继承的性质。代位继承只适用于法定继承，不适用于遗嘱继承，遗嘱继承人先于被继承人死亡的，因遗嘱未生效，故未取得继承权，当然也不会发生代位继承。

要特别注意《继承法意见》第25条、第29条的规定：（1）被继承人的孙子女、外孙子女、曾孙子女、外曾孙子女都可以代位继承，代位继承人不受辈数的限制。（2）被继承人的养子女、已形成扶养关系的继子女的生子女可代位继承；被继承人亲生子女的养子女可代位继承；被继承人养子女的养子女可代位继承；与被人已形成扶养关系的继子女的养子女也可以代位继承。（3）代位继承人缺乏劳动力又没有生活来源，或者对被继承人尽过主要赡养义务的，分配遗产时，可以多分。（4）继承人丧失继承权的，其晚辈直系血亲不得代位继承。如该代位继承缺乏劳动能力又没有生活来源，或对被继承人尽赡养义务较多的，可适当分给遗产。（5）丧偶儿媳对公、婆，丧偶女婿对岳父、岳母，尽了主要赡养义务的，无论是否再婚，依《继承法》第12条规定作为第一顺序继承人时，不影响其子女代位继承。

（九）转继承问题的处理

转继承是指继承人在继承开始后、遗产分前死亡，其所应继承的遗产份额的权利转由他的合法继承人继承的法律制度。我国《继承法》对转继承没有明确规定，但《继承法意见》第52条指出："继承开始后，继承人没有表示放弃继承，并于遗产分割前死亡的，其继承遗产的权利转移给合法继承人。"由此可见，转继承是两个相连的直接继承，具有连续继承的性质，后一个继承是前一个继承的继续。被转继承人可以是一切合法继承人，诸如被继承人的法定继承人、遗嘱继承人、受遗赠人等，因为被转继承人在继承开后已取得了现实的继承权，因而该继承权当然可以转由其合法继承人继承。而一切有权分得被转继承人遗产的人，都可以作为转继承人。

（十）签订协议，结束调解

在上面的工作做通后，召集纠纷当事人签订调解协议，能够当场履行的就当场履行；不能当场履行的，约定好履行的时间。至此调解成功。

四、导入案例操作指引

【受理】

申请人的调解申请符合《人民调解法》规定，调解委员会对当事人进行了受理登记并着手调解。

【调解】

受理后，首先查证有无遗嘱及遗赠等情形。经查证双方没有遗嘱，也没有遗赠和遗赠抚养协议，按法定继承办理。

然后查证死者继承人的范围和继承资格。经查证，华女士除亲生儿子刘童外，没有其他具有血缘关系的近亲属；张先生除生身父母外，没有其他有继承资格的继承人。也就是说，本案继承人是刘童和张先生父母。

关于继承资格，张先生父母强调：张先生在车祸中死于吴女之后，华女士的遗产已由张先生继承。所以，张先生死后其遗产由父母继承。

调解委员会认为本案的关键环节是如何确定被继承人死亡的顺序。它直接关系继承人顺序和应继承份额。

经调查：张先生和华女士遇到车祸后，警方和急救车到场时二人均已死亡，没有医学和法律文书能够证明两人谁先死亡。因此，无法准确判断两人死亡的先后顺序。根据《继承法意见》第2条之规定，相互有继承关系的几个人在同一事件中死亡，如不能确定死亡先后时间的，推定没有继承人的人先死亡；几个死者辈分相同的，推定同时死亡，彼此不发生继承，由他们各自的继承人分别继承。

据此，在本案中，应该推定张先生和华女士同时死亡，张先生与华女士不发生继承关系。他们的共同遗产和个人遗产由各自的继承人继承。

根据法律规定和车祸实际情况，调解委员会向双方当事人作了明法析理的说服疏导后，张父认可了刘童的继承权。

【调解结束】

在调解员的主持下，为刘章和张父清点分割了死者夫妻共有财产和各自名下的财物，双方达成了和解。

【分析指引】

此案被继承人意外死亡，没有继承遗嘱，属于法定继承范围。关键在于必须弄清被继承人的死亡顺序。如果真如张父所言其子是"后死亡的"，那么华女士的遗产可以由张先生继承。张先生死后，遗产由张父继承。但是经调解员仔细调查后，发现被继承人"死亡有先后"的说法不实，便运用法治教育的方式启发张父按照法律规定办事，促使双方达成和解。《人民调解法》规定要用"明法析理"的方法进行调解。明法析理法为先，这是受理民间纠纷时最重要、最基本的调解方法。

【思考与练习】

1. 调解继承纠纷的原则。

2. 调解继承纠纷的要点。

3. 请根据下列材料调解此纠纷。

【情境材料】

2011年12月，辖区居民刘某（38岁）在外意外死亡，在本地留下独院房产一套，一个11岁小孩。关于房产的分配问题，儿媳李某与其公公之间意见不一产生矛盾，虽经社区调解，但因双方分歧过大，始终未能达成一致协议。2012年8月，东大司法所着手进行调解。儿媳李某认为：丈夫不在了，自己又没有固定收入，而且孩子还小，以后用到钱的地方还很多，丈夫留下的房产应该留给自己，作为今后的生活费用。其公公则认为：该房屋是儿子结婚时自己给盖的，现在儿子死了，自己收回房屋合情合理。

如果你是调解主持人，该如何进行调解？

第二章　相邻纠纷调解

【知识目标】

1. 了解相邻关系的性质和种类，知晓法律法规对相邻关系的一般规定。

2. 掌握处理各种相邻关系纠纷的方法与技巧。

【能力目标】

能熟练运用各种调解方法与技巧调处相邻关系纠纷。

第一节　相邻关系纠纷调处概述

【导入情境】

马桶排污直通窨井，粪便溢出破坏环境。

王某住在6层老式公房的底楼，因家中装修，修改了布局，其将马桶排污管道直接接通家门口的窨井。事后，造成窨井堵塞，粪便溢出，严重影响其他居民的正常生活。受影响居民遂向人民调解委员会提出调解申请，要求王某立刻疏通窨井，并对其马桶通窨井的布局进行处理。

问题：1. 这是什么类型的纠纷？

2. 如果你是调解员，该如何调处此纠纷？

一、相邻关系纠纷的概念与特点

（一）相邻关系的含义

相邻关系是指不动产相互毗邻的不动产所有人或使用人，在行使所有权或使用权时，因相互间依法给予方便或接受限制而发生的权利与义务关系。相邻关系从本质上讲是不动产所有人或使用人的财产权利的延伸，同时又是对他方所有人或使用人的财产权利的限制。在实践中，民事主体的任何一项民事权利都不是无限制的，不动产权利也是如此。一个不动产权利人向外延伸的不动产权利会使其他不动产权利人的不动产权利受到限制，其他不动产权利人的不动产权利的延伸又会使他的不动产权利受到限制；这种相互之间延伸和被延伸、限制和被限制的关系就是相邻关系。这是在不动产相邻方之间产生的法定权利与义务。然而，当不动产相邻时，如果不动产所有人或使用人皆绝对自由地使用其权利标的，相邻各方极有可能发生纠纷和冲突，这样不仅使不动产本身不能发挥最大的经济效益，而且会因相邻各方的纷争而损害不动产的财产秩序。

（二）相邻关系的特征

1. 相邻关系基于不同主体所有的或使用的不动产相互毗邻而产生。相邻关系是法律直接规定的而不是当事人之间约定的，而法律规定的前提是不同主体所有或使用的不动产必须是相互毗邻的，当事人之间既不能约定设立相邻关系，也不能约定排除相邻关系，只要不动产相互毗邻便必然产生主体之间的相邻关系。

2. 相邻关系只能发生在两个或两个以上的权利主体之间。两个以上的不动产必须分别属于两个以上的主体所有或使用才能发生相邻关系，是不动产的权利主体之间的一种权利义务关系。这里的主体既可以是法人或其他组织，也可以是自然人；既可能是不动产的所有权人，也可能是不动产的使用权人。

3. 相邻关系的内容是相邻主体之间的权利义务关系。根据法律规定，不动产所有人或使用权人行使权利应给予相邻的不动产所有人或使用权人行使权利的必要便利。这样，对一方来说，因提供给对方必要的便利，就使自己的权利受到限制；对于另一方来说，因为依法取得了必要的便利，则使自己的权利得到了延伸。

4. 相邻关系的客体并非相邻的不动产本身，而是不动产所有人或使用人在行使不动产所有权或使用权时相互给予对方便利所产生的利益。这种利益可以是经济利益，也可以是方便、快捷、舒适等非经济利益。

二、相邻关系纠纷的特点

相邻关系纠纷是一个古老的纠纷。当前，相邻纠纷引起的人民内部矛盾，甚至由此诱发的刑事案件也不少。此类案件矛盾积累时间长，双方对立情绪大，化解难度大，难以做到案结事了，成为影响社会安定稳定的隐患之一。

（一）相邻纠纷双方矛盾、积怨已经较深，不易化解

相邻关系纠纷本质上是一种权利的限制与扩张纠纷，对一方权利的限制即意味着一方权利的扩张；而一方权利的扩张也意味着对一方权利的限制。相邻纠纷的当事人日常居住空间较为接近，日常接触较为频繁，一般情况下，相邻

方在受到侵害时，通常愿意加以忍受，不愿主张其权利。但如果忍受太久导致积怨太深或者发生了进一步的侵权，就会导致关系恶化，使问题更加复杂化，这时矛盾就比较难以化解。

（二）相邻纠纷案件诉讼标的额较小，但双方争议较复杂

在相邻纠纷案件中，相邻关系纠纷涉及的金额标的额并不大，当事人之间主要是因为相邻通行、通风、采光、排水、防险等引起的，其诉讼请求一般是排除妨碍、恢复原状、赔礼道歉，一般较少要求对方赔偿损失，即使有要求，数额也不大。不过，相邻关系当事人争议较多，相互之间往往互为侵权，还掺杂一些其他矛盾，纠纷关系十分复杂。

（三）相邻纠纷发生的原因多种多样

相邻关系纠纷主要是为了生产、生活的方便；或是因为土地、房屋等的使用权具有财产权的性质，为了争夺财产；还有的是当事人相信屋场风水等迷信观念，如邻居的屋檐水滴落自家房屋上会有不利影响，修建坟场争夺风水宝地等。

（四）相邻关系人因相互斗气报复而激化矛盾，引起非正常信访

相邻纠纷中，相当一部分相邻关系人先辈们有矛盾，未能及时化解，积怨很深，对后代影响很大，造成相邻方至少两代人相互仇视，互不理睬，只要涉及对方一点利益，立即就会发生冲突。因此在相邻关系的处理上很难达到双方满意的效果，由此引发的上访申诉事件不断增多。

（五）少数相邻纠纷激化成刑事案件

相邻案件双方讼争利益虽然不大，但是由于事件关系到个人、家庭利益及狭隘的观念，容易使矛盾激化，给日常生产和生活造成严重影响。当双方矛盾激化到一定程度，往往会发生双方青壮年之间的斗殴，造成一方受伤住院，另一方锒铛入狱的两败俱伤后果，给双方家庭都造成财产、人身、自由多重损害，有的甚至引发命案，极大地影响社会关系的稳定。

三、相邻纠纷解决办法

相邻关系纠纷千变万化，存在许多复杂的形式，有的存在违章建筑，有的

存在违法排污等，在处理相邻关系纠纷的时候，应当根据案情的实际需要，从维护社会稳定、邻里团结的角度出发来解决存在的争议。

1. 先行和解。处理相邻关系纠纷应当由当事人各方自愿协商，和平解决之间的争端。

2. 让物业服务公司出面进行调解。如果当事人之间协商无法解决，当事人各方可以请物业公司出面调解。物业服务公司对小区的情况比较了解，也有物业管理规约的支持，能够帮助解决一些相邻关系纠纷。

3. 善于借用社会第三方力量。如果物业公司也不能解决，当事人各方可以共同请求人民调解组织，对各方之间的争议进行调解；同时，对争议的情况，提请纠纷所涉的相关主管部门比如国土资源部门、林业部门、建设部门、城管部门等给予协助，在有效制止违法行为的前提下，争取调解处理。

4. 诉讼。在当事人各方无法协商或协商不成，调解失效的情况下，当事人可以诉请法院，请求法院依照法律程序来解决。但规范相邻关系的法律法规过于死板、滞后，同时在民事法律规范与行政法律规范之间、诉讼程序要求与实体审理要求之间存在冲突，不可避免地给法院审理相邻关系纠纷案件带来较大的困难。同时，由诉讼解决相邻纠纷还有可能引发更多的矛盾，很可能是案结事未了。因此，如果不是迫不得已，不要选择诉讼作为解决邻里纠纷的唯一方式。

四、相邻关系调处原则

（一）根据法律法规，尊重历史和习惯

处理相邻关系纠纷，首先要依据相应的法律法规，如果法律法规没有规定的，要尊重历史事实和当地的风俗习惯。《物权法》第85条规定，法律、法规对处理相邻关系有规定的，依照其规定；法律、法规没有规定的，可以按照当地习惯处理。习惯是在社会生活中反复出现并经人们认可的一种生活准则，因此，对历史上形成的用水、排水、通行等相邻关系，相邻一方未经他方同意均不得擅自变更。

（二）有利生产、方便生活

相邻关系正是人们在生产、生活中，对于相互毗邻的不动产的占有、使用、收益、处分而发生的权利义务关系，直接关系到人们的生产和生活的正常进行。因此，处理相邻关系应当从有利于有效合理地使用财产，有利于生产和生活出发，以减少不必要的损失，发挥最大的经济效益，促进生产的发展。

（三）团结互助、兼顾各方的利益

常言道：远亲不如近邻，与人方便与己方便，发挥社会团结互助的精神的，是建立睦邻友好关系的前提。不动产各方在处理相邻关系时，应相互给予便利，并不得对他方造成违法的侵害。相邻各方在行使所有权或使用权时，应该互相协作，兼顾相邻人的利益。调委会在调处相邻关系纠纷时也要从团结互助原则出发，平衡兼顾争议各方的利益。

（四）公平合理

公平合理是民法的精髓。一方面公平合理原则要求，不动产相邻各方在处理相邻关系时，一方权利的延伸和另一方权利的限制都必须合理，在必要的限度内为之；并且要求各方在享受权利的同时，亦应承担一定的义务。例如，相邻一方因架电线、埋设电缆、管道必须使用他方的土地，他方应当允许，但使用的一方应当选择危害最小的地点和方法安设，对所占用的土地和施工造成的损失给予补偿并且应于事后清理现场。此外，公平合理原则要求调委会在调处相邻关系案件时，在查清事实、分清是非的基础上，依法合理的解决纠纷、化解矛盾。

（五）依法给予补偿

相邻关系纠纷本质上是不动产所有权或使用权的限制与扩张纠纷，对一方所有权或使用权的限制即意味着一方权利的扩张，反之亦然。一方权利的扩张也意味着有可能对另一方造成了损失，无论这种损失是否在合理范围内，获益的一方都要依据法律法规的规定给予对方相应的补偿。比如：在相邻通行关系中，一方当事人的出行必须使用相邻人的土地，相邻人必须给予方便；但因开辟出行通道给相邻人造成损失的，必须给予相邻人相应的土地补偿或其他补偿。这是由最高人民法院《关于贯彻执行〈中华人民共和国民法通则〉若干问题的意见（试行）》第100条和《物权法》第92条予以规定的。

五、相邻纠纷调解处理要点

（一）厘清头绪，区别相邻纠纷的类型，正确适用法律法规

遇见相邻关系纠纷，首先要区分该纠纷是传统的相邻关系纠纷，还是新型的相邻关系纠纷。如果是较为常见的传统相邻关系，如相邻用水排水纠纷、相邻通行纠纷、相邻通风采光和日照、损害防免等纠纷，应当直接"对号入座"，依据具体的法律规定直接处理。然而，当纠纷本身比较复杂，涉及多层矛盾关系时，就首先需要厘清头绪，分清因果关系及其顺序。当出现无法直接归入传统类型的相邻纠纷，可以适用《物权法》相关规定；如纠纷情况现行法律又无相关规定时，应当使用一般民法原理予以解决。

（二）搞清纠纷的核心问题

调解相邻关系纠纷需要找到引发纠纷的成因，厘清纠纷的发展脉络，这有助于纠纷的化解；更重要的是调查清楚纠纷的核心问题，即纠纷双方各自需要什么、达到什么目的或效果。对于能够通过让步予以解决的，也需要依据相关法律规定及民法原理判断其合理性，以保证调解处理过程的公平和结果的公正；对于不能通过让步予以解决的，应当依据法律规定和民法原理判定是非，在此基础上重点做需要承担责任一方的工作。

（三）运用相关法律法规的具体规定进行调处和教育

越是复杂的纠纷，越应当被简化成简单的几个矛盾关系。而经过对这些简单关系的梳理，最终需要以具体的相关法律法规为依据，而不是以主观的好恶或者当事人的态度进行调解处理。有些纠纷中，即使当事人本着息事宁人的态度作出不应有的让步，调解人员也应当依据法律法规进行适度的纠正，以维护当事人的合法权益，真正发挥调解工作维护社区和谐的功能。

（四）从实际情况出发，实事求是平衡双方利益

很多情况下，纠纷双方的对错一目了然，而法律依据也是充分的，但由于过错一方不能或不愿让步，不接受调解处理，这就需要进行说服教育，让双方都明白调解的意义，使双方能够平心静气地接受调解。而当纠纷本身较为复杂，双方又各执己见相持不下时，调解人员应当充分运用自己的法律知识，辨

明是非、指出对错，结合具体纠纷的特点，将灵活性与法律原则结合起来，照顾平衡双方的利益，这样才可以妥善做好调解工作。

六、有关相邻关系的法律规定

（一）《民法通则》对相邻关系的规定

《民法通则》第83条从三个方面规定了相邻关系。

1. 处理相邻关系的原则和方法是有利生产、方便生活、团结互助、公平合理，这显然是要求按照当地的民情民意和习惯做法来处理相邻关系纠纷；

2. 列举式的规定了相邻关系有截水、排水、通行、通风、采光等种类；

3. 相邻一方给他方造成损害的，承担停止侵害、排除妨碍、赔偿损失的民事责任。

（二）最高人民法院《关于贯彻执行〈中华人民共和国民法通则〉若干问题的意见（试行）》第97~103条对相邻关系的规定，细化《民法通则》对相邻关系的规定，主要对传统的相邻关系的种类和处理相邻纠纷的办法及民事责任作了比较细的规定

（三）《物权法》规定的相邻关系（第84~92条）

《物权法》及其司法解释继承了《民法通则》关于相邻关系的规定，又有了长足的进步，表现在以下几个方面。

1. 在处理相邻关系的原则上，继承了有利生产、方便生活、团结互助、公平合理的原则。

2. 进一步明确了处理相邻关系时法律法规有规定的从其规定，法律法规没有规定的可以按照当地习惯处理。

3. 不仅明确了传统相邻关系的种类，其中包括一些新型的相邻关系种类，而且对相邻各方的权利义务及处理相邻纠纷的方法作了具体规定。

总的来讲，目前法律对相邻关系的明确规定集中在《民法通则》《物权法》及其对应的司法解释中，在对相邻关系的有关问题进行咨询解答和矛盾调处的过程中应首先以已有的法律规定为准绳，在没有法律规定时按照当地公众认可的习惯性做法处理。这要求相关调解人员既要熟悉现行法律法规的规定，也还要充分了解当地的民情民意。

七、导入情境案例操作指引

【受理】

社区人民调解委员会接到居民们的申请后，认为属于《人民调解法》的受案范围，如果不及时介入，可能会导致纠纷激化升级。于是受理该案，并着手进行了调解。

【调解过程】

调解员到现场查看，确实是粪便溢出，不仅影响周围居民的正常生活，也影响所在小区的整体环境。然后找到王某，指出其擅自将马桶直通窨井的行为违反了国家法律法规的规定，要求王某马上疏通窨井并向受影响的居民赔礼道歉。王某也承认了自己的错误行为，愿意疏通窨井，但对居民要求改回原布局的要求不能接受，因为房屋刚装修好，改回去也费事费时及费钱。调解员认为王某的说法也有一定道理。从合理利用原则出发，反过来做居民们的工作："堵塞窨井的事并不常发生，只要王某保证经常疏通，不再堵塞窨井，就不会再影响居民们的生活。如果让王某改回布局肯定有难度，大家可以换位想一想，如果是你，房子刚装修好，你愿意再改回去吗？改回布局必将使王某受到巨大的经济损失，王某必定不能接受。"

【调解结束】

经过反复劝说，终于做通双方的工作，最终使双方达成协议：（1）王某向其他居民致歉；（2）即日起，王某立刻雇人疏通窨井，恢复环境卫生；（3）王某承诺若窨井再有因其马桶直通造成粪便溢出的，由其负责疏通，并恢复环境卫生。

【指引分析】

这是人民调解委员会调解纠纷时将民法原理与调解工作的灵活性相结合的一个例子。由于粪便溢出，不仅影响周围居民的正常生活，也影响所在小区的整体环境，因此调解工作宜速不宜迟。虽然王某擅自将马桶直通窨井的行为违反了国家法律法规的规定，但要求王某改变屋内的装修，必将使王某受到巨大的经济损失，王某必定不能接受，说服工作在短时间内将难有进展；同时，因为马桶直通窨井造成窨井堵塞的情况不会经常发生。因此，人民调解委员会在综合考量大多数居民的利益、为满足大多数居民利益而对王某的利益可能造成的损害，以及实际调解工作效率的基础上提出了如上调解方案，得到了各方的认可。

第二节　传统的相邻关系及纠纷处理

【导入情境】

万柳乡龙湖村居民胡某某家盖楼房，由于楼房结构问题，其楼顶檐口跟东边邻居吴某家檐口不齐，要稍微高于吴某家。依当地风俗习惯是不吉利的，因此吴某家阻止胡某某家继续施工。然而楼房已经基本盖好，就差楼顶房檐。两家争执不下，耽误了胡某某家的工期，造成浪费，在这种情况下，胡某某找到了社区调解委员会进行调解。

如果你是社区调委会主任，如何调处该纠纷？

相邻关系，是指两个或两个以上相互毗邻的不动产所有人或者占有人、使用人在行使不动产的占有、使用、收益和处分权时，相互之间应当给予便利或者接受限制而发生的权利义务关系。这种关系发生在城市、乡村的公众的日常生活中，其种类繁多。

根据法律规定，不动产权利人应当为其相邻的不动产权利人提供便利，能够提供便利而不提供，给相邻的不动产权利人造成损害；或接受便利的相邻的不动产权利人行使权利给提供便利的不动产权利人造成损害的，均应承担停止侵害、消除危险、排除妨碍、恢复原状、赔偿损失的民事责任。要求其他不动产权利人给自己提供便利是权利，为他人提供便利是义务；不提供便利给他人造成损害或得利的同时给他人造成损害就有义务承担责任。

一、相邻用水、流水、截水、排水关系及其纠纷处理

（一）相邻用水、流水、截水、排水关系的理解

根据《物权法》第86条规定：不动产权利人应当为相邻权利人用水、排

水提供必要的便利。对自然流水的利用，应当在不动产的相邻权利人之间合理分配。对自然流水的排放，应当尊重自然流向。

（二）调处此类纠纷的注意事项

相邻人应当保持水的自然流向，在需要改变流向并影响相邻他方用水时，应征得他方的同意，并对由此造成的损失给予适当补偿。为了灌溉土地，需要提高上游的水位，建筑水坝，必须附着于对岸时，对岸的土地所有人或使用人应当允许；如果对岸的土地所有人或使用人也使用水坝及其他设施，应按受益的大小，分担费用。水流经过地的所有人或使用人都可以使用流水，但应当共同协商、合理分配使用，不得擅自堵截，也不得影响上游排水。相邻一方在为房屋设置管、槽或其他装置时不得使房屋雨水直接注泻于邻人建筑物上或土地上。

二、相邻土地使用关系及其纠纷处理

（一）相邻土地使用关系的理解

相邻土地使用关系是指，相邻一方因受自然条件所限，如其土地或建筑物在邻人土地或建筑物的包围之中，没有其他通道，必须通过邻人土地时，应当允许其通行而形成的相邻土地使用关系。其中将允许通行的权利称为相邻通行权。需注意的是不动产权利人从其他不动产权利人的土地上通行是法律规定的权利，无须与他人协商，更不需要征得他人同意。这是《物权法》规定的用物权中的地役权，是绝对权，具有排他效力。《物权法》第87条对此作了规定：不动产权利人对相邻权利人因通行等必须利用其土地的，应当提供必要的便利。

（二）调处此类纠纷的注意事项

1.虽然不动产权利人从其他不动产权利人的土地上通行是法律规定的权利，无须与他人协商，更不需要征得他人同意，但通行人在选择通行道路时，应当选择最必要、损失最少的路线；通行人还应对因通行给相邻人造成的损害予以补偿或赔偿。

2.历史上形成的通道，土地的所有人或使用人无权任意堵塞或改道，以免妨碍邻人通行。如果确实需要改道，应取得邻人的同意。

即使保留历史形成的通道会使土地的使用价值降低，该地块的权利人也不得以其对该地块享有不动产权利为由来维护土地的使用价值，不保留通道（另开道的除外）。因为该地块已经成为相邻不动产权利人的供役地，他们对该地的地役权具有优先效力。

3. 确实需要对通道占用的地块进行其他利用的，可以另开通道。但费用应由其自行解决，相邻的不动产权利人无须补偿；且另开的通道与原有的通道的便利条件和程度应当相当。

三、相邻防险、环保关系及纠纷的处理

（一）相邻防险、环保关系的理解

相邻一方在开挖土地（如打水井等）、建筑施工时不得使邻地的地基发生动摇，不得使邻地的建筑物受到危害；相邻一方的建筑物有倾倒的危险，威胁邻人的生命财产安全，相邻一方应当采取预防措施；相邻一方不得以高音、噪声、喧嚣、震动等妨碍相邻人生产、工作生活和休息；相邻一方堆放易燃、易爆、剧毒、放射、恶臭物品时，应当与邻地建筑物保持一定距离，或者采取预防措施和安全装置。相邻他方在对方未尽此义务的情况下，有权要求排除妨害、赔偿损失。相邻人在生产、生活过程中，排放废气、废水、废碴，不得超过国家规定的排放标准。相邻他方对超标排放，有权要求相邻人排除妨害，而且对造成的损害还有权要求赔偿。《物权法》第90条和91条对此作了规定："不动产权利人不得违反国家规定弃置固体废物，排放大气污染物、水污染物、噪声、光、电磁波辐射等有害物质。""不动产权利人挖掘土地、建造建筑物、铺设管线以及安装设备等，不得危及相邻不动产的安全。"

（二）调解此类纠纷矛盾的注意事项

调解此类纠纷时应当注意以下事项：

1. 相邻一方以高音、噪声、喧嚣、震动等妨碍相邻人工作、生活和休息，而不听劝阻的或有条件排除而不采取措施排除的，应视为侵权行为。侵权人应停止侵害，并赔偿受害者的损失。

2. 以相邻关系纠纷为由向污染行为人主张权利，不必拘泥于损害后果是否发生。调处此类纠纷应当以国家法律法规和地方政府的具体规定为依据，同时要兼顾双方的利益。

3. 对不履行上述防险、环境保护义务的相邻关系人，相邻人除有权请求排除妨害、赔偿损失外，对于情节严重，造成重大损失者，政府有关政府部门和司法机关可以依法予以行政处分或刑事制裁。

四、相邻施工关系及其纠纷调处

（一）相邻施工关系的理解

不动产权利人因建造、修缮建筑物以及铺设电线、电缆、水管、暖气和燃气管线等必须利用相邻土地、建筑物的，该当提供必要的便利。不动产权利人挖掘土地、建造建筑物、铺设管线以及安装设备等，不得危及相邻不动产的安全。这是一种常见的相邻关系，在农村建造房屋、城市装修房屋的过程中很容易发生这种相邻关系的纠纷。

《物权法》第88条规定：不动产权利人因建造、修缮建筑物以及铺设电线、电缆、水管、暖气和燃气管线等必须利用相邻土地、建筑物的，该土地、建筑物的权利人应当提供必要的便利。

（二）调处此类相邻关系纠纷的注意事项

调处此类相邻关系纠纷、矛盾应当注意以下事项：

1. 建造、修缮建筑物的不动产权利人为了建造、修缮的便利（如运输、堆放材料等），有权利利用相邻的土地或者道路、通道、公共空地、楼道等，这些土地、通道提供便利，不得拒绝。但相邻方应当选择损害最小的地点及方法安设，并于事后清理现场，恢复原状。

2. 不动产权利人利用相邻的不动产原则上是无偿的，相邻的不动产权利人无权要求付费用。

3. 不动产权利人对相邻不动产的利用给相邻的不动产权利人造成不便的，如果该不便没有造成费用或成本的增加，相邻的不动产权利人应当容忍；如果该便造成了费用或成本的增加，不动产权利人应当补偿。

4.不动产权利人对相邻不动产的利用给相邻的不动产权利人造成损害的，当承担损害赔偿责任。

五、相邻通风采光关系及其纠纷调处

（一）相邻通风采光关系的理解

相邻人在建造建筑物时，应当与邻人的建筑物留有一定的距离，以免影响邻人建筑物的光照、通风。根据《物权法》第89条规定：建造建筑物，不得违反国家有关工程建设标准，妨碍相邻建筑物的通风、采光和日照。

这种相邻关系纠纷通常发生在城市，一般是已建房屋的不动产权利人认为后建房屋特别是楼房影响了其通风、采光和日照。近年来，在农村此类纠纷也时有发生。

（二）调处此类相邻纠纷的注意事项

调处此类相邻关系纠纷、矛盾应当注意以下事项。

1.是否影响了通风、采光和日照，通常的判断标准是楼房的间距，而不能以先建房屋的不动产权利人的生活体验为判断标准。

2.各地由于纬度、日照时间不同，规定了符合本地实际的最低间距标准，调处此类纠纷、矛盾时应向当地规划部门查询。

3.农村的房屋，建房时有规划的以规划为准；没有规划的，只要新建房屋没有超过划定的宅基地范围，周围住户主张影响其通风、采光和日照的，一般不予支持。

六、相邻地界关系及其纠纷的调处

在地理位置上毗邻的土地使用权人应当严格在自己的地界范围内使用土地。建造的建筑物和种植的植物不得侵占相邻的土地。

调处此类相邻关系纠纷、矛盾应当注意以下事项：

1.相邻地界上的竹木、分界墙、分界沟等，如果所有权无法确定时，推定为相邻双方共有财产，其权利义务适用按份共有的原则。

2.对于相邻他方土地的竹木根枝超越地界的，应根据是否影响自己对土地的使用来确定处理方式。他方竹木的枝丫自然延伸到已方土地上空的，可以要求邻人予以剪除，邻人应当剪除；如果已方认为不碍事，可以不要求剪除，但该枝丫所结的果实仍归他方所有。因他方竹木的原因危及已方围墙、房屋安全的，应当要求邻人消除危险。

3.关于分界墙、桩、篱、沟等的建造。双方可以共建分界墙、桩、篱、沟等，单方建造分界墙、桩、篱、沟的，应在自己的土地一侧内建造。也就是说，未经邻人许可，已方建造的围墙、栅栏不得占用相邻的土地。

4.未经邻人许可，已方的屋檐滴水不得滴入相邻的土地或滴在邻人的围墙、房屋之上。

七、导入情境案例操作指引

【受理】

调委会接到胡某某申请后，考虑到此矛盾容易激化，且属于调委会的受案范围，于是在征得吴某同意后，立即受理该案并着手进行调解。

【调解过程】

社区调委会受理后，了解到两家关系一直不好，经常有小摩擦，并且两家因为这次纠纷还大大出手，双方家里物品都受到不同程度的损坏。社区调委会认为双方都有过错，两家需要站在对方的立场上去思考问题，去理解对方的态度。社区调委会分别找两家人谈话，了解了两家人的要求与想法，并依据相关的法律作出解释，分析了有关法律关系和利害后果，就问题的解决进行协商，充分尊重两家人的意见。

【调解结束】

经过一段时间的多次调解，吴某终于同意胡某某继续施工，并达成调解协议：（1）双方互赔对方因冲突造成的经济损失；（2）胡某某家檐口要与吴某家一样齐；（3）两家南面迎面墙要水平平齐；（4）双方今后如因建房造成矛盾，自行协调。

【指引分析】

从这个案例看，两家因为有过节，积怨已深，双方都憋着一口气，都不肯让步，是这次矛盾纠纷的最大起因点。从某种意义上说，相邻关系是最为重要的法律关系，两家互为邻里，不管平时是否经常来往，也不管是否曾经有过矛盾，在一家出现问题需要相邻方配合协商时，相邻一方应该提供方便，而不能以任何理由设置任何障碍，避免损失的扩大。

对这次建房屋引起的邻里纠纷，社区调委会运用情、理、法相结合原则与调解的技巧，对问题的解决进行全面分析，最终化解了这次纠纷。

第三节　新型的相邻关系及其纠纷处理

【导入情境】

群租房人员混杂，邻居提请房东解除租赁合同。

黄先生住某小区306室，楼上406的房东将其房屋改为群租房，租给多户人家居住，人多，管理混乱。由于今年天气炎热，承租人多次随意冲洗地板造成渗漏，导致黄先生家的棉被、床单、沙发受损无法使用，墙上的石英钟也受潮失灵。黄先生多次与楼上承租人交涉未果，遂向居民委员会的人民调解员请求调处，并要求房东解除相关的房屋租赁合同。

这是什么类型的纠纷？

如果你是调解员，该如何处理此纠纷？

随着公众生活水平的提高，经济的大力发展，城市化进程的加快，城市购房人群的激增，楼市的发达，近年来在城市出现了一些与购房和小区生活密切相关的、涉及城市居民不动产物权的相邻关系。这种新型的相邻关系与传统的相邻关系有联系但存在许多不同，产生纠纷的原因也与以往不同，处理这些纠纷的方法与技巧也需不同于以往。这些新型的相邻关系有以下几个类型。

一、因管理使用小区内的共有部分形成的相邻关系

我国《物权法》第70条规定："业主对建筑物内的住宅、经营性用房等专有部分享有所有权，对专有部分以外的共有部分享有共有和共同管理的权利。"根据本条的规定，业主的建筑物区分所有权，是指业主对建筑物内的住宅、经营性用房属专有部分享有所有权，对专有部分以外的共有部分享有共有

和共同管理的权利。

小区内的共有部分是每个业主都享有所有权的部分，所以是全体业主共有的部分。对共有部分管理使用必然波及并影响每一位业主，同时每一个业主对共有部分的使用必然受到其他业主的限制，所以，在对共有部分的管理使用过程中，就在业主之间形成了相邻关系。

业主的建筑物内的部分是业主的专有部分，业主的建筑物以外的部分是共有部分。业主对建筑物内的住宅、经营性用房等专有部分享有所有权，对专有部分以外的共有部分享有共有和共同管理的权利。共有部分包括小区的道路、绿地（属于城镇公共道路、绿地的除外）、公共场所、公共设施、物业用房、楼梯、电梯、消防通道及照明设施、楼房基础、承重结构、外墙、屋顶、公共照明设施设备、避难层、设备层以及其他不属于业主专有部分，也不属于市政公用部分或者其他权利人所有的场所及设施等。

调处此类相邻关系纠纷、矛盾应当注意以下事项：

1.对共有部分应共同管理、使用，改变共有部分的用途、利用共有部分从事经营性活动、处分共有部分，应当由业主共同决定。

2.物业管理企业只能按照业主共同决定的意见对共有部分进行管理，并维护业主共同决定的意见的贯彻执行。

3.这里的"共同决定"的含义是：应当经专有部分占建筑物总面积半数以上的业主且占总人数一半以上的业主同意。

4.任何人未经业主共同决定改变共有部分的用途、利用共有部分从事经性活动、处分共有部分的，该行为无效，视为对全体业主的侵权。任何一个业主均可向侵权行为人主张权利，要求其承担相应的民事责任。

二、业主利用建筑物屋顶和外墙面形成的相邻关系

业主基于对住宅、经营性用房等专有部分特定使用功能的合理需要，有权无偿利用屋顶以及与其专有部分相对应的外墙面等共有部分，这种无偿利用不应认定为对其他业主的侵权。比如，在楼顶安装太阳能热水器、建鸽舍、出于经营目的在房屋的窗户和对应的外墙张贴广告等，都是属于实现某些特定使用功能的合理需要。

调处此类相邻关系纠纷、矛盾应当注意以下事项：

1. 高层建筑一般不允许业主对屋顶和外墙面加以利用。

2. 业主只对自己专有部分对应的外墙有利用的权利，其他业主的专有部分对应的外墙需要利用的，应与其他业主协商一致。

3. 屋顶无法与业主的专有部分对应，一个业主利用了，其他业主对该部屋顶就无法利用。这种利用是业主固有的权利，先利用的业主无需为自己的利用征得他人的同意，即使导致其他业主无法再利用的结果也不能视为对其他业主的侵权。

4. 对屋顶和外墙的利用也不是没有限制的，除了要遵守法律、法规的规定外，在实践中遵守管理规约的规定尤为重要。另外，利用屋顶和外墙不得损害他人的权益。

三、业主使用共有车位形成的相邻关系

建筑区划内规划用于停放汽车的车位、车库应当以出售、附赠、出租等方式首先满足业主的需要，这些车位、车库是专属于买受人、受赠人或承租人使用的。

业主共有的车位是指占用业主共有道路或其他场地增设的车位。

调处此类相邻关系纠纷、矛盾应当注意以下事项：

1. 对于业主共有车位，每个业主都有权使用，无需征求其他业主的意见。

2. 每个业主的使用权都是独立且相互排斥的，一个业主使用了某个共有车位，在其本次使用完毕以前，其使用权是独占的，并足以排斥其他业主时同车位的使用要求。

3. 业主以使用在先或多次使用等理由要求对某个车位享有专属使用权不予支持。

四、业主将住宅改变为经营性用房形成的相邻关系

业主将住宅改变为经营性用房的，应遵守法律、法规以及管理规约的规定，特别是应当遵守管理规约的规定。

调处此类相邻关系纠纷、矛盾应当注意以下事项。

1. 业主将住宅改变为经营性用房，应当经有利害关系的业主同意。

2. 有利害关系的业主包括两种业主：（1）本栋建筑物内的其他业主应认定为有利害关系的业主；（2）本栋建筑物之外的业主，能够证明其房屋价值、生活质量受到或者可能受到不利影响，也应当认定为有利害关系的业主。

3. 需要强调的是：这里所说的经有利害关系的业主同意是指经所有的有利害关系的业主一致同意。如果经多数有利害关系的业主同意，则仍然不得将住宅改变为经营性用房。

五、业主装修房屋形成的相邻关系

装修房屋除了在业主之间可以形成相邻施工关系、相邻环保关系外，还会形成其他的权利义务关系。其他业主应当为装修房屋的业主提供便利，装修房屋的业主装修行为不当也会侵害其他业主的不动产权利，从而形成相邻关系纠纷。

调处此类相邻关系纠纷、矛盾应当注意以下事项：

1. 业主需要装饰装修房屋的，应当事先告知物业管理企业，物业管理企业应当将房屋装饰装修中的禁止行为和注意事项告知业主。

2. 装修的业主不得实施诸如损害房屋承重结构，损害或者违章使用电力、燃气、消防设施，在建筑物内放置危险、放射性物品等危及或可能危及建筑物安全或者妨碍建筑物正常使用的行为。

3. 业主不得违反规定破坏、改变建筑物外墙面的形状、颜色或实施其他损害建筑物外观的行为。

4. 业主不得违章加建、改建房屋，不得侵占、挖掘公共通道、道路、场地或者其他共有部分。

六、业主和物业管理企业临时占用道路、挖掘场地形成的相邻关系

这种相邻关系实际上是相邻施工关系的延伸，前面有关相邻施工关系的内容对这种相邻关系同样适用。因小区内业主众多，施工人无法通知全体业主，更不可能与全体业主协商一致。所以由代表业主利益的业主委员会和物业管理企业与施工人协商并处理相邻关系。

调处此类相邻关系纠纷、矛盾应当注意以下事项：

1.业主确需临时挖掘道路、场地的，应当征得业主委员会和物业管理企业的同意。

2.物业管理企业确需临时占用、挖掘道路、场地的，应当征得业主委员会的同意。

3.业主、物业管理企业应当将临时占用、挖掘的道路、场地，在约定期限内恢复原状。

在理解相邻关系和调处相邻关系的矛盾纠纷时不应拘泥于本单元介绍的相邻关系的类型，本单元介绍的是常见的、容易发生的相邻关系。在现实生活中，超出本单元介绍范围之外的其他的相邻关系也时有发生。只要是不动产权利人之间形成的权利义务关系就是相邻关系，对待这些纠纷都可以按相邻关系纠纷的原则和方法进行调处。

七、导入情境案例操作指引

【受理】

社区调委会接到黄某的申请，经查该案属于人民调解的受案范围，在征得406房东的同意后，受理了该案。

【调解过程】

调委会工作人员首先到黄某家进行查看，黄某家中棉被、床单、沙发确实受损无法使用，墙上的石英钟也因受潮而失灵；又到楼上406进行了查看，楼上一个三居室的房子住了三户人家，共住了八九个人，人员较多，管理比较乱。

调解员查清楚情况后，找到楼上406房主方某，调解员指出，把一套房租给三户人家，这是错误的行为，又不加强管理，致使承租人给黄某造成了损失，应当赔偿黄某的损失。调解员又做黄某的工作："楼上方某的租户给您造成了损失，确实是他不对，他应当赔偿您。但您提出让他解除合同却没有法律依据。毕竟楼上406属方某所有，方某有权处置其财产。"黄某指出："以后再造成损失怎么办？"调解员答应说服方某加强管理，避免损失。

【调解结束】

经过调解，双方达成调解协议：（1）方某赔偿方某财物损失1000元；

（2）方某承诺加强出租房屋的管理。

【指引分析】

群租房纠纷是当下日益突出的新问题，而涉及群租房的相邻纠纷，由于承租人人数众多，直接沟通通常缺乏效率。本例中，黄先生在遭受损失后也曾与承租人多次交涉，但均未果。相邻关系中，承租人因为使用租住房屋，理应是调解的当事人，但是由于群租房的特殊性、人员的流动性以及其他一些原因，直接以房屋的所有权人即房主为调解对象更有实际意义。黄先生受到的财产侵害，理应由直接的侵害人（楼上的承租人）进行赔偿，但经调解，实际是由房东承担责任。之后房东是否向承租人追偿，或者以此损失为由提出违约赔偿或者直接解除合同，是房东与承租人之间的关系。此例中，黄先生虽然要求房东方某解除租赁合同，但这涉及方某对自己房产的合理使用和处分问题，方某有权自行处理，因此调解委员会未支持黄先生的这一要求。但是，这里存在一个度的考量问题，即如果能够确认房屋所有权人对房屋所有权的处分和使用权的行使已经或者必然严重危害到其他邻居的人身和财产安全时，则可以不必囿于对房屋所有权人自身权益的保护。

【思考与练习】

1. 相邻关系纠纷的特点有哪些？

2. 相邻关系纠纷调处原则是什么？

3. 相邻关系纠纷调处要注意的要点有哪些？

4. 传统的相邻关系纠纷有哪些？如何调处？

5. 新型的相邻关系纠纷有哪些？调处时需要注意什么？

6. 请根据本章所学，调处下列纠纷。

【情境材料1】

7月初，家住雁翅村的陈女士与邻居退休老工人李某由于邻里之间的相邻关系发生纠纷，双方互不相让，发生激烈争吵。原来陈女士刚搬到此处不到两个月，便遇到邻居李某家盖房，在屋前及过道两旁堆放了许多建筑施工材料，和一些没有及时拆除的脚手架等杂物。这些没能及时清理掉的施工材料，严重影响了陈女士及家人的出入，几次交涉李某不理不睬。于是陈女士和家人便在街道入口处堆放了许多木料，这下李某家的施工材料不但进不来，就连出行都相当不方便，李某便与陈女士交涉，没想到话不投机半句多，双方很快发生争吵，险些打起来。有好心邻居打电话到调委会，要求帮助解决陈李两家人的纠纷。

这是什么类型的纠纷？

如果你是调解员，该如何处理此纠纷？

【情境材料2】

小张大学毕业后在某市工作，2009年因结婚从某单位职工王某手中购买一套二手房，并办理了过户手续。该房位于某单位职工宿舍楼三楼最西侧，该楼紧邻该单位办公楼东侧，办公楼的东侧外墙离小张家卧室窗户的直线距离不足3米。今年，该单位为了办公的便利，在办公楼东侧外墙修建了金属楼梯，该楼梯三楼拐弯处的平台与小张家卧室窗户持平，且直线距离只有1米多，小张认为该楼梯的使用时会产生较大的噪声影响其正常生活，其住房的安全性明显降低，而且其生活隐私容易泄露，要求该单位拆除该金属楼梯。该单位认为其对办公楼享有所有权，为了使用的便利在办公楼上按装附属设施是其固有权利，他人不得干涉。

这是什么类型的纠纷？

如果你是调解员，该如何处理此纠纷？

第三章　物业纠纷调解

【知识目标】

掌握物业管理法律事务具体法律规定及纠纷处理要素。

【能力目标】

能够独立运用物业管理相关法律知识完成关于物业管理方面的咨询，并能从事调解一般的物业管理纠纷案件的实务工作。

近年来，随着我国城镇住房制度改革的不断深化和住房商品化的快速发展，物业管理日益成为与群众生活密切相关的新型服务行业。物业管理企业的产生和发展，对于改善人民群众的生活、工作环境，提高城市管理水平，扩大就业起着积极的作用。但是，在物业管理快速发展的同时，物业纠纷也不断发生，业主满意程度较低，物业纠纷案件在全国法院审理范围内都呈逐年上升的趋势，成为影响居民正常生活秩序、影响社会稳定和谐的因素。

物业纠纷广义上是指在物业管理服务过程中，当事人之间因物业管理服务权益而产生的争议；狭义上仅指在物业管理服务过程中，物业管理服务合同当事人之间因物业管理服务权益而产生的争议。物业纠纷的多发，一方面是由于物业管理行业发展仍不成熟，物业管理企业的服务理念及水平相对滞后，而另一方面随着《物业管理条例》和《物权法》等相关法律法规的颁布实施，业主对在物业管理与服务活动中涉及自身的权益越来越关注，对物业服务水平的要求也越来越高。这些因素导致物业管理企业与业主之间的矛盾在不断加剧，特别是物业管理中业主（物业使用人）、房地产开发企业、物业管理（服务）企业之间因为经济利益、物业产权归属、物业服务质量等原因产生的矛盾纠纷不断增长，成为当今社会不和谐的一个重要因素；此外，物业纠纷涉及人多、面广、积怨深、易激化、易上访、易突发恶性群体性事件，影响居民的正常生活秩序，是社会稳定和谐的重大隐患。

因此，为了化解物业纠纷，建设和谐社区，满足人民群众对于新型物业服务的需求，为居民提供一个安居乐业的环境，保持社会的和谐稳定，实务部门开始探索各种解决物业纠纷的机制，有的尝试由人民调解组织参与解决物业纠纷，有的采用行政调解，也有采用司法调解和裁决等，不少地方甚至开始尝试将上述三种调解衔接起来，形成物业纠纷的"大调解"解决格局。这里主要介绍人民调解化解物业纠纷的有关问题。

根据相关法律法规和政策，人民调解组织可以受理和调解以下物业管理纠纷。

（1）业主、业主委员会、物业服务企业或其他管理人之间因维修资金使用，房屋及其附属设施设备维修、养护、管理和相关区域环境卫生与公共秩序维护中的纠纷以及在（前期）物业服务合同履行过程中产生的纠纷；（2）业主大会的设立、业主委员会选举及其依法依授权履职中发生的业主之间、业主与业主委员会之间的纠纷，业主自行管理中发生的业主与业主、业主与业主委员会之间的纠纷；（3）因业主及使用人违反所在建筑区划（临时）管理规约中有关房屋租赁、违法建设和装修等方面的约定引发的纠纷；（4）物业管理活动中相关主体所发生的其他在物业使用、管理、服务方面的纠纷；（5）其他适合人民调解组织调解的物业管理纠纷。

在实践中，我们常常将物业纠纷分为以下三种类型。

第一类，基于物业管理合同的纠纷。依据业主和开发商签订的或者由业主委员会与专门的物业管理公司签订的有关物业管理合同，双方确立一系列权利义务。

如果物业管理公司不履行应承担的义务，致使业主享受不到缴费后的服务，就可能引起纠纷。物业合同纠纷具体可以表现为：物业服务合同效力纠纷、物业服务单位资质纠纷、业主义务履行（欠费）纠纷、物业义务履行（服务）纠纷、物业公司擅自超范围超标准收费纠纷、业主违章建筑和违法施工纠纷的等。由于我国目前物业管理市场体制发展不成熟，主要是物业公司管理服务不到位，或业主合同意识不强导致物业合同纠纷发生，严重时甚至会引发各种群体事件。

第二类，物业管理公司侵犯业主权益纠纷。第一种类型中，物业公司也侵犯了业主的合法权益，但因为是基于物业管理合同发生，而且往往是消极侵权。第二种类型特指物业管理公司的积极侵权行为引起的纠纷。例如阻挠业主委员会成立纠纷（较少见）、侵占业主共用建筑物取得利益纠纷（包括物业公司利用住宅建筑物共用部位进行出租收益、收取停车费拒绝向业主委员会交付等）、公共设施维护纠纷、物业公司擅自切断水电纠纷等。这类纠纷一般与物业管理服务合同的履行没有直接关系，属于一般侵权纠纷。此外，还有因保安义务履行不周导致业主人身财产损害赔偿纠纷、小区环境与住宅建筑安全、质量维护纠纷；拒不腾交物业管理用房纠纷等。

第三类，开发商遗留问题引起的纠纷。业主入主后，还可能出现公摊面积不清、房屋质量不合格或不符合约定、开发商在卖房过程中的许多承诺未能按时兑现等。严格地讲，这类纠纷与物业管理公司没有直接关系，而属于业主与开发商的纠纷，但是因为这些问题往往在业主入住以后出现，而且物业管理公司对物业的维护管理负有责任，故此类纠纷也纳入物业管理纠纷中。

第一节 物业管理服务合同纠纷的调解

【导入情境】

阳光美洁公司于2007年1月接管了××市××区北环东路24号楼的物业管理服务工作。王×系北环路小区24号楼4单元302号的业主。2007年3月23日，阳光美洁公司与王×签订物业管理服务合同，约定物业服务费用为每月每平方米0.40元。物业服务费用主要用于以下开支：管理服务人员的工资、社会保险和按规定提取的服务费等，物业共用部位、共用设施设备的日常运行、小修费用（不包含公共照明电费），卫生清扫费用，绿化养护费用，秩序维护费用，办公费用，固定资产折旧，法定税费，物业管理企业的利润。合同约定王×应于每年的12月25日前交纳下一年度的物业服务费等相关费用，如王×不按约定时间交费，应按所拖欠物业服务费双倍的标准向阳光美洁公司支付违约金。但是，自2009年1月1日起，王×一直拒交物业费，理由是物业公司管理服务不到位，警卫人员长期打牌，对临近业主造成生活干扰；警卫平时有喝酒现象；小区没有绿化；物业合同约定的收费中没有垃圾清运费和化粪池清淘费。截至2013年12月31日，王×共欠物业服务费和相关费用共2550元。阳光美洁公司要求王×给付2009年1月1日至2013年12月31日的物业服务费2550元，并支付违约金2550元，否则将向法院起诉。在王某请求下，社区调委会介入调解。

请问：此类纠纷有何特点，该如何调解纠纷？

一、物业管理服务合同纠纷的特点

（一）法律关系复杂，有复合交叉的情况

物业服务合同纠纷，包括物业管理企业与业主或业主委员会之间，物业管理企业与物业使用人之间物业管理企业与房地产开发企业之间，业主与房地产开发企业之间的纠纷，从而使法律关系非常复杂，同时纠纷的类型和成因更是多样化。在实践中，还会出现物业管理法律关系与其他法律关系复合交叉的情况。例如，物业管理法律关系与相邻关系的交叉，如一业主占用共用部位或在

共用部位上私搭乱建，该业主的行为不仅侵犯了其他业主对建筑物的共有权，而且妨害了相邻业主的通行权，同时也违反了业主公约和物业服务合同约定的内容。另外，实践中还会出现物业管理法律关系与行政法律关系之间的交叉。从理论上看，作为市场经济的产物，物业管理的性质是平等主体间的民事关系，物业服务合同纠纷是民事纠纷，政府不应予以过多干预。但是物业管理是城市管理的重要组成部分，必须发挥国家行政机关在建立物业管理市场机制方面的作用，从而形成了物业管理行政法律关系，在物业管理民事纠纷的解决中，一些行政管理的内容往往会介入其中，如何厘清并协调其间的关系，成为调解此类纠纷应该注意的问题。

（二）纠纷具有群体性，影响较大

由于一个物业服务区域只有一个物业服务企业，发生物业合同纠纷时往往涉及一栋楼的业主，甚至整个小区的业主，加之城市小区居住人口密集，纠纷一旦发生，涉及的人数少则十几人，多则几十人甚至上百人，利益的共同性往往使业主联合起来，因而规模往往很大，影响也很大，容易形成群体性纠纷。从物业公司角度看，遇到的问题往往具有同一性质，比如物业费的收交、公共设施的维修以及供水、用电或采暖等公共性服务方面的问题，由于涉及群众日常生活，如果处理不当极易激化矛盾。有时业主一方自恃人多势众，有可能酿成群体事件，甚至给当地政府施加压力。这类群体性纠纷往往社会影响大，当事人对峙程度深，矛盾难以协调。在处理此类纠纷时，需做大量的调查和说服工作，因此这类纠纷调解难度也较大。

（三）物业服务收费案件所占比例较大

在物业服务合同纠纷中，物业服务费纠纷所占比例较大。据央视的一项调查表明，超过七成的业主对物业管理不太满意，甚至是很不满意。而业主不满意的结果是，往往采用消极方式——不交物业费来抵制。搜狐调查显示，56.63%业主选择这种方式。这是物业纠纷频发的主要原因之一。近年由物业服务企业作为原告向法院提起诉讼的案件，案由也大多为业主拖欠物业管理费，而业主拒交物业费的理由也常常是物业服务企业所提供的服务不符合业主的要求，没有尽到合同义务，认为物业公司违约。有一些业主不交纳物业费的原因是开发商遗留的房屋质量问题，即便物业公司向其明示了责任主体，这些业主也不采取合法的维权行为而认为开发商和物业是一家，仍以不交纳物业费来对抗。还有一些业主为图自己方便而占用消防通道、破坏绿地、堵塞道路，虽然物业公司的管理也存在一定瑕疵，但其他业主出于不愿得罪人的考虑不主动行使权利，如提起相邻关系诉讼，而是归责于物业，拒交物业费。此外，从法理上讲，物业公司对非物业造成的业主财产和人身损失是不负责任的，而许多业主并不知道，仍然认为物业公司应该负有责任。如丢失自行车、电动车及家中被盗等情况发生后，认为物业公司在安保工作上做得不到位，继而拒绝交纳物业费。由于上述问题的存在，业主常常会采取以不履行物业合同义务的方式对抗物业公司，使得物业服务收费案件在物业管理服务合同纠纷中所占比例较大。

二、人民调解化解物业服务合同纠纷的优势

发生物业管理服务合同纠纷，司法实践中通过诉讼方式解决业主往往不占优势，胜诉的较少。因为相对于业主个人来讲，物业服务企业作为一个企业还是属于强势主体，其一般都有相对固定的专业律师来负责企业的法律业务，因此，无论是在法律知识和证据的收集上，还是在诉讼经验方面，甚至是在合同中对责任的规避等方面都比业主更有优势，业主在诉讼中败多胜少的现象也并不奇怪。此外，某些物业公司遇到物业纠纷对管理工作不思改变，在收取不到物业费时不是及时反省自身，而是利用诉讼，利用业主不善保存证据等诉讼技巧达到收取物业费的目的，将矛盾转化到法院，将本可以协商解决的民事纠纷主要通过法院司法处理，不仅使业主与物业公司更加对立，而且在一定程度上浪费了目前紧缺的司法资源；而个别物业公司甚至恶意让政府背黑锅，加剧了社会矛盾的隐患。同时，由于物业管理合同纠纷数量激增，就我国目前法院的现实情况来看，司法资源明显不足，无法承担超额的工作负荷。因此，人民调解成为化解物业服务合同纠纷的有效手段之一。人民调解解决物业服务合同纠纷具有以下优势。

（一）人民调解的方式具有及时性和主动性，有利于物业纠纷及时解决，防止矛盾纠纷的激化和升级

物业服务合同纠纷很多都是在日常生活中出现的小事，而那些引起群体性事件的纠纷往往都是因为平时的些许矛盾得不到很好的解决，又没有一个顺畅

的渠道来反映、处理，导致这些矛盾、纠纷越积越深，最终导致了颇具影响力的群体性事件的发生。例如，业主对物业服务公司所提供的物业服务质量不满，在向物业公司进行交涉时，或得不到应有的响应，或物业公司对业主所反映的问题的处理阴奉阳违，或物业公司的服务人员态度蛮横，对业主正当的要求不理不睬；而业主在对自己所反映的问题依旧得不到解决时，便会采取诸如拒交物业服务费的方式来表达对物业服务公司的愤慨；物业服务公司对业主拒交物业服务费行为的回应是擅自切断业主家中的水、电供应，想以此来迫使业主认输。此时，人民调解主动介入，通过人民调解，可以在最短的时间内化解双方的矛盾，又能尽快满足业主们用水、用电的基本生活需求，却不必走漫长的司法程序，这样既解决了矛盾纠纷，又不影响业主的正常生活。

（二）人民调解具有快捷和经济的特点

首先，就我国调解组织的设置情况来看，调解机构星罗棋布，在社区、乡镇、村、居等地方都有调解组织。其次，调解组织受理纠纷和进行调解没有严格的程序上的规定，调解组织和调解人员进行调解不受地点的限制，随时随地都可以进行调解。发生了物业纠纷，在调解委员会的主持下，能够就近、及时地化解物业纠纷，以最短的时间完成对物业纠纷的处理，降低了物业纠纷解决的成本，减轻了人民群众和国家财政的负担，同时也节约了司法资源。

（三）人民调解能实现情与法的融合具有人性化特征，有利于修复纠纷当事人之间的和睦关系

合法不合情，合情不合法，这是行政和司法实践中经常遇到的情况，也给行政官员和司法人员的工作带来很大的困惑，依法处理难以彻底解决纠纷，不依法更不行，况且目前很多物业纠纷的解决可能无法可依。人民调解的性质可以使物业纠纷的解决避免这方面的困惑，可以将法与情融合在调解过程中，实现法与情的统一，使法的实施更易于被广大人民群众所接受。用人民调解的方式解决物业纠纷，不像诉讼是冷冰冰的，具有人性化的特点，它调处物业纠纷追求的是双方合意的相近，而不是"零和博弈"的局面，因此，它显得温和得多，平缓得多，会使双方当事人心理负担减轻许多，不会形成精神上的某些压力。因为人民调解的过程是协商的过程，调解达成的协议也是双方情愿的，其调处的结果也比较符合当事人所面临的实际情况。所以，自

始至终都不伤和气，有利于修复当事人之间的关系，进而达到维护团结和稳定的目的。

三、物业管理服务合同纠纷的调解原则

（一）重合同守信用原则

调解物业管理合同纠纷以尊重物业管理合同约定为原则，即重合同、守信用。对业主委员会与物业公司订立的物业管理服务合同，应将其纳入《合同法》的调整范畴内进行调处，尽量维护其法律效力并按约履行，除法律、行政法规规定无效的情形之外，不轻易以合同无效或合同解除为方向进行调解。此外，应通过法制宣传教育使双方认识到，业主委员会与物业公司之间地位平等，签订的协议应等价有偿，应当充分尊重意思自治、合同自由。对物业管理合同中的约定条款，只要物业公司按约提供服务，收费符合合理、公开、质价相符等原则，双方应按约定履行，任何一方随意违约都是缺乏法律依据的，按约定履行合同义务才更有利于双方互利共赢。

（二）公平原则

如有违法或明显不当的合同内容应予调整。尊重合同约定、维护合同严肃性的前提是合同内容本身合法，且并非显失公平。如果物业管理合同中有违反法律、行政法规强制性规定的内容，则属于无效的内容，应当督促合同当事人予以撤销或修正。如果有些条款虽然没有违反法律法规的禁止性规定，但约定的内容显失公平，或者在订立合同时一方有欺瞒行为而影响了另一方订约时所作决策，则也应当督促显失公平的受益方作出一定调整。物业管理合同双方虽然法律地位平等，但经济地位并不平等，无论从专业上、信息上、实力上，业主大多处于弱势，调解时要考虑这一情况，真正做到公平。

（三）双赢原则

对双方都有违约或者都有过错的情况既要分清责任，必要时也要彼此让步。一般而言，在合同履行发生矛盾时，合同双方往往会彼此互不相让，均以对方先行违约为由而拒绝履行自己应当履行的义务，从而造成"僵局"。对此，调解首先应分清责任，明确哪一方违约在先，哪一方过错在先，督促其尽

快改正错误，及时弥补。其次，从维护长期稳定的合作关系出发，对并非先违约或过错较小的一方，也要劝说其权衡利弊，从长期利益的角度考虑，必要时作适当让步，使合同能顺利履行，达到双赢。

由于不满物业管理质量业主拒缴物业费，反过来，收不到物业费的物业公司无法正常运转只好减少员工、降低服务质量或干脆撤离。降低服务质量又进一步加剧了双方的矛盾，双方的利益都得不到保障，这样的案例屡见不鲜。总之，在分清责任的前提下，促使双方让步达成和解，应是调处这类纠纷的重要原则。

四、物业管理服务合同纠纷的调解要点

（一）物业服务企业要提高服务意识

随着经济的快速发展，人们生活水平的提高，人们对物业管理专业服务的需求量迅速增加，从而对服务质量的要求也在相应提高。但由于我国物业管理企业起步较迟，缺少经验，加上大部分企业的专业水准和员工综合素质不是很高，因而难以提供高质量的物业管理服务，这种供求方面的矛盾是导致物业管理合同纠纷的主要原因之一。因而在调解中要强调物业服务企业提高服务意识，如果物业管理企业缺乏市场经济条件下应有的平等主体意识和服务意识，纠纷就在所难免。首先，物业服务企业应该清楚，业主是物业管理权的法定享有者，物业管理企业并不当然具有物业管理的权利，二者之间是平等主体间的服务和被服务的民事法律关系。只有端正了对物业管理法律关系的认识，才能从根本上提高物业管理企业的总体服务质量和水平。

（二）明确服务标准，提高服务质量，实行服务标准和收费标准明示制度

物业服务公司要将收费规定和服务标准等通过各种形式告知各位业主，接受业主监督和评判。物业管理服务水平低是造成物业服务合同纠纷的重要原因。物业公司只注重收费，不注重人文管理，物业管理的服务特征被淡化，加之部分物业从业人员服务态度不好，致使物业企业与业主矛盾加深。物业收费项目及收费价格不合理，财务收支不透明，综合服务质次价高，甚至侵吞属于业主所有的公共收益，如小区公共通道划为停车场所得收益、地下室以及其他

已经公摊给业主用房的出租收益等，都会导致业主对物业公司的服务不满，对物业公司所为不信任。因此，物业服务企业要加强自身管理，提高服务水平，发生问题及时与业主或业主委员会沟通，以增进了解，消除误会，减少纠纷，增加信任度。

（三）业主也要具备合同意识和法治观念

依法订立的合同对双方都具有约束力，应该受到法律的保护。对业主委员会与物业公司订立的物业管理服务合同，双方都要维护其法律效力并按约履行，即要重合同守信用。然而，一些业主缺乏基本的法律常识，特别缺乏合同知识；也有的纠纷当事人法制观念淡漠，合同意识淡漠，尽管订了业主公约、物业服务合同，但之后并不认真履行。部分业主长期以来的生活消费中没有形成支付物业管理费的习惯，付费买服务的意识不强，往往以各种借口拒绝支付物业费。

还有一种常见的情况是，有些业主在维权过程中，法律关系不明确，法律责任不清楚，进而引发维权混乱，把原本不属于物业管理范围的法律关系硬牵扯到物业管理企业身上而引发纠纷。如有的业主不交纳物业费的原因是开发商遗留的房屋质量问题，在房屋保修期内，业主没有积极主动地行使自己的权利，而是要求物业公司为其服务，即便物业公司向其明示了服务主体，这些业主也不采取合法的维权行为而仍以不交纳物业费来对抗物业公司。还有一些业主为图自己方便而占用消防通道、破坏绿地、堵塞道路，虽然物业公司也存在一定瑕疵，但其他业主出于不愿得罪人的考虑不主动行使权利，如提起相邻关系诉讼，而是归责于物业，拒交物业费。

此外，现有物业公司大多数在与业主委员会签订物业合同时明确对非物业造成业主的财产和人身损失不负责任，而许多业主并不知道，或者知道而想当然地从自身利益角度出发错误理解，仍然认为物业公司应该负有责任。如小区治安引发的问题，如丢失自行车、电动车及家中被盗等情况发生后，由于物业公司在安保工作上做得不到位，及事后处理不当，或者漠不关心的态度引发业主不满，继而拒绝交纳物业费。

由于上述问题的存在，业主常常会以不履行物业合同义务的方式对抗物业公司，进而导致物业服务合同纠纷不断增多，物业公司与业主的矛盾进一步激化。调解中要找到问题的症结，说服教育业主也要具备合同意识和法治观念。

（四）完善物业服务合同是减少和避免此类纠纷的关键

由于物业管理缺乏相应的行业管理服务标准，物业服务合同常常对物业管理企业管理和服务的义务约定较为概括，甚至存在服务合同约定不明，或对服务内容、服务质量标准、收费项目及收费标准等有关事项没有约定的情况。

由于业主与物业管理企业在对物业管理本身的认识上存在较大差距，业主常常会认为既然已经交纳了物业服务费，那么一旦居住过程中出现了任何问题，物业管理企业都应当管，否则就不交付费用。这种物业服务合同本身存在的缺陷，也是导致物业服务合同纠纷的根本原因之一。因此，要减少物业服务合同纠纷，就必须建立一套较为完善的物业服务合同制度，完善物业服务合同的内容。如在物业服务合同中不能笼统约定"物业服务企业协助做好维护治安秩序和安全防范工作"，应尽量详细地在合同中约定物业服务公司的义务，细化物业服务企业的工作任务。如果合同中过于笼统地规定，当纠纷发生时，业主很难确定物业服务企业的具体义务，只能推定物业服务企业具有安全保障义务，而这个义务是有限的，很显然对业主不利。

调解中完善物业服务合同内容的具体做法，可以建议双方在合同中约定：对于治安秩序的维护，物业服务企业应当实行24小时值班、安装监控设备、保安夜晚巡逻；对于安全事故的防范，物业服务企业应当经常查看小区设施状况，在事故发生时及时向有关部门报告等。将物业服务企业的工作任务细化，那么业主就能够很清楚地了解物业服务企业的义务是什么，物业公司是否应当承担责任，就要看物业服务企业是否违反了合同中规定的义务，如果违反，物业公司就应当承担责任，这样更有利于业主维护自己的利益。

（五）运用恰当的调解技巧和方法

调解物业服务合同纠纷，还要运用恰当的调解技巧和方法。

1. 明理释法，厘清双方当事人争执焦点

在拒缴物业费纠纷中，调解中的焦点问题大多包括三方面，一是物业与业主是否构成物业服务合同；二是业主是否欠费；三是业主欠费拒以抗辩的理由是否成立。实践中业主拒交物业费的抗辩理由大多是未参与物业服务合同的签订及不知晓其内容、未召开过业主大会或物业服务公司的服务有瑕疵。在进行调解时，要对双方当事人讲清法律要保护的到底是什么价值，这个价值与其他价值是否冲突，哪个价值更为重要、更需要获得法律的支持和保护。只有这样，才可以使法律规定的实质内容以一定价值观的形式凸显，才能得出合理的、双方可接受的、社会上有效的、符合公平的结果。例如，某物业服务合同纠纷中，因业主无法证明物业公司服务不到位、管理有瑕疵，导致其欠缴物业费的抗辩理由不成立，调解员在调解过程中采取了保护物业公司合法经营权的调解观点，最后达成调解协议，业主交纳了欠缴的物业费用。

2.趋利避害，帮助双方当事人厘清思路

近年来城市化进程突飞猛进，房屋商品化进程逐步加快，随着人们对居住条件和生活环境的要求越来越高，城市也更加需要专业化的团队进行管理，以满足人们对物质文化生活的迫切需求。而物业服务企业与业主之间是鱼和水、唇和齿之间的关系，是相互依存、共同获益的关系，任何一方离开了另一方都难以生存。从长期利益的角度考虑，纠纷双方要权衡利弊，必要时作适当让步，达到互利双赢。

3.学会倾听，营造轻松的调解环境

调解比诉讼具有较为宽松环境和氛围，对物业服务合同纠纷的调解尤其要为当事人提供畅所欲言的场所。在调解过程中，必须花一些时间倾听当事人的心声，让其倾吐心中的压抑、不满和愤怒。倾听过程中，要适时以真挚的态度帮助当事人分析纠纷，厘清纠纷发生的来龙去脉，明了自身的言行举止有哪些不当之处，调整好心态。营造轻松的调解环境一般可以通过背对背分别调解来达到，将双方当事人安排在不同的区域分别征求意见，通常容易知悉当事人真正的想法，从而通过避免争吵达到调解目的。

五、导入情境案例操作指引

【受理】

社区调委会工作人员经过调查，确认双方存在物业服务费纠纷，且是自愿申请调解，可以受理。

【调解过程】

调解员可采用面对面或背对背的方式与双方进行调解。

调解员：阳光美洁公司与你签订的物业服务合同系双方的真实意思表示，且不违反有关法律、法规的规定，应为合法有效，双方均应依约履行。

王×：阳光美洁公司在物业服务过程中，警卫人员长期打牌，对临近业主的生活造成干扰，警卫平时还有喝酒现象，物业服务存在很多问题，多次反映也得不到解决。

阳光美洁公司：不清楚警卫玩牌、喝酒情况，以后会严加管理。

调解员：阳光美洁公司的服务可能存在一定的瑕疵，但物业公司依约为业主提供了物业服务，你应依约及时交纳物业服务费，否则物业公司无法运转，也会影响你和其他业主的日常生活。

王×：这个道理我明白。但我居住的小区没有绿地，不应收取相应的物业费。

阳光美洁公司：绿化方面在楼北侧有绿地草坪砖，可以去现场查看。

王×：物业合同已经约定了收费标准，阳光美洁公司额外收取垃圾清运费和化粪池清淘费没有道理。

阳光美洁公司：垃圾清运费是依据1999年《××市物价局、××市财政局关于调整委托清运垃圾托运费及垃圾消纳场管理费收费标准的通知》新增加的；化粪池清淘费虽然未在合同中约定，但业主实际享受了该项服务。

调解员：收费项目发生变化要及时通知业主，与业主沟通。而且公司在进行物业服务过程中，应虚心接受业主提出的合理化建议，针对工作中的不足之处应及时改进，提高服务质量。

【调解结束】

在调解员的批评劝导下，依照相关法律规定，双方达成和解协议。王×给付阳光美洁物业管理公司2009年1月1日至2012年12月31日的物业服务费共计1786元。基于阳光美洁公司的服务有需改进的问题，王×暂不给付2013年的物业费，视物业公司改进服务情况，到年底再交纳。因垃圾清运费及化粪池清淘费没有合同及法律依据，故不用给付。双方还就服务费标准重新进行了约定。

【分析指引】

公民、法人的合法权益受法律保护。和谐社区、良好的小区环境需要物业管理企业和业主共同建立、治理和维护。作为提供物业管理服务的物业公司，应当按照诚实信用的原则，严格按照约定及有关规定履行自己的物业管理服务义务，提高物业管理服务水平。作为接受物业管理服务的业主，应当协助物业公司进行管理，并通过每个业主自身的行动，与物业管理公司共同努力，建设和谐的小区环境和氛围。

本案中，阳光美洁公司与王×签订了《物业管理委托协议》，阳光美洁公司也实际为王×居住的小区提供了物业管理服务，王×与阳光美洁公司之间已经形成物业管理服务合同关系，王×应依约交纳物业费。但阳光美洁公司提供的物业服务确实存在需要改进的问题，故在调解员主持下达成前述调解协议。

物业服务合同不同于普通民事合同，物业服务合同纠纷中业主往往是弱势一方，且涉案小区大都没有成立业主委员会，单个业主维权艰难，拒交物业费是他们唯一能采用的维权办法。物业服务合同纠纷可能涉及众多业主，久拖不决甚至会酿成群体事件，有的还会将地方政府拖入纠纷之中。故物业服务合同纠纷不能简单对待，必须使双方心服口服才行。同时物业公司也大都存在服务不到位、服务质量不高的问题，故对物业公司也要提出批评，给出改进建议。

【思考与练习】

1. 处理物业管理服务合同纠纷的法律法规有哪些？

2. 如何处理业主拒交物业管理费的问题？

3. 请调处下列物业管理服务合同纠纷。

【情境材料】

居住在枫林豪景小区1号楼二层的5户居民在自家窗户上安装了护栏，原因是小区内一层住户窗户均装有护栏，致使3号楼和6号楼二层的三家住户最近发生被盗事件，这5户居民认为应增加必要的安全防范设施。该小区的物业管理公司得知后立刻要求这5户居民自行拆除，理由是枫林豪景小区业主委员会与该物业管理公司签订了《物业服务合同》，合同中规定，居民不得擅自改变房屋建筑及设施设备的结构、外貌、设计用途、功能布局等。该5户居民承认安装护栏的事实，但是拒不拆除。

请问：1. 面对这种情况，物业管理公司应该怎么办？

2. 如果您是调委会主任，由您主持调解，你该如何处理？

要求：

（1）查阅相关法律法规。

（2）拟订调解方案。

（3）拟写调解协议。

第二节 物业管理公司侵犯业主权益纠纷

【导入情境】

2009年10月的一天下午，某市一家写字楼大厦发生了一起电梯伤人事故。出事当天，租用该大厦5层作为公司经营用房的李家两兄弟，因进货需要使用电梯。而电梯的楼层显示装置坏了，因而无法判明电梯的位置。两人只好在各楼层寻找，找到大厦的4层时，走在前面的李弟看见电梯门正开着，里面黑洞洞的，一脚迈了进去，不料坠入电梯井中，后经抢救无效死亡。事发后，物业管理企业检查了电梯，发现4层的电梯门锁有"外力破坏"的新鲜痕迹，怀疑是事主急于使用电梯强行推开了电梯门，因用力过猛失去重心从而导致事故发生。而事主方则宣称，他们从2005年上半年开始在此办公，一直没有看到过一份物业管理单位关于电梯使用说明或乘梯注意事项的文件或通知。出事时，他们并不知道电梯停在哪里，否则怎么可能无故去4层强行推开电梯门呢？李家申请调解，要求物业管理企业赔偿。

如果由你主持调解，该如何调解该纠纷？

一、物业公司侵犯业主权益纠纷的特点

（一）物业公司主观上有过错

在物业管理服务合同纠纷中，物业公司也侵犯了业主的合法权益，但那是基于物业管理服务合同发生的，要承担的是违约责任。本节物业公司侵犯业主权益纠纷特指物业管理公司的侵权行为引起的纠纷，例如阻挠业主委员会成立

纠纷（较少见）、侵占业主共用建筑物取得利益纠纷、公共设施维护纠纷、物业公司擅自切断水电纠纷等。此外，还有因保安义务履行不周导致业主人身财产损害赔偿纠纷、小区环境与住宅建筑安全纠纷、拒不腾交物业管理用房纠纷等，认定此类纠纷时要首先看是否符合一般侵权或特殊侵权的构成要件，即物业公司主观上要有过错。

（二）明显的违法性

此类纠纷具有明显的违法性。如《物权法》及《物业管理条例》中均有规定，物业公司利用业主共有的住宅区内道路、绿地以及其他公共场所、公用设施和物业用房进行经营，应由业主大会同意，所得收益在扣除合理成本后应归全体业主所有，由业主大会决定使用。以停车费为例，停车费的收取必须在业主大会成立之后由业主大会决定，所收费用就只能存入业主大会指定的专项账户，不能交物业公司。但实践中一些物业公司在收取此类费用后常常侵占所收费，造成业主权益受损。

（三）有时侵权与违约竞合

有些物业公司对住宅小区的管理服务不到位，如物业公司管理人员和保安不能尽职工作，未尽到物业管理服务合同约定的义务，以致发生业主财产和生命健康受到侵（伤）害的事件，此时违约和侵权两类纠纷出现竞合情况。此类纠纷发生后若处理不当，往往会导致业主对物业公司工作人员和保安人员信任度下降，陷入恶性循环。

二、物业公司侵犯业主权益纠纷的调解原则

（一）依法调解原则

能否认定物业公司侵犯了业主合法权益，一定要看是否符合法律对于承担侵权责任的规定。理论上讲，侵权行为的侵权责任构成一般包括以下四个要件：（1）违法行为。违法行为是指公民或者法人违反法定义务、违反法律禁止性规定而实施的作为或者不作为。（2）损害事实。损害事实是指一定的行为致使权利主体权利受到侵犯，并造成财产利益或非财产利益损失的客观事实，这里的损害，包括财产上的损害和人身上的损害。这是构成侵权责任的首要条

件，只有当行为人的违法行为造成损害事实，行为人才承担侵权责任。（3）因果关系。就是指违法行为与损害事实之间存在的前因后果的联系，只有违法行为与损害事实之间存在这种因果关系，才说明损害是由违法行为所引起的，行为人才承担侵权责任。（4）主观过错。过错是违法行为人对自己的行为及其后果的一种心理状态，分为故意和过失两种。行为人只有在实施违法行为当时主观存在过错才承担民事责任。可见侵权纠纷的认定比合同纠纷的认定要更为严格，必须遵守法律的规定，依法进行。

（二）以事实为依据原则

在诉讼中，行为人是否构成侵权责任，必须由原告进行举证，物业公司在提供服务的过程中是否存在瑕疵或有无侵害业主合法权益的行为，都需要业主一方举证。但由于业主往往不具备相关法律知识，无法及时有效地采取证据保全措施，故此类纠纷如果诉讼，业主常常面临举证不能的困境，这也是近年来此类纠纷诉讼业主胜诉率不高的关键因素。理论上讲，调解解决此类纠纷不需要严格的举证，但依然要以事实为依据，业主和物业公司双方都要尊重事实，有理有据。

三、物业公司侵犯业主权益纠纷的调解要点

（一）理顺"主仆关系"

厘清业主和物业公司之间的关系非常重要。"保姆理论"是人们提到物业管理时用的一个比喻。广义的物业管理是业主即财产所有权人对不动产的管理；狭义的物业管理，是业主委托物业公司管理不动产中的一部分事务，物业公司的管理是受托管理。换言之，物业公司相当于业主聘请来的保姆，是给业主"做家务"的。但现实中，物业公司却一直把自己摆在管理者、主人的位置，从而颠倒了自己与业主之间的关系。

调解中要使物业管理企业清楚与业主之间的关系。说白了，物业管理企业就是小区广大的业主花钱聘请的服务公司。也就是说，物业管理企业与小区业主之间是一种"主仆关系"，小区的真正主人是广大业主而非物业管理企业。有些物业管理企业以一种盛气凌人、居高临下的管理者姿态对待小区业主，完全违背了自身的服务宗旨，这种被颠倒了的畸形关系造成了主仆错位，以致使

物业管理企业的工作宗旨与目的发生颠倒，使两者关系剑拔弩张，水火不能相容。试想哪个主人愿意被"保姆"颐指气使呢？

（二）区分物业公司行使管理权的合理界限

物业公司侵犯业主权益纠纷的产生，与物业公司对其行使物业管理权的界限不够清晰有关。有些物业公司对业主违反住宅公约装修的行为有时会采取强行措施，如派人拆下业主安装的门窗等，引起业主强烈不满。调解处理此类纠纷时，应让物业公司认识到，物业公司依照《物业管理合同》内容行使管理权，但对其管理权的合理界定为：物业公司是民事主体，不具有采取强制措施的权力，只能通过劝阻、提出整改意见、向房地产行政主管部门及业主委员会报告等方式来行使物业管理权。调解此类纠纷时，如果业主坚持要求物业公司恢复原状，则应向业主指出，物业公司行为虽有不当，但业主安装门窗亦违反业主公约和《物业管理合同》的约定，是违约行为。从解决问题的角度出发，调解中可采取一些"折中"方案，以平衡双方的利益。

此外，实践中还存在物业公司以停水、断电等方式对抗业主欠费行为的做法，这也是一种侵权行为。如某物业公司与业主签订的《物业管理公约》规定："物业管理单位有权对无故不交各项应交费用的业主和使用人，限期缴交并按规定收取滞纳金，逾期仍不缴交的可按业主公约和市政府有关规定催缴，若催缴无效的可采取其他强制性措施，如停水、停电或向法院起诉等。"这里其实涉及一个怎样正确认识合同相对性的问题。所谓的合同相对性，是指合同关系只能发生在特定的合同当事人之间，合同的效力仅及于合同的当事人。合同关系的主体是特定的，主体的特定化是合同关系与物权关系、人身权关系、知识产权关系等的重要区别。所以，合同关系一般只能在特定的当事人之间发生效力。供水供电合同的相对方应当是业主与供水公司和供电公司，而不是物业公司。物业管理公司不属于小区内的供水供电人，其不享有停水停电权。所以，对于业主拖欠物业费的行为，现在有不少物业公司给拖欠物业费者停水断电，这种做法尽管可能实属无奈之举，却是欠妥的。即使在物业管理合同中双方约定在业主欠费情况下赋予物业管理公司以停水停电权，显然也侵犯了供水供电人的权利。这种条款一般应经第三人即供水供电人同意，否则，即为无效条款。

（三）完善业主委员会对物业管理的审查权

为避免物业公司侵害业主权益，在调解处理物业公司侵犯业主权益纠纷时还可以通知业主委员会到场，通过必要的宣传教育促使各方了解重视业主委员会的审查职权。即，物业公司实施部分管理措施应履行一定的手续，如《住宅物业管理办法》的草案应当提交业主委员会审议；住宅共用部位、共用设施设备维修基金的年度预算应当经业主委员会审定后实施，配套工程和重大维修工程项目应当提交业主委员会审定后实施；相关账目应当向业主大会和业主委员会公布；住宅区域物业管理服务费的收费标准应当经业主委员会同意；每年物业公司账目应当向业主委员会提交；物业管理中发生的涉及业主重大利益的事项应当及时向业主委员会通报，等等。只要完善了业主委员会的审查权，物业公司的管理行为也就获得了合法授权，实施中的阻力就会减小，因行使物业管理权而引发的纠纷也就会减少。

四、导入情境案例操作指引

【受理】

社区调委会工作人员经过调查，确认双方存在物业侵权纠纷，且是自愿申请调解，可以受理。

【调解过程】

调解员可采用面对面或背对背的方式与双方进行调解。

李家：我弟弟坠入电梯井中摔死了，完全是物业公司的责任，我们要求物业公司赔偿损失。

物业公司：你弟弟是成年人，自己不小心掉下去的，我们物业公司没有责任。

李家：我们因为进货急于需要使用电梯。出事那天，电梯的楼层显示装置坏了，我们无法判明电梯的位置，只好在各楼层寻找，找到大厦的4层时看见电梯门正开着，但里面黑洞洞的，我弟弟才一脚迈进去不慎坠入电梯井中，你们物业公司怎么没有责任呢？

调解员：物业公司管理企业作为写字楼的管理者，负有保障电梯等共用设备安全运行的法定义务，你们做到了没有？

李家：物业没有及时检查、排除电梯故障，电梯楼层显示装置不能正常显示，才导致我们无法判明电梯所在位置。

物业公司：事发后我们检查了电梯，发现4层的电梯门锁有"外力破坏"的新鲜痕迹，怀疑是你们急于使用电梯强行推开了电梯门，因用力过猛失去重心从而导致事故发生的，完全是你们自己的责任。

李家：我们从2005年上半年开始在这里办公，一直没有看到过一份物业管理单位关于电梯使用说明或乘梯注意事项的文件或通知。出事时，我们并不知道电梯停在哪里，要不怎么可能无故去4层强行推开电梯门呢？

调解员：物业公司没有在电梯轿厢内和电梯前厅张贴电梯安全使用说明和乘客乘梯的注意事项，没有履行必要的告知义务，是存在明显的过错的。

物业公司：难道他们自己就没有责任吗？

调解员：物业公司存在明显过错，应承担主要责任。李家弟弟本身也有一定的过错，作为有民事行为能力的成年人，他应当预见乘故障电梯有危险，却疏忽大意，产生严重后果，应承担次要责任。

【调解结束】

在调解员的批评劝导下，依照相关法律规定，双方达成调解协议。物业公司承担事故的主要责任，一次性赔偿李家医疗费、误工费、丧葬费等共计人民币×万元，李家答应不再就此事提起诉讼。

【分析指引】

物业管理企业作为写字楼的管理者，负有保障电梯等共用设备安全运行的法定义务，从案情看，物业管理企业的行为存在严重过错，应承担损害赔偿的民事责任。具体表现在：（1）物业管理企业没有在电梯轿厢内和电梯前厅张贴电梯安全使用说明和乘客乘梯的注意事项，没有履行必要的告知义务，存在明显的过错。（2）物业管理企业未能及时检查、排除电梯故障，导致电梯楼层显示装置不能正常显示，乘客无法判明电梯所在位置。因此，物业管理企业存在明显过错，应承担损害赔偿的主要责任。李家弟弟本身也有一定的过错，作为有民事行为能力的成年人，他应当预见到，乘故障电梯有危险，却疏忽大意，应承担次要责任。

【思考与练习】

1. 处理物业侵权纠纷的相关法律法规有哪些？

2. 如何认定物业公司的行为构成侵权？

3. 请调处下列物业侵权纠纷。

【情境材料1】

润新住宅小区实行业主用燃气卡买气的消费方式。2010年2月16日上午，两名业主到物业公司购买天然气。因这两名业主长期不交纳物业服务费，物业管理公司拒绝向这两名业主出售天然气，双方发生了争执。在争执中，业主损坏了物业管理公司的办公用品。物业管理公司最终也没有卖给业主天然气，而且要求业主赔偿损坏的物品。请分析：（1）物业管理公司的做法是否妥当？为什么？（2）物业管理公司应该怎样妥善解决上述问题？

如果你是调委会主任，由你主持调解，你该如何处理？

要求：

1. 查阅相关法律法规。

2. 拟订调解方案。

3. 拟写调解协议。

【情境材料2】

2009年3月，张某与某物业公司签订《物业管理公约》，合同第八条规定："物业管理单位有权对无故不交各项应交费用的业主和使用人，限期缴交并按规定收取滞纳金，逾期仍不缴交的可按业主公约和市政府有关规定催缴，若催缴无效的可采取其他强制性措施，如停水、停电或向法院起诉等。"张某于2010年7月开始拒交物业管理费。2010年1月，物业公司多次催促张某缴付物业管理费，但张某一直拒缴。2011年12月4日起至2012年1月25日止，为迫使张某交清所拖欠的物业管理费，物业公司共切断张某所住房屋水电若干次，共计切断水电天数为39天。此后，张某以物业公司侵犯其财产权为由，申请调解，要求物业赔偿停水停电期间因其房屋无法入住的租金损失。

如果你是调委会主任，由你主持调解，你该如何处理？

要求：

1. 查阅相关法律法规。

2. 拟订调解方案。

3. 拟写调解协议。

第三节　开发商遗留问题物业纠纷调解

【导入情境】

2007年3月28日，金地格林物业管理有限公司与开发商金地兴业房地产有限公司签订《前期物业管理服务协议》，签订合同之后公金地格林司按前期物业服务协议及业主公约为格林小镇6小区全体业主提供了物业服务。但业主杨×以各种借口拖欠物业费，经多次催缴，杨×至2012年12月仍拒绝交纳。

业主杨×不交纳物业费原因是：2010年12月初，其家露台漏水，致使水流至楼下，其主卧与客卫中间外墙处及主卧门口木地板等装修开裂，杨×要求物业公司对露台做试水试验，但被拒绝。杨家的客厅供暖至今不达标，物业在2012年12月才派人维修，但至今未修复。这些事情杨×多次找物业公司反映，物业公司也答应给解决，但是一直没有给解决好。杨×说如果物业公司将这些给其解决，他是不会拖欠物业费的。

金地格林物业公司认为杨×所述的问题有的系房屋质量问题，应当由开发商和施工单位予以解决，供暖问题也与物业公司并无直接的联系。杨×拖欠物业费的行为严重影响了公司的物业管理活动，故申请人民调解，要求杨×支付欠缴的物业费及滞纳金。

请问：如果由你主持调解，该如何调解该纠纷？

一、开发商遗留问题纠纷的特点

（一）追究开发商责任，法律缺位

大部分物业竣工后，开发商不是通过招投标方式选择前期物业服务公司，而是将物业交付给自己的全资子公司或其二级机构，企图再次利用或永久占据物业进行牟利，这样导致了物业公司并非服务于广大业主，而是服务于开发商。物业公司处于强势地位，业主处于弱势地位，于是便会衍生一系列的侵害业主权益的行为。这种指定其关联公司管理物业的做法是否合理，法律并没有给出严格的规定。

操作性不强也是目前相关法律法规存在的缺陷，如小区内配套设施验收管理办法、商品房质量保修实施细则，以及物业管理条例实施细则、收费项目及标准等。正是这些法律规定的不可操作或不易操作，才使开发商、物业公司等钻了法律的漏洞，不去履行义务或者不将权利交还业主。

此外，开发商和物业服务企业的执法行为也有待完善，如严格执行市场准入制度，对不具备相应资质、丧失诚信的开发商和物业服务企业取消其资质等。事实上，政府主管部门很少对开发商进行行政处罚。由于对开发商违规行为的执法力度较弱，因而从另一方面纵容了开发商对业主的侵权。所以，应加大对违规行为的处罚力度，并鼓励业主对开发商和物业服务企业违规行为的举报。

（二）问题多头纷繁复杂

开发遗留问题造成的物业纠纷常常纷繁复杂。主要表现在：规划变更引起居住环境的改变；开发单位未按规划设计要求建设物管配套设施；小区配套设施权属不明，如地下车库、物管用房等，工程完工开发企业撤走后，问题就都甩给了物管公司，从而造成了物管企业与业主的诸多纠纷。如车位问题，由于开发商在设计时没有考虑到汽车问题，随着越来越多的业主有自己的私家车，停车问题日益严重。都是小区内的业主，物业公司无法厚此薄彼，而全部纳入又无法做到，因此无论如何都有业主不满，因此发生冲突。再如监控设施问题，开发商在安装监控设施时偷工减料，个少小区发生盗窃案件后，公安机关在调取监控录像时发现，摄像头为固定制式且分辨率很低，而且没有夜视功能，日落后完全不能分辨人物。无法破案刑事责任无法追究时，业主必然要追究物业公司的民事责任。

二、开发商遗留问题纠纷调解的原则

（一）分清责任主体原则

开发商遗留的问题甩给物业公司，物业公司代人受过。为什么会这样呢？原来有一个叫作"建安费"的东西。"建安费"原本是指在建筑施工过程中的建筑和安装的费用，但在这里，却是开发商在明知有遗留问题时支付给物业公司的"收尾"费用，正是收取了这笔"建安费"，加上开发商常常是"大东家"，物业公司代人受过还有苦说不出。现实中，"建安费"多少不等，多则

200万元，少则20万元，因为收了"建安费"，开发商留下来的问题物业公司只能自己想办法了，就是因为收了开发商的"建安费"，物业公司根本不去向开发商追究了，最后利益受损的是广大业主。理论上，开发商应承担起处理、解决开发建设遗留问题的责任。具体做法上，可在前期物业服务合同中明确开发商不解决遗留问题的违约责任。

（二）争取多方支持原则

现实生活中，开发商遗留问题导致产生物业纠纷的原因也是多种多样的，而且不少纠纷并非是一方原因所造成，因而在调解此类物业纠纷时想要彻底解决其问题，存在一定的难度。如动迁业主因对动迁不满或业主因生活困难而拒付物业管理费的，仅靠单方力量往往难以解决全部问题。因此，在调解时应多方听取各种意见，积极联系政府相关部门，共同寻找解决问题、化解矛盾的有效途径，使问题得到切实解决。

三、开发商遗留问题纠纷调解的要点

（一）提高开发商的履约意识

近年发生的物业合同纠纷中，近半数以上的案件是因为房地产开发商的遗留问题引发的，主要包括擅自变更小区规划、房屋出现质量问题、配套设施不全、与售房时承诺偏差太大，甚至"霸王合同"等。此类问题在目前的房地产市场上属于通病，也是房地产业高利润的原因之一。因此，要减少和避免此类纠纷，应提高房地产开发商的履约意识，房地产开发商依照约定履行合同，这应该是最基本的合同诚信。

开发商遗留问题导致的物业纠纷还有一种情况是，部分房地产商在没有完全具备合同约定交房条件的情况下，就给业主交房了，如管道漏水、楼道灯损坏等问题。小区交房后出现的类似种种问题使业主的权益受到了侵害，便要求物业公司解决。然而满腹委屈的物业公司却因无力应付这些计划外支出，导致业主对物业公司的服务不满意。有的物业公司无奈选择撤离小区，开发商遗留下了无法解决的房屋质量问题，居民拒交物业管理费，入不敷出导致公司无法正常运行是他们撤离的首因。

为此，调解应从以下几方面做起：（1）政府部门的监督，政府相关部门必

须履行职责把好验收关，严格对照建设规划和标准对建设工程进行验收。（2）业主的监督，开发商违约的直接受害者是业主，因此，业主更应该严格要求开发商依约履行合同。对于开发商的违约行为，可向政府管理部门进行举报或通过协商解决。（3）开发商的自律，要让开发商意识到，当前的行业不规范行为获取的仅仅是一时性的利益，企业要想可持续发展靠的是商业信誉和实力，同时政府部门和行业协会等机构应对开发商进行必要的引导。

（二）及时成立业主大会

前期物业服务企业一般由开发商选聘，而不是由全体业主或业主委员会选聘。而且前期物业公司一般是房地产开发企业的关系企业，多为房地产开发企业成立的下属公司，也就是我们通常所说的"父与子"关系的房地产开发企业和物业管理企业。这是导致业主不会去区分物业企业与房地产开发企业是两个独立的民事主体，而认为它们就是一家的主要原因。所以业主往往会以房屋质量问题或房屋规划、绿化率未达承诺为由，拒绝支付物业费而引发纠纷。同时，这种"父子关系"，很容易导致开发商对于房屋质量等问题的不重视，发生纠纷时开发商和物业管理公司之间互相"踢皮球"。尤其是在涉及开发商利益时，物业管理企业常对开发商予以袒护，造成业主与物业管理企业矛盾加重。有的小区业主大会、业主委员会迟迟无法成立，前期物业管理时间长达七八年，矛盾越积越深，问题很多。

《物业管理条例》第24条规定了房地产开发与物业管理相分离的原则，应通过招投标的方式选聘物业管理企业。但到目前为止，即使实行招投标，由于难以真正建立公平竞争的招投标机制，开发商派生出来的物业管理企业仍处于优势地位，往往是其中标。

解决这种"父子关系"的方法只有一个：及时成立业主大会。当入住小区的业主们在符合条件后，也就是说小区内房屋出售并交付使用的建筑面积达到50%以上；或者首批物业交付满2年，并且入住率超过30%的；或者首批物业交付满3年的，要及时召开业主大会会议成立业主大会。根据《物业管理条例》第15条，业主大会成立后，业主委员会可以通过履行以下职责来维护业主的权益：（1）召开业主大会会议，报告物业管理的实施情况；（2）代表业主与业主大会选聘的物业服务企业签订物业服务合同；（3）及时了解业主、物业使用人的意见和建议，监督和协助物业服务企业履行物业服务合同；（4）监督管理规约的实施；

（三）业主应加强自身素质，理性维权

开发商擅自违约，物业公司先天不足，以及政府相关管理部门的软弱、不作为等的结合，再加上业主非理性等原因，结果是业主到政府门前静坐示威、上街堵路、越级上访，甚至流血冲突等事件的发生。因此，除去开发商、物业公司以及政府相关管理部门的因素，化解此类纠纷，业主也要加强自身素质，进行理性维权。

（1）提高业主公德意识。一些回迁房、农改房业主不适应小区楼宇化管理，私搭乱建占用共有区域、不服从物业管理的现象时有发生。（2）树立物业观念。业主要改变以前单位免费管理的观念，树立物业消费意识。（3）提高业主法律素质。业主要掌握法律知识，明确责任主体，将开发商的违约行为迁怒于物业公司，或以不交物业费来对抗开发商或水电等公用企事业单位，是没有法律依据的。（4）业主应当认识到，采取的静坐、堵路、越级上访等不理性行为，不仅不能解决根本性问题，而且还给广大业主在人力、物力和财力上造成浪费，也给其他民众的生活和社会稳定造成影响，最终问题还是要通过正当途径解决。因此，遇到此类纠纷时应冷静处理，可以要求相关政府部门协调，也可以理性地进行协商、调解。

四、导入情境案例操作指引

【受理】

调委会工作人员经过调查，确认双方存在开发商遗留问题物业纠纷，且是自愿申请调解，可以受理。

【调解过程】

物业公司：我公司与开发商签订了《前期物业管理服务协议》，签订合同之后我们按前期物业服务协议及业主公约为格林小镇6小区全体业主提供了物业服务。但业主杨×以各种借口拖欠物业费，经多次催交至2012年12月仍拒绝交纳。我们要求杨×支付欠交的物业费及滞纳金。

业主杨×：我不交纳物业费是有原因的，2010年12月初，我家露台漏水，致使水流至楼下，我家主卧与客卫中间外墙处及主卧门口木地板等装修开裂，我要求物业公司工作人员对露台做个试水试验，但被他们拒绝了。

物业公司：你讲的是房屋质量问题，应当由开发商和施工单位予以解决，确实与物业公司无关。

业主杨×：你们是开发商聘请的物业公司，本来就是一家。开发商都已经撤走了，叫我上哪儿找去？我就找物业公司解决。

调解员：开发商和物业确实是两个不同的主体。房屋质量问题应归施工单位。屋顶漏雨的问题可能是由于建筑施工企业的施工质量问题造成的，也可能是由于在使用中遭到破坏而造成的，要查明责任。

业主杨×：还有，我家的客厅供暖至今不达标，物业在2012年12月才派人维修，但至今未修复。

物业公司：供暖问题也和物业公司没有直接的联系。

调解员：供暖问题不归物业公司管。物业公司只是提供物业服务，这个合同里都有，人家物业提供了服务，咱就应该交费啊。

业主杨×：这些事情我多次找物业公司反映，物业公司也答应给解决，但是一直没有给解决好。如果说物业公司将这些给解决了，我是不会拖欠物业费的。

调解员：物业公司你们的服务有没有问题呢？服务态度怎样，有没有帮着反映、联系、协助解决？

物业公司：对于业主反应的问题，我们会积极协调相关单位进行解决，对于我们物业公司自身的问题也会积极作出改进。但杨×拖欠物业费的行为严重影响了公司的物业管理活动，也会影响到其他业主的利益。

调解员：露台漏水是由于建筑施工企业的施工质量不合格而造成的，因其尚在5年保修期内，所以应由建设单位承担保修责任。物业管理公司虽然不须为此承担责任，但应积极协助业主联系建设单位及时解决问题。物业公司和业主是合同关系，物业提供了服务，业主也应该遵守合同交纳物业费。但滞纳金没有法律依据。

【调解结束】

在调解员的批评劝导下，依照相关法律规定，双方达成调解协议。业主杨×支付欠交的物业费，物业公司积极协助业主联系建设单位解决漏水问题。

滞纳金没有法律依据业主杨×不用支付。

【分析指引】

调解本案关键要弄清三点。

1.屋顶漏雨的问题可能是由于建筑施工企业的施工质量问题造成的，也可能是由于在使用中遭到破坏而造成的。为了查明责任，必须进行技术鉴定。

2.如果是由于建筑施工企业的施工质量不合格而造成的，因其尚在5年保修期内，所以应由建设单位承担保修责任，物业管理公司不须为此承担责任，但应积极协助业主联系建设单位及时解决问题。

3.如果是物业管理公司在房屋维修养护管理工作中失职所造成的问题，物业管理公司应该承担责任，负责修复并赔偿损失。

【思考与练习】

1.处理开发商遗留物业纠纷的法律法规有哪些？

2.如何区分开发商和物业公司是不同的责任主体？

3.请调处下列开发商遗留问题导致的物业纠纷。

【情境材料】

×年×月，某小区业主的父母来×市探望儿子并在儿子家小住。×年×月×日上午×时，该小区停电。该业主的父亲只得走楼道外出办事，但一直未归。后该小区物业公司工作人员在该楼一层通往地下室的平台上发现了摔伤的老人。后虽然经医院及时抢救，但老人终因伤势过重而死亡。悲痛之余，分析老人致死的原因，该业主认为开发商和物业公司都有责任。开发商未按购房合同约定采用双路供电，致使老人不能乘坐电梯而只能改走楼道。而且该楼的设计存在问题。不仅一层公共通道狭窄，而且通往地下室的楼梯与地面通道未进行隔离防护。因此，该业主认为开发商应对老人的死亡承担责任。除此之外，该业主认为，老人的死亡与物业公司的行为也有直接的因果关系。物业公司未事先公告停电情况。致使老人外出时在黑暗中无法辨明方向，从而跌入通往地下室的楼梯下部摔伤致死。在协商未果的情况下，该业主向社区调委会申请调解，要求小区物业公司和开发商赔偿各项损失共计××万元。

如果您是调委会主任，由您主持调解，你该如何处理？

要求：

1. 查阅相关法律法规。

2. 拟订调解方案。

3. 撰写调解协议。

第四章　侵权纠纷调解

【知识目标】

掌握侵权纠纷法律事务具体法律规定及纠纷处理要素。

【能力目标】

能够独立运用相关法律知识完成关于侵权纠纷方面的咨询，并能从事调解一般的侵权纠纷案件的实务工作。

侵权纠纷，广义上讲是指因侵害他人的合法民事权益所发生的纠纷，如侵害物权、人身权、知识产权、继承权及债权等。法律上通常将侵权分为一般侵权和特殊侵权两大类。一般侵权行为是指行为人有过错直接致人损害，因此适用民法上的一般责任条款的行为，是最常见的侵权行为。特殊侵权行为，是指由法律直接规定，在侵权责任的主体、主观构成要件、举证责任的分配等方面不同于一般侵权行为，应适用民法上特别责任条款的致人损害的行为。

是否形成侵权纠纷，对于一般侵权行为来说，要考查是否满足一般侵权的构成要素，共有四项：（1）加害行为，又称致害行为，是指行为人作出的致他人的民事权利受到损害的行为。任何一个侵权损害纠纷都与特定的加害行为相联系，亦即侵权损害事实都由特定的加害行为所造成。没有加害行为损害就无从发生，也就没有纠纷。从表现形式上看，加害行为可以是作为也可以是不作为，但以作为的形式居多，以不作为构成加害行为的，一般以行为人负有特定的义务为前提。（2）损害事实。损害事实是指因一定的行为或事件对他人的财产或人身造成的不利影响。没有损害事实，就谈不上侵权，谈不上纠纷，更谈不上侵权损害赔偿。（3）加害行为与损害事实之间有因果关系。侵权只有在加害行为与损害事实之间存在因果关系时才能构成。因此，加害行为与损害事实之间有因果关系，是构成一般侵权行为的重要条件，也是纠纷成立的关键。

（4）行为人主观上有过错。过错，是行为人决定其行动的一种心理状态，包括故意和过失两种形式。行为人明知自己的行为会引发损害他人民事权利的结果，并且希望或放任该结果发生的，为故意。行为人应当预见自己的行为可能损害他人的民事权利但因为疏忽大意而没有预见，或者虽然已经预见但轻信能够避免，结果导致他人的民事权利受到损害的，为过失。

在我国民法中，属于特殊侵权行为的情况都有具体的条文明确加以规定。根据相关法律规定，特殊侵权纠纷包括下列十五种情形：（1）国家机关及其工作人员职务侵权纠纷；（2）雇员受害赔偿纠纷；（3）雇用人损害赔偿纠纷；（4）产品责任纠纷；（5）高度危险作业致人损害纠纷；（6）环境污染损害赔偿纠纷；（7）地面（公共场所）施工损害赔偿纠纷；（8）建筑物、搁置物、悬挂物塌落损害赔偿纠纷；（9）堆放物品倒塌损害赔偿纠纷；（10）动物致人损害赔偿纠纷；（11）驻特别行政区军人执行职务侵权纠纷；（12）防卫过当损害赔偿纠纷；（13）紧急避险损害赔偿纠纷；（14）侵害未成年人接受教育权纠纷；（15）无行为能力人、限制行为能力人造成损害的侵权行为。

认定特殊侵权纠纷由谁承担责任，要依据法律对特殊侵权举证责任的规定。根据《最高人民法院关于民事诉讼证据若干规定》，下列侵权按照以下规定承担举证责任：（1）因新产品制造方法发明专利引起的专利侵权诉讼，由制造同样产品的单位或者个人对其产品制造方法不同于专利方法承担举证责任；（2）高度危险作业致人损害的侵权诉讼，由加害人就受害人故意造成损害的事实承担举证责任；（3）因环境污染引起的损害赔偿诉讼，由加害人就法律规定的免责事由及其行为与损害结果之间不存在因果关系承担举证责任；（4）建筑物或者其他设施及建筑物上的搁置物、悬挂物发生倒塌、脱落、坠落致人损害的侵权诉讼，由所有人或者管理人对其无过错承担举证责任；（5）饲养动物致人损害的侵权诉讼，由动物饲养人或者管理人就受害人有过错或者第三人有过错承担举证责任；（6）因缺陷产品致人损害的，由产品的生产者就法律规定的免责事由承担举证责任；（7）因共同危险行为致人损害的侵权诉讼，由实施危险行为的人就其行为与损害结果之间不存在因果关系承担举证责任；（8）因医疗行为引起的侵权诉讼，由医疗机构就医疗行为与损害结果之间不存在因果关系及不存在医疗过错承担举证责任。人民调解组织调解这些侵权纠纷时，可以参照以上规定，要求当事人提供相关证据，以判断是非，正确调解。

是否产生侵权纠纷，有无损害事实很关键。调解侵权纠纷，侵权行为的损害事实要具有以下特点：（1）损害系合法权益受侵害所致；（2）损害具有可补救性，即所受损害可通过一定的方式进行补救；（3）损害的确定性，即损害事实确实发生，并可通过一定的方式衡量其大小和程度。

侵权损害事实依其性质和内容，可分为人身损害、财产损害和精神损害三种。人身损害是指由于行为人对受害人的人身施加侵害所造成的人身上的损害。人身伤害专指自然人而言，系由侵害自然人的人身所造成，具体包括生命的损害、身体的损害、健康的损害三种情况。同时，对自然人人身的损害往往也会导致其财产的损失。如伤害他人身体致其支付医疗费和收入的减少等。财产损害，主要是指由于行为人对受害人的财产权利施加侵害所造成的经济损失，如毁人房屋、盗人车辆等行为致权利人的经济利益受到损害。财产损害包括直接损害和间接损害。精神损害又称无形损害，主要是指自然人因人格受损或人身伤害而导致的精神痛苦，如名誉受不法侵害、隐私被他人不法披露、身体因受伤而致残等。这些都会导致自然人的精神痛苦。与其他损害不同的是，精神损害具有无形性，难以用金钱来衡量。

为方便调解实务，本书依据损害事实的性质和内容，将侵权纠纷分为三种类型或种类：人身损害赔偿纠纷、财产损害赔偿纠纷、精神损害赔偿纠纷。

第一节　人身损害赔偿纠纷的调解

【导入情境】

2007年7月21日11时许，唐正容到唐兵家要求唐兵归还借款700元，双方发生口角，唐兵到邻居家躲避，唐正容追到邻居处打了唐兵两耳光，双方遂发生抓扯。唐兵之妻回家问明情由将借款归还原告，双方就此散去。次日，唐正容感到不适，经医生建议到县中医院作CT检查，2007年7月23日到××县河包中心卫生院住院治疗，同年7月30日出院。出院诊断：右颞部软伤，腰部软伤，轻型脑伤。建议门诊治疗，休息2周。住院花去医疗费1745.50元，出院后门诊治疗用去286.80元，CT检查用去263元，总计2295.30元。唐正容要求唐兵赔偿其一切损失。

一、人身损害赔偿纠纷调解解决的意义

目前，企事业单位与公民之间、公民与公民之间发生的人身损害赔偿处理主要有三种途径：（1）单位处理，即单位依照劳动福利待遇政策规定进行处理并支付；（2）工伤处理，企事业参加了工伤保险的，按照《工伤保险条例》的规定处理，由劳动社保机构进行处理并支付；（3）诉讼，即向人民法院提起民事诉讼由人民法院裁判。

三种途径在补助或赔偿额方面有所差异，福利政策待遇最低，工伤保险支付稍高于劳动福利待遇，而司法审判确定的赔偿标准最高。劳动福利属于安抚性的，基本上没有赔偿含意，属于单位组织给予劳动者身份待遇，故它不具有赔偿性质。社保工伤保险属于社会保障体系之一，既是参加工伤保险单位所属劳动者的待遇，也是单位承担赔偿责任风险的转移，故它具有一定的赔偿性质，其处于劳动福利政策与司法解释规定的人身损害赔偿之间。人身损害赔偿系民事侵权责任的承担，是完全的赔偿责任的体现，因此获赔偿金额要大大高于前两者。

侵权、工伤、伤害事件的表象均为人身损害，这类事故事件发生后，人们为了获得最高救济的机会，常常会提起人身损害赔偿诉讼。然而，诉讼资源属于社会公共资源，任何纠纷进入诉讼程序都将发生诉讼资源的使用、消耗。这在因轻伤害致人身损害赔偿纠纷方面体现得尤为明显。如：案件发生后，当事人立即报案，公安机关介入侦查，在侦查中对犯罪嫌疑人往往采用刑拘、逮捕等侦查手段，侦查终结后则移送检察机关审查起诉，检察机关认为事实清楚、证据确实充分的，即移送法院审判。而法院审判的结果，往往是刑事部分判决缓刑、附带民事部分判决给予一定赔偿。在这一过程中，司法机关花费了大量的人力、物力、财力资源。

正确处理好人身损害赔偿民事纠纷，以修补被破坏的社会关系，对于促进社会和经济的安定、有序运转，促进和谐社会的建设具有重要作用。在人身损害纠纷的多种解决方法中，人民调解是一种比较理想的模式。双方当事人在调委会主持下，以国家法律、法规、规章及社会公德等为依据，由调解员对纠纷

双方进行斡旋、劝说，促使他们互相谅解，进行协商，自愿达成协议，消除纷争。人民调解解决人身损害赔偿纠纷具有重要的意义。

（一）有利于化解当事人矛盾，实现当事人双赢

人民调解解决纠纷符合社会大众的价值观念，也体现了中华民族追求自然秩序、社会秩序和谐的理想。发生人身损害赔偿纠纷的当事人双方，如果能够通过调解来解决纠纷，对维护当事人双方合法权益，化解矛盾，都具有非常好的意义。通过调解，可有效避免冗长的法庭诉讼，减少人力、物力上的耗费，降低纠纷解决成本；可有效避免"执行难"的现象，在现实生活中，当事人如能够达成调解协议，一般加害人自愿履行率高，被害人通常能得到全部或大部分的赔偿款项，未能得到的数额通常也有较好的支付保障；可降低举证难度，避免判决的不确定性；可避免纠纷双方关系进一步恶化，这对于发生在亲属间、熟人间及偶发性且无预谋冲动状态下的人身损害赔偿纠纷的解决尤为明显。

（二）有利于节约社会公共司法资源

通过人民调解解决纠纷，有助于合理减少诉讼资源的消耗。根据《最高人民法院关于执行〈中华人民共和国刑事诉讼法〉若干问题的解释》第1条第2项中"人民检察院没有提起公诉，被害人有证据证明的轻微刑事案件"属于人民法院直接受理的自诉案件的规定，对此类纠纷，既可以引起公诉程序，也可以发生自诉程序。在没有人民调解组织介入或者介入不成功的情况下，从司法实践看，这类案件基本上都进入了公诉程序。在这一过程中，司法机关花费了大量的人力、物力、财力资源。如果在轻伤害人身损害赔偿纠纷发生时，即能成功进行人民调解，促成当事人自愿达成和解协议，则可以有效化解社会矛盾，促进社会公共资源的合理使用。

（三）有利于维护社会稳定，促进社会和谐

人身损害赔偿纠纷涉及当事人的切身利益，如果不能加以妥善解决，极可能发生当事人频繁上访、越级上访、矛盾激化的后果，不利于社会关系的恢复，也严重影响了社会稳定。而许多现实中的人身损害赔偿纠纷案件从发生到圆满解决给了我们很多的启示。人民调解是根植于我国历史文化传统并经过长期司法实践证明的有效的纠纷解决方式，应该在合适的条件下善于应用。人民

调解解决纠纷，有利于当事人双方利益矛盾的有效调和，对促进社会生活的和谐稳定大有裨益。高度重视、充分运用人民调解的方式，使之成为化解社会矛盾尤其是人身损害赔偿矛盾的重要方法，有利于最大限度地增加和谐因素，最大限度地减少不和谐因素，促进和谐社会的构建。

二、民间纠纷引起的人身损害赔偿纠纷的特点

在实务中，申请人民调解的人身损害赔偿纠纷大多为民间纠纷引起的，这类人身损害赔偿纠纷，一般有以下特点。

（一）纠纷双方文化素质较低，法律观念淡漠

有调查表明，此类纠纷双方当事人绝大部分是农村居民和城镇从事体力劳动的居民，有40%~50%的文盲，文化水平普遍低下，对法律几乎没有任何了解，大多凭道听途说曲解法律，法律知识普遍贫乏，更不用说法律意识。他们的是非观念，是朴素的正义观，甚至面子所占的分量比是非所占分量大得多。

（二）纠纷原因多样化

大到祖辈怨仇、生产生活大计，小到相邻关系、鸡毛蒜皮，都会产生纠纷，直至打架斗殴，以致造成人身伤害。当事人一般矛盾较大，积怨较深。乡里乡亲，低头不见抬头见，一旦结怨，相互之间就睚眦必报，有的甚至成为几代仇人。

（三）双方都有责任

此类纠纷一般情形下很难说清是哪一方的绝对责任，很多情形下，双方当事人均有责任。有时是因一方挑衅、讽刺谩骂引起的，继而发生斯打，或者顺手抄起农具，最终造成损伤。纠纷发生时，往往只有双方当事人在场，后果又不构成刑事案件，不能运用侦查手段，而乡邻之间的作证意识是亲帮亲邻帮临，或者事不关己，惹不起躲得起，往往双方当事人各执一词，各方当事人都拉一帮亲友为自己作证，很难从证据上判断出是非真假，无法严格确认责任。

（四）工作难度大，调解率低

此类案件双方当事人都在气头上，双方有时候拒绝调解，宁愿把钱花到法院也不愿赔偿对方，部分当事人不为赔偿只为争一口气，宁可去打官司。有时候有一方有和解意愿，而另一方却得理不让人，使得这类纠纷调解难度非常大。

三、人身损害赔偿纠纷的调解原则

（一）自愿平等原则

调解从本质上讲是一种自律型的纠纷解决方式，应当将调解置于当事人自主交涉的延长线上，从而使其真正成为当事人自己解决问题的努力过程。因此，自愿平等是调解的本质属性，也是人身损害赔偿纠纷调解应当遵循的基本原则。自愿平等原则是指，在当事人平等、自愿的基础上，开展调解，达成调解协议。自愿平等原则凸显了当事人在解决纠纷过程中的主体地位和主导作用。具体调解过程中，反映为当事人可以自行提出调解方案，主持调解人员也可以提出调解方案供当事人协商时参考等。

（二）合法原则

合法原则是指调解的开展及达成协议等都必须依法进行。包括：只能针对法律规定的允许调解的纠纷种类开展调解；调解协议的内容不违反国家法律法规的禁止性规定；不得通过调解损害国家、社会公共利益和他人的合法权利。只有在这样的前提下，当事人之间互谅互让，减少或放弃自己的部分或全部的权利，达成一致意见的和解协议，才能算是一个合法有效的纠纷解决方案。

四、人身损害赔偿纠纷的调解要点

（一）遵循法律、法规、规章和政策进行调解

在开展人身损害赔偿纠纷调解工作时，必须依据法律、法规、规章和政策进行调解。目前，与人身损害赔偿纠纷调解有关的法规、规章、政策主要包括《民法通则》《侵权责任法》《最高人民法院关于审理人身损害赔偿案件适用法律若干问题的解释》等。上述规范性文件对调解的原则、范围、要求都作出了具体规定和要求。在开展调解过程中，应始终依据或参照这些规定，权衡各方利益，以切实有效地保障当事人各方的权利为出发点，促进人身损害赔偿纠纷调解工作的顺利进行。

（二）注重社会效果

在开展人身损害赔偿纠纷调解工作时，应注重社会效果。这就要求：（1）在调解过程中应言行得当，避免当事人矛盾的进一步激化。（2）在调解过程中应注意充分听取双方当事人的陈述，让当事人提出能够提供的证据，以了解纠纷发生的背景状况，允许当事人就争议问题陈述各自的意见，并根据需要对纠纷事实进行必要的调查，促使当事人互谅互让达成调解。最大限度地促成调解，能促使当事人之间实现案结事了，取得较好的社会效果。（3）对于能够对周围群众产生一定教育意义的案例，在调解过程中或者调解结束后，不妨结合案例对群众进行一定的法制教育，以进一步扩大社会效果。

五、导入情境案例操作指引

【受理】

社区调委会工作人员经过调查，确认双方存在人身损害赔偿纠纷，且是自愿申请调解，可以受理。

【调解过程】

调解员可采用面对面或背对背的方式对双方进行调解。

唐正容：2007年7月21日11时，我到唐兵家要求他归还借款695元。唐兵不但不还钱，还用拳头击打我，致使我头部、腰部多处受伤，治疗用去不少费用，我要求唐兵赔偿我损失。

唐兵：唐正容女儿与我曾是恋人，恋爱期间我为他女儿花费了4000多元，我在外打工时确实曾向唐正容儿子借款700元，后来我和他女儿分手了，唐正容便说我借他儿子的700元钱不用还了，我和他女儿谈恋爱的4000多元费用他也不退了。没想到8年后他又来追要借款。

唐正容：你借钱不还还有理了，我也没说过不用还。

调解员：谈恋爱花的钱和借款是两码事，要分别处理。

唐兵：她到我家催款时出口伤人，我气不过和她吵了起来，后来我跑到修摩托车的邻居黄家躲了起来，她又追到黄家，还动手打了我两耳光。后来她又捡起黄某的修车工具要打我，结果自己踩在轮胎上滑倒了，她是自己摔伤的，与我没关系。

唐兵邻居黄殿勇：我是唐兵的邻居，在唐兵家隔壁开店维修摩托车。2007年7月21那天上午，大概11时，唐正容到唐兵家找唐兵要钱，唐兵说手头紧要求缓期还，唐正容就骂唐兵，并与唐兵的母亲发生争吵。唐兵就跑到我家躲避。唐正容追到我家，打了唐兵一耳光，然后又抓起我修车的工具要打唐兵，唐兵用手挡了一下，唐正容自己就滑倒在地上了。

唐正容：黄殿勇讲的不是事实，我们双方发生抓扯。

调解员：当时发现唐正容受伤了吗？

唐兵：我老婆回家问明事由后，归还了唐正容600元钱，我们双方就散了。唐正容在7月21日根本未受伤，她是事几天后才去住院治疗的，她的伤根本不是我造成的，我没必要赔偿。

唐正容：我们发生口角，我打了他一耳光，他也用拳头击打我，致使我头部、腰部多处受伤。第二天我就感到不适，经医生建议到县中医院作了CT检查，第三天到县中心卫生院住院治疗，7月30日才出院。

调解员：唐兵否认唐正容的伤是自己造成的，但并无证据证明唐正容在与唐兵发生纠纷后又受到了其他伤害，故我们认定唐正容的伤是由于与唐兵的抓扯造成的，因此，唐兵应承担赔偿责任。但是，唐正容催要借款时先出口伤人，后又动手打了唐兵一耳光，导致双方发生抓扯，唐正容的行为是引发纠纷并致纠纷恶化的主要原因，所以，唐正容应承担此次纠纷的主要责任，其损失由其与唐兵按6:4的比例承担。

【调解结束】

在调解员的批评劝导下，依照相关法律规定，双方达成了和解协议。唐正容应承担此次纠纷的主要责任，唐兵承担次要责任。唐正容的损失由她自己和唐兵按6:4的比例承担。

【分析指引】

公民由于过错侵害他人财产、人身的，应当承担民事责任。受害人对于损害的发生也有过错的，可以减轻侵害人的民事责任。唐兵在唐正容来讨要借款时与其发生口角，继而抓扯，唐正容在纠纷后第三日因外伤住院，唐兵虽否认唐正容的伤是自己造成的，但其并无证据证明唐正容在与其发生纠纷后又受到了其他伤害，故调解员认定唐正容的伤是由于与唐兵的抓扯造成的，因此，唐兵应承担赔偿责任。但综观整个纠纷，唐正容催要借款时先出口伤人，后又动手打了唐兵一耳光，导致双方发生抓扯，所以唐正容的行为是引发纠纷并致纠纷恶化的主要原因。因此，唐正容应承担此次纠纷的主要责任，其损失由其与唐兵按6:4的比例承担合乎情理。

【知识拓展】

依据《最高人民法院关于审理人身损害赔偿案件适用法律若干问题的解释》第17条、第18条，下列不同情形，赔偿项目分别是：（1）受害人遭受一般人身损害的赔偿项目，包括医疗费、误工费、护理费、交通费、住宿费、住院伙食补助费、必要的营养费；（2）受害人因伤致残的赔偿项目，除第（1）项外还包括残疾赔偿金、残疾辅助器具费、被扶养人生活费，以及因康复护理、继续治疗实际发生的必要的康复费、后续治疗费；（3）受害人死亡的赔偿项目，除第（1）项费用外还包括丧葬费、被扶养人生活费、死亡赔偿金，以及受害人亲属办理丧葬事宜支出的交通费、住宿费和误工损失等其他合理费用；（4）受害人或者近亲属遭受精神损害的抚慰金，即精神损害赔偿。

下列费用，一般不予以赔偿：（1）心理治疗费用；（2）美容场所消费费用（注意美容与整容的区别）；（3）无医院证明的自购药品、医疗用具；（4）病历、费用清单、收据不能一一对应的；（5）相关治疗和用药与本案之间无因果关系的。

【思考与练习】

1. 处理人身损害赔偿纠纷的法律法规有哪些？

2. 如何确定哪些赔偿要求是合法合理的？

3. 请调处下列人身损害赔偿纠纷。

【情境材料】

郑永胜是木工，手中有一批建房需用的模板，若有人建房需要，可向其租用。从2010年12月下旬开始，郑永胜雇请何光信为其搬运模板，双方口头约定工资按日计付。2011年元月10日上午，郑永胜安排何光信将一批模板装到苏振明驾驶的福田农用车上，而后乘坐苏振明的农用车一同前往建房工地，再负责卸车。

何光信按照郑永胜的旨意将所需模板装车后，模板的最高处距离地面约3

米。此时驾驶员苏振明告知郑永胜，村路口有一条横跨公路的临时电线距离地面较低，恐怕车子难以通过，郑永胜说过不去就把电线挑高，苏振明未表示异议。何光信按郑永胜的嘱咐坐进农用车驾驶室。当苏振明的农用车行至村路口时，横跨公路的那根临时电线果然挡住了车的去路。为了车辆能够通过，何光信爬上车厢，站在模板最高处用双手托起电线，苏振明则驾驶着车辆缓缓行驶。因为车辆在运行，何光信把持不住重心，站立不稳，从车厢模板顶上摔到地面，当场头破血流。何光信受伤后，在××市第三人民医院住院治疗 26 天，用去医疗费 22297.97 元，其中郑永胜支付了 4788 元。何光信的伤情经鉴定构成八级伤残，医院建议何光信出院后全休半年。据此，何光信要求郑永胜赔偿其医药费、护理费、住院伙食补助费、误工费、交通费、鉴定费、残疾者生活补助费及精神损害赔偿费计 42789.18 元（已扣除郑永胜已支付的 4788 元）。

如果你是调委会主任，由你主持调解，该如何处理？

要求：

1. 查阅相关法律法规。

2. 拟订调解方案。

3. 撰写调解协议。

【相关法律法规】

人身损害赔偿纠纷案件的主要法律依据：

1.《中华人民共和国民法通则》

2.《中华人民共和国侵权责任法》

3.《最高人民法院关于确定民事侵权精神损害赔偿责任若干问题的解释》

4.《最高人民法院关于审理人身损害赔偿案件适用法律若干问题的解释》

5.《最高人民法院关于审理道路交通事故损害赔偿案件适用法律若干问题的解释》

6.《最高人民法院关于审理铁路运输人身损害赔偿纠纷案件适用法律若干问题的解释》

7.《最高人民法院关于审理触电人身损害赔偿案件若干问题的解释》

第二节　财产损害赔偿纠纷的调解

【导入情境】

2013年9月10日，某高校一位老师将其小车停放在楼前，中午12时40多分，楼上的一块玻璃突然掉落，砸在轿车前挡风玻璃上，将挡风玻璃砸碎，并划伤了轿车的前盖。该玻璃系过道窗户上的，窗户是铁皮钢窗，年久失修。车主认为物业管理中心对小区进行了物业管理，并收取了物业管理费，对楼宇负有管理义务，楼宇公共部位的玻璃掉落砸坏轿车，应当予以修理车辆，恢复小车原貌。车主的要求合理吗？

财产权是公民依法享有的一项基本权利，是指权利人依法对自己的合法财产享有占有、使用、收益、处分的权利。财产权关系与其他法律关系一样，是一种人与人之间的具有权利义务内容的法律关系，是人与人之间针对财产的支配而发生的权利义务关系。在这种关系中，权利主体享有以自己的意志支配财产从而取得财产利益的权利；而义务主体负有不侵害该财产，不妨碍权利主体对该财产进行支配的义务。

财产损害赔偿纠纷，顾名思义，是指权利人认为其合法所有的财产遭到侵害而引起的纠纷，权利人有权要求加害人停止侵害并赔偿损失。一般认为，财产损害，是指侵权行为侵害财产权，使财产权的客体遭到破坏；其使用价值和价值贬损、减少或者完全丧失，或者破坏了财产权人对于财产权客体的支配关系，使财产权人的财产利益受到损失，从而导致权利人拥有的财产价值的减少和可得财产利益的丧失。

一、财产损害赔偿纠纷的特点

（一）被侵犯的客体较为广泛

财产损害中的财产，是指广义的财产权利，应当包括自物权、他物权，以及债权和知识产权，还包括股权、继承权等财产权。

（二）财产损害的表现方式多样化

财产损害的表现方式，是财产权价值量的贬损、减少和灭失。贬值，是财产利益遭受贬值、损毁等不利益；减少，是指财产价值量的降低；灭失，则指一定范围内财产价值量的全部失去。财产损害的上述表现形式，总是体现在某项特定的财产或者财产利益上，如某件财产、某项权利中的某种财产利益的贬损、减少和灭失。财产损害从侵权法的救济手段上来认识，包括三种，即侵占财产、损坏财产和损害其他财产利益。

二、财产损害赔偿纠纷的调解原则

（一）赔偿实际损失原则

赔偿实际损失原则是财产损害赔偿的基本规则，指的是侵权行为加害人承担赔偿责任的大小，应以行为造成的实际财产损失的大小为依据，全部予以赔偿。也就是说，赔偿以所造成的实际损害为限，损失多少，赔偿多少。这是由损害赔偿的功能所决定的。损害赔偿的基本功能是补偿财产损失，以实际损失作为确定损害赔偿责任大小的基本原则，是比较公正、合理的。

（二）过失相抵原则

过失相抵，是指在财产损害赔偿纠纷中，如果受害人本人对损害的产生也有过错，则受害人也应自行承受一定的承任。实践中，应根据侵权人和受害人各自过错的比例大小，确定对损失额承担的多少，进而决定侵权人赔偿数额的多少。只有过错全在侵权人一方，受害人无过错，侵权人才应赔偿全部损失。

（三）损益相抵原则

损益相抵又称损益同消，是指在有些财产损害赔偿纠纷中，受害人既基于侵权人的行为而受到损害，同时基于侵权人的同一侵害行为反而得到一定利益，此时确定损害赔偿数额，得利部分应从受损部分中扣除，余额作为损失数额，再根据过错大小予以赔偿。损益相抵原则适用的情形并不普遍，但在实践中也应注意。

三、财产损害赔偿纠纷的调解要点

根据法律规定，侵权责任承担以过错为原则，在法律有特别规定的情况下，还会有无过错或过错推定责任。调解财产损害赔偿纠纷要注意以下几点。

（一）确定行为人的行为是否构成侵权

有时，纠纷双方各执一词，行为人否认其实施过损害受害人的行为。此时，调解人员可以通过公安笔录、纠纷发生地目击者的陈述、生活经验等综合予以判断，在确认行为人确实实施了侵权行为的情形下，及时拆穿行为人的谎言，引导其诚实地面对自己的错误并勇于承担责任。

（二）确定侵权人和受害人的过错程度

一般情况下，侵权行为中加害人承担与其过错相应的责任，因此调解人员首先要对侵权人的主观状态进行判断。是故意还是过失，侵权人是否能够在行为前预见其行为会引起对方损害后果，是否有义务预见其行为后果。纠纷发生后，双方对立情绪通常比较严重，双方之间多有旧恨新怨，受害人较难谅解侵权人，调解难度较大。调解的重点是思想认识而不是物质利益，并要对纠纷的因果关系进行回顾、分析，不能掩盖，要让侵权人认识到行为错误并真诚地向受害人道歉，这样才有助于调解成功。若侵权人主观无恶意，当事人之间很少会产生心理上的严重对立，纠纷即使产生也容易平复。若侵权人能自省自责，表示歉意，纠纷也易于解决。调解此类纠纷，在赔偿上只要遵照民法中有关损害赔偿的原则规定予以合情合理地解决，纠纷不难平息。"一只巴掌拍不响"，不少财产损害赔偿纠纷中，受害人也有过错，此时可以适用过失相抵规则适当减轻加害人的赔偿责任。

（三）确定损害结果

发生财产损害赔偿纠纷时，受害人一般都会提出一个赔偿数额，这个数额一般是受害人根据损害结果计算出来的，该结果是否客观，需要调解人员根据法律规定和纠纷事实予以认定。通常，受害人对其赔偿数额都会提供一定证据予以证明，调解人员审查这些证据时，特别要注意证据的真实性（形式要件是否齐备，是否有做假可能）、关联性（与侵权人行为是否有因果关系）。有时受害人要求的赔偿数额是根据固定标准计算出来的，此时调解人员如发现该标准不符合本案情况，应及时向受害人提出，以合理调整受害人的预期，这样才会有利于调解顺利进行。

四、导入情境案例操作指引

【受理】

社区调委会工作人员经过调查，确认双方存在财产损害纠纷，且是自愿申请调解，可以受理。

【调解过程】

调解员可采用面对面或背对背的方式对双方进行调解。

车主：我把停放在楼前，楼上的玻璃突然掉落砸在前挡风玻璃上，把挡风玻璃砸碎，并划伤了轿车的前盖，物业公司应该负责。

物业公司：我们物业公司只对楼宇负有管理义务，对停放的车辆没有管理义务，我们没有责任。

车主：物业管理中心负责对小区进行物业管理，并收取了物业管理费，那就应该负责吧。

物业公司：轿车停放我们并没有收费，我们当然没有责任啦。

调解员：物业管理中心是否对轿车负有保管的责任，要看不同情况。有的小区物业与业主签订了车辆保管合同，收取了车辆保管费，那就形成了事实上的保管合同关系，物业管理中心对车辆负有保管责任，对车辆毁损、丢失负有损害赔偿责任。

物业公司：我们没有与业主签订保管合同，也没有收取保管费用，因此车主是无偿停放，我们不负赔偿责任。

车主：那我的损失就没有人负责啦？

调解员：那还要看物业管理中心对掉落的玻璃是否负有管理责任。

车主：玻璃是过道窗户上的，窗户是铁皮钢窗，已经年久失修。

调解员：玻璃是公共过道窗户上的，应该是物业管理中心管理的场所，物业管理中心应当尽到一个管理人应当尽的义务，有责任去消除这种隐患。

物业公司：公共过道上的窗户确实很久没有进行维修，所以造成玻璃掉落。但没想这么巧就砸了车，我们也不是故意的。

调解员：物业公司对楼宇公共部位是负有管理责任的。由于过道窗户年久失修造成玻璃掉落，砸坏轿车前挡风玻璃和前车盖，物业管理中心有不可推卸的过错责任，应当修理车辆，恢复轿车原貌，或者赔偿车主修理费用。

【调解结束】

在调解员的批评劝导下，依照相关法律规定，双方达成和解协议。物业管理中心赔偿了车主的修理费用。

【分析指引】

本纠纷调解中，首先要看物业管理中心是否对小车负有保管的责任。有的小区在管理中对车辆负有保管的责任，与业主签订了车辆保管合同，收取了车辆保管费，形成了事实上的保管合同关系。在合同成立的情况下，物业管理中心就形成了对保管车辆负有毁损、丢失的损害责任。

其次，要看物业管理中心对掉落的玻璃是否负有管理责任。《民法通则》规定：建筑物或者其他设施以及建筑物上的搁置物、悬挂物发生倒塌、脱落、坠落造成他人损害的，它的所有人或者管理人应当承担民事责任。该玻璃是公共过道窗户上的，是物业管理中心管理的场所，物业管理中心应当尽到一个管理人应当尽到的义务，有责任去消除这种隐患，经常对窗户进行检查、维修，由于年久失修造成玻璃掉落，砸坏了小车前挡风玻璃和前车盖，物业管理中心有不可推卸的过错责任，应当赔偿车主修理费用。

【思考与练习】

1. 处理财产损害赔偿纠纷的法律法规有哪些？

2. 如何确定赔偿要求是合法合理的？

3. 请调处下列财产损害赔偿纠纷。

【情境材料】

2012年1月21日，某汽车运输公司委托顾某（非公司员工）去××省×市处理事务，并交给顾某6.5万元作为处理公司事务的费用。次日，顾某与某汽车运输公司派遣的司机驾驶桑塔纳轿车从上海前往×市，顾某坐在轿车后排。车至318国道××段时，由于驾驶员操作不当，轿车撞到路灯杆，司机负交通事故的全部责任。事故发生后，车内三人均受伤，顾某和司机还一度昏迷。后在当地交警处理事故时，顾某向交警陈述车内有装有6.5万元现金的包，交警寻找却未发现。事后，某汽车运输公司要求顾某归还处理公事的6.5万元，遭顾某拒绝，某汽车运输公司申请调解，要求顾某赔偿损失。

如果你是调委会主任，由你主持调解，你该如何处理？

要求：

1. 查阅相关法律法规。

2. 拟订调解方案。

3. 撰写调解协议。

【相关法律法规】

1.《中华人民共和国物权法》

2.《中华人民共和国侵权责任法》

3.《中华人民共和国合同法》

第三节　精神损害赔偿纠纷的调解

【导入情境】

陈××教授为中国科学院院士，虽已年逾80但仍在上班，为科教兴国尽力。《中华××报》在2008年1月26日刊登照片称陈××教授于2007年8月15日去世。经陈教授交涉，《中华××报》于2月2日刊登了致歉声明。在2月2日《中华××报》刊登致歉声明后，《××中国人》杂志社又在2008年第3期配照片并向全社会宣告陈××教授去世。陈xx教授认为此事惊动整个学界，严重损害了他的声誉。故要求《××中国人》杂志社承担恢复名誉、消除影响的民事责任，赔偿精神损失抚慰金5万元。

一、精神损害赔偿纠纷的特点

（一）纠纷与精神活动相联系

从本质上看，精神是与物质相对应，与意识相一致的哲学范畴，是由社会存在决定的人的意识活动及其内容和成果的总称。法律上使用"精神"这一概念，主要是指精神活动，并且总是与精神损害的法律后果即精神损害赔偿联系在一起的。"精神损害"是一个有特定法律意义的概念，不同于人们在日常生活中所谈论的一般的精神方面的不快。精神损害是指对民事主体精神活动的损害，最终导致精神痛苦和精神利益丧失或减损。例如，导致自然人精神活动出现障碍，或使人产生愤怒、绝望、恐惧、焦虑、不安等不良情绪。而精神损害赔偿，是权利主体因其人身权益受到不法侵害而使其遭受精神痛苦或精神受到损害而要求侵害人给予赔偿的一种民事责任，是现代民法损害赔偿制度的重要组织部分。

（二）精神损害的主体主要是自然人

精神损害的含义在理论上存在广义和狭义两种学说。广义说认为精神损害包括精神痛苦和精神利益的损失。精神痛苦主要指自然人因人格权受到侵害而遭受的生活、心理上的痛苦，导致自然人的精神活动出现障碍，或使人产生愤怒、绝望、恐惧、焦虑、不安等不良情绪。精神利益的损失是指自然人和法人的人身权益（包括人格利益和身份利益）遭受侵害。狭义说认为精神损害就是指自然人因其人身权受到侵害而遭受生理、心理上的损害，也就是说因自然人的人格权遭受侵害而使其产生愤怒、绝望、恐惧、焦虑、不安等不良情绪，这些不良情绪在学术上统称为精神痛苦。所以，狭义说认为法人是没有精神痛苦的，因而不存在精神损害赔偿问题。实务中发生的精神损害赔偿纠纷也多为自然人主体。

（三）大多因人格权利遭受非法侵害而请求精神损害赔偿

人格权是指与特定民事主体的人身不能分离的固有的人格利益，通常我们对精神损害赔偿中的赔偿范围都以《民法通则》中所规定的人格权为依据。人格权的保护有精神利益型（如赔礼道歉等），也有经济利益型（如赔偿财物等）。《最高人民法院关于确定民事侵权精神损害赔偿责任若干问题的解释》（以下简称《精神赔偿解释》）对人格权的保护作了较大的完善。《精神赔偿解释》第1条第1款规定：自然人因下列人格权利遭受非法侵害，向人民法院起诉请求赔偿精神损害的，人民法院应当依法予以受理：（1）生命权、健康权、身体权；（2）姓名权、肖像权、名誉权、荣誉权；（3）人格尊严权、人身自由权。第3条规定：自然人死亡后，其近亲属因下列侵权行为遭受精神痛苦，向人民法院起诉请求赔偿精神损害的，人民法院应当依法予以受理：（1）以侮辱、诽谤、贬损、丑化或者违反社会公共利益、社会公德的其他方式，侵害死者姓名、肖像、名誉、荣誉；（2）非法披露、利用死者隐私，或者以违反社会公共利益、社会公德的其他方式侵害死者隐私；（3）非法利用、损害遗体、遗骨，或者以违反社会公共利益、社会公德的其他方式侵害遗体、遗骨。此外，《精神赔偿解释》对人格权作了扩张，将身体权作为一独立的人格权利，使得一些在健康权中难以确定的侵害行为得以制裁，如强行纹身、偷剪发辫、强制抽血等。这些均侵害他人身体权并导致精神损害。

二、精神损害赔偿纠纷的调解原则

（一）精神抚慰为主原则

精神损害赔偿不但具有补偿性，而且还具有抚慰性，甚至其抚慰性重于补偿性。这一原则包括两点：（1）通过物质制裁还受害人及其亲属以公平和正义，抚慰其受到创伤的身心。（2）精神损害赔偿金是对人身权受到侵害造成精神损害的一种民事救济手段，使受害人感情上的痛苦得到应有的赔偿，该种赔偿的作用是对受害人及其亲属起到精神抚慰，用以填补因损害所造成的精神痛苦。

（二）适当经济补偿和限制原则

精神损害赔偿不能过高也不能过低。如果精神赔偿数额过低，不但不能抚慰受害人及其亲属的痛苦，实际上也起不到补偿作用，甚至连受害人的医疗费用等成本都不能弥补，也就意味着对致害人的放纵。过高当然也有违公平。因此要从实际出发，公平合理。

这一原则的主要依据是：首先，《民法通则》第120条规定："公民的姓名权、肖像权、名誉权、荣誉权受到侵害的，有权要求停止侵害，恢复名誉，消除影响，赔礼道歉，并可以要求赔偿损失。"这里"并可以要求"五个字连接，说明承担责任形式不仅有主次之分，而且说明承担赔偿损失的责任是附加并用的，在适用前四种责任形式显然不足以保护受害人的权益时而适用这一责任形式，其目的是防止误导人们追求高额赔偿的倾向。其次，精神损害的程度无法量化，难以用物质的尺度来具体衡量计算，因而不能像财产损失那样来实际赔偿。追究侵害人精神赔偿责任时，只能依照当事人双方的具体情况、过错大小、后果大小及影响面等因素来确定一个合适的赔偿数额。也就是说，精神损害可以请求金钱赔偿，但对于赔偿的数额应当有所限制。必须对精神损害的不同利益因素予以区别对待，从实际出发、实事求是地综合评定，最后根据个案的不同情况计算出应赔偿的数额。在实务中，这种赔偿原则可划分为两种：（1）就某单独项目的精神损害赔偿规定最高限额；（2）就所有的精神损害赔偿规定最高限额，包括身心创伤、精神痛苦、感情不幸及伴侣丧失等。

三、精神损害赔偿纠纷的调解要点

（一）准确把握精神损害赔偿的补偿性、抚慰性和惩罚性

精神损害赔偿究竟是补偿性的、抚慰性的还是惩罚性的？是以补偿性为主、惩罚性为辅还是三者兼具？大多数学者认为精神损害赔偿有补偿性、抚慰性和惩罚性三种功能，精神损害赔偿的补偿功能，就是通过加害人的物质赔偿，填补精神上的损害，使受害人的损害得到平复。精神损害赔偿抚慰功能是指金钱作为衡量价值和权利的一般尺度，可以满足受害人人身和精神需要的物质手段，尽管它无法弥补受害人的精神痛苦或精神利益的丧失，但是金钱赔偿在这种情况下是民法唯一可以采用的给受害人以满足的方法，这种需要满足恰恰是为了平复受害人的精神创伤慰藉其感情的损害，改变受害人心理、生理及精神利益损害所带来的影响，恢复身心健康。精神损害赔偿的惩罚功能，是法律通过责令加害人支付金钱，保护受害人的利益，加重对受害人的处罚，以达到防止侵权行为稳定社会秩序的目的。

（二）正确适用归责原则

由于精神损害赔偿可适用范围的广泛性和民事不法行为的多样性，在精神损害赔偿纠纷领域没有统一的归责原则，而应区分不同情况，对不同种类的精神损害赔偿适用不同的归责原则。首先，在侵害精神性人格权和身份权的精神损害赔偿中，应当适用过错责任原则。理由是，侵害这些人格权和身份权的侵权行为大都是一般侵权行为，对这类致害行为追究其精神损害赔偿责任应适用

过错责任原则。其次，在人身伤害纠纷的精神损害赔偿中，过错责任原则、无过错责任原则及公平责任原则都有其适用的余地。这主要是因为在这类侵权行为中，造成精神损害的行为不仅有一般侵权行为，还有特殊侵权行为，甚至还包括对造成的损害后果双方当事人都无过错的情况。所以应具体问题具体分析，区分不同情况适用不同的归责原则。

（三）严格把握赔偿范围

《民法通则》和《精神赔偿解释》对精神损害赔偿范围进行了规定，在调解中要严格把握。1.自然人因下列人格权遭受非法侵害可以请求精神损害赔偿，包括：（1）生命权、健康权、身体权；（2）姓名权、肖像权、名誉权、荣誉权；（3）人格尊严权、人身自由权；（4）违反社会公共利益，社会公德侵害他人隐私或其他人格利益。2.非法使被监护人脱离监护，导致亲子关系或者近亲属间的亲属关系遭受严重损害。3.自然人死亡后，其近亲属因下列侵权行为遭受精神痛苦：（1）以侮辱、诽谤、贬损、丑化或者违反社会公共利益、社会公德的其他方式，侵害死者姓名、肖像、名誉、荣誉；（2）非法披露、利用死者隐私或者以违反社会公共利益、社会公德的其他方式侵害死者隐私；（3）非法利用、损害遗体、遗骨，或者以违反社会公共利益、社会公德的其他方式侵害遗体、遗骨。4.具有人格象征意义的特定纪念物品，因侵权行为而永久性灭失或被毁损。

（四）合理计算赔偿数额

计算精神损害赔偿数额主要考虑以下因素：（1）侵害人的过错程度，主要考虑其是主观故意还是过失所造成的。（2）侵害的手段、场合、行为方式等具体情节。以不同的手段在不同的场合以不同的行为方式所造成的后果也不同。在公共场合传播和在私下场合传播损害他人的人格权所造成的侵害后果是不一样的；通过报纸、电视、短信、微博或网络等不同形式传播损害他人的人格权所造成的侵害后果也不一样。要适当考虑时间、空间等范围所造成的损害程度。（3）侵权行为所造成的后果，不一定要使被侵害人自杀或者精神失常才算是一种后果，侵害行为使被侵害人的精神受到伤害，感受到痛苦，就应该得到法律的救济。

四、导入情境案例操作指引

【受理】

社区调委会工作人员经过调查，确认双方存在精神损害纠纷，且是自愿申请调解，可以受理。

【调解过程】

陈教授：我虽已年逾80但身体健康仍在上班，为科教兴国尽力，《××中国人》杂志社配照片向全社会宣告我去世，严重损害了我的声誉。

杂志社：刊登陈教授去世的消息是因工作失误造成的，我们没有恶意。

调解员：杂志社负有对文章内容进行审核的义务，由于报道严重失实，确实对陈教授的人格利益造成了侵害。

陈教授：我是一名院士，此事惊动整个学界，影响很大。

杂志社：事后杂志社已尽力采取补救措施，我们回收了第3期的杂志，在《××中国人》第4期刊登了致歉声明，并写了《点石成金——记中国科学院院士陈××》一文，尽量将损害予以补救。

调解员：杂志社已向陈教授书面致歉，并采取措施尽量补救，应该视为承担了恢复名誉、消除影响的民事责任，对此陈教授应该予以认可。但上述行为不足以完全抚慰陈教授。

陈教授：他们的报道不仅引起了我周围亲朋的不安，也使我在精神上产生了焦虑和烦恼。

杂志社：我们曾经多次提出向陈教授当面道歉，但均被陈教授拒绝了。

调解员：按照我们的文化传统和民间习俗，是很忌讳谈论死亡的。陈××教授具有较高的知名度和社会影响，称其死亡的虚假消息的发布，确实会给他带来比一般常人更严重的损害。

陈教授：我要求杂志社承担恢复名誉、消除影响的民事责任，同时赔偿我精神损失抚慰金5万元。

杂志社：5万元太多了。

调解员：精神损害赔偿数额的确定，要综合侵权人的过错程度、侵权行为性质、侵权行为所造成的后果，还要综合考虑侵权人的经济能力、本地经济生活水平。《××中国人》杂志社因工作失误造成报道不实，主观上没有恶意。虽然给陈教授造成了一定精神损害，但后果不是特别严重，并且杂志社事后采取了积极的措施尽量补救。我们觉得杂志社赔偿精神抚慰金3万元比较公平。

【调解结束】

在调解员的批评劝导下，依照相关法律规定，双方达成调解协议，《××中国人》杂志社向陈教授赔偿精神抚慰金3万元。

【分析指引】

在资讯信息高度发达的现代社会中，媒体更应当审慎使用手中的新闻报道权利。依照我国文化传统、道德观念和民间习俗，忌讳谈论生者的死亡，尤其对年长者更属不敬，称生者死亡不但会引起周围亲朋的不安，也会使生者因此承受巨大的压力，并在精神上产生焦虑、烦恼，这种过错行为确实对受害人人格利益造成一定的损害。陈××教授具有较高的知名度和社会影响，称其死亡的虚假消息的发布，足以给其带来比一般人更严重的损害，应予以精神赔偿，使受害者得以抚慰救济，使过错侵权者足以为戒。

【思考与练习】

1. 处理精神损害赔偿纠纷的法律法规有哪些？

2. 确定精神赔偿额度的原则是什么？

3. 请调处下列精神损害赔偿纠纷。

【情境材料1】

尹女士，今年38岁，系某幼儿园的职工。今年5月她按规定到某妇儿医院检查身体。该院判定其为：尖锐湿疣。因自己从不知患有此病，对这一诊断尹女士感觉非常奇怪。谁知6月13日，某妇儿医院竟将她患有尖锐湿疣一事通知了她的单位。由此她被园长通知"离岗治疗"。为了证明自己未患"性病"，当天下午，她又来到合同医院——××医院检查，检查结果排除了她患有尖锐湿疣的可能。随后，尹女士找到某妇儿医院说明情况，要求该院对她患性病进行澄清。后者让她再到性病防治所检查确定。她又到性病防治所进行了检查，再次被排除了患尖锐湿疣的可能性。在看到防治所的诊断证明后，某妇儿医院为她出具了"除外尖锐湿疣"的证明。然而，单位至今未让其上班。尹女士称，某妇儿医院给其名誉造成了伤害，同时使其失去了工作。为此，尹女士要求某妇儿医院到其单位向其赔礼道歉，为其消除影响，同时赔偿其各项损失3000

余元和精神抚慰金1万元。

如果你是调委会主任，由你主持调解，你该如何处理？

要求：

1. 查阅相关法律法规。

2. 拟订调解方案。

3. 撰写调解协议。

【情境材料2】

周某和王某原不相识，无任何情感纠纷。2010年以来，王某开始用手机向周某的手机发送短信，对周某实施骚扰，其中有的短信含色情内容。周某认为王某的行为给自己造成了精神损害。今年3月，周某到王某所在的单位找到王某要求给个"说法"。王某向周某致歉，双方就此达成协议：王某补偿周某精神损失人民币5万元。但协议签订之后，王某一直未按协议履行义务。现周某要求王某履行协议，给付精神损害赔偿金5万元。

如果你是调委会主任，由你主持调解，你该如何处理？

要求：

1. 查阅相关法律法规。

2. 拟订调解方案。

3. 撰写调解协议。

【相关法律法规】

1. 《中华人民共和国民法通则》

2. 《中华人民共和国侵权责任法》

3. 《最高人民法院关于确定民事侵权精神损害赔偿责任若干问题的解释》

第五章　合同纠纷调解

【知识目标】

掌握合同纠纷法律事务具体法律规定及纠纷处理要素。

【能力目标】

能够独立运用相关法律知识完成关于合同纠纷方面的咨询，并能从事调解一般的合同纠纷的实务工作。

合同纠纷，是指因合同的生效、解释、履行、变更、终止等行为而引起的合同当事人之间的所有争议。合同纠纷的内容主要表现在争议主体对于导致合同法律关系产生、变更和消灭的法律事实及法律关系的内容有着不同的观点和看法。签订合同的当事人是平等主体的公民、法人或其他组织，合同行为是民事法律行为，因此，合同纠纷从本质上说是一种民事纠纷。当前，利用合同进行诈骗的情况很多，对于此类情况，应以诈骗案处理，而不是一般的合同纠纷。合同当事人签订合同之后，理想的状态是当事人各自分别按照合同规定之内容完成应履行之义务，直至合同圆满终止。但在实践中，由于各种各样的原因，导致合同在签订之后的履行过程中会出现各种各样的纠纷，一旦纠纷得不到解决，就会影响合同的正常履行，甚至扰乱社会经济秩序。

合同纠纷的范围几乎涵盖了一项合同从成立到终止的整个过程。常见的合同纠纷有：合同效力纠纷，即合同是否有效的争议；合同内容纠纷，对合同文字语言理解不一致导致的争议；违约纠纷，即合同是否已按约完全履行的争议；违约责任纠纷，关于合同违约责任应当由何方承担及承担多少的争议；合同解除纠纷，关于合同是否可以单方解除的争议。

合同纠纷，归根结底是与双方当事人订立合同的意图相违背的。合同在履行甚至终止时发生纠纷是在所难免的，重要的是在发生纠纷之后如何有效地去解决纠纷。对于合同纠纷，有些可由当事人双方协商加以解决，有些却协商不了，就可能会使一方当事人诉诸调解、仲裁或诉讼解决。

限于篇幅，本书仅讨论三类常见的合同纠纷的调解：民间借贷合同纠纷、家政劳务合同纠纷、房屋租赁合同纠纷。

第一节　民间借贷合同纠纷的调解

【导入情境】

甲男和乙女系夫妻关系，双方约定婚姻关系存续期间所得的财产归各自所有。2010年5月，甲男向同事丙借款10万元供自己使用。2011年6月甲男和乙女因感情不和协议离婚，家庭所有财产全部归乙女所有。2012年9月，丙要求甲男和乙女承担连带责任偿还借款10万元，乙女认为该笔债务系甲男一人私自借款，全部借款均由甲男挥霍使用，并没有经过其同意；且双方有约定婚姻关系存续期间所得的财产归各自所有，所以自己不应当承担还款责任。丙称自己不知道甲乙之间约定AA制的事实，并且甲男和丙也没有约定10万元借款系甲男个人债务，要求甲男和乙女承担连带责任偿还10万元借款。

民间借贷是指自然人之间、自然人与非金融机构的法人或者其他组织之间，一方将一定数量的金钱包括国库券等无记名的有价证券转移给另一方，另一方到期返还借款并按约定支付利息的民事法律行为。民间借贷是一种直接融资渠道，也是民间资本的一种投资渠道，是民间金融的一种形式。当前，市场经济环境下的民间资本流通趋向频繁化、多样化，民间借贷作为一种民间融资活动，在激活民间资金、促进民间经济发展、解决民间生产生活困难等方面，都发挥了十分重要的积极作用，它作为民间融资的一种重要形式，民间借贷活动在一定程度上缓解了资金紧张的矛盾，弥补了信贷资金的不足，促进了经济的发展，但是民间借贷有很大的随意性和风险性，容易造成纠纷。

一、民间借贷合同纠纷的特点

（一）纠纷起因多种多样

借款人有以家庭生活困难或经营需要为由向出借人借款的，有以提供假担保、优先供货或高利回报等为诱饵骗取他人借款的，也有出借人为获取高额利息而主动向借款人出借资金导致借贷纠纷的。此外，非法吸收公众存款及追讨以赌博形成的债务的情况也很常见。

（二）合同意识淡薄

《合同法》第196条规定："借款合同是借款人向贷款人借款，到期返还借款并支付利息的合同。"借款合同是《合同法》专章规定的合同类型之一，在经济生活中具有较重要的地位。但实践中，民间借贷多数无书面合同，即使有合同，也不规范。有的当事人忽视建立借贷关系的形式要件和程序，如无书面借贷合同，口头借贷又无他人证明，一旦一方当事人否认有借贷关系就会引起争议。有时由于借贷关系的双方当事人之间有亲属关系或同事、同乡、同学等社会关系，在借贷形式上也表现出简单和随意性，不签订书面协议或仅仅由借款人出具一张内容简单的借据。因这种原因而引起的民间借贷纠纷案件约占30%。还有一些民间借贷合同的内容显失公平，或在借贷活动中一方当事人有欺诈、强迫行为，导致合同无效，引起纠纷。

（三）没有相应的担保或抵押

民间借贷的担保形式最常见的有两种，即保证和抵押。但民间借贷纠纷的当事人在借贷的担保方式上一般都约定不明确。一部分当事人是法律知识缺乏，不知道担保；但更多的当事人知道可以设定担保，但出于朋友、亲戚关系，或碍于面子、听信花言巧语，或接受小恩小惠等，不要求借款人出具担保人、担保财产或抵押，这就使得相应的借款没有了保证，还款没有了约束力，借款人不按时、足额归还借款导致纠纷发生就在所难免了。有的当事人在用机动车或房屋设定抵押，但在约定抵押时却很少有人进行抵押登记，以致在出现纠纷时，当事人的权益不能得到有效的保护。

二、民间借贷合同纠纷的调解原则

（一）保护合法借贷原则

在民间资本日益壮大，投资需求日益强烈的现状下，在调解借贷合同纠纷案件过程中，要充分运用法律、行政法规及司法解释的相关规定，平等保护当事人合法权益，保护合理合法的民间借贷行为，维护债权人合法权益。同时要注意甄别以各种合法形式掩盖的非法金融活动，在调解借贷合同纠纷案件过程中，发现存在非法集资嫌疑和犯罪线索，要及时向有关部门通报情况，维护金融安全和社会稳定。

（二）债务应当清偿原则

调解民间借贷纠纷，应坚持"债务应当清偿"的原则。由于民间借贷纠纷的标的物为一定数额的货币，民间借贷之债属于种类之债，因此民间借贷之债不适用民法上关于履行不能的规定，无论是否有可归责于债务人的事由而使标的物发生一部分毁损或者灭失的，债务人都不得免除给付该种类物的责任。即使债务人一时无力履行债务，也要以延期或分期清偿的方式履行。民间借贷也不发生因不可抗力而免责的问题，即无论债的不履行是否可归责于债务人的原因，债务人的清偿义务均不得免除。

（三）合法、合理原则

民间借贷合同纠纷双方一般都存在生活、生产或居住地域等方面的联系，调解借贷合同纠纷既要合法，也要合情合理。首先要审查调解诉求是否合法，同时还要看双方陈述的事实、理由是否存在明显不合常理的内容，当事人之间是否存在亲属关系或其他亲密关系。既要合法，也要合情合理，妥善化解当事人之间的纠纷，防止矛盾激化。

三、民间借贷合同纠纷的调解要点

（一）审查借贷关系的合法性

我国法律对借贷关系的保护以借贷关系的合法性为前提，只要出借人与借款人在实施订立、变更和终止借贷行为时，在形式和内容上符合法律规定，国家就对债权人的合法权益予以法律保护。同时《最高人民法院关于人民法院审理借贷案件的若干意见》对借贷利率有最高额的限定。因此在调解过程中，对借据的形成过程，出借人的借款原因和借款目的，出借人资金的具体来源等要进行细致的了解和调查，以查明是否存在借款合同形式违法及"高利贷""赌债"等"问题借贷"的情形。

为查明借贷关系真实合法，调解员在审理民间借贷案件的过程中往往会涉及对出借人的资金来源，借款人的借款目的和用途等事项的调查，如果发现借贷双方有违法犯罪情形的可能，如出借人的资金可能是因渎职犯罪所得或者借款人存在非法集资、聚众赌博、诈骗等情形，应当立即停止调解并向有关部门反映情况。

对于公民与非金融企业（以下简称"企业"）之间的借贷，要审查判断是否属于民间借贷，一般只要双方当事人意思表示真实即可认定有效。但是根据《最高人民法院关于如何确认公民与企业之间借贷行为效力问题的批复》，具有下列情形之一的，应当认定无效：（1）企业以借贷名义向职工非法集资；（2）企业以借贷名义非法向社会集资；（3）企业以借贷名义向社会公众发放贷款。

（二）"高利贷"和复利均不受法律保护

调解中需要特别注意的是"高利贷"和复利均不受法律保护。所谓"高利贷"是指超过央行借贷利率最高额限定的那部分利息。民间借贷可以约定利息，目前法律认定的"高利贷"下限是央行基准贷款利率的4倍。"高利贷"不受法律保护并非全部不受保护，而是指超过央行基准利率4倍的部分才不受保护，本金和没有超过4倍的利息部分是受法律保护的。复利又称为"利滚利"，是指对利息的归还约定一定的期限，若借款人在约定的期限内未返还利息，则未返还的部分计入本金计算利息。民间借贷禁止复利，"复利"不受法律保护。民间借贷的出借人不得将利息计入本金谋取高利。

（三）注意区别"借条"、"欠条"和"收条"

"借条""欠条""收条"俗称借贷的"三条"，民间借贷大多以"借条""欠条""收条"等形式进行，但是三者的法律效力并不完全相同，调解中要准确把握。

"借条"实际上是一份简化的借款合同，表明当事人之间存在借贷法律事实，其法律后果是直接在当事人之间确立了借贷的债权债务关系，借款人应依照约定向出借人归还借款，否则将承担相应违约责任。"欠条"虽然可以说明当事人之间存在欠钱的债权债务关系，但无法证明借贷的事实。也就是说，欠钱可能因为借贷原因形成，也可能因为其他原因形成。"收条"只能证明对方当事人收取了款项，却无法证明当事人之间存在借贷事实，也不能证明当事人之间必然存在债权债务关系。也就是说，无法证明双方存在借贷的事实原因，也不是债权债务的必然凭证。

也就是说，有"借条"时，通过借条本身就能确定当事人之间存在着借贷事实，对方当事人要否认一般十分困难，借条持有人不需要再举证证明借贷关系，调解员就可以作出判断。当有"欠条"时，欠条持有人必须陈述欠条形成的事实原因，也就是必须证明存在借贷事实；如果对方否认，欠条持有人还必须进一步举证证明。当有"收条"时，收条持有人必须证明收条背后存在的借贷事实；如果收条持有人无法证明借贷事实，仅凭收条是无法证明当事人之间存在借贷关系的。

综上，"借条"、"欠条"和"收条"的法律效果完全不同。借条效力最高，可以直接证明借贷关系；欠条法律效力其次，可以证明"欠钱"的债权债务关系，但无法证明"借钱"的借贷关系；收条效力最低，无法证明借贷关系。

四、导入情境案例操作指引

【受理】

社区调委会工作人员经过调查，确认双方存在民间借贷合同纠纷，且是自愿申请调解，可以受理。

【调解过程】

调解员可采用面对面或背对背的方式对双方进行调解。

丙：甲男向我借了10万元钱，好几年了一直不还，今天请社区给调解解决一下。

调解员：甲男，借款的事是事实吗？为什么不还人家呢？

甲男：我确实向丙借了10万元钱，一直没还是因为我没有钱。

丙：你没有钱，那就让乙女还我。

乙女：凭什么呀，我们已经离婚了，他借的钱和我无关。

调解员：丙提供的借条证明是在你们离婚之前借的。

乙女：那也和我无关，钱都被他自己花了，并没有用在家庭支出上，不是夫妻共同债务。

丙：甲男和我没有约定10万元借款是个人债务，那就应该算作夫妻共同债务，你们离婚时家庭所有财产全部归乙女所有，现在他没钱，乙女应该负连带责任还钱。

调解员：丙说得有道理，法律也是这么规定的。根据《婚姻法》和司法解释，婚姻关系存续期间夫妻一方以个人名义所负的债务，应当按夫妻共同债务处理，除非乙女能够证明甲男与丙明确约定10万元是甲男的个人债务。

乙女：可是我们俩有财产约定，婚姻关系存续期间所得的财产归各自所有，我们是AA制夫妻，这钱怎么说也不该我还。

调解员：丙，你知道他们夫妻的这个约定吗？

丙：我不知道。

甲男：我们是有这么个约定。

调解员：甲男，你告诉过丙你们夫妻有AA制约定吗？

丙：甲男从未提过这事。

甲男：我没跟丙说过。

调解员：乙女，你们夫妻对婚姻关系存续期间所得的财产约定归各自所有，这是可以的，但是丙并不知道这个约定，所以，仍然不能免除你对债务的连带责任。

丙：调解员说得对。

乙女：我俩都离婚了，还要替他还钱，这也太不公平了。

甲男：离婚时，家里所有财产全部归了你。

乙女：那是你愿意的。

调解员：欠债还钱，咱们都应该依法办事。大家都是熟人、同事，低头不见抬头见，为这点钱不愉快，多不好啊。

【调解结束】

在调解员的批评劝导下，依照相关法律规定，双方达成了和解协议。乙女替甲男偿还丙10万元，之后乙女和甲男之间再去互相协商分担。

【分析指引】

根据最高人民法院《关于适用<中华人民共和国婚姻法>若干问题的解释（二）》第24条规定，婚姻关系存续期间夫妻一方以个人名义所负的债务，应当按夫妻共同债务处理。因此，民间借贷的借款人为夫或妻一方，该借款应当按照夫妻共同债务由夫妻共同承担。但是，具有下列情形之一的借款，属于借款人夫或妻一方的个人债务，由夫或妻偿还：（1）夫妻一方能够证明债权人与债务人明确约定为个人债务；（2）夫妻一方能够证明夫妻对婚姻关系存续期间所得的财产约定归各自所有，并且出借人知道该约定。

【思考与练习】

1. 处理民间借贷合同纠纷的法律法规有哪些？

2. 如何确定借贷关系的合法性？

3. 请调处下列民间借贷合同纠纷。

【情境材料1】

2012年2月，张某向王某借款3万元，双方签订了一份借款协议，借款协议只是写明王某同意借给张某3万元钱。借款协议签订后，王某就当场将3万元现金交给张某，张某没有开收据给王某。后双方发生纠纷，张某只承认双方签订了借款协议，但最终王某并没有把3万元借款交给他，主张双方之间的借款协议尚未生效。王某无奈，请求调解。

如果你是调委会主任，由你主持调解，你该如何处理？

要求：

1. 查阅相关法律法规。

2. 拟订调解方案。

3. 撰写调解协议。

【情境材料2】

2010年1月3日，甲向乙借款4万元，借期一年，双方约定年利率为25%即年利息1万元，并且乙将利息在借款时预先进行了扣除，即乙实际只支付给甲借款3万元。2011年1月3日借款到期，乙要求甲偿还本金4万元。甲认为乙将利息1万元在本金中预先扣除属于计算复利行为，只同意按照实际借款数额3万元返还借款；同时认为计算利息的本金也应当按照实际借款数额3万元计算，年利息应该为7500元，这样乙还应当返还给甲多收取的利息2500元。乙坚持要求甲偿还4万元。双方协商不成，请求调解。

如果你是调委会主任，由你主持调解，你该如何处理？

要求：

1. 查阅相关法律法规。

2. 拟订调解方案。

3. 撰写调解协议。

【相关法律法规】

当前审理民间借贷纠纷案件的主要法律依据：

1. 《中华人民共和国民法通则》

2.《中华人民共和国合同法》

3.《最高人民法院关于人民法院审理借贷案件的若干意见》

4.《最高人民法院关于如何确认公民与企业之间借贷行为效力问题的批复》

5.《最高人民法院关于审理联营合同纠纷案件若干问题的解答》

6.《最高人民法院关于企业相互借贷的合同出借方尚未取得约定利息人民法院应当如何裁决问题的解答》

7.《最高人民法院关于对企业借贷合同借款方逾期不归还借款的应如何处理问题的批复》

8.《最高人民法院关于在审理经济纠纷案件中涉及经济犯罪嫌疑若干问题的规定》

9.《最高人民法院关于审理非法集资刑事案件具体应用法律若干问题的解释》

第二节　家政劳务合同纠纷的调解

【导入情境】

雇主何××经人介绍雇请于××为其住宅打扫卫生。双方口头约定，于××自带工具每两星期到何××家做一次卫生，何××付给于××每小时人民币25元的劳务费。何××家阳台上装有可活动的不锈钢防盗窗，该窗平时竖立锁住，晾晒棉被时可放平，以两条链条与窗体连接。2011年1月18日早上8时20分许，于××到何××家中做卫生。中午12时多，于××私自打开活动防盗窗并试图站在仅以链条与窗体连接的活动窗上，由于该链条无法承受其重量而致使于××连同活动窗一起坠落。后经医院抢救无效，于××于当日死亡。何××支付了于××的各种抢救费用，并支付了部分丧葬费用。事发后，刑警大队技术科对现场进行了勘查并认定于××死亡原因为"高坠死亡"，死亡性质为"意外"。于××丈夫徐××认为，于××之死给家庭造成巨大的经济损失和精神伤害。于××是何××所雇用的家政女工，其死亡系在从事雇用活动中遭受人身损害，何××作为雇主应当承担赔偿责任。因此，徐××要求何××赔偿各种损失共计人民币30万元，包括丧葬费、死亡补偿费、被抚养人生活费、交通费、误工费、精神抚慰金。

我国已经进入老龄化社会，照顾老人、病人这些传统的家政服务需求数量不断增大；核心家庭成为主要的家庭形式，未成年人需要专人陪伴照顾；生活质量提高、工作生活节奏加快和消费观念转变，人们对家庭服务社会化和多样化的需求不断上升，越来越多的家庭有家政服务的需求，家庭服务业进入了快速发展期，成为广大家庭不可缺少的一部分。但是随着家政服务的不断发展，家政服务中的纠纷也随之发生和增多。

在我国，传统意义上的家政工迄今被排除在劳动立法调整范围之外，因家政工的雇用者和使用者是家庭和个人，而非劳动法意义上的用人单位，家政工也就不能成为劳动立法调整的劳动者。这一立法态度体现在多个立法和有权解释中：1994年7月颁布的《劳动法》对雇主和家政工之间的关系不予调整。同年9月，劳动部制定的《关于〈劳动法〉若干条文的说明》第2条直接指明，家庭保姆不适用《劳动法》。2007年7月，最高人民法院制定的《关于审理劳动争议案件适用法律若干问题的解释（二）》，在第7条中规定了六项不属于劳动争议的情形，家庭或者个人与家政服务人员之间的纠纷仍在其中。2007年6月通过的《劳动合同法》依然不调整雇主和家政工之间的法律关系。因此，家政服务纠纷目前在法律实务中仍然不是劳动纠纷，而是合同纠纷。

一、家政劳务合同纠纷的特点

（一）家政劳务合同纠纷大多存在三方主体

合同纠纷的主体一般是特定的，即合同双方当事人。家政劳务合同纠纷大多存在三方主体，实际上是三方当事人，包括家政服务公司、家政服务人员和雇主，法律关系比较复杂。

（二）纠纷内容的多样化

家政服务的内容丰富多彩，有调查数据表明，从家政服务的内容来看，家居保洁占46.7%，照顾老人20.6%，家庭教育和家庭烹饪分别占10%，新生儿护理占5.8%，照顾病人占3.85%，接送服务占1.6%，其他占11.4%。家政服务内容多样化导致了家政服务合同纠纷的多样化。

（三）导致纠纷发生的原因较为复杂

导致家政服务纠纷发生的原因较为复杂，主要是因为目前家政服务业存在着以下几个方面的问题：（1）产业发展处在整合阶段，企业规模普遍偏小，经营管理服务不规范。（2）市场发展的空间比较大，需求旺盛，供应不足；（3）法律法规不完善，缺乏行业标准，缺乏管理依据；（4）从业者素质普遍偏低，并且流动性比较强；（5）消费观念需要正确引导。

虽然近年来家政服务企业数量迅猛增加，行业发展迅速，但是在经营服务过程中存在着企业、用户和家政服务员三方都不满意的现象。社会对家政行业不满意，用户对家政企业不信任，企业和用户对家政服务员的职业诚信度沟通上也比较差，这些因素都导致了目前家政服务合同纠纷的高发、多发。

二、家政劳务合同纠纷的调解原则

（一）兼顾各方的利益

在家政劳务合同纠纷调解中要充分兼顾各方的利益。因为家政服务合同的法律关系比较复杂，实际上是三方当事人，包括家政服务公司、家政服务人员和雇主。家政服务员大多是普通打工人员；雇主也多为工薪阶层，为照顾老人或孩子等家庭需要而雇请家政服务人员；至于家政服务公司也多为小微企业，规模不大。因此在调解中要充分考虑到这一市场实际情况，实事求是，正确反映和兼顾不同方面的利益，妥善协调各方面的利益关系，化解社会矛盾。

（二）强化家政公司管理意识和服务意识

在化解家政劳务合同纠纷中，要适当增强家政公司的责任意识。近几年，家政服务公司与消费者之间投诉量有上升趋势，主要是部分家政公司在服务人员匮乏的情况下，从社会上找来打工人员不经过正规培训就直接上岗。同时，家政服务公司不按行业协会有关规定进行操作的现象也时有发生。一旦家政服务人员与雇主发生纠纷，又把责任全部推到家政服务人员身上，逃避自身责任。

家政公司应当为消费者提供合格的家政服务，不能因家政服务人员个人原因而回避自身的责任。调解中要敦促家政公司加强对家政服务员的管理，如公司应对员工进行必要的培训，并且家政公司在存在管理过失的情况下要承担相应的责任和义务。

三、家政劳务合同纠纷的调解要点

（一）明确雇主与家政公司及家政服务人员之间的法律关系

如果家政公司以公司名义与雇主签订合同并提供家政服务，两者之间是承揽合同关系，如果由于家政服务人员的责任产生纠纷而给雇主带来损失，应由家政公司承担赔偿责任。家政服务人员与雇主之间并不直接建立法律关系。

如果雇主是通过中介公司或者熟人介绍聘请的家政服务人员，雇主和家政服务人员之间是雇用民事关系，家政服务人员提供家政服务的方式受雇主的指挥和分配，在饮食起居等方面也会受到雇主一定程度的管理，双方具有人身依附关系，当出现纠纷时，就只能向家政服务人员个人主张权利、解决矛盾。

（二）教育各方增强法律意识，特别是合同意识

无论是通过哪种方式形成的家政服务关系，一定要有法律意识，特别是合同意识，一定要签合同。现在家政服务合同在履行过程中出现违约、失信的问题，根源在于没有合同或者合同没有定好，有的是有家政公司起草的格式合同。与发生了纠纷再寻求解决和事后的维权相比，事先订立一个较为完备的合同更有利于维护各方利益。具体的服务主体、服务内容、工资数额、福利待遇、责任承担方式等都要纳入合同。目前有些地方的政府部门已经推出了家政服务合同的示范文本，这对于规范家政服务，减少此类合同纠纷会起到很好的作用。

同时，还要看家政服务公司是否具备合法的经营资格，服务人员是否具备健康证、工作证等，雇主不要选择在小区贴广告或流动的"野家政"。这样在解决纠纷时就能明确责任主体，合法有效地处理矛盾。

四、导入情境案例操作指引

【受理】

社区调委会工作人员经过调查，确认双方存在家政服务纠纷，且是自愿申请调解，可以受理。

【调解过程】

调解员可采用面对面或背对背的方式对双方进行调解。

徐××：于××是何××雇请的家政女工，其死亡系在从事雇佣活动中遭受人身损害，何××作为雇主应当承担赔偿责任。我要求何××赔偿各种损失共计人民币30万元，包括丧葬费、死亡补偿费、被抚养人生活费、交通费、误工费、精神抚慰金。

何××：我和于××之间约定的是提供卫生保洁服务，不是雇佣关系，我不应承担赔偿责任。

徐××：双方有口头合同，怎么不是雇佣关系呢？

调解员：是不是雇佣合同关系，关键在于两点，一是双方有没有人身依附关系；二是双方是否按所交付的劳动成果作为计酬的主要依据。虽然双方约定的计酬方式是按小时计算，但是以于××完成的卫生工作为支付报酬的必要条件，这可以认定为是基于于××所完成的工作成果而支付其报酬的，所以于××与何××之间形成的是事实上的承揽合同关系。

徐××：就算不是雇佣关系，于××是在工作过程中摔下去的，何××作为雇主应该承担责任。

何××：于××是专业的卫生保洁服务人员，应该知道在工作中要注意安全，是她自己没有尽到注意义务导致坠楼身亡。

调解员：于××作为完全民事行为能力人，且长期从事家政服务工作，应当预见到站在仅以两根链条连接的活动窗上的后果，她疏忽大意没有预见，其主观上存在重大的过失；这个过失是导致其坠楼身亡的主要原因，因此于××对其自身损害要承担主要责任。

徐××：我们负主要责任太不公平了。

调解员：何××家的防盗窗设计也有问题，其特殊的结构设计具有安全隐患，且何××没有明确告诉于××不能站在活动窗上，何××在主观上也具有一定的过失，因此对于于××之死也要承担一定的责任。对于于××之死造成的经济损失由于××自己承担70%，何××承担30%，你们看如何。

何××：我们老两口都已经退休，且年老体迈，我们已经支付了于××的各种抢救费用，并支付了部分丧葬费用，我们无力再承担赔偿责任。而且赔偿金太高了，不知用什么方法计算出来的。

调解员：毕竟是一条生命没有了，适当的赔偿是应当的。

徐××：于××上有年迈的父母，下有未成年的孩子，她的死给我们家庭造成了巨大的经济损失和精神伤害，除了要求何××赔偿各项实际损失外，我们还要求精神赔偿。

何××：在整个过程中我们没有过错，不同意精神抚慰金。

调解员：对于精神抚慰金，因为于××之死主要是由于其自身之过失引起的，何××他们没有主观故意，这项请求没有法律依据。

【调解结束】

在调解员的批评劝导下，依照相关法律规定，双方达成了和解协议。于××对损害后果承担70%的责任，何××承担30%的责任。何××支付徐××丧葬费、死亡补偿金、被扶养人生活费、误工费、交通费等共计人民币约10万元。

【分析指引】

这是一起因家政服务人员死亡所引起的家政服务纠纷，调解此纠纷的关键在于区分承揽合同与雇佣合同。应从以下两点审查。

1. 双方是否具有人身依附关系。双方是否具有人身依附关系，即一方是否须按另一方指定的方式、步骤完成工作。如果具有人身依附关系即为雇佣合同关系，反之为承揽合同关系。本案中，于××作为家政服务人员只须按约定完成何××家的卫生工作，何××并没有指示其完成工作的方式、步骤，于××是独立完成工作的，而且完成工作所需的工具一般也是于××自带的；于××要否做清洁工作，完全由其自由处分，对何××不负有任何义务，何××亦无权向其主张任何权利，双方之间并不存在管理与被管理的依附关系，故双方之间并没有人身依附关系。

2. 双方是否按所交付的劳动成果作为计酬的主要依据。区分是雇佣合同关系还是承揽合同关系还有一个关键点就是双方是否按所交付的劳动成果作为计酬的主要依据。本案中，于××到何××家做清洁工作，系以完成清洁卫生工作取得报酬为目的的，何××系以于××是否完成清洁工作作为付款的依据，于××一旦完成清洁工作则何××即负有按约定的标准支付劳务费的义务，双方以交付一定的劳动成果作为合同目的，符合承揽法律关系的特征。

3. 关于精神抚慰金，《最高人民法院关于确定民事侵权精神损害赔偿责任若干问题的解释》第11条规定：受害人对损害事实和损害的发生有过错的，可以根据其过错程度减轻或者免除侵权人的精神损害赔偿责任，鉴于于××死亡的后果主要是由于其自身重大过失造成的，且何××又没有故意或者重大过错，故精神损害赔偿不予支持。

【思考与练习】

1. 处理家政服务合同纠纷的法律法规有哪些？

2. 如何确定雇主与家政服务员的法律关系？

3. 请调处下列家政服务合同纠纷。

【情境材料1】

××公司是一家从事家政服务的公司，公司的家政服务人员大多通过熟人介绍，由公司为其介绍雇主，并接受公司的管理。家政服务人员经过公司介绍雇主成功后，在第一个月劳务费中提取15%～20%作为介绍费和培训费，此后雇主支付给家政人员的劳务费由公司转交，公司不再收取家政人员任何费用。另一方面，公司广泛吸纳需要家政服务的雇主成为家政公司的会员，并从中收取会员费。每位雇主通过公司挑选家政服务人员，并与公司谈妥该服务人员的劳务费用和服务方式。在劳务费用支付方式上，公司采取先做后付的方式，先由雇主于每月10-15日期间将该家政服务人员的该月劳务费打到公司账上，在当月月底或次月月初再由公司通过现金或转账方式支付给每位家政服务人员。因此雇主可以预存家政服务人员的劳务费在公司账上，由公司根据雇主对家政人员的考评和服务时间来为雇主转付当月的报酬。

××年元旦后，××公司突然关门，其所有经营场所均已不营业，法定代表人不知所踪。可是96个家政服务人员的劳务费还在公司老板手里，经计算，再来公司拖欠96名家政人员服务费金额共计23万余元。为防止酿成群体事件，××区法律援助中心获知此事后，立即指派律师为家政服务人员提供法律援助。经多方探访，法律援助律师查到了公司的另一股东的住所，在援助律师的劝说下，该股东同意接受调解。

如果你是调委会主任，由你主持调解，你该如何处理？

要求：

1. 查阅相关法律法规。

2. 拟订调解方案。

3. 撰写调解协议。

【情境材料2】

闫女士与某家政公司签定雇用一名保姆协议，公司保姆在闫女士家中工作半天后离开，再无消息。之后闫女士找到签约家政公司要求退还所交服务费600元，公司拒绝退还，不退理由是保姆离开是因为闫女士不想用她，是闫女士给气走的。在双方无法达成协议的情况下，闫女士投诉到××区消费者协会。消协工作人员分别与家政公司、消费者进行调解，最后经过调解达成和解协议，双方均表示满意。

如果你是消费者协会工作人员，由你主持调解，你该如何处理？

要求：

1. 查阅相关法律法规。

2. 拟订调解方案。

3. 撰写调解协议。

【相关法律法规】

1.《中华人民共和国合同法》

2.《中华人民共和国消费者权益保护法》

【知识拓展】

家政服务合同示范文本。

××市家政服务合同

（员工管理全日制类）

甲方（消费者）：

乙方（经营者）：

根据《中华人民共和国合同法》、《中华人民共和国消费者权益保护法》及其他有关法律、法规的规定，甲乙双方在平等、自愿、公平、诚实信用的基础上就家政服务的相关事宜协商订立本合同。

第一条　家政服务内容

乙方应选派家政服务人员，为甲方提供下列第　　项服务。

（1）一般家务；（2）孕、产妇护理；（3）婴、幼儿护理；（4）老人护理；（5）家庭护理病人；（6）医院护理病人；（7）其他。

第二条 乙方家政服务员应满足的条件

性别： 学历： 籍贯： 年龄： 级别：

乙方家政服务员应具备的技能或达到的要求：

第三条 服务场所

第四条 服务期限

 年 月 日至 年 月 日。

第五条 试用期及服务费用

1.乙方家政服务员上岗试用期为_____个工作日，试用期服务费（大写）_____元人民币/日。在试用期内，乙方家政服务员达不到约定技能等要求或符合其他调换条件的，乙方应在甲方提出调换要求后3日内予以调换，调换后试用期重新计算；甲方应按乙方家政服务员的实际试用时间支付试用期服务费。

2.试用期满后，甲方应按以下标准支付服务费：乙方家政服务员工资_____元人民币/月和家政公司管理费_____元人民币/月，共计元人民币/月。

支付期限：按□月/□季/□半年/□年向乙方支付，具体时间为_____。

支付方式：□现金□转账□支票□。

3.签约时一方向另一方支付保证金的，合同终止后，保证金在扣除其因违约所应承担的责任金额后，余额应如数退还。

第六条 甲方权利义务

1.甲方权利：

（1）甲方有权合理选定、要求调换乙方家政服务员；

（2）甲方对乙方家政服务员健康情况有异议的，有权要求重新体检。如体检合格，体检费用由甲方承担；如体检不合格，体检费用由乙方承担。

（3）甲方有权拒绝乙方家政服务员在服务场所内从事与家政服务无关的活动，具体要求事项由甲方与乙方家政服务员另行约定。

（4）甲方有权向乙方追究因乙方家政服务员故意或重大过失而给甲方造成的损失。

（5）有下列情形之一的，甲方有权要求调换家政服务员（第⑧、⑨除外）

或解除合同：

①乙方家政服务员有违法行为的；②乙方家政服务员患有恶性传染病的；③乙方家政服务员未经甲方同意，以第三人代为提供服务的；④乙方家政服务员存在刁难、虐待甲方成员等严重影响甲方正常生活行为的；⑤乙方家政服务员给甲方造成较大财产损失的；⑥乙方家政服务员工作消极懈怠或故意提供不合格服务的；⑦乙方家政服务员主动要求离职的；⑧试用期内调换____名同级别的家政服务员后仍不能达到合同要求的；⑨空岗日乙方未派替换人员到岗工作的；⑩其他。

2.甲方义务：

（1）甲方应在签订合同时出示有效身份证件，如实告知家庭住址、居住条件（应注明是否与异性成年人同居一室）、联系电话、对乙方家政服务员的具体要求，以及与乙方家政服务员健康安全有关的家庭情况（如家中是否有恶性传染病人、精神病人等）。以上内容变更应及时通知乙方。

（2）甲方应按合同约定向乙方支付服务费。

（3）甲方应尊重乙方家政服务员的人格尊严和劳动，提供安全的劳动条件、服务环境和居住场所，不得歧视、虐待或性骚扰乙方家政服务员。如遇乙方家政服务员突发急病或受到其他伤害时，甲方应及时采取必要的救治措施。

（4）甲方应保证乙方家政服务员每月4天的休息时间和每天基本的睡眠时间，并保证其食宿。在双休日以外的国家法定假日确需乙方家政服务员正常工作的，要给予适当的加班补助，或在征得乙方家政服务员同意的前提下安排补休。

（5）甲方未经乙方同意，不得要求乙方家政服务员为第三方服务，也不得将家政服务员带往非约定场所工作，或要求其从事非约定工作。

（6）甲方有义务配合乙方对乙方家政服务员进行管理、教育和工作指导，并妥善保管家中财物。

（7）服务期满甲方续用乙方家政服务员的，应提前7天与乙方续签合同。

第七条 乙方权利义务

1.乙方权利：

（1）乙方有权向甲方收取服务费及有关费用。

（2）乙方有权向甲方询问、了解投诉或家政服务员反映情况的真实性。

（3）有下列情形之一的，乙方有权临时召回家政服务员或解除合同。

①甲方教唆家政服务员脱离乙方管理的；②甲方家庭成员中有恶性传染病人而未如实告知的；③甲方未按时支付有关费用的；④约定的服务场所或服务内容发生变更而未取得乙方同意的；⑤甲方对家政服务员的工作要求违反国家法律、法规或有刁难、虐待等损害家政服务员身心行为的；⑥甲方无正当理由频繁要求调换家政服务员的；⑦其他。

2.乙方义务：

（1）乙方应为甲方委派身份、体检合格并符合合同要求的家政服务员；乙方家政服务员应持有北京市或原所在地县级以上医院在一年以内出具的体检合格证明。

（2）乙方应本着"客户至上，诚信为本"的宗旨，指导家政服务员兑现各项约定服务。

（3）乙方负责家政服务员的岗前教育和管理工作，实行跟踪管理，监督指导，接受投诉、调换请求并妥善处理。

（4）乙方应为家政服务员投保家政服务员团体意外伤害保险。

第八条 违约责任

1.任何一方违反合同约定，另一方均有权要求其赔偿因违约造成的损失；双方另有约定的除外。

2.有关违约的其他约定。

第九条 合同争议的解决方法

本合同项下发生的争议，由双方当事人协商解决或向消费者协会、家政服务协会等机构申请调解解决；协商或调解解决不成的，按下列第种方式解决。

1.依法向人民法院起诉；

2.提交仲裁委员会仲裁。

第十条 其他约定事项

第十一条 合同未尽事宜及生效

双方可协商解除本合同。未尽事宜双方应另行以书面形式补充。

本合同一式两份，甲乙双方各执一份，具有同等法律效力，自双方签字或盖章之日起生效。

甲方（签字）：　　　　　　乙方（盖章）：

家庭地址：　　　　　　　　单位地址：

联系电话：　　　　　　　　联系电话：

　年　月　日　　　　　　　　年　月　日

第三节　房屋租赁合同纠纷的调解

【导入情境】

承租人王×与出租人江×签订了一份房屋租赁协议，该协议约定：由王×租用江×的房屋，每月租金为2200元，租期从2010年9月1日至2011年7月31日止，交租方式为每月交租一次，在交租当月6日前以现金支付形式一次性支付，若王×无故拖欠租金及水、电、管理费，每延误一天加罚滞纳金5%，超过5天，江×有权无条件收回该房屋，押金4400元全部归江×所有。租赁合同签订后，王×按约交纳了押金4400元给江×并搬入该房屋居住，后王×以现金形式支付了2010年9月的租金，另以银行转账的形式于2010年10月10日支付租金2200元，于2010年11月13日支付租金1300元，于2010年12月27日支付租金2160元，于2011年1月19日支付租金2200元。王×在租用江×房屋期间，将房屋内饭厅和客厅的三面墙的颜色由白色改漆成红色。2010年底江×以王×未按时足额交付租金为由，要求王×搬离其房屋。王×不同意搬出，2011年1月底，江×办理了该房屋的停电停水手续，2011年1月26日，该房屋被停电停水，导致王×无法在该房屋内居住。现王×要求江×继续履行合同，同时要求恢复对该房屋的供水供电。

一、房屋租赁合同纠纷的形式和特点

房屋租赁主要包括居住用房的租赁和经营用房的租赁。居住用房是人类生存的基本物质条件，经营用房是人类从事生产经营的必要生产资料，因此，房屋租赁与国家利益、社会公共利益和广大人民群众的切身利益息息相关，亦与

社会的和谐稳定、经济的平稳发展息息相关

在我国经济高速发展和住房制度改革日益深化的推动下，房屋租赁经营方式日益普遍，房屋租赁业迅猛发展，出现许多新情况、新问题，也产生了大量的房屋租赁合同纠纷。房屋租赁合同纠纷的形式和特点主要表现在以下几个方面。

（一）承租人拖欠租金居多

承租人拖欠租金纠纷占房屋租赁纠纷的70%，是房屋租赁合同纠纷的主要表现形式。承租人拖欠租金的原因多种多样，有一方过错，也有双方均有过错的情况，且往往双方沟通不畅，无法协商解决。

（二）不签订书面合同，或合同不规范

不签订书面合同，或合同不规范，主要内容不完备，双方权利义务不明确而发生租赁纠纷很常见。出租人和承租人应订立房屋租赁合同，双方就租赁的房屋、租金、期限、违约责任等条款达成一致意见后，合同视为成立。但实践中由于租住双方缺乏法律知识，或怕麻烦、图省事，特别是农村的村民出租房屋时，很少签订书面合同，便留下了纠纷的隐患。

（三）为逃避管理和偷逃税费而变相出租房屋发生的租赁纠纷

一些业主为了不交管理费和租赁税赋，便与承租人串通，假以合同、联营、承包甚至借住的名义变相出租房屋，结果有的承租人假戏真做，不但不交房租，反而要出租人承担相应的经营责任风险，从而导致双方发生租赁纠纷。由于当事人规避管理和法律，发生纠纷后，往往因其行为的违法性致使合同无效，而得不到法律的有效保护。

（四）未经有关部门批准，擅自改变房屋使用功能而发生的纠纷

这类纠纷在近年的房屋租赁中为数不少。这类房屋进入租赁市场后，极易发生租赁纠纷。

二、房屋租赁合同纠纷的调解原则

（一）公平原则

合同双方是平等的民事主体，调解时应遵循公平的原则。对双方当事人不论经济地位强弱、本地人还是外地人、自然人还是法人，调解都要坚持公正的

立场，以公认的社会正义、公平观念指导调解，以维持当事人之间的利益均衡，不得偏袒任何一方。

（二）合法原则

根据合法原则的要求，要充分利用法律法规，依法进行调解，不能无原则地"抹稀泥"，当"和事佬"。凡是有法律、法规规定的，按法律、法规的规定办；法律、法规没有明文规定的，应根据党和国家的方针、政策，并参照合同规定和条款进行处理。这里合同的约定和条款也是非常重要的调解依据，只要不违反法律和行政法规的强制性规定，合同条款对双方当事人都有约束力，应该遵守。

（三）合情合理原则

调解不同于仲裁和诉讼，主持调解的第三方在调解中重点是要说服劝导双方当事人互相谅解，达成调解协议，化解纠纷。合情合理原则就是说既要实事求是，通过调查研究分清是非，达到以理服人；又要动之以情，说服劝导双方当事人友好沟通、互相谅解，最终达到化解矛盾、解决纠纷的目的。

三、房屋租赁合同纠纷的调解要点

（一）正确判断租赁合同是否有效

确认合同是否有效是调解的关键。《最高人民法院关于审理城镇房屋租赁合同纠纷案件具体应用法律若干问题的解释》确定了无效合同的范围，包括：违法建筑物租赁合同、转租期限超过承租人剩余租赁期限的合同、未经出租人同意的转租合同，均应认定为无效。合同约定的租赁期限，一般情况，住宅不超过8年，其他用房不超过15年。

另外，根据《合同法》第5条及第54条的规定，以欺诈、胁迫的手段或乘人之危，使对方在违背真实意思的情况下订立的合同，属可撤销合同。

（二）审查出租人和承租人是否具备主体资格

出租人是否具备出租房屋的主体资格，直接关系合同的效力问题，所以应予以充分重视。主要从以下三方面来审查：（1）出租人为自然人的，是否具备完全民事行为能力，审查其居民身份证或户口薄；出租人系法人或其他组织的，是否依法成立，审查其营业执照并进行必要的工商查询。（2）出租人是否享有出租房屋的实体权利。①房屋的所有权人：出租人是否与出租房屋产权证上的名称一致，必要时到房屋管理部门查询。②委托或代理出租的：房屋所有权人是否与出租房屋产权证上的名称一致，是否经所有权人同意或授权，是否有所有权人同意或授权出租的书面证明材料。③共有房屋出租的：是否经其他共有人同意，是否有其他共有人同意出租的书面证明材料。④房屋转租的：是否经出租人同意，是否有出租人同意转租的书面证明材料。

承租人是否具备主体资格。审查承租人是否具有合法的身份，如暂住人口承租房屋的，必经持有公安机关核发的暂住证；法人或其他组织承租房屋的，必经持有合法有效的营业执照。

（三）明确出租房屋是否属于法律规定不得出租的房屋

依据相关法律法规，有下列情形之一的房屋是不能出租的，调解时要调查清楚。

1. 未依法取得房屋所有权证的；

2. 司法机关和行政机关依法裁定、决定查封或者以其他形式限制房地产权利的；

3. 共有房屋未取得共有人同意的；

4. 权属有争议的；

5. 属于违法建筑的；

6. 不符合安全标准的；

7. 已抵押，未经抵押权人同意的；

8. 不符合公安、环保、卫生等主管部门有关规定的。

（四）双方互有过错导致合同解除时的处理

因承租人过错导致合同解除时，承租人应向出租人承担的违约责任一般包括：（1）所欠租金及其他费用的逾期付款违约金（即滞纳金）；（2）签约时所交租赁定金由出租人没收；（3）当上述违约金及租赁定金不足以弥补出租人因解除合同所受的损失时，承租人还应向出租人另行支付损失赔偿金。

因出租人过错导致合同解除时的，出租人应向承租人承担的违约责任一般包括：（1）向承租人双倍返还租赁定金；（2）赔偿承租人的装修损失；（3）当上述违约金及租赁定金仍不足以弥补承租人因解除合同所受的损失时，出租人还应另行向承租人支付损失赔偿。

其中，承租人对房屋有装修时的处理方法如下：合同有约定按约定处理，合同未约定的，能拆除的拆除，拆后可以继续使用的动产装修由承租人拆走；对于不能拆除的固定装修及拆除后不能继续使用的动产装修，如承租人对装修问题提出请求并提出评估申请，应委托评估机构对装修予以评估，由出租人酌情给予承租人相应补偿。对于造成的损失，因承租人过错导致合同解除的，装修损失由承租人自己承担；因出租人过错导致合同解除的，装修损失由出租人承担；双方均有过错的，由双方按过错大小分别承担。

四、导入情境案例操作指引

【受理】

社区调委会工作人员经过调查，确认双方存在房屋租赁合同纠纷，且是自愿申请调解，可以受理。

【调解过程】

调解员可采用面对面或背对背的方式对双方进行调解。

王×：我要求江×继续履行合同，同时要求恢复对该房屋的供水供电。

江×：王×未按约定的时间及金额足额交付租金，违约了，我要求解除合同，并要求王×支付拖欠的租金。

调解员：一般来说，租房子是为了满足个人及家人的住房需要，房屋租赁合同发挥着保障承租人住房需求的重要作用，因此不能随意单方解除合同。

江×：我们在房屋租赁协议中约定交租方式为每月交租一次，在交租当月6日前以现金支付形式一次性支付，若无故拖欠租金超过5天，我有权无条件收回该房屋。

王×：我延迟交租是经江×同意的，我在与江太太的电邮中表明了延迟交租的请求，得到对方的同意。我没有足额支付租金是因为我对房屋进行修缮支付了相关的费用，江太太给我的回复电邮里也写明江×完全同意我在租金里扣除维修房屋的费用。我没有违约，不同意解除合同，也不同意支付拖欠租金的要求。

江×：王×说的这些我不清楚，我太太没跟我说。修缮没有经过我同意。

王×：我有电子邮件可以证明。

调解员：你们约定王×无故拖欠租金及水、电、管理费超过5天，江×就有权无条件收回该房屋。但是《城市房屋租赁管理办法》规定，承租人拖欠租金6个月以上的，出租人才有权解除合同。

江×：这个约定是他当时同意的。

王×：那是因为我对法律的规定不太清楚。

调解员：为了保障承租人的住房需求，对其一般拖欠房租的行为，法律没有规定合同解除的法律后果，而是给承租人6个月的宽限期。你们的合同约定，承租人拖欠租金5天出租人就有权解除合同，对承租人明显不公平。

江×：他确实没有按时足额交房租啊。

调解员：王×确有违约，但他的违约行为情节较轻，也没有对出租人造成较大的损失，我们认为江×不应该行使合同解除权，可以让王×补交拖欠的租金。

江×：装修房屋是他擅自做的，我并没有同意，我要求赔偿装修损失8500元。

王×：8500元太高了，我不同意赔偿装修损失。

调解员：如果装修没有经出租人同意，确实是不可以的。如果不同意赔偿，起码在交房子的时候要恢复原状。

王×：同意房屋恢复原状。

【调解结束】

在调解员的批评劝导下，依照相关法律规定，双方达成了和解协议。合同继续履行，江×恢复对该房屋的供水供电；王×向江×支付拖欠的租金1600元（计至2011年2月28日），并从2011年3月1日起至实际交还房屋时止按合同约定的标准每月2200元向江×支付租金；王×在向江×交还房屋时应将房屋恢复原状，将漆成红色的墙面恢复为原来的白色墙面。

【分析指引】

王×与江×签订的房屋租赁协议约定：王×无故拖欠租金及水、电、管理费超过5天，江×有权无条件收回该房屋。此条款，约定了房屋出租人单方解除租赁合同的权利。对该约定效力的认定是解决本纠纷的关键所在。从《合同法》关于合同效力的规定来看，该条款约定的内容是当事人双方真实意思表示，且不具备合同无效的法定情形，因此，是合法有效的。但是，从房屋租赁合同的特点来看，一般的民用房屋租赁合同，即承租人为了满足个人及家人的住房需要而租赁房屋的，房屋租赁合同发挥着保障承租人住房需求的重要作用，因此，有必要对房屋出租人单方解除合同的权利予以限制。为了规范房屋租赁行为，《城市房屋租赁管理办法》对房屋出租人解除租赁合同的情形作出了明确规定。根据此规定，承租人拖欠租金6个月以上的，出租人才有权解除合同。可见，为了保障承租人的住房需求，对其一般拖欠房租的行为，法律没有规定合同解除的法律后果，而是给承租人6个月的宽限期。而本案合同约定，承租人拖欠租金5天，出租人就有权解除合同，对承租人严重不公，无法保障承租人的住房需求。结合本案案情，承租人王×的违约行为情节较轻，不妨碍租赁合同目的的实现，也没有对出租人造成较大的损失，因此江×不应行使其合同解除权。我国房屋租赁市场尚不规范，承租人的合法权益很难保障，承租人在签订房屋租赁合同时，一定要注意审查合同条款，尤其是约定出租人单方解除合同的条款，谨防出租人以此为由滥用合同解除权。

【知识拓展】

1. 《合同法》

第93条 当事人协商一致，可以解除合同。当事人可以约定一方解除合同的条件。解除合同的条件成就时，解除权人可以解除合同。

第223条 承租人经出租人同意，可以对租赁物进行改善或者增设他物。承租人未经出租人同意，对租赁物进行改善或者增设他物的，出租人可以要求承租人恢复原状或者赔偿损失。

第227条 承租人无正当理由未支付或者迟延支付租金的，出租人可以要求承租人在合理期限内支付。承租人逾期不支付的，出租人可以解除合同。

2. 《城市房屋租赁管理办法》（建设部1995年5月9日颁发，自1995年6月1日起施行）

第十九条 房屋租赁当事人按照租赁合同的约定，享有权利，并承担相应的义务。

出租人在租赁期限内，确需提前收回房屋时，应当事先征得承租人同意，给承租人造成损失的，应当予以赔偿。

第二十四条 承租人有下列行为之一的，出租人有权终止合同，收回房屋，因此而造成损失的，由承租人赔偿：

（一）将承租的房屋擅自转租的；

（二）将承租的房屋擅自转让、转借他人或擅自调换使用的；

（三）将承租的房屋擅自拆改结构或改变用途的；

（四）拖欠租金累计6个月以上的；

（五）公用住宅用房无正当理由闲置6个月以上的；

（六）租用承租房屋进行违法活动的；

（七）故意损坏承租房屋的；

（八）法律、法规规定其他可以收回的。

【思考与练习】

1. 处理房屋租赁合同纠纷的法律法规有哪些？

2. 如何确定哪些赔偿要求是合法合理的？

3. 请调处下列房屋租赁合同纠纷。

【情境材料】

2013年4月29日，杨×与顺达装饰有限公司签订房屋有偿使用合同，将位于××县兴呈路上的顺达大厦主楼大堂内55.21平方米的2号商铺有偿提供给杨×使用，合同签订后杨×按合同约定支付了该商铺15年（2013年5月20日至2028年5月19日）的有偿使用金364 419.12元，取得了该商铺15年的使用权。2013年8月9日顺达装饰有限公司与××县农村信用合作社签订了抵押财产折抵借款本息协议书，××县农村信用合作社取得了顺达大厦的所有权。在实际占有使用该大厦后，欲将该大厦改建为办公大楼。因杨×所租用的2号商铺位于顺达大厦大堂内，属于大厦四至六层配套专用部分，基于此楼性质和使用状况，并按房屋有偿使用合同书的约定，信用社要求杨×退出所租用2号商铺，另外安排商铺给杨×经营。杨×认为自己签订的房屋有偿使用合同书是合法、有效合同，双方仍应按合同书的约定全面履行互负义务，只有信用社先安排面积相近的临街商铺后，自己才能履行退出2号商铺的义务，因信用社未履行相应的义务，故不同意对方的请求。顺达装饰有限公司认为其与信用社达成抵押财产折抵偿还借款本息协议后，信用社已取得顺达大厦的所有权，顺达装饰有限公司已将杨×交纳的2号商铺剩余年限的有偿使用金移交给信用社，在履行合同中发生分歧，应该由杨×与信用社协商解决，但处理意见不能损害顺达装饰有限公司的合法权益。

如果你是调委会主任，由你主持调解，你该如何处理？

要求：

1. 查阅相关法律法规。

2. 拟订调解方案。

3. 撰写调解协议。

【相关法律法规】

目前处理房屋租赁纠纷案件所依据的法律、法规：

1.《中华人民共和国民法通则》及其司法解释

2.《中华人民共和国合同法》及其司法解释

3.《中华人民共和国担保法》及其司法解释

4.《中华人民共和国城市房地产管理法》

第三编　基层法律服务

第一章　法律咨询服务

【知识目标】

了解法律咨询，熟练掌握法律咨询的基本操作规程、技巧等。

【能力目标】

能够根据社区居民的相关法律咨询问题，为他们解答法律咨询，提供相应法律帮助。

【导入情境】

一位母亲打电话向社区咨询：她10岁的女儿因车祸死亡，车主赔偿12万元。女儿5岁时父母离婚，女儿和父亲生活在一起，其父以其无监护权、没有给付抚养费为由，独自领取了12万元赔偿金。由于电话里无法谈清楚事情，社区主任安排你来接待这位母亲，你该如何做？

1. 法律咨询从何开始，首先要完成的工作是什么？

2. 咨询计划中应当包括哪些内容？

3. 如何回答这位母亲的咨询？

一、法律咨询的概念及其作用

法律咨询是指从事法律服务的人员就有关法律事务问题作出解释、说明，提出建议和解决方案的活动。由于法律的复杂性，非专业人士在遇到法律问题时，往往需要求助于律师、法务工作者这些法律专业人士。但本章所讲的法律咨询不仅仅限于律师对于法律求助者的法律问题的解答，而是涉及更广泛的法务工作者对求助者法律问题的解答。

在现实中，法律咨询包括：现场口头咨询、当事人提供案件材料后由律师及法务工作者提供咨询意见。法律咨询分免费的、收费的，通常网络上的法律咨询以免费为主，网上还有专门提供免费咨询的大型专业性网站。在现实的法律咨询中，律师通常会根据问题的难易程度及回答问题所耗费的时间收取一定的费用。但在社区的法律咨询是免费为社区居民提供的。

随着社会主义市场经济建设的深入和社会主义法治国家的配套制度不断完善，法律也不断深入社会生活的各个方面，公民的法律意识也越来越强，各类社会主体需要解答的法律咨询业务量会越来越大，解答法律咨询愈加成为乡镇街道社区法律工作者的一项经常性的工作。因此，法律咨询将发挥重要作用，如：宣传法律；平抑诉讼；沟通群众和有关机关；提高自身水平；提高公民的法律意识；有利于"依法治国"观念深入人心。由此可见，做好法律咨询工作具有十分重要的意义。

本章所讲的法律咨询主要是社区工作者为社区居民提供的咨询服务，包括接待来访者、电话解答及网络咨询等，就他们在社会生活、家庭生活中遇到的问题而进行解答。这属于一般法律咨询，通常是采用口头的方式进行解答，也有采用书面形式进行解答的。

二、法律咨询接待的程序与要求

要做好法律咨询工作，需要收集所涉案件信息，这包括案件事实，当事人为解决该纠纷已经走过的程序，当事人要达到的目的及当事人能够提供的证据、法律文书等资料。为了收集案件信息需采用以下途径：一是会见当事人，二是进行事实调查。下面将阐述相关步骤。

（一）接待前的准备

1.接待前的心理准备

会见的目的是什么？为此应当抱有怎样的心态？对本人现有资源的客观估计如何？会见目标包括：

（1）初步了解案情。了解一个完整的案情，通常要回答5个"W"、1个"H"和一个"R"的问题。5个"W"是：何人（WHO）、何时（WHEN）、何地（WHERE）、何事（WHAT）、为何（WHY），一个"H"表示事情发生的过程（HOW），一个"R"表示结果——当前状态（RESULT）。会谈时，应当保持头脑清醒，情绪稳定，耐心细致，注意力集中。对于当事人的陈述，应当并仅仅应当表示理解、关心，始终保持头脑的开放状态，以达到接纳信息、查清案件事实的目的。

这时要注意避免评判心理，草率地表态。比如：

"这个人太不讲道理了""这份合同显然是违法的""这案子非赢不可"这个案子定输无疑""对方肯定作了手脚""这不可能"……

需要鼓励当事人陈述事实：

"真的吗？真想不到。"

"那你肯定非常生气。"

"后来呢？"

"可以想像得出……"

（2）识别信息。区分当事人的陈述中哪些事实是已经发生的，哪些事实是当事人担心发生但尚未发生的；哪些是影响当事人利益的事实，哪些是与案件无直接关系的事实；哪些事实是重要线索，背后可能隐藏着重要的信息，哪些事实是明白无误、一目了然的；哪些属于无须证明的客观事实，哪些是待证事实，哪些是已经被证明的法律事实。

（3）理解当事人的意图。这里需要注意情感因素影响当事人真实意图的表达；误解法律导致当事人的要求偏离实际愿望；个人隐私阻碍当事人真实意图的表达；因真实意图违法或违背社会公德而故意隐瞒。

（4）收集现有的证据和信息。在会见过程中，应将所有可能作为证据的法定文书、文件材料、证人名单、视听材料、物品及可能提供证据的线索列单。

（5）建立信任关系。与当事人建立信任、融洽的关系——在初次见面时建立这种关系是非常必要的。需要注意的因素如下。

客观因素包括：衣着、姿态、办公室的布局、与当事人打交道的方式（如是否守时）等。

主观因素包括：对当事人真诚和尊重的态度；表现同情，稳定和平息当事人情绪的能力；体现出法律工作者相关经验和能力；有效地交流，不隐瞒坏消息；信息保密和安全感的提供等。

2. 仪表准备

什么样的衣着更合适首次会见？接待咨询时要注意衣着外表严谨，给人留下庄重值得信任的印象。

3. 工具准备

笔记本、笔、现有案件材料、表格、日历、计算器或电脑等。

4. 时间、地点的选择

根据当事人自身和案件的不同情况，选择合适的场所。对咨询者的接待，可以选择不同的场合，最好是自己熟悉的场所，比如社区接待室；如果咨询者是行动不便的人，当然也可以是当事人的居住地。谈话场所要相对封闭，让当事人能够放松、自如地陈述事实和与人交谈。

5. 相关法律知识的准备

从现有材料中判断所适用的实体法或程序法，提前查阅具体法律规定，以及对此类型案件法律有何特殊规定。

6. 制订会见计划

全面获得案情信息，给当事人充足的机会陈述和表达意见；以会见前掌握的资料为基础制定问题表，确定会见中要了解哪些信息，按照怎样的顺序了解，哪些信息是不可或缺的，哪些信息是选择利用的，哪些信息是需要澄清或补充的；要求当事人提供相关材料、现有的证据及相关证人的名单；需要提醒当事人目前应当做的工作，如到特定医院就诊、作法医鉴定、整理保存票据等；预留部分时间应对会见中的计划外难题。

7. 设计接待的模式

根据自己的情况设计一套合适的接待方式。接待当事人是一个极具艺术性的工作。实践中，我们总结出"先看后听再问"的接待模式。一般情况是，先进行寒暄及简短的谈话，快速查看当事人的材料，听当事人陈述事实，并在当事人陈述过程中有针对性地提问，询问一些当事人认为并不重要但直接或间接影响案件处理结果的问题。

【导入情境操作指引】

在会见该当事人之前需考虑的因素有：母亲有无继承权；有无丧失继承权的法定情节；无监护权或没有给付抚养费是否必然导致其母丧失继承权；当初

是协议离婚还是判决离婚；对抚养费问题是怎样处理的；为什么死者母亲没有给抚养费；是否存在其他情况，如以女方放弃房产、存款等为条件折抵抚养费，等等。

千万不要忽略女方对前夫的不满和抱怨，因为，我们可以从女方的抱怨中发现新的信息。如：发生车祸的原因是什么；是否与男方疏于监护有关；男方是否合理地履行了监护人的义务；发生车祸之前女儿是否发生过其他的意外或遭遇危险；这些情况的获得是否更有利于女方获得赔偿金。

（二）咨询接待

1. 接待的开场白

第一次会见，简单的相互介绍是必要的；还可以介绍双方会见的目的、意义和要求。作为接待者，要主动询问当事人需要哪些法律帮助，并引导当事人明白地说明需要帮助的问题。如果是第二次、第三次会见则可简明扼要，直奔主题。

2. 咨询接待的基本阶段

（1）登记和记录。①登记。一般来说，在解答法律咨询时，要对询问人的基本情况如姓名、性别、年龄、职业、工作单位，住址、电话号码（很重要）等进行登记。其目的是便于后期工作的开展。如：可以电话询问问题得到解决没有，还需要提供什么帮助，或者需要给对方出具法律意见书以便联络。②记录，就是将咨询中遇到的问题及情况加以记录，以便解答咨询之需。有时候当事人咨询的问题比较复杂，在记录的时候只需将案件的主要事实、主要问题和主要证据记录清楚，对于一些细枝末节则可省略。

记录贯穿于整过咨询过程，一方面有助于你记住案件主要事实，另一方面也有助于让当事人感觉你非常重视这个案子。

在实践中，有些当事人拒绝公开身份，法律工作者视情况可以拒绝解答。

（2）仔细聆听咨询者的陈述。这是解答法律咨询的前提和基础。聆听的内容主要分三部分：主要案情，当事人面临的主要问题，当事人希望达到的目的。要求法律工作者在要倾听、理解、积极地反应，以鼓励当事人陈述。在听的过程中要做到"听全""听准""听懂"。你的表情要丰富自然，随着当事人叙述的情节略有变化，偶尔皱皱眉头，摆出一副思索状、同情状或愤慨状，你可以取出一支烟却不点燃或把水杯放在嘴边却又不喝，如果当事人讲到关键问题时来了电话，你可以小声地告诉对方"我们正在研究一个非常重要的案子，××分钟后再打过来"。给当事人的感觉是你非常重视当事人的案子，你听得非常认真。

要"听全"，就要有耐心，即便是杂乱无章的冗长叙述，也要耐心听完，否则，就容易从片面情况出发，得出不合实际的结论，出现错误。

要"听准"，就要聚精会神，对问题的细节或关键情节不能含混和疏漏，必要时可作记录。否则，你的解答就说不到"点子"上，尽管你滔滔不绝，当事人还是一头雾水。

要"听懂"，就要边听边总结，以便抓住问题的实质和争议的焦点，弄清咨询目的，归纳咨询要点，对当事人的解答才能有的放矢，一语中的。

通常，在叙述案情时，当事人自己会说出案件的关键点和其他律师对于该案的分析意见，这些信息将有助于您对案件的分析。

倾听时不仅要获取当事人陈述的事实内容，还要观察当事人陈述时的表情，揣摩当事人的心理。这样有助于了解当事人希望什么，担心什么，想促进什么，想避免什么。若能准确地识别信息，并以适当的简明的语言概括出当事人面临的问题和期望，有助于赢得当事人的信任。

（3）询问详情。当事人不懂法律，他们的述说会遗漏、忽略一些重要的法律事实，或者对自己有利的说得多，对自己不利的说得少或者干脆隐瞒不说，所以接待者应当主动发问，让当事人来回答。我们发问有两个目的：①弄清楚事件的主要情节，使来访者尽量省去不必要的和重复的叙述；②使所咨询的问题涉及的事实更加清晰明确，进一步突出主题。总的来说，提问的目的是尽快地把握住问题的中心环节，从而使解答更有针对性、更有准确性。

在当事人陈述后，要对信息进行筛选，识别并厘清无关信息、有关信息、客观事实、主观推断、待查证的事实（筛选、识别信息）；要就不清楚的情况对当事人进行仔细、耐心的询问（询问不清楚的情况）。

询问要注意方式，对涉及当事人隐私或其刻意回避的问题要委婉、旁敲侧击式地提问；提问要得法。为了不使来访者产生误解，发生疑虑，形成心理压力，社区工作者提问的方式要根据不同的对象和不同性质的问题而有所区分，其主要区分如下。

①谈心式。它适用于来访者顾虑重重、欲言又止等情况，这时要用善良的语言鼓励对方说下去，表示你在关心他所叙述的问题，从而建立起他对律师的信任，引导他说出事实真相。

②探讨式。它适用于一些重大而又有疑难，或者在新形势下出现的新问题，或者是已经发生了争议，但无法律明文规定的问题。探讨式提问，要坦率亮疑。提问要简明扼要，问题要一目了然，不要含糊不清，同时提问要化整为零。所提问题不宜太大、太笼统。

③发问式。它适用于来访者不知如何说明或一时难以说明的情况。通过提问引导来访者讲清存在的矛盾，回忆某些重要过程和重要情节，从模糊不清的问题中抓住矛盾和争议的焦点。

（4）获取资料。①查看当事人所提供的证据、法律文书等资料。查看来访者带来的证据、资料等有关的书面材料，以证实询问者的叙述有无根据。审阅材料，不能怕多怕长，但应注意是否与问题有关。如确实无关或关系不大的，自然无须全看。②审查上述资料，判断证据的证明作用和证明力。③告知当事人尚需收集的证据，是否要做相关鉴定及采取其他行动。

（5）总结确认。要给当事人一个总结，当事人对案件的记录和理解是否给予确认。其中包括主要案情事实，重要的人证、物证、时间。当事人的想法和要求，目前所遇到的困难，亟须解决的事项顺序等内容。确认总结阶段后要给当事人最后发表意见的机会，他仍可以补充陈述或者进一步说明他的意愿、想法和要求。

在该接待阶段需要注意的有：希望当事人将与案件相关的事项尽可能详细地诉说；建议当事人按时间顺序陈述；可以随时补充前面说过的内容；尽量不打断当事人的诉说，并会将问题记下来，等当事人陈述后提问；要经常复述当事人诉说的事项，以确认信息的准确性，当事人可补充或纠正；会见可能进行多次，取决于是否有效获取信息，所以社区工作者将通过提问的方式尽可能全面了解案情的细节；除法律特别规定的情况外，社区工作者对当事人的案情、谈话内容等应当保密；当事人可以与社区工作者讨论各种方案，充分表达意见。

（6）综合分析。综合分析是指法律工作者对来访者的陈述在听懂、看清、问明、总结之后，对所提的问题做一番分析与综合，从法律、法规和政策的角度找出问题的症结，抓住实质进行剖析。

对来访者所提的复杂问题，在分析的基础上进行综合，然后针对实质性的问题予以解答。我们进行法律咨询，在分析综合的基础上，还要对来访者的问题作出法律上的判断，如对问题本身的合理性、合法性，问题中涉及的权利义务关系，以及法律上是否给予保障等，作出正确的判断。当然，也有可能当事人问及的法律领域自己比较生疏或者没有涉及，有些细节性的问题自己也吃不准、没有把握，担心自己错误的意见会闹笑话，甚至误导当事人。这时应当向来访者说明，并告诉他，经查阅资料和经本所研究后再作答复，这样既对当事人负责，也体现律师认真负责的态度，能赢得信任。

【情境材料1】

社区居民李某与张某达成协议，由张某收养李某6岁的儿子李二，李某向张某一次性支付5万元的费用。协议中还约定，任何一方违反约定，应当承担违约责任。协议签订后，双方在民政局办理了有关收养的登记手续，一年以后，因孩子上学十分调皮，经常与同学打架，一日，将同学王某打伤，张某因此赔偿了10万元，遂要求与李某解除协议，李某拒不接受，后因考虑孩子已经无法与张某共同生活，故同意解除收养协议，但要求张某退还5万元费用，并要求张某承担违约责任12万元。张某很气愤，自己已经为孩子打伤人赔了10万元，不可能向李某返还5万元费用；已经赔偿的10万元，也应当由李某承担。为此，张某到社区咨询："我和李某签订协议是否有效？12万元违约金是否合理？5万元费用的性质如何认定，10万元赔偿款如何认定？"

要点：（1）收养关系不是财产关系；（2）收养协议不是一般的合同；（3）收养人和送养人依法不得约定报酬。

（三）接待后的工作

在与当事人告别之前，社区工作者应当询问当事人对会见的感受，协商如何完成后续工作，并对下一次的会见作出安排。

首先需要商定的是下一次联系的时间、方式（电话、电邮、通信、来访等），需要交换的意见。其次双方需明确各自接下来要做的工作。

1.社区工作者的后续工作

社区工作者的后续工作通常包括：①查阅、收集相关法律规定；②与当事人提供的证人或其他人员、个人或组织联系，以进一步补充信息；③起草法律文书（根据案情决定）；④制订下一步工作计划，以备与当事人讨论后决定行动方案；⑤根据案情需要处理的其他事项。

2. 当事人的后续工作

当事人的后续工作通常包括：①处理紧急事项：若受伤害的当事人准备起诉，需马上做法医鉴定；妥善保存现有的证据材料，收集、整理必要的证据资料，如原始发票、医药费收据等，作为请求赔偿的数额的依据；②案件复印资料：在会见中社区法律工作者认为有用而当事人未准备或只有原件无复印件的资料，当事人可以复印整理后在下次见面时交给社区工作人员；③如果社区工作者需要实地调查、与证人见面，当事人应配合安排时间、地点等事宜；④根据具体案情需要处理的其他事项。

三、事实调查

（一）事实调查中的"事实"——法律事实

事实调查是指法律服务人员运用各种调查手段收集案件事实材料，了解案情，并加以分析，最终获得有关案件证据资料的过程。

1. 客观事实

我们要调查的事实是什么事实呢？应是法律事实。什么是法律事实？这要从事实说起。所谓事实，是指事物的真实情况，即通常所说的"客观事实"，它由事实材料和事实陈述所构成。事实材料是事实的载体，包括事和物；事实陈述则是认识主体对事实材料所具有的性质或所具有的联系的如实陈述。事实包含了"如实陈述"的要求，因此客观性乃是事实的基本属性。客观事实具有以下几种特征：

（1）可靠性，即事实总是真的，不可能是假的；

（2）不变性，事实一经发现或创造就不可能更改，事实的发现、创造、理解虽依赖一定的理论，但事实的可靠性、真理性却不会因此而改变；

（3）特殊性和不可重复性，任何事实都只能是而且必然是特殊的；

（4）事实只能是当前和过去的事实，而不可能是未来的。

认识中只能无限接近而不可能还原、复制客观事实。

2.法律事实

"法律事实"由法律规范规定，能够引起法律关系产生、变更和消灭，因而引起一定法律后果。法律事实具有客观实在性，其是一种规范性事实，是一种能用证据证明的事实，是一种具体而非抽象的事实。换句话说，法律事实是按照法律的要求，用证据支撑起来的事实。正是由于通过证据材料、关于证据材料的事实陈述，以及具体的证明过程所获知的案件情况受到了"法定"的影响，它才被称为"法律事实"。因此对于不能够引起法律关系产生、变更和消灭的事件和行为，均不纳入法律的视角范围之内。而证据本身具有的表象性、分散性、真伪两面性及收集上的不易性等特点，也决定了在此基础上建立起来的法律事实具有相对性。

无法否认的是，揭示已经成为过去的事实真相并非易事，因为案件事实是在过去发生的，而时间具有不可逆性，人们不可能重新复原过去的活动。正因为如此，我们有必要回答如下问题：我们调查的事实是什么？是客观事实，还是法律事实？它们之间到底是一种什么关系？我们调查的是法律事实，是在调查过程中收集的证据证明的事实，而证据所证明的只可能是法律事实，即只能是法律所认可的事实，而不可能是客观事实。法律事实是证据所证明的事实，是证据支撑起来的事实，或者说从证据角度分析是真实的事实。

【莫兆军事件】

据2003年12月5日《南方都市报》报道，2001年9月，广东省四全市法院法官莫兆军开庭审理李某状告张某夫妇等4人借款1万元纠纷案，原告李某持有被告张某夫妇的借条，被告辩称借条是被李某持刀威逼所写的，但被告不能就此举证。经审理，莫兆军作出判决，认为借条有效，被告应予还钱。2001年11月14日，张某夫妇在四会市法院门外喝农药自杀身亡。随后公安机关传唤李某、冯某两人，两人承认借条系他们持刀威逼张某等人所写，后二人分别被四全市法院一审以抢劫罪判处有期徒刑14年和7年。而莫兆军由于当事人败诉自杀而被检察机关以玩忽职守罪起诉。2003年12月4日，广东省肇庆市中级人民法院作出一审判决——莫兆军的行为不构成犯罪，认为张某夫妇的死亡超出莫兆军的主观意志之外，与莫的审理案件行为无直接关系，莫兆军不应对此负责任。

（二）事实调查的种类

事实调查分为两种：一种是常规调查，或称正式调查；另一种是非常规调查，或称非正式调查。常规调查是指有明确法律依据的必要的事实调查。例如，在人身损害赔偿案件中，对损害事实、损害程度、损害后果、赔偿数额等事实进行的调查。常规调查的内容、范围，是法律规定、明确无疑并且必不可少的。非常规调查，又称非正式调查，它根据个案的特点，主动调查与案件相关的事实，广泛地掌握信息，期望从中获得对本方当事人有利的、用来辅助常规调查得来的证据，这样的调查即非常规调查。非常规调查常用于对新证人的发现、对对方证人与案件关系的揭示、对当事人的身世背景的了解、对科技知识的掌握等。❶

（三）调查前的准备

1.事实调查范围的确定

要根据举证责任和已有证据的证明力的影响来确定事实调查范围，如果己方举证责任小或已有证明具有较强的证明力，那进行调查的任务就比较轻，调查范围可以小一些；如果己方举证责任重，或者已有证据的证明力不强，那调查的任务就比较重，要加大调查范围。

还要根据实事求是、成本效益、多样性等原则确定事实调查范围，一方面要根据案情的需要及成本收益等实事求是地调查相关事实，同时也要注意多样性证据的调查，有助于全面掌握事实，以便了解事情全貌。

2.明确调查任务、目标和顺序

在调查范围确定后，就可以明确我们的调查任务与目标，并据此安排调查顺序。

3.分析已知证据

在正式调查以前，还要进一步对已有的证据进行分析，看看已有证据能证明什么，还欠缺什么样的证据。

4.提出调查假设

在前面所述工作的基础上，对调查工作提出假设，这些假设要有助于调查

---

❶ 李傲："事实调查——被法学教育遗忘的领域"，载《环球法律评论》2005年第3期。

任务和目标的实现。还要设想一些在调查中可能会遇到的情形并提前设计一些应对策略。

5.制作行动计划表

根据调查任务、目标和假设，制订调查行动计划，安排调查时间和顺序，确保调查任务的完成和目标的实现。同时计划还要有一些弹性，以备出现意外情况时进行调整。

（四）调查的实施

1.调查模式的选择❶

（1）根据法律要素展开的调查。根据法律要素展开的事实调查，是指以法律规定中的内容、要素为依据进行的事实调查。先根据案情，确定案件将适用的法律、法规、规章等法律条文，而后以具体的规定为依据，寻找相关的案件事实。该模式适用于法律关系明确、法律规定清晰、在法律分析和法律推理中占优势的案件。我们的调查活动紧紧围绕法律法规的规定进行，在调查笔录、代理词等其他法律文书中，尽可能使用法言法语，充分运用法律研究、法律分析的专业技能。

（2）根据时间先后顺序展开的事实调查。根据时间先后顺序展开的事实调查，是指以案件发生的时间先后为依据，依次进行的事实调查。与法律要素模式事实调查不同，时间次序模式强调事情发展的背景、时间、次序和前后因果关系。当事人往往按时间先后顺序陈述案情发展，我们也要以时间先后次序为主线调查掌握整个案件的脉络。在时间次序模式下，还需要考虑的因素包括：①时间。根据案件的特点，时间可以以年、月、日甚至小时、分、秒来表达，还可以用众所周知的历史上的重大事件来表达。事实调查应确保时间详尽、准确。有关案情的截止时间，则需要不断更新，只要案件没有结束，事实还在发展，就要不断关注新情况。②案情。在时间次序模式下，案情发展的若干个时间点，连结成事件发生的"案情链"。在捕捉、筛选案情时，要做到全面而有重点，不仅包括案件主要事实，还包括当事人的状态、事实发生时的背景、场所、周边环境、周围的人等。如交通肇事案件中，现场目击者所处的

---

❶ 李傲："事实调查——被法学教育遗忘的领域"，载《环球法律评论》2005年第3期。

位置与事故发生地的位置关系，当时的天气及能见度，目击者的视力、听力、身体状态、精神状态、当时的反应和判断等，都是要考虑的因素。案情记录无须事无巨细，面面俱到，能在众多的情节中搜寻影响案件判决的细节，层层剥落，水落石出，还要靠高度的责任心和经验的日积月累。③信息来源。时间信息、案情信息的来源，是调查中重要的内容。来源影响着信息的可信度，决定调查的必要性。案件的信息来源主要有：当事人陈述，证人证言，有明确提供者的正式文件及证件、票据、来往信件、鉴定结论、图片等物品。该模式适用于以下案件事实间隔时间长，历史久远；或当事人与对方有过长期交往；或事件发生时间虽然短暂，但时间因素在事态发展中起重要作用。我们在调查活动中要重视时间的准确性、时间的间隔、事件发生的次序，以及时间、次序对案情发展的影响。

（3）根据案件因果关系展开的事实调查。根据案件因果关系展开的事实调查，是指围绕着案件发生的前因后果，用构建一个合情合理、情节完整的"故事"的方式，完成事实调查。在该模式下，除案件事实外，调查还注重背景、环境、行为人个体状况，以及影响行为人行为的其他内在、外在因素。该模式适用于那些注重情节，注重行为人的动机和目的，并且审判的自由裁量权较大的案件。

2.证据的收集和保护

在事实调查过程中要注重证据的收集和保护，我们可以采用以下方式。

（1）制作笔录。把事实调查过程、调查某一现场的情况、谈话人的谈话等都完整地记录下来，并让在场的人核对签字。

（2）录音录像。在征得在场人同意的情况下，可以对调查现场进行录音录像，用以保全证据。

（3）提取实物。在条件许可的情况下，提取实物作证据。

四、回答法律咨询前的准备工作

（一）掌握事实，研究法律，明确当事人的目标和需要解决的问题

全面掌握事实资料，熟悉相关的法律规定，明确特定事实与法律规定之间的关系，明确当事人的目标和需要解决的问题是咨询的第一项准备工作。如果

说会见的主要目的是通过收集信息为决定做准备，回答咨询的主要目的则是运用信息作出决定。咨询技巧要求是，在咨询前尽可能多地掌握事实资料，并结合已知的资料寻找相应的法律依据。咨询准备过程中常常会出现新的疑问，发现新的线索，为了澄清事实需要再次回到会见、事实调查和法律研究等收集信息的阶段。最后，列出当事人咨询的主要目的、需要咨询的事情、需要作决定的事情等。

（二）综合整理信息资料

翻阅、整理所有的案件材料，包括事实调查的资料、法律条文的检索结果和研究资料、所有同案件有关的记录中的法律或非法律的细节等。

（三）制定备选方案，设计咨询进程

准备若干可供当事人选择的方案，并注明每一种方案的利弊得失，注明哪些结果是必然的、哪些结果是预测的、哪些结果有待于进一步的调查，以及哪些结果取决于什么样的行动步骤，以确保当事人在衡量不同方案时对各种因素给予充分的考虑。针对若干备选方案，当事人会有不同的反应，因此应当注意：当事人对方案的选择倾向及是否否定全部方案或提出其他方案，对方案是否会产生误解，可能提供哪些新信息，哪些事情的发生将会完全改变咨询计划，等等。

设计咨询进程时，应当考虑咨询从何入手，是先讨论事实部分，而后解释每一部分事实的相关法律规定；还是先解释相关的法律，然后运用法律分析事实；或者是根据备选方案表与当事人一起逐项衡量利弊。如果发现了新的事实，需要确定是否还需要进一步调查，是主动解释、组织讨论，还是等待当事人的询问、引导讨论。

（四）为咨询所做的其他准备

如咨询前准备若干信息表、备选方案；努力与当事人建立信赖关系，等等。咨询计划应当易于变通、富有弹性，以应对突如其来的变化。

五、回答咨询的方式

有当面解答、电话咨询、网络通信、书面解答等方式，主要分为口头解答和书面解答两大类，下面就口头解答和书面解答进行论述。

（一）口头解答

可概括为四部曲：弄清法律事实、确定法律关系、分析法律后果、告知维权方法。当面解答法律咨询的程序如下。

1. 充分了解事实真相，整理回答思路

这一阶段任务需通过会见中详记、细听、察看、询问、分析等步骤来完成。这在前面已详解，此处不予赘述。

2. 准确、完整地解答询问

这一阶段的任务是针对咨询者提出的主要问题，在分析判断之后，作出有的放矢的回答。解答咨询问题总的要求是实事求是，符合法律、政策，提出的方案具体可行，讲出的道理通俗易懂。回答内容让咨询者听懂、听清，既要道理清晰、重点明确，又要语言平实；既要防止答非所问，又要避免用抽象的道理、空洞的说教及教训的口吻去回答咨询者提出的具体问题。

（二）书面解答

书面解答是法律工作者根据法律，以书面形式解答咨询者提出的问题。在以书面形式解答法律咨询时，同样要有针对性，要有的放矢，而不能答非所问。书面解答法律咨询的程序如下。

1. 阅读分析咨询者的来信及所提供的有关材料

首先，要认真阅读咨询者的来信及所提供的有关材料，分析咨询者所叙述的事实是否真实；所提出的问题是否合理、合法，以尽可能弄清楚咨询者的真实意图或情况，使作出的答复有重点、有条理、有针对性。同时，在回信时应注意根据咨询者的经历、文化水平等因素考虑措辞，也要注意文字清晰，语言通俗易懂，答复和建议明确具体、切实可行；并且必须有法律作为依据，即在准确理解法律、政策的基础上作出解答。

2. 提出法律意见或建议

就咨询者提出的有关专门性的重大法律事务的问题，可以通过提出法律意见或建议的方式给予解答，包括向咨询者提供法律依据、法律建议或者解决问题的方案。

3. 书面解答法律咨询的注意事项

书面解答法律咨询应当根据掌握所提问题的主要事实，对于事实清楚的，可以依据法律作出解答；对于事实含糊不清的，则要慎重对待，不可轻率答复。在解答法律咨询时，可能会遇到一些疑难问题，一时难以搞清，必须以实事求是的态度认真对待，虚心向同行和有关人员请教，不能不懂装懂，以避免解答错误。

4.书面解答时的要求：维稳、和解、调解、减少讼累

要求在解答法律询问工作中，从维护社会安定的大局出发，对于可诉可不诉的矛盾、纠纷，应尽量寻找和解存在的条件和可能性，说服咨询者与对方当事人互相谅解，通过调解的方法及早、妥善地解决矛盾和纠纷，以防止矛盾、纠纷扩大和激化，减少当事人的讼累。同时，还应当根据不同情况，有针对性地向咨询者宣传社会主义法治理念，提高公民遵纪守法的自觉性，从而维护稳定。

六、解答咨询需注意的几个问题

（1）注意全面掌握咨询者提供的事实及其提出的问题，力求掌握翔实的材料，为作好解答创造条件。

（2）解答问题力求做到有的放矢、重点突出、观点明确、通俗易懂。在解答法律咨询时要明确问题的重点，用通俗易懂的语言，把有关的法律、法规和政策、道理解释透彻。总之，要让对方听懂、听清，以利于参照办理。

（3）解答问题一定要以法律、政策为依据，提出的办法或方案要具体可行。在回答时要给咨询者讲清法律规定或政策要求，让咨询者明白哪些是合法的，哪些是不合法的。对明显不合法的要求，要耐心地做宣传工作，不能火上浇油，不要激化矛盾。

（4）对于现行法律法规及政策没有明文规定或不能解决的问题，也应积极为咨询者出谋划策，共同商讨解决问题的最佳方案和途径。

（5）在咨询中如果发现有异常情况和特殊问题，要及时与有关部门联系。

（6）解答问题要严肃、认真、谨慎。来访者提出的问题涉及诉讼的或正在处理的具体纠纷，在基本情况没有弄清之前，也可以不做具体回答，只可以根据掌握的情况提出倾向性意见，以防所答与事实不符，给以后的工作带来不便。

七、法律咨询的技巧

（一）提问的技巧

在法律咨询中需用到相应的提问技巧，有助于减少来访者的疑虑，减轻其心理压力，有助于来访者放心交流，查清相关事实。

1.宽泛（开放式）的问题——为了最大限度地获取信息，了解事件的全貌，运用于会面的开始阶段。比如：

"谈谈你的情况。"

"讲一下事情的经过"

"后来又发生了什么事？"

"你需要我们提供什么样的帮助？"

在咨询开始阶段需避免诘问和就专业性的问题提问。

2.引导式的提问

在当事人全面陈述之后进行，有一定目的性，如为了补充当事人陈述中的遗漏，为了澄清（而非怀疑或批判）当事人陈述中的前后矛盾的内容。比如：

"你有实际损失吗？数额是多少？"

"2002年9月以后你与对方有接触吗？"

"你说你当时很失望，是指对什么事失望？"

"除此之外，还有其他损失吗？"

（二）倾听的技巧

倾听的目的在于了解当事人要求帮助的目的，进而了解和掌握有关案情的信息，为提出解决方案打好基础。那么我们如何倾听？

首先是仔细倾听和情感反馈，主要有以下几种方式：

1.被动地倾听，不打断，只提宽泛的问题（如"是吗""噢"等语言）；

2.主动地倾听，融入客户的叙述中；

3.注意身体语言，注意控制自己的语速和音调。

"这人长的像我的同学，他已经好长时间没和我联系了……"

"要是我，我才不会这么做，我会……"

"这人一定脾气不好，难以相处，不然怎么遇到这么多麻烦……"

"等一会儿别忘了给某人打电话，约他出去吃晚饭……"

（三）记录的技巧

1.记录的好处

（1）使当事人感觉会见程序正规，当事人的陈述得到应有的重视，当事人对陈述的内容增强责任感；（2）便于梳理资料，整理次序，讨论案情，发现遗漏等；（3）会见中随时记下疑问，以免当时打断当事人的陈述或事后忘记；（4）积累资料，以备归档。

2.记录的要求

记录要做到准确、完整、清晰，确保其他人能够看清、看懂。

（四）非语言交流技巧

在法律咨询中注意空间、时间、肢体等非语言交流技巧的运用，会起到事半功倍的效果。

1.空间因素

社区法律工作者和当事人应当如何就座？通常的坐法是面对面就坐。

选择就座的方式还与当事人的年龄、性别及案件类型有关。与耳背的老人、未成年人、受家庭暴力伤害的妇女会见，座位安排应当是不同的。此外，就座方式也与接待人员的性别、经验、性格等因素有关。

2.时间因素

在提出对当事人不利的问题之前，可以做一些铺垫。

应当在会见后期的适当时候提出关于不利信息的问题，而不是开门见山的提出。

3.肢体语言

谈话时，专注地看着对方的眼睛，是积极倾听的表示。如果需要记录，应当快速地写下要点，而后重新抬起头。在会谈中，应保持姿势稳定，不要左摇右晃。切忌一边翻看当事人的案件资料，一边听当事人的陈述，这样做既不能集中精力倾听当事人的谈话，又无法认真研究阅读资料，而且对当事人不够尊重。

4.辅助语言

说话时的声音、声调、力度、快慢节奏、抑扬顿挫等。

当事人的语速过快时，当事人的情绪过于激动时，当事人的陈述多而无重点时，法律工作者都可以通过特定的语音、语调、抑扬顿挫来调整语言交流的速度和方式。

（五）几种特殊技巧

1.应对答非所问的当事人

（1）分析原因。当当事人答非所问时，我们需分析原因是什么。①当事人可能陈述的内容的确是十分重要的信息，只是有些操之过急，法律工作者还没有问到这一步；②案件事实使当事人受到刺激，他急于表白、澄清，需要旁征博引；③当事人觉得我们的问题并不重要，实际上他更关心的是另外的问题；④个别当事人由于受个人文化素质、表达能力、思考能力等因素所限，难以表达清晰。

（2）寻找策略，分析原因是为了寻找相应策略。例如：（"工"是社区工作者的简称，"当"是当事人的简称。）

工：你说一下你去过哪些机关反映情况，什么时间，结果怎样。

当：可以说去了无数个机关，去了无数次，总是没结果。有的时候门卫不让进，门卫说我得拿介绍信，我到哪儿去拿介绍信？我告政府，谁会给我开介绍信？我不是没试过去开……

工：是的，可以想像你一定遇到过许多困难。现在我们要把你去的机关的名称记下来，确定被告；还要把时间搞清，以证明行政机关"拖延"或"不作为"行为确实存在。

当：去的部门有乡政府、派出所，还有土地局。土地局的人说，不要再来了，你没有新的房产证，就不是所有权人。这是说的什么话？我们家从我爷爷那辈开始就住在这里，我父母，还有邻居，谁不知道？我们邻居从30年前就认得我们家人，我和他们的孩子一起长大，你可以去问……

工：好，我记下了。去过当地的某某乡政府、某某派出所、某某土地局，是吗？好。你的邻居能证明你们一直住在那儿，我们在考虑证人名单时可以把他们加进去，他们可以作证人。你还记得你去行政机关反映情况，请求补发房产证是在什么时候吗？

2. 应对多个当事人

化整为零。化整为零的办法有：确认诉讼代表人或选举诉讼代表人，如有可能，会见之前要求诉讼代表人写出案件基本情况、主要请求事项等案件关键内容，经所有当事人同意，作为会见及今后办理案件的基础。和诉讼代表人约定时间，进行访谈。

3. 防止主观臆断。下面以医生和患者之间的问答为例：

医生：后边同学，在外边排好队。下一个，快点。

患者：（手拿病历走进来，坐在医生对面）

医生：（翻看病历，看到从前的记载）怎么了？胃又不舒服？小小年纪怎么得胃病的这么多，吃饭不规律吧？

患者：这次不是。我的喉咙不舒服，咳……

医生：喉咙发炎了？张开嘴，红肿，着凉了吧？发烧吗？

患者：没有发烧，就是咳，特别是晚上……

医生：上呼吸道感染了。（对旁边的医生）这几天净是上呼吸道感染的，注射室都坐满了。（对患者）先打3天针吧。

患者：噢，好。

（一会儿，患者拿药上来）

患者：大夫，我青霉素过敏，你给我开的是青霉素。

医生：怎么不早说？

患者：你没问我，我又看不懂上面的字……

医生：那就改双簧莲吧，比青霉素还好些。

（患者当天没打针，准备第二天开始打，但当晚没咳，喉咙好多了。后来发现是因为新买的驱蚊蚊香的刺激，停用后再不咳了。）

【情境材料2】

家住朝阳管庄的马先生，因儿子结婚需购置婚房，看中了管庄花园的一套100平方米的二居室房，遂于2010年1月10日与某房地产开发商签订了商品房认购合同，合同约定：某房地产公司将管庄花园东区5号楼508室的一套100平方米的二居室以每平方米7000元价格出售给马先生，并约定9月签订正式的房屋买卖合同。在签订认购合同的当日，马先生按照开发商的要求支付了购房定金25万元人民币。9月15日，马先生按照约定与开发商签订正式合同时，得知开发商已经将管庄花园东区5号楼508室的房子以每平方米8200元的价格卖给了杨先生，杨先生已经办理了按揭手续，房产证抵押在某银行。开发商一房两卖的行为让马先生十分气愤，认为开发商的违约行为严重侵害了自己的权益，但不知如何维护自己的权益。于是找到社区进行咨询。

【操作指引】

1. 接待马先生的相关法律问题咨询

（1）首先了解马先生与房产公司是什么时候建立的法律关系。重点询问马先生在与房产公司建立买卖关系中的证据；有无书面凭证；定金条款是如何规定的；马先生想通过何种方式解决问题，希望得到什么结果。

（2）在全面了解当事人的情况后，作出初步判断，双方当事人是否建立了商品房买卖合同关系；如果张先生坚持要回房子，怎么办；若马先生不想再与这家不讲信用的公司继续打交道，就想要回双倍定金，如何帮助马先生解决。

2. 解答马先生的疑问

（1）告知马先生，商品房认购合同是有法律效力的，合同双方当事人均负有履行合同的义务。对于开发商来讲，它负有将认购人所认购的房子保留，不对其他人出售的义务，除非双方经协商无法就正式房子买卖合同的签订达成协议。

（2）由于马先生已经向房产公司支付了定金，根据定金规则，收取定金方违约，应双倍返还。根据《担保法》第91条的规定，定金的数额超过主合同标的额20%，超过部分不适用罚则。

（3）告知马先生只能选择定金条款，按照房子总价70万元，定金最高只能14万元，即房产公司先退还张先生25万元本金，再赔偿14万元，因为根据《物权法》，杨先生已经办理了过户手续，管庄花园东区5号楼508室产权已经转移到杨先生名下。当然马先生也可通过协商的方式与开发商重新签订买卖合同，就管庄花园东区其他单元的房子另行协商。

【情境材料3】

家住大兴某小区的甜甜，今年4岁，长得漂亮可爱，非常惹人喜欢。2012年5月某日，甜甜从幼儿园放学后与小伙伴在小区旁边的花园玩耍，玩得十分开心。由于和小伙伴的追逐引起在草地上遛弯的哈士奇贝贝追咬，虽经管理人张大妈喝止，贝贝还是将甜甜右胳膊和右侧脸咬伤，一时血肉模糊。大家赶紧将甜甜送到医院救治，但因咬伤比较严重，医生诊断将会留下后遗症。现在甜甜没有生命危险，但经常做噩梦，害怕见人、一切动物及玩具。事发后张大妈垫付2000元的医药费，就不愿再多负担。原来贝贝是家住西城的王阿姨的，因其体型较大城里不让养，爱狗的王阿姨将它寄养在大兴的张大妈家，每星期都来看贝贝。贝贝虽是一只大型犬，但性情还是比较温顺的，平常也没有惹过祸端。甜甜的父母在悲痛和气愤之余，到社区咨询如何讨要说法。

【操作指引】

1. 接待甜甜父母的相关法律咨询

（1）首先要了解受害人甜甜受伤发生的时间、地点、经过，以及甜甜父母的主要打算，谁是肇事者，也就是说贝贝的管理者或者贝贝的所有权人是谁，应当由谁来承担责任，为什么，现行法律是如何规定的。

（2）受害者家属可以得到哪些赔偿。作为监护人，是否也应该承担责任，为什么。

2. 就本案事实解答当事人的相关法律问题咨询

（1）本案系动物致人损害赔偿纠纷，根据《民法通则》的规定，属特殊的民事侵权行为。动物致人损害后，承担赔偿责任的主体是动物的所有人或管理人。本案中，甜甜的受伤是由大型犬贝贝所致，依据《民法通则》的规定，贝贝的管理人张大妈和所有人王阿姨都应承担赔偿责任，应当赔偿甜甜的医疗费、营养费、家长误工费及疫苗、检验和由此产生的其他费用，诸如交通费等费用，如果导致残疾还要赔偿伤残补偿金。

（2）在本案中，应当适用《最高人民法院关于审理人身损害赔偿案件适用法律若干问题的解释》第2条第1款规定，侵权人一方具有故意或者重大过失，受害人一方只有一般过失的，不减轻赔偿义务人的责任。适用这一条款的规定，未成年受害人的监护人的过失当然是一般过失，因而不减轻加害人一方的责任，这样能够使未成年受害人的权利得到更好的保护。

（3）张大妈在花园中遛狗，对贝贝看管不力，因此对事故发生存在疏忽大意、看管不力的过错，应负主要责任。同时《侵权责任法》中专门划分了"饲养动物损害责任"一章，分别规定了饲养的动物致害责任、饲养烈性犬致人损害责任、动物园的动物致人损害责任，以及第三人过错致使动物造成损害的责任。本案类似于烈性犬之类的动物致人损害，适用无过失责任原则确定责任。据此，贝贝的所有者王阿姨也应当承担侵权责任。

（4）甜甜仅4岁，是一个未成年人，被狗咬伤，其监护人未尽到监护职责也是原因之一，因此甜甜父母因对孩子监管不力，应承担一定责任；甜甜受到伤害并会留下残疾，给甜甜未来的生活造成不便，并造成巨大精神伤害，应得到一定数额的精神损害抚慰金赔偿和残疾补偿金。

【思考与练习】

1.请制订一份咨询计划。

【情境材料】

一位社区工作者在办公室中接待了遇到麻烦的王女士。她情绪焦急、气愤，急切想知道自己的处境和相关的法律规定，除非社区工作者问及，否则绝不主动陈述，而陈述中又担心给他人留下不好印象，因为她怕别人认为她是为了男方的财产才结婚的。原来，这位王姓女士丧偶后独自经营一家小吃店，20岁的儿子在外打工。后来王某与退休工人赵某相识并结婚。赵某有两个女儿和一个儿子女儿均已结婚生子，生活安定。儿子正在部队服役。王某由于无房，婚后便与赵某共同居住在赵某单位分的两室一厅福利房中。赵某的女儿们都非常支持这桩婚事，表示只要王某好好照顾她们的父亲，待父亲百年之后，父亲的房子就归王某。赵某也表示同意。

为了照顾家庭，王某将小吃店兑给他人，做起了全职家庭主妇，两人靠赵某的退休金生活。房改时，王某用兑小吃店的钱补交了7000元房款，但房产证至今没有办下来。

与赵某关系恶化是因为赵某的儿子服役期满即将退伍，赵某流露出希望儿子回来后和他们一起生活的想法。王某坚决不同意，认为如果这样，将来赵某不在了，他的儿子一定会占住房子，撵她走。在这一点上赵某也毫不相让，说："你可以住我的房子，但你儿子没权住我的房子。想为你的儿子要房子，休想！房子早晚是我儿子的！"

王某发现赵某工资卡上存有4.5万元钱，都是结婚后攒的，但赵某从来没告诉过她密码，还说："这钱与你无关，是我的工资。"王某的想法是与其将来她们孤儿寡母无依无靠，不如现在就离婚，分割财产。但王某也有顾虑：现在提出离婚，能否分到一部分房产和财产？她有没有权利要求赵某每月给她生活费？如果不离婚，她怎样做才能保护自己的利益？王某到社区咨询。

请根据上述材料制订一份咨询计划：

(1) 咨询计划中应当包括哪些内容？

(2) 如何回答王某的咨询？

组织：将学生分为三个小组，每组一名汇报人，汇报本组的会见计划；一名观察员，不参加讨论，负责汇报本组讨论的组织、进程、效率、方式、个体参与程度、合作与沟通、异议的处理等。其余人可作补充发言。

要求：作出会见计划，15分钟。每组汇报人将有5分钟时间汇报本组的计划，观察员有3分钟时间汇报本组讨论情况。

讨论计划的内容如下。

情况介绍：自我介绍、双方的权利义务、当事人可能提出的问题（需要握手吗？怎样称呼对方？希望对方怎样称呼自己？称呼与对方年龄有关吗？）

心理准备：会见的目的是什么？对此应当抱有怎样的心态？对本人现有资源的客观估计如何？

仪表准备：什么样的衣着更合适首次会见？装束、仪表、精神面貌对会见有何影响？

工具准备：笔记本、笔、现有案件材料、表格、日历、计算器或电脑。

时间、地点的选择：是否对会见效果有影响？地点的选择（社区接待室或当事人办公室）是否涉及职业道德（如保密）的问题？

相关法律知识的准备：从现有材料中是否可以判断适用的实体法或程序法？是否需要查阅具体法律规定？对此类型案件（涉税案件），法律有何特殊规定？

问题列表—需要问哪些问题？

合理的预测、估计：当事人是否会当场咨询，如何应对？是否可能给出咨询意见？是否可以预测未来？

提出法律意见：是否存在亟须处理的事项？是否准备了紧急处理计划？

其他：下一步的工作安排等。

通常情况下，法律咨询从计划开始，因为成功咨询的第一步是制订一个深思熟虑、完整缜密的计划。而计划中首先要完成的工作就是制订咨询计划。结合上面的例子，制订咨询计划就应当从以下方面入手。

（1）王某咨询的目的是什么；

（2）王某想要解决的问题是什么；

（3）需要作出决定的问题有哪些；

（4）需要调查的事实有哪些；

（5）王某是否还能补充其他材料；

（6）解决问题的相关法律有哪些；

（7）需要整理、查阅的案件材料有哪些；

（8）咨询和进程方案如何，等等。

2. 为社区黄富贵大爷解答咨询。

【情境材料】

家住北京市朝阳区某乡村的黄明，是黄富贵夫妇的独生子，尚未结婚。2013年9月19日，黄明因做生意需周转资金向朋友张某借款5万元，向周某借款6万元。2013年11月31日黄明因交通事故死亡，肇事车主赔偿了黄明的父母黄富贵夫妇28万元。在黄富贵夫妇正为失去儿子悲痛欲绝之际，又被张某、周某催促，要求归还其儿子黄明借款共计11万元和利息4万元。现在黄富贵夫妇伤心难过加六神无主，找到社区寻求帮助。老两口年事已高，又痛失爱子，儿子也没有留下什么遗产，父母还有义务归还儿子的借款吗？如果由你接待两位老人，该如何回答他们的咨询？

3. 接待并回答余华发的咨询。

【情境材料】

2008年正月十八，大兴区魏善庄乡胡里村7组村民李士海应同村6组村民余华发的邀请，帮其修建房屋。李士海之子李晓伟当年才5岁多，随同父亲一同到余华发家玩耍，不幸被余华发家的一条大狗咬伤。当时余华发的女儿马上将李晓伟带到村医务处进行了简单包扎，但没有注射狂犬病疫苗。2011年12月25日，9岁的李晓伟身体出现不适，30日，经区医院确诊为狂犬病。当天晚上7时许，李晓伟死亡。李晓伟的死亡让李士海、王秀娟夫妇极为悲痛，他们找到余华发要求其对李晓伟的死承担责任，要求余华发赔偿李晓伟死亡赔偿金、安葬费、就医、安葬支出的误工费及车费、伙食补助费等共计62万余元。余华发认为，李晓伟的死虽与自己有一定关系，但自己也不是很富有，赔偿不了那么多。李士海、黄秀娟夫妇因痛失爱子，就将所有的气撒在余华发及其家人身上，搞得余家鸡犬不宁。余华发不胜其烦，找到乡司法所咨询如何解决此事。假如由你接待余华发，你该如何接待其咨询？

第二章　代书法律文书

【知识目标】

了解代书及其意义，熟练掌握社区所需的诉讼文书和非诉讼文书的格式和制作要求。

【能力目标】

能够根据社区居民需要为其代书相关诉讼文书和非诉讼文书。

【导入情境】

家住和易社区3号楼706室的张海东下班骑车回家时，在小区门外被本小区9号楼508室的吴华阳不小心开车撞伤，导致张海东受伤住院，自行车受损，随身携带的不锈钢保温杯遗失。经××交警队道路交通事故认定部门简易程序认定，吴华阳对此事故负全责。事故发生后，张海东被送至医院住院治疗，吴华阳支付了住院押金6000元。出院后，张海东一直在家卧床休息并继续进行随诊治疗。经交警部门多次调解，张海东和吴华阳始终无法就其他损失的赔偿达成协议，张海东要求吴华阳赔偿护理费4886元，交通费205元，住院伙食补助950元，营养费500元，存车费50元，车锁25元，鞋138元，杯子175元等共计6929元。吴华阳认为，张海东的要求过高，张海东爱人提出的赔偿数额，远远超出保险公司的理赔标准，并且也没有提供相应的票据；住院期间吴华阳曾经提示张海东住院床费标准为20元/天，但张海东不予理会，住50元/天的监护病房单人间，对此造成的住院床费应由张海东自己承担。现在张海东认为吴华阳没有解决问题的诚意，准备到法院起诉吴华阳，但张海东不会写起诉状，现到社区寻求法律帮助，请代写一份起诉状。

社区主任指派你为张海东代书一份起诉状，你该如何办理？

社区工作者在为社区居民提供法律服务时，有时需向社区居民提供一定的法律文书代书服务。

一、代书法律文书概述

（一）代书的概念及意义

代书是法律工作者根据委托人提供的事实和证据，以委托人的名义，依据法律代替委托人书写诉讼文书和其他法律事务文书的一项业务活动。代书能够为当事人提供法律帮助，保障其更好地行使诉讼权利，维护其合法权益。代书可以宣传社会主义法制，提高公民的法律意识，教育公民遵纪守法。代书可以为人民法院的立案和审判工作奠定良好的基础，促进诉讼的顺利进行。代书能够严格依据法律的规定进行，对于防止纠纷或者对纠纷的正确处理，有着重要的意义，从而有利于维护当事人的合法权益，促进社会的稳定。

（二）代书的种类

在社区里代书的法律文书一般分为诉讼文书和非诉讼文书。

1. 诉讼文书

基层百姓需要代书的诉讼文书一般有民事起诉状、民事答辩状、民事上诉状、刑事自诉状、行政起诉状及答辩状、申诉状、执行申请书等民商事、刑事、行政诉讼法律事务文书。

2. 非诉讼文书

基层百姓需代书的非诉讼文书一般包括遗嘱、遗赠抚养协议、赡养协议及其他协议、合同、章程、遗嘱、声明书等民商事、行政非诉讼法律事务文书。

（三）代写法律文书的要求

代写法律事务文书，应做到目的观点明确反映当事人提供的客观事实和证据材料，准确引用法律条文，语言规范精炼，逻辑严谨，通俗易懂；有法定标准格式的应按规定书写；对请求合法、正当的，应予以支持；对请求非法、不当的，应劝说客户放弃请求，或拒绝予以代书；对不涉及法律事务的代书请求，不予受理。

（四）代书步骤

（1）接受来访者的代书委托，问清并登记来访者的基本情况和代书事项。

（2）听取委托人对代书内容和有关事实的陈述，查看委托人提供的有关证据和材料，进行必要的提问，然后对有关事实、证据进行分析判断，酝酿代书方案。

（3）代书请求合法、正当，事实清楚和证据齐全的，根据代书的繁简程度，可以当场代书，也可以在双方约定的期限内完成代书。

（4）代书完成后，征求委托人的意见进行修改、定稿，正式打印或誊写。

（5）代写的法律事务文书，应根据需要复制若干份，由委托人签字盖章，并加盖代书承办人印章。社区留存一份，其余交给委托人。

二、诉讼文书的代书

基层老百姓需要代书的诉讼文书一般有民事起诉状、民事答辩状、民事上诉状、刑事自诉状、行政起诉状及答辩状、申诉状、执行申请书等民商事、刑事、行政诉讼法律事务文书。民事起诉状、答辩状、上诉状和行政起诉状等相类似，因此，此处主要讲民事起诉状、答辩状和上诉状。

（一）代书民事起诉状

1. 民事起诉状含义及用途

民事起诉状是指公民、法人或其他组织，认为自己的民事权益受到侵害或者与他人发生争议时，为维护自己的合法权益，依据事实和法律，按照法定程序，向人民法院提起民事诉讼时制作并使用的法律文书，是最常用的民事法律文书之一。

民事起诉状是人民法院受理民事案件的依据；也是原告依法维护自身合法利益的工具。

2.掌握民事起诉状的法律依据及所需材料

（1）法律依据。

《民事诉讼法》第119条规定，起诉必须符合下列条件：

（一）原告是与本案有直接利害关系的公民、法人和其他组织；

（二）有明确的被告；

（三）有具体的诉讼请求和事实、理由；

（四）属于人民法院受理民事诉讼的范围和受诉人民法院管辖。

《民事诉讼法》第120条规定，起诉应当向人民法院递交起诉状，并按照被告人数提出副本。

书写起诉状确有困难的，可以口头起诉，由人民法院记入笔录，并告知对方当事人。

《民事诉讼法》第121条规定，起诉状应当记明下列事项：

（一）原告的姓名、性别、年龄、民族、职业、工作单位、住所、联系方式，法人或者其他组织的名称、住所和法定代表人或者主要负责人的姓名、职务、联系方式；

（二）被告的姓名、性别、工作单位、住所等信息，法人或者其他组织的名称、住所等信息；

（三）诉讼请求和所根据的事实和理由；

（四）证据和证据来源，证人姓名和住所。

（2）所需材料。

代书民事起诉状需要的材料有：案件的事实。需要向当事人了解双方发生民事权益争议的时间、地点、原因、经过、情节和后果；案件的相关证据。根据对案件事实的了解，收集能够证明事实的相关证据；以及有关的法律、法规、政策、司法解释等。

3.民事起诉状内容与结构

（1）首部。

①标题，居中写明："民事起诉状"。

②当事人的基本情况，分别写明原告、被告的姓名、性别、出生年月日、民族、职业、工作单位和职务、住址等。

被告是法人、其他组织的，应写明名称和住所，以及其法定代表人（或主要负责人）的姓名和职务。

有法定代理人、委托代理人，还要写明法定代理人、委托代理人的基本情况；委托代理人是律师，仅写明律师姓名及律师事务所名称。

③案由，即什么纠纷，比如离婚纠纷、人身损害赔偿纠纷。

④诉讼请求，简要写明原告向人民法院提起诉讼的目的和具体请求事项。如有多项请求，应分项列出。

（2）正文部分。

①事实部分，应写明原告、被告民事法律关系存在的事实，以及双方发生民事权益争议的时间、地点、原因、经过、情节和后果。

②理由部分，要根据案情和有关法律、法规和政策阐明原告对本案的性质、被告的责任及如何解决纠纷的看法。

③证据，要尽可能列举足以证明案件事实的证据名称、件数或证据线索，并写明证据来源。有证人的，应写明证人的姓名和住址。

（3）尾部。

①致送人民法院的名称。

②原告签名或盖章。如果是法人应加盖公章。如果仅委托律师为原告代书起诉状，可在诉状的最后写上代书律师的姓名及代书律师所在的律师事务所名称。

③起诉时间。

④附项。写明随起诉状附上的本诉状副本份数及有关证据和证明材料。诉状副本份数应按被告的人数提交。

4.民事起诉状格式

（1）格式一（当事人为公民或自然人）。

民事起诉状

原告：××（写清楚当事人姓名、性别、民族、职业、工作单位和住址等基本情况）

（如果有法定代理人、委托代理人，还要在被代理人下面写明法定代理人、委托代理人的基本情况）

被告：××（写法同原告）

案由：

诉讼请求：

（简明扼要写清楚，如果有多项诉讼请求，分项写清楚）

事实和理由：

证据和证据来源，证人姓名和住址：

　　此致

××××人民法院

起诉人：×××

年 月 日

附：本诉状副本×份。

（2）格式二（当事人为法人或其他组织）。

民事起诉状

　　原告：××（当事人为法人或其他组织，要写清楚名称、住所地、法定代表人（或主要负责人姓名和职务等基本情况）

　　被告；××（写法同原告）

　　案由：

　　诉讼请求：

　　事实与理由

　　证据和证据来源，证人姓名和住址：

　　此致

××××人民法院

起诉人：×××

年 月 日

附：本诉状副本×份。

5. 民事起诉状制作注意事项

（1）不要将"民事起诉状"写为"民事起诉书"。

（2）诉讼请求的内容应简洁明确，不要进行过多的叙述或阐述。

（3）事实和理由的内容不要过于具体。

6. 导入情境案例操作指引

根据导入情境材料为张海东代书一份民事起诉状。

民事起诉书

原告张海东，男，1972年6月出生，汉族，××有限公司职工，住××区和易小区3号楼706室。

被告吴华阳，男，1981年9月出生，汉族，某事业单位科长，住××区和易小区9号楼508室。

案由：交通事故人身损害赔偿纠纷

诉讼请求：

1. 被告赔偿原告损失6929元（其中：护理费4886元，交通费205元，住院伙食补助950元，营养费500元，存车费50元，车锁25元，鞋138，杯子175元）。

2. 案件受理费用由被告承担。

事实与理由：

×年×月×日5时30分，原告下班回家，刚到小区门口，被告驾驶凯越牌小汽车将原告撞到，造成原告受伤住院，自行车受损，新买的皮鞋损坏，随身携带的不锈钢杯子遗失。事故发生后，原告被送至××医院住院治疗，被告支付了住院期间的医药费。出院后，原告遵医嘱一直在家卧床休息并继续进行随诊治疗。

经××交警队道路交通事故部门简易程序认定，被告对此事故负全责。后经交警部门多次调解，原被告双方始终无法就其他损失的赔偿达成协议。

此次事故的发生造成原告巨大的经济损失和精神痛苦。针对赔偿问题双方无法达成一致，为了维护原告的合法权利，特诉至法院，请求依法判如所请。

此致

××××法院

起诉人：张海东

2013 年 7 月 20 日

（二）代写民事答辩状

1.民事答辩状的含义及功能

民事答辩状，是指被告或被上诉人针对原告或上诉人的诉讼请求、事实和理由，向人民法院提交的，进行回答和辩解的诉讼法律文书。其写作主体是民事案件的被告或被上诉人，写作受体是人民法院、原告或上诉人，写作主旨是庭前反驳对方的起诉（或上诉）理由。

民事答辩状有一审民事答辩状和二审民事答辩状之分。它的制作和使用，有利于人民法院全面了解诉讼双方的意见和要求，以达到全面、公正地审理案件的目的；有利于维护被告、被上诉人的合法权益；充分体现了诉讼当事人权利平等的原则。

2. 掌握写民事答辩状的法律依据

我国《民事诉讼法》第 125 条规定："人民法院应当在立案之日起 5 日内将起诉状副本发送被告，被告在收到之日起 15 日内提出答辩状。被告提出答辩状的，人民法院应当在收到之日起 5 日内将答辩状副本发送原告。被告不提出答辩状的，不影响人民法院审理。"

3. 掌握民事答辩状的内容和结构

（1）首部。

①标题。居中写明："民事答辩状"。

②答辩人的基本情况。

③答辩案由。写明答辩人因××案进行答辩。

（2）正文。

①答辩的理由，应针对原告或上诉人的诉讼请求及其所依据的事实和理由进行反驳和辩解。

②答辩请求，一审民事答辩状中的答辩请求主要有：要求人民法院驳回起

诉，不予受理；要求人民法院否定原告请求事项的全部或一部分；提出新的主张和要求；可以提出反诉请求。

③证据，答辩中有关举证事项，应写明证据的名称、件数、来源或证据线索。有证人的，应写明证人的姓名、住址。

（3）尾部。

①致送人民法院的名称；

②答辩人签名；

③答辩时间；

④附项，本答辩状副本份数，以及其他有关证据及证明材料。

4.民事答辩状的格式

（1）格式一（当事人为自然人或公民）。

民事答辩状

答辩人××（写清楚当事人姓名、性别、出生年月日、民族、职业、工作单位和住址等基本情况）

委托代理人××，××律师事务所律师。

被被答辩人××（写法同原告）

答辩人因_____一案，提出答辩如下：

_____

_____

　　此致

　　××××人民法院

答辩人：×××

年　月　日

　　附：本诉状副本×份。

（2）格式二（当事人为法人或其他组织）。

民事答辩状

答辩人××有限责任公司，住所地：

法定代表人：　　　　职务：

（当事人为法人或其他组织，要写清楚名称、住所地、法定代表人（或主

要负责人姓名和职务等基本情况）

被×人×（写法同上）

答辩人因_____一案，提出答辩如下：

_____

_____

证据来源和证人名单：

……

此致

××××人民法院

答辩人：×××

年　月　日

附：本诉状副本×份。

5.答辩状的写作方法

如何答辩，应当取决于起诉状、上诉状中提出的事实，理由和诉讼请求。辨析起诉状、上诉状中的谬误之处，有针对性地进行答辩。简单地讲，谬误之所在，即答辩之攻击目标。一般采用驳立结合的方法去写作。通常有三条反驳途径：（1）针对事实不实进行反驳；（2）针对适用法律不当进行反驳；（3）针对论证的错误进行反驳。

6.导入情境案例操作指引

请根据导入情境材料的情节，为吴华阳代写一份答辩状。

民事答辩状

答辩人吴华阳，男，1981年9月出生，汉族，某事业单位科长，住××区和易小区9号楼508室。

被答辩人张海东，男，1972年6月出生，汉族，××有限公司职工，住××区和易小区3号楼706室。

答辩人就被答辩人所诉交通事故人身损害赔偿一案，具体答辩如下。

1.此次事故发生后答辩人态度积极，已支付医药费6000元，不应再向被答辩人支付其诉求的费用，请求法院驳回被答辩人的诉讼请求。答辩人在发生交通事故后，积极救治被答辩人，电话联系急救中心、交警大队、保险公司。为被答辩人联系家属，垫付押金安排住院诊治，先后支付了医药费6000元。而被答辩人不配合，本应在住院一周后复查伤情的，但被答辩人拒绝复查伤情，坚持住院治疗，直到20天后才痊愈出院。这时才给答辩人开具诊断证明。

2.被答辩人提出的要求过高，超出答辩人应承担的责任范围。被答辩人的爱人提出的赔偿数额，远远超出保险公司的理赔标准，且至今未提供票据；只是一味地索要赔偿，也不配合答辩人与保险公司进行赔偿材料的准备。住院期间答辩人曾经提示被答辩人住院床费标准为20元/天。但被答辩人不予理会，非要住50元/天的监护病房单人间，对此造成的住院床费由被答辩人承担。

3.被答辩人无理取闹，导致调解失败。交通大队调解期间，被答辩人的爱人，在交警队坚持自己提出的赔偿标准，对交警通知的赔偿标准不予认可。调解期间，还多次和交警及答辩人发生激烈言语冲突，而且放言说交警受贿偏袒答辩人，最终致使交警大队的调解无果而终。被答辩人提起民事诉讼，实在是国家司法资源的浪费。但是对应被答辩人的无礼索赔申请，我们将坚决不予赔偿，坚决反对"讹人"的歪风邪气。

此致
××××人民法院

答辩人：吴华阳
2013年8月18日

（三）代书民事上诉状

1.文书概念

民事上诉状，是民事案件当事人或者其法定代理人不服一审人民法院的民事判决、裁定，在上诉期限内，要求上一级人民法院进行审理，撤销、变更原裁判所提出的书面请求。

2.掌握该文书的法律依据

《民事诉讼法》第164条规定："当事人不服地方人民法院第一审判决的，有权在判决书送达之日起15日内向上一级人民法院提起上诉。当事人不服地方人民法院第一审裁定的，有权在裁定书送达之日起10日内向上一级人民法院提起上诉。"

《民事诉讼法》第165条规定："上诉应当递交上诉状。上诉状的内容，应当包括当事人的姓名、法人的名称及其法定代表人的姓名或者其他组织的名称及其主要负责人的姓名；原审人民法院名称、案件的编号和案由；上诉的请求和理由。"

《民事诉讼法》第166条规定："上诉状应当通过原审人民法院提出，并按照对方当事人或者代表人的人数提出副本。当事人直接向第二审人民法院上诉的，第二审人民法院应当在5日内将上诉状移交原审人民法院。"

3. 文书结构和内容

（1）首部。

①标题，居中写"民事上诉状"。

②当事人基本情况，分别写明上诉人、被上诉人的姓名、性别、出生日期、民族、职业、工作单位和职务、住址等。注明上诉人、被上诉人在一审程序中的诉讼地位。如果有第三人，应写明第三人的基本情况。

③案由。

④上诉请求，写明上诉人请求二审人民法院依法撤销或者变更原审裁判，以及如何解决本案民事权益争议的具体要求，须写明第一审人民法院的名称、判决书或裁定书的编号和案由。

（2）正文。

①上诉理由。明确提出原审裁判在认定事实方面、在适用法律方面或在诉讼程序方面存在的错误或不当之处。

阐述上诉理由，须切实做到以下几点：上诉理由必须具有鲜明的针对性；上诉理由必须据实依法说理反驳；上诉理由更要注意恰如其分，力戒言过其实，无限上纲。

②证据。如有新的证据、证人，应写明向人民法院提供的能够证明上诉要求的证据名称、件数，证人姓名和住址。

（3）尾部。

①致送人民法院的名称。

②上诉人签名。

③上诉时间。

④附项，本诉状副本等资料信息。诉状副本份数应按被上诉人的人数提交。

4. 文书格式

民事上诉状

上诉人（原审×告）：

委托代理人：

被上诉人（原审×告）：

上诉人因××一案，不服×××人民法院××年××月××日（××××）×民初字第××号民事判决（或者裁定），现提出上诉。

上诉请求：

上诉理由：

此致
××××人民法院

上诉人：××××

××××年××月××日

附：本上诉状副本×份。

5. 写作注意事项

（1）关于当事人，除称谓不同外，其基本写法与民事诉状的要求一致。

（2）关于案由部分，这是一段过渡性的文字，大致包括原审人民法院名称、处理时间，文书的名称、编号，上诉人作上诉的表示等内容。通常的表述是："上诉人因××一案，不服××人民法院×××年×月×日所作的（年度）×民初字第××号一审民事判决（或裁定），特向贵院提起上诉。现将上诉的请求和理由分述如下：……"需注意的是，上述并非程式化的文字，只要具有法律文书的语言特点，文字通顺即可。

（3）关于上诉理由，上诉是上诉人针对原裁判的不服而提出的，并不是针对原审当事人的，切不可按民事答辩状之写法依葫芦画瓢。上诉理由必须就原审裁判所认定的事实和证据、适用的法律进行有的放矢的反驳，具体方法是将原审裁判所认定的事实与客观事实相对照，将原审裁判所认定的事实证据与客观证据相对照，将原审裁判所适用的法律与应当适用的法律（包括实体法和程序法）相对照，抓住其关键性的错误之处，作为反驳的论点。

三、非诉文书的制作

（一）代书遗嘱的制作

【学习情境】

李南翔，男，65岁，原为北京市某公司经理，住北京市丰台区东大街5号，今年8月，李南翔想立一份遗嘱对身后事作一安排，又不想让家人知道引起不必要的矛盾，于是打电话到社区寻求帮助，社区主任安排你和王海涛为李南翔代书一份遗嘱。

李南翔在西城区××小区×楼×号有70平方米的两居室，准备留给大儿子李晓华，现住的三居室留给妻子和同住的小女儿李晓红，银行存款20万元给小女儿作为上高中和大学的费用，其余财产按法定继承办理。

【问题】

请你根据上述背景材料，为李某代书一份遗嘱。

1. 什么是遗嘱？

遗嘱是公民生前依法定方式处理自己财产或者其他事务并于死亡后发生法律效力的法律行为。遗嘱是遗嘱人对自己的财产或其他事项所作的处理，应当由遗嘱人自己完成。但是，遗嘱人不识字或因生病等不能书写，或者不愿意自己书写的，可以委托他人代写遗嘱。《继承法》第17条第3款规定："代书遗嘱应当有两个以上见证人在场见证，由其中一人代书，注明年、月、日，并由代书人、其他见证人和遗嘱人签名。"

2. 遗嘱的内容

（1）文书题目"遗嘱"或"某某遗嘱"。

（2）写明立遗嘱人的身份及其基本情况。

（3）写明立遗嘱的原因。

（4）写明立遗嘱人的所有财产的名称、数额及特征。对不动产应写明财产坐落的地址。

（5）写明立遗嘱人对身后财产的具体处理意见。

（6）写明所立遗嘱的份数。

最后，立遗嘱人要审阅代书遗嘱，签字或盖章，并注明立遗嘱的时间和地点。如有证明人在场的，证明人也应签名盖章。此外，代书人也应在遗嘱上写明自己的姓名。

3. 遗嘱参考格式

××遗嘱

立遗嘱人：××（写清楚立遗嘱人的基本情况，包括姓名、性别、年龄、住址等）

为了防止遗产继承纠纷，特请××和××作为见证人，并委托东大街社区××代书遗嘱如下：

1.由于本人……，为防止意外死亡和遗产继承纠纷，特立本遗嘱。

2.本人现有主要财产如下：

（1）……；

（2）……；

（3）……；

（4）……；

3.对于上述财产，本人处理如下：

（1）某房产（要将房产的具体地址写清楚）给……；

（2）……

（3）××银行存款××元，账号××，给……；

（4）……

（5）其余财产按法定继承办理。

4.希望大家尊重本人的遗愿，和平处理遗产继承事宜。

5.本遗嘱一式三份，一份由我收执，一份交执行人保存，一份留公证处存档，都具有同等法律效力。

立遗嘱地点：……

立遗嘱人：×××　（签字）　　　　　　年　月　日

代书人：×××　（签字）　　　　　　　年　月　日

见证人：×××　（签字）　　　　　　　年　月　日

见证人：×××　（签字）　　　　　　　年　月　日

4.代书遗嘱生效的要件

代书遗嘱是由遗嘱人口述遗嘱内容，由见证人代替遗嘱人书写遗嘱。代书遗嘱不是代书人按照自己的意思设立遗嘱，而是代书人按照遗嘱人的意思表示，如实地记载遗嘱人口述的遗嘱内容，而不可对遗嘱内容作出任何更改或修正。代书遗嘱要具备法律效力需满足下面的条件。

（1）实质要件。

①请求代书人就是立遗嘱人；

②遗嘱人立遗嘱时必须具备完全的民事行为能力；

③遗嘱必须是遗嘱人的真实意思表示；

④遗嘱处分的财产必须是立遗嘱人的个人合法财产；

⑤遗嘱的内容不违反法律和社会公共利益。

（2）程序要件。

代书遗嘱必须由两个以上见证人在场见证，由其中一人代书；见证人须与遗嘱内容无利害关系。

5.导入情境案例操作指引

根据导入情境材料为李南翔代书一份遗嘱。

李南翔遗嘱

立遗嘱人：李南翔，男，65岁，家住北京市丰台区东大街5号。

为了防止遗产继承纠纷，特请××和××作为见证人，并委托上东大街社区××代书遗嘱如下：

1.由于本人身患重病，为防止意外死亡和遗产继承纠纷，特立本遗嘱。

2.本人现有主要财产如下：

（1）西城区××小区×楼×号有78平方米的两居室；

（2）目前居住的丰台区东大街5号的三居室，约106平方米；

（3）工商银行存款20万元，账号××；建设银行存款10万元，账号××；

（4）某公司股票若干。

3.对于上述财产，本人处理如下：

（1）西城区××小区×楼×号有78平方米的两居室给大儿子李晓华；

（2）丰台东大街5号约106平方米的三居室给妻子和小女儿李晓红；

（3）工商银行存款20万元，账号××，给小女儿李晓红上高中和大学费用；

（4）建设银行存款10万元，给妻子养老；

（5）其余财产按法定继承办理。

4.希望大家尊重本人的遗愿，和平处理遗产继承事宜。

5.本遗嘱一式三份，一份由我收执，一份交执行人保存，一份留公证处存档，都具有同等法律效力。

立遗嘱地点：丰台区东大街社区，丰台区××路××号

立遗嘱人：李南翔　　　（签字）　　　　2013年8月20日

代书人：东大街社区××（签字）　　　　2013年8月20日

见证人：×××　　　王海涛　　　　　　2013年8月20日

（二）协议书的制作

1.协议书概述

（1）协议书及其种类。

协议书是社会生活中，双方或多方当事人相互之间就有关问题或纠纷，经过协商或调解达成一致意见后，所签订的共同遵守的书面文件。

协议书是契约文书的一种，是当事人双方（或多方）为了解决或预防纠纷，或确立某种法律关系，实现一定的共同利益、愿望，经过协商而达成一致后，签署的具有法律效力的记录性应用文书。

协议书有广义和狭义之分。广义的协议书是指社会集团或个人处理各种社会关系、事务时常用的契约类文书，包括合同、议定书、条约、公约、联合宣言、联合声明、条据等。狭义的协议书是指国家、政党、企业、团体或个人就某个问题经过谈判或共同协商，取得一致意见后，订立的一种具有经济或其他关系的契约性文书。基层常用的协议书有合同调解协议书、民事纠纷调解协议书、收养协议书、遗产分割协议书、遗赠扶养协议书、赡养协

书等。

（2）协议书的基本内容。

①协议书的名称。

②当事人双方或各方的身份情况及相互之间的关系。

③当事人自愿达成协议的意思表示，以及确定的共同遵守的原则。

④当事人达成协议事项的主要内容（这是重点，必须详写）。

⑤协议书生效的具体时间，以及协议书的份数/留存和需要报送的单位和人员。

⑥立协议的各方及其见证人分别签字或盖章，并注明立协议的时间。在时间下面注明代书人的姓名及所在的社区。

（3）代书协议书的注意事项。

①协议各方是否全部到齐，每个当事人是否享有处分相应协议内容的权利。

②协议的内容是否合法。

③协议的各项内容是否具体明确。

2. 代书遗赠抚养协议

【导入情境材料】

社区张三华奶奶是一个孤寡老人；她的邻居王韵文大妈是一个热心肠的人，由于单位不景气，提前退休在家。王大妈看张奶奶无儿无女，经常帮助张奶奶采买生活用品，打扫卫生，帮助她到医院看病等。今年，张奶奶自知生命时限不多，为感谢王大妈多年的照顾，也为自己的身后事找到一个可委托的人，打电话到社区，要求社区派人帮助签一份遗赠协议并监督执行。内容是将自己的房产赠给王大妈，但要求王大妈为其送终，并购买一份墓地安葬自己。

社区指派你为张奶奶代书一份遗赠抚养协议，你该如何办？

（1）遗赠扶养协议及相关概念。

遗赠扶养协议，是遗赠人与扶养人签订的、由扶养人承担遗赠人生养死葬的义务，遗赠人将自己的合法财产的一部分或全部于其死后转移给扶养人所有的协议。它也是我国《继承法》规定的遗产转移方式之一，具有法律效力。

遗赠人，也叫受扶养人，是指需要他人扶养，并愿意将自己的合法财产全部或部分遗赠给扶养人的人。

扶养人，也叫受遗赠人，是指对遗嘱赠人尽扶养义务并接受遗赠的人。

遗赠人必须具有完全民事行为能力，有一定可遗赠财产并需要投入扶养的公民。扶养人必须是遗赠人法定继承人以外的公民或组织，并具有完全民事行为能力，能履行扶养义务。

（2）遗赠抚养的内容。

①遗赠扶养协议是双方的法律行为，只有在遗赠方和扶养方双方自愿协商一致的基础上才能成立。凡不违反国家法律规定、不损害公共利益、不违反社会主义道德准则的遗赠扶养协议即具有法律约束力，双方均必须遵守，切实履行。任何一方都不能随意变更或解除。如果一方要变更或解除，必须取得另一方的同意。而遗赠是遗嘱人单方的法律行为，不需要他人的同意即可发生法律效力。遗赠不仅可以单方面订立遗嘱，而且可以随时变更遗嘱的内容，或者撤销原遗嘱，另立新遗嘱。

②遗赠扶养协议是有偿的、相互附有条件的，它体现了权利义务相一致的原则。而遗赠是财产所有人生前以遗嘱的方式将其财产遗赠给国家、集体或个人的行为，它不以受遗赠人为其尽扶养义务为条件。

③遗赠扶养协议不仅有遗赠财产的内容，而且还包括扶养的内容。而遗赠只是遗赠财产，没有扶养的内容。

④遗赠扶养协议从协议成立之日起开始发生法律效力，而遗赠是从遗赠人死亡之日起发生法律效力。

⑤被继承人生前与他人订有遗赠抚养协议，同时又立有遗嘱的，继承开始后，如果遗赠抚养协议与遗嘱有抵触，按协议处理，与协议抵触的遗嘱全部或部分无效。

（3）遗赠抚养协议的效力。

遗赠扶养协议已经签订即发生效力。遗赠扶养协议的效力可分为对当事人双方的内部效力和对其他人的外部效力。

①遗赠扶养协议的内部效力。遗赠扶养协议是一种双务合同关系，当事人双方都享有权利和负有义务，且双方的权利义务具有对应性。

A. 扶养人的义务。扶养人的义务就是在受扶养人生前扶养受扶养人，在受扶养人死后安葬受扶养人。扶养人不认真履行扶养义务的，受扶养人有权请求解除遗赠扶养协议。受扶养人未解除协议的，对不尽抚养义务或者以非法手段谋夺遗赠人财产的扶养人，经遗赠人的亲属或者有关单位的请求，人民法院可以剥夺扶养人的受遗赠权；对不认真履行扶养义务，致使受扶养人经常处于生活缺乏照料状况的扶养人，人民法院也可以酌情对扶养人受遗赠的财产数额予以限制。

B. 受扶养人的义务。受扶养人的义务是将其财产遗赠给扶养人。受扶养人对在遗赠扶养协议中指定遗赠给扶养人的财产，在其生前可以占有、使用、收益，但不得处分。受扶养人擅自处分财产，致使扶养人无法实现受遗赠权利的，扶养人有权解除遗赠扶养协议，并得要求受扶养人补偿其已经付出的供养费用。

②遗赠扶养协议的外部效力。遗赠扶养协议的对外效力，表现为遗赠扶养协议是遗产处理的依据，在遗产处理时排斥遗嘱继承和法定继承。我国《继承法》第5条规定："继承开始后，按照法定继承办理；有遗嘱的，按照遗嘱继承或者遗赠办理；有遗赠扶养协议的，按照协议办理。"集体组织对"五保户"实行"五保"时，双方有扶养协议的，按协议处理；没有扶养协议，死者有遗嘱继承人或者法定继承人要求继承的，按遗嘱继承或者法定继承处理的，但集体组织有权要求扣回"五保"费用。

（4）遗赠扶养协议书的基本内容和结构。

①协议书的名称为"遗赠扶养协议"。

②当事人的姓名、性别、出生日期、住址、扶养人为组织的应写明单位名称、地址、法定代表人及其代理人的名称。

③当事人自愿达成协议的意思表示。

④遗赠人受扶养的权利和遗赠的义务；扶养人受遗赠的权利和扶养义务。

⑤遗赠财产的保管措施或担保人同意担保的意思表示。

⑥协议变更、解除的条件和争议的解决办法。

⑦违约责任。

⑧协议份数及是否公证等内容，然后立约人和见证人签名或盖章及协议订立的具体日期。代书人的姓名及社区名称也应写在后面。

（5）遗赠扶养协议的格式。

遗赠抚养协议

遗赠人：××，性别，民族，出生年月，住址，身份证号。

扶养人：××，性别，民族，出生年月，住址，身份证号。

遗赠人与抚养人经协商一致，达成以下遗赠抚养协议：

1.……

2.……

3.……

4.……

本协议由×社区工作人员××进行见证并监督执行。

本协议在执行过程中，若发生争议，由×社区工作人员主持协商解决或调解。

若发生扶养人虐待遗赠人或严重侵害遗赠人的行为；或遗赠人将自己的该房产改赠他人，该协议解除；由此给双方当事人造成损害，要负担相应的赔偿责任。

本协议一式三份，由遗赠人保存一份，扶养人保存一份，×社区保存一份。

遗赠人：（签字）××

扶养人：（签字）××

代书人：（签字盖章）×社区×××

见证人：（签字）×××   ×××

×××　年×月×日

（6）遗赠扶养协议书的注意事项。

①扶养人（受遗赠人）必须是法定继承人以外的人。

②应明确具体写出遗赠扶养双方各自的权利义务。

③遗赠内容应写明遗赠财产的各称、数量、处所。

④扶养内容应写明提供扶养具体内容、办法和期限。

（7）导入情境案例操作指引。

遗赠抚养协议

遗赠人：张三华，女，汉族，1930年3月出生，住址：×市×区丽华路3号和易小区5号楼203室，身份证号码……

扶养人：王韵文，女，汉族，1955年8月，住址×市×区丽华路3号和易小区5号楼202室，身份证号码……

遗赠人张三华和扶养人王韵文经协商一致，达成以下遗赠抚养协议：

1. 王韵文从即日起悉心照顾张三华日常起居生活，直至身故。

2. 张三华有病时要要送医拿药。

3. 张三华身故后，王韵文要买墓地安葬张三华。

4. 张三华身故后，张三华所有的和易小区5号楼203室（约78平方米）赠送给王韵文。

本协议由和易社区工作人员××进行见证并监督执行。

本协议在执行过程中，若发生争议，由和易社区工作人员主持协商解决或调解。

若发生扶养人虐待遗赠人或严重侵害遗赠人的行为；或遗赠人将自己的该房产改赠他人，该协议解除；由此给双方当事人造成损害，要负担相应的赔偿责任。

本协议一式三份，由遗赠人保存一份，扶养人保存一份，和易社区保存一份。

遗赠人（签字）：张三华

扶养人（签字）：王韵文

代书人（签字盖章）：和易社区×××

见证人（签字）：×××　　×××

2012年5月15日

3. 代书赡养协议

【导入情境材料】

李来福大爷，今年73岁，有住房在朝阳区八里庄××社区，大儿子李红民有心脏病不能照顾父亲，二儿子李宏光刚开始与父亲同住，二儿子结婚后，老人就自己单住朝阳区八里庄××社区。

老人虽然有退休金，但目前老人年事已高，生活需要人照顾，又不愿与儿子生活在一起，于是要求两个儿子每月20日前各给付生活费700元，请保姆照顾自己。

哥俩商议让老人住养老院，将老人的房子出租或卖掉来支付住养老院的费用，但老人不愿去，愿意住在家中。

请你为李大爷及其子女代书一份赡养协议并监督执行。

(1) 赡养的含义及种类。

所谓赡养，指子女或晚辈对父母或长辈在物质上和生活上的帮助，即子女在经济上为父母提供必需的生活用品和费用，在生活上、精神上、感情上对父母应尊敬、关心和照顾。这包括两种情况。

①子女父母赡养。

《宪法》规定，成年子女有赡养扶助父母的义务。中国《婚姻法》也规定："子女对父母有赡养扶助的义务。子女不履行赡养义务时，无劳动能力或生活困难的父母，有要求子女付给赡养费的权利。"

赡养扶助的主要内容是指在现有经济和社会条件下，子女在经济上应为父母提供必要的生活用品和费用，在生活上、精神上、感情上对父母应尊敬、关心和照顾。

有经济负担能力的成年子女，不分男女、已婚未婚，在父母需要赡养时，都应依法尽力履行这一义务直至父母死亡。

子女对父母的赡养义务，不仅发生在婚生子女与父母间，也发生在非婚生子女与生父母间，养子女与养父母间和继子女与履行了扶养教育义务的继父母之间。

为保障受赡养人的合法权益，《婚姻法》规定："子女不履行赡养义务时，无劳动能力或生活困难的父母，有要求子女付给赡养费的权利。"对拒不履行者，可以通过诉讼解决，情节恶劣构成犯罪者，依法追究其刑事责任。

②晚辈对长辈赡养。

《婚姻法》规定：有负担能力的孙子女、外孙子女，对于子女已经死亡的祖父母、外祖父母，有赡养义务。这种赡养是有条件的，即须孙子女、外孙子女有负担能力，且祖父母、外祖父母的子女已经死亡。

上述规定是保护老人合法权益的重要法律措施。

（2）赡养协议的基本内容。

①协议的名称为"赡养协议"。

②赡养人和被赡养人的姓名、性别、出生日期、住址等。

③赡养人与被赡养人之间的关系。

④赡养人应尽的具体义务。包括照顾被赡养人的衣食住行病葬的具体措施及对责任田、口粮田、自留地的耕种管收等。

⑤赡养人提供赡养费和其他物质帮助的给付方式、给付时间。

⑥对被赡养人财产的保护措施。

⑦协议变更的条件和争议的解决办法。

⑧违约责任。

⑨如有履行协议的监督人，应到场并在协议上签字。

⑩协议的订立日期，协议人的签名或盖章，协议的生效时间。

（3）赡养协议格式。

赡养协议书

被赡养人：姓名、性别、年龄、住址

赡养人：姓名、性别、年龄、住址

为维护被赡养人合法权益，切实保障被赡养人的晚年生活，根据有关法律规定，赡养人和被赡养人签订如下养协议。

第一条　赡养的基本原则

1.赡养人不分男女都有赡养被赡养人的义务，各赡养人应积极履行对被赡养人经济供养、生活照料和精神慰藉的义务。赡养人应尊重被赡养人的生活习惯、宗教信仰、隐私，禁止侮辱、诽谤、殴打、虐待和遗弃被赡养人。赡养人的配偶应当协助赡养人履行赡养义务，赡养人家庭成员应尊重、照顾被赡养人。被赡养人所需的各项赡养费用和物资由赡养人根据各自的经济状况协商负担。

2.被赡养人在身体健康、经济条件允许的情况下，按照自愿、量力的原则，给赡养人及家庭以帮助，酌情减轻赡养人的负担。被赡养人在力所能及的情况下可以给予赡养人一定的帮助，但赡养人不得要求被赡养人承担其不愿意或力不能及的劳动。

3.被赡养人的房产权、房屋租赁权和居住权受法律保护，未经被赡养人同意或者授权，赡养人及其配偶、子女不得强占、出卖、出租、转让或者拆除。经被赡养人同意由赡养人出资翻建的，应当明确被赡养人享有的产权和居住权。

4.赡养人不得强行将有配偶的被赡养人分开赡养。赡养人应当尊重被赡养人的婚姻自由，被赡养人有权携带自有财产再婚；赡养人及其家庭成员不得以被赡养人的婚姻关系发生变化为由，强占、分割、隐匿、损毁属于被赡养人的房屋及其他财产，或者限制被赡养人对其所有财产的使用和处分。被赡养人再婚的，赡养人仍有赡养的义务，不得以此为借口不尽赡养义务。

5.被赡养人有权依法继承配偶、父母、子女的遗产和接受遗赠。被赡养人的财产依法由被赡养人自主支配，赡养人及其配偶、子女不得向被赡养人强行索取。赡养人中经济条件较好的，可以对被赡养人适当增加赡养费；经济条件较差的，在征得被赡养人和其他赡养人同意的情况下可以适当减少赡养费。

第二条　赡养人的主要义务

1.赡养人应保证被赡养人每年添置外衣、内衣、鞋帽等个人物品，所需费用由赡养人共同承担。赡养人保证被赡养人的衣服、被褥干净、整洁，被赡养人单独居住的由当期赡养人负责，被赡养人同赡养人共同居住的由同住赡养人负责。

当期赡养人是指赡养人按照本协议轮流赡养、护理、照顾被赡养人，当轮到具体的赡养人时，该赡养人即为当期赡养人。

2.赡养人应妥善安排好被赡养人的膳食结构，保证被赡养人吃饱、吃好，保证每周至少有肉、鱼、蛋，以及新鲜蔬菜和水果等。食品的购买、烹饪和餐具的清洗，被赡养人单独居住的，由当期赡养人负责；被赡养人同赡养人共同居住的，由同住赡养人负责。被赡养人对膳食有特殊要求的，应尽量满足被赡养人的要求。被赡养人单独居住，自己负责购买、烹饪的，所需费用由赡养人共同承担，在征得被赡养人同意的情况下，赡养人可以提供粮食、蔬菜及柴、米、油、盐等实物。

3.赡养人应为被赡养人提供安全、舒适、方便的居住场所及其他生活用品。赡养人应当妥善安排被赡养人的住房，不得强迫被赡养人迁居条件低劣的房屋。被赡养人单独居住的，如房屋损毁，赡养人应负责及时维修，确保被赡养人的住所不破、不漏，卫生整洁，费用由赡养人共同承担。被赡养人租赁房屋居住的，房租由赡养人共同承担。因房屋拆迁被赡养人没有居住房屋的，被赡养人可以选择到任何赡养人家居住。被赡养人的拆迁补偿款任何赡养人不得截留、侵占。

4.如被赡养人不能自行出行，赡养人应安排时间负责被赡养人出行，所需交通费由当期赡养人承担。被赡养人单独居住时所需的水、电、煤等日常必需费用由各赡养人承担。被赡养人生活用品、个人用品的更换、维修费用由各赡养人共同承担。

5.被赡养人生病，赡养人应及时给予医治，并负责生活照料和护理。被赡养人日常检查、就诊、买药由当期赡养人或同住赡养人负责，就近购买。被赡养人大病需住院治疗的，应就近治疗。被赡养人住院期间由各赡养人轮流护理，没有时间或条件亲自护理的，由当期赡养人聘请专人护理。

6.被赡养人生活不能自理时，赡养人自行护理的，每　　个月轮换一次，由当期赡养人护理。个别赡养人不能亲自照料被赡养人的，可以按照被赡养人的意愿，请人代为照料，并及时支付所需费用。赡养人之间可以协商由其中一个赡养人护理，其他赡养人应支付相应的补助，补助的数额由赡养人共同协商。

7.被赡养人体弱多病行走不便的，赡养人要及时给予医治、照顾和精心看护，在精神上关心被赡养人，不得用粗暴蛮横的语言对待被赡养人。

8.赡养人每年要为被赡养人庆祝生日，宴会费用由全体赡养人共同承担。庆祝期间赡养人尽可能创造轻松、愉悦的气氛，不得谈及伤害、侮辱被赡养人或其他赡养人的话题。

9.赡养人有义务根据被赡养人的意愿代耕、代种、收割被赡养人的责任田、承包田、自留地，照管被赡养人的林木和牲畜等，收益归被赡养人所有。被赡养人可以对提供劳务的赡养人给予适当补助。

10.赡养人有义务按照被赡养人的要求代为缴纳各种费用，接送物品、邮件。赡养人有义务按照被赡养人的要求管理其他事务，其他赡养人不得干涉。

第三条　赡养的方式、周期

1. 被赡养人单独居住的，赡养人应主动上门赡养，各赡养人每　　个月轮换一次。

2. 被赡养人同赡养人同住的，各赡养人按照长幼顺序每　　个月轮换一次，下一顺序的赡养人负责上门接回被赡养人。

第四条　赡养费及共同承担的费用数额、给付方式、给付时间

1. 被赡养人单独居住的，赡养人每月给付被赡养人赡养费　　元。

2. 赡养人应以现金方式支付赡养费，赡养人应填好相应凭证，赡养人应对支付赡养费或共同分担的费用承担举证责任。

3. 赡养费或共同承担的费用，由赡养人承担。如被赡养人有退休工资或其他收入的，赡养费或共同承担的费用从被赡养人的退休工资或其他收入中优先支取，具体由当期赡养人、同住赡养人或预定的监护人、被赡养人委托的人负责支取。

被赡养人有医疗保险的，从医疗保险或医疗保险卡中支取；医疗保险不能报销的或被赡养人无力支付的医疗、护理等费用，由赡养人共同承担。被赡养人同意从存款或其他财产中支取的，在保留丧葬费用的前提下，赡养人可以从中支取，不足部分由赡养人共同承担。

4. 赡养协议的内容，根据实际情况和当地经济社会发展状况进行调整；赡养人单独居住的，赡养费标准按照当地物价上涨幅度每二年浮动一次，且不低于当期赡养人家庭成员生活标准或当地最低生活标准（以两者高者为标准）。

第五条　属于全体赡养人共同分摊的费用

1. 被赡养人的衣、食、住、行、医疗等费用。

2. 被赡养人单独生活发生的水、电、煤等生活费用。

3. 被赡养人生日宴会费用。

4. 丧葬费用等被赡养人花费的其他需要共同分摊的费用。

第六条　被赡养人的丧葬费用分担和遗产继承

1. 被赡养人去世后，赡养人应按照国家的有关规定办理丧事，丧葬费用从被赡养人的遗产中支取，不足部分由赡养人共同承担。

2. 赡养人应遵守国家关于丧葬的有关规定，不得铺张浪费。个别赡养人在未同其他赡养人协商的情况下，超过正常标准办理丧事的，所花费的费用，由

责任人自行承担。正常标准范围内所支出的合理费用，赡养人共同承担。

3. 被赡养人去世后，被赡养人的遗产有遗嘱的按遗嘱执行，没有遗嘱的按照《继承法》的规定继承。被赡养人的个人物品、金银首饰等遗产可以由赡养人通过竞价的方式获得，所得款项按照《继承法》的规定继承。

第七条　协议变更的条件和争议的解决方法

1. 变更本协议应取得被赡养人、赡养人全部同意后方可变更、修改。

2. 因履行本协议出现纠纷的，赡养人各方应友好协商；协商不成的，可以请求村民委员会等调解组织调解；调解不成的，由被赡养人、赡养人向被赡养人居住地人民法院起诉。

3. 赡养人在协商、调解的过程中，各赡养人应本着"实事求是、求同存异、最有利于维护被赡养人利益"的原则进行协商，妥善处理好争议事宜。

第八条　违约责任

1. 赡养人不得以放弃继承权、被赡养人婚姻关系变化或其他理由，拒绝履行赡养义务。

2. 赡养人不履行赡养义务，被赡养人有要求赡养人给付赡养费的权利。

3. 赡养人不履行给付赡养费、共同分担费用的，除了支付赡养费、共同分担的费用外，还应按照应当缴纳的赡养费、共同分担的费用数额的每日1%支付违约金。因赡养人不履行本协议而产生的诉讼费、律师费、交通费、赡养期间的护理人员费用由违约的赡养人承担。

4. 赡养人不尽赡养义务的，在继承遗产时少分或不分。

5. 部分赡养人不履行义务，其他赡养人按照长幼顺序由不尽赡养义务赡养人的下一顺序赡养人继续履行赡养协议约定的义务，任何赡养人不得以此作为自己不履行义务的理由。

6. 本协议赡养人共同委托　　社区　　监督执行。

7. 本协议共3页，一式　　份，具有同等法律效力。赡养人、被赡养人、协议履行监督人、村（居）民委会各执一份。

被赡养人：

赡养人　　　协助赡养人

长子：　　　配偶：

次子：　　配偶：

协议签订时间：　　年　月　　日

协议签订地点：

(4) 导入情境操作指引。

赡养协议

被赡养人：李来福，男，74岁，住朝阳区八里庄××社区6号楼3单元102室。

赡养人：李红民（李来福之长子），男，52岁，住朝阳区定福庄××社区11号楼6单元206室。

赡养人：李宏光（李来福之次子），男，40岁，住通州玉带河大街××社区16号楼2008室。

1.被赡养人李××与赡养人李红民、李宏光，经过协商他们就被赡养人的赡养问题达成如下协议：

(1) 被赡养人单独居住于朝阳区八里庄××社区，不能让被赡养人去养老院；

(2) 两赡养人李红民、李宏光于每月20日前各支付被赡养人现金700元人民币，用于聘请保姆照顾老人的日常起居生活；

(3) 两赡养人应经常回家看望老人，关心老人生活起居及身体状况，指导保姆对老人的照顾；

(4) 被赡养人房子由本人自行处置，两赡养人不能以任何理由干预或侵占；

(5) 被赡养人身体有病，要及时医治，费用由两赡养人共同负担；

(6) 如果保姆费用上涨或老人生活不能自理需提高护理费的，两赡养人协商提高支付相应费用。

2.两赡养人应认真履行上述协议内容。

3.本协议在执行过程中，若发生争议，由×社区工作人员主持协商解决或调解。

4.本协议由×社区工作人员××进行见证并监督执行。

5.本协议一式四份，由被赡养人保存一份，两赡养人各保存一份，×社区保存一份。

被赡养人（签字）：李来福

赡养人（签字）：李宏民　配偶：（签字）王芳

赡养人（签字）：李宏光　配偶：（签字）吴慧颖

代书人：×社区×××（签字盖章）

见证人（签字）：×××　×××

×××年×月×日

【思考与练习】

1. 根据所给的情境训练材料原告写一份起诉状，时间约60分钟。

【情境材料1】

胡超和贾丹从小青梅竹马，一起长大，两人在高中时就确立了恋爱关系。高中毕业后，胡超考上了大学，贾丹则选择了就业。胡超大学毕业后在一个事业单位上班，一年后两人就登记结婚了。婚后不久胡超就辞职下海经商了，经过多年的努力拼搏，胡超的生意越做越好，几年下来积累了不少家庭财产。2003年，他们可爱的儿子出生，为了照顾儿子，贾丹辞职在家做起了全职太太。2012年，贾丹跟胡超商量在大兴为儿子买一套房时，意外发现银行的账号上少了230万元。经过调查贾丹才知道，原来是胡超将这230万元赠予了情人姚娜买房。贾丹遂向姚娜索要钱款，姚娜拒绝返还。因此贾丹想起诉到法院，要求法院确认胡超的赠予行为无效，要求姚娜返还230万元。

因贾丹不会写民事起诉状，请你代贾丹拟写一份民事起诉状。

贾丹，女，38岁，满族，辽宁沈阳人，全职太太，住北京市××区白家庄某小区2号楼102室。

委托代理人××，北京市××区××社区工作者

姚娜，女，27岁，汉族，河北衡水人，北京××有限公司职员，住北京市××区××大街1号院1#608室。

写作要求：

①格式正确，自然人和法人基本情况列写的区别，法定代表人、法定代

理人、委托代理人的区别，诉讼请求的格式要求，人民法院名称的正确表述等。

②要注意各部分内容之间的联系，在写作的内容上要体现"以事实为依据，以法律为准绳"，要注重各部分之间的内在联系，做到"证据能够证明案件事实，事实能够支持说理论证，理由能够服务诉讼请求"。

2. 根据所给的情境训练材料原告写一份答辩状，时间约60分钟。

【情境材料2】

2011年4月5日，家住××区三河村的赵大胜在集镇上碰到邻村好友吴俊飞和刘晓峰，便邀约吴、刘二人一起到餐馆小聚。三个好友相聚，非常高兴，一起喝了不少酒。饭后各自回家。吴俊飞驾驶摩托车回家，在一拐弯处因车速过快而摔倒，赵大胜和刘晓峰闻讯后积极找人帮忙送到镇卫生院，后转到县医院。2天后，吴俊飞因伤势过重经医治无效死亡。吴俊飞死亡后，在镇司法所工作人员的主持下，赵大胜和刘晓峰从人道主义的角度出发，于2011年4月15日与吴耀辉（吴俊飞之父）就吴俊飞死亡问题签订了协议书。该协议书第1条约定："赵大胜、刘晓峰二人自愿一次性弥补吴俊飞家属壹万贰仟元（12000.00元），每人承担6000.00元。"该协议书的第2条约定："吴俊飞家属无异议，付清弥补资金后，当事三方和睦相处、互相关照，三方签字后，三方不得以任何借口纠缠此事。"赵、刘二人协议签订的第二天就将各自负担的6000元钱给了吴耀辉。本以为事情就此了结，不料，赵大胜于同年6月18日收到了××县法院的传票。原来是吴耀辉到县法院起诉赵大胜、刘晓峰，要求赵大胜、刘晓峰就吴俊飞的死亡承担责任，赔偿死亡赔偿金、丧葬费等24万元。赵大胜收到县法院的传票傻眼了，不知道该怎么办，找到村委会。假如你正好在此实习，指派你帮助赵大胜，请为赵大胜写一份民事答辩状。

赵大胜，男，汉族，1980年2月14日生，农民，住××区黄花镇三河村35号。

刘晓峰，男，汉族，32岁，农民，住××区黄花镇新安村135号。

吴耀辉，男，汉族，54岁，农民，住××区黄花镇新安村335号。

【情境材料3】

杨××，女，××岁，汉族，××市人，××市纺织厂工人，现住××市沙河区榕树路25号。杨××自1992年嫁到李家，1998年后丈夫、公公相继谢世，杨××眼见婆婆体弱多病，妹妹李×芳也年少尚未成家，不忍置老少于不顾，一直未再婚。此后三口之家主要靠杨××料理，关系比较融洽。2003年年初妹妹李×芳出嫁，也是由杨××操办的。10年来，杨××守寡伴在婆婆身边，家中大事小情由杨××料理，婆婆也经常主动干点家务、做做饭、接送孩子上下学，未发生大的争执，所住房屋由杨××出资请人修缮。2012年年底，婆婆去世，杨××料理了后事。杨××与妹妹李×芳因遗产分割问题闹得不可开交。妹妹李×芳以婆婆经常操持家务，杨××未尽赡养义务为由起诉到法院，要求继承所有房产，杨××仅有对东屋二间的居住权。杨××接到法院的应诉通知书，很是茫然，到社区寻求帮助，现社区主任指派你为杨××代书一份答辩状。

李×芳，女，××岁，汉族，××市人，本市轮机制造厂工人，现住本市青山区轮机路5号。

写作要求：（1）格式正确；（2）理由要充分，要站在被告的立场来写，根据现有事实和证据，来反驳对方的荒谬主张；（3）要论点论据，层次分明。

3. 文书改错，请同学们找出下列上诉状存在的错误，共有12处。

民事上诉状

（2010）　×民终字第1558号

上诉人：李东萍，女，28岁，汉族，××省山阴县人，中原市电子设备有限公司职员，住××市××区××街××号。

被上诉人：刘和云，男，33岁，汉族，××省老吉县人，中原市电子机械厂干部，住××市××区××街××号。

上诉人因要求与刘和云离婚一案，不服中原市××区人民法院于2010年9月20日第1558号民事判决，现提出上诉。

上诉理由：

中原市××区人民法院单凭刘和云口述有悔改的愿望，即断言夫妻关系尚未完全破裂，不予离婚，这是不能令人信服的。刘和云对我行凶殴打不是偶然酒后失态，而是有十余次。有3次伤势较重，均有医院病历可证。我同刘和云分居半年，刘和云既未去我工作单位，也未去我居住地点，所谓多次上门送钱完全是他编造的谎话，此事有同班组的同事王××、邻居黄××和谭××作证。

被上诉人性情暴戾，却伪装老实，捏造事实，刁难法院，根本没有半点悔改之意。在××区人民法院判决之后，又扬言要让我尝点苦头。由此可见，××区人民法院认为感情尚未完全破裂的理由是不能成立的。

我坚决要求二审判决离婚。

此致
中原市××区中级人民法院

上诉人：李东萍

2010年9月25日

附：1. 本状副本一份。

2. ××医院病历、诊断书共九件。

3. 证人：刘××、黄××、谭××，都是中原市电子设备有限公司工人，住本公司家属区。

4. 请为李宝山大爷代书一份遗嘱。

【情境材料4】

李宝山大爷，今年73岁，目前居住在大兴区长丰园××区3号楼108室，有三子一女。大儿子李晓强因身体患有多种疾病不能经常去照看父亲，过年节日回家；二儿子李晓光因结婚的婚房及其他事情与父母发生激烈争吵，后来一直未回家看望老人。小儿子李晓辉结婚后与老人同住，后因婆媳矛盾也搬出去了，但经常回家看望父母，帮父母干一点活。女儿李佳结婚后经常回家看父母，经常帮着采买生活用品，上医院看病拿药等。

李宝山老人感觉今年身体大不如前，于是想立一份遗嘱，对身后事作一个安排，免得自己百年后子女之间因此发生纠纷。老人有两个家传的瓷器，一个明代宣德年间的香炉，想给大儿子；另一个是据说是宋代钧窑的碗，给小儿子；现住的两居室房屋留给老伴，等老伴百年后由女儿继承；丰台区东安街头条21号的一间26平方米的平房由小儿子管理，小儿子将每月租金（目前是1000元）给老妈作生活费，等老妈去世后该平房归小儿子；存款38万元，给老伴作生活及医疗费用，如果老伴百年后有剩余才能由大儿子、小儿子及女儿均分。二儿子长期不赡养老人，剥夺继承权。

老人因身体原因不能书写，又不愿让家人知道遗嘱内容引发不必要纠纷，打电话到社区，说他想明天到社区，请社区安排人帮忙写一份遗嘱并代为执行。现社区派你和另一名王姓工作人员一起接待李宝山大爷，替李大爷代书一份遗嘱。当天，李大爷邀请其好朋友张鸿作见证人。

要求：1. 格式正确，内容清楚、明确，具有可操作性。

2. 代书中所需的身份事项及其他要素可自拟。

3. 请根据下列情境材料回答问题并代写遗赠抚养协议。

【情境材料5】

王丽娟，今年52岁，家住华阳小区3号楼一楼305室，和居住在306室孤寡老人李淑珍是邻居。李淑珍老人今年73岁，无儿无女，配偶早年去世，老人的兄弟姐妹也先于李淑珍老人去世。王丽娟平时对老人李淑珍不错，李淑珍为了晚年有人照顾，就希望与王丽娟订立抚养协议。后双方找人起草了一份协议，该协议约定：李淑珍由王丽娟赡养，待李淑珍百年之后由王丽娟取得李淑珍所有一套面积86平方米房屋的所有权。随后王丽娟尽心尽力地照顾了李淑珍的日常生活，3年后，李淑珍老人因病医治无效去世。李淑珍老人的侄子魏大可得知老人去世的消息后要求继承老人的房产。王丽娟与魏大可发生争议：王丽娟认为根据自己与李淑珍老人签订的协议，自己应当取得李淑珍老人遗留的房产。而魏大可认为老人无儿无女，自己是李淑珍的侄子，应当继承遗产；协议不属于合同，没有效力。双方无法达成一致，于是魏大可起诉至法院，请求法院判令由自己继承李淑珍老人的遗产。王丽娟十分气愤，魏大可在老人活着的时候什么都不管，现在为了财产却把自己起诉到了法院，于是在慌乱中找到社区，寻求帮助。

1. 请根据《继承法》修改知识解答王丽娟的困惑，维护王丽娟的权益。

2. 若王丽娟与李淑珍老人在三年前到社区请社区工作人员为他们见证并签署一份遗赠抚养协议，请你与社区小王为他们正式签订一份遗赠抚养协议。

3. 请为刘叔虎大爷拟写一份赡养协议。

【情境材料6】

刘叔虎大爷，今年73岁，目前与老伴王继红一起居住在北京市大兴区长丰园××区3号楼108室，有三子一女。大儿子刘国庆50岁，工人，住丰台长辛店××厂家属院3-3号；二儿子刘国辉，46岁，××厂保卫干部，住丰台东铁营南路头条2-10号；三儿子刘国华，40岁，某公司职员，住西城区××胡同25号；女儿刘洁花，43岁，教师，住丰台镇东安街头条5号。

刘叔虎大爷是退休工人，目前有退休费1600元，老伴王继红没有收入，二老主要依靠刘大爷的退休费及东大街一个小房的租金约800元生活。这些收入仅够二老日常基本生活。最近刘大爷患了比较严重的高血压病、糖尿病，因此每月的医药费开销不少；老伴的身体也不好，也需要经常看病吃药。因此二老急需子女们的帮助，但找三子一女谈了几次都没有谈妥。子女们认为自己都有工作，没有时间专门照顾老人，想要老人住养老院，老人现住的房屋可以出租或者卖掉支付养老院的费用，不够大家再凑一部分。现在老人找到社区，请社区一定帮忙把这个赡养协议谈妥了。老人的意思是，四个子女轮流回家照顾老人的起居生活，如果不能，就出钱请一个保姆照顾；二老身体有病时，四个子女轮流陪老人到医院看病拿药，所产生的医疗费用由四个子女均摊，如果条件好愿意多负担一些当然更好。

社区安排你和吴姓工作人员主持老人与子女商谈赡养问题，并帮他们拟一份赡养协议。

第三章　法律援助服务

【知识目标】

了解什么是法律援助，国家设立法律援助的重要意义，掌握法律援助的范围、申请方法及所需材料等。

【能力目标】

能够为需要法律援助的居民办理法律援助申请服务。

【导入情境】

儿孙成群竟成空巢老人

蒋某系北京市顺义区大孙各庄村村民，现年83岁，共生育二子一女，现三个子女均已成年并独立生活。1988年蒋某随长子全家搬到顺义城区，现老人年老体弱，行动不便，并患有疾病，三个子女赡养老人发生争议，竟让老人独居长子空房内，衣着饮食无人照管。无奈，老人在邻居的帮助下，来到顺义区法律援助中心，请求援助。

请问：如何为蒋某办理法律援助？

一、法律援助概述

（一）什么是法律援助

法律援助制度是人类法制文明和法律文化发展到一定阶段的必然产物，是国家经济、社会文明进步和法治观念增强的结果。用法律的手段帮助人民群众解决诉讼难的问题，是当前我国建设社会主义法治国家大背景下的必然选择，是促进司法公正的重要保障。

法律援助是由政府设立的法律援助机构组织法律援助人员和法律援助志愿者，为某些经济困难的公民或特殊案件的当事人提供免费的法律帮助，以保障其合法权益得以实现的一项法律保障制度，也是现代法治国家实现司法公正和保障公民的基本人权的一个重要尺度。

特殊案件是指依照《中华人民共和国刑事诉讼法》第34条的规定，刑事案件的被告人是盲、聋、哑人，或者未成年人，没有委托辩护人的，或者被告人可能被判处死刑，没有委托辩护人的，应当获得法律援助。

（二）国家设立法律援助制度的目的

在当前的中国，仍然有一批由于自然、经济、社会和文化方面的低下状态，而难以像正常人那样化解社会问题造成的压力，陷入困境，处于不利社会地位的人群或阶层，这也就是所谓的弱势群体。为了保障"法律面前人人平等"这项宪法基本原则的实现，保障公民不因个体经济状况或能力的差异导致法律保护的不平等，国家特设立了法律援助制度，由国家资助他们平等地站在法律面前，享受平等的法律保护。

法律援助是一种国家行为，法律援助制度是现代化法制国家必须承担的一种国家责任，是公民享有的一项社会基本保障权利，是司法为民的一项重要内容，也是人权的一项基本内容。司法人权是人权的重要组成部分，法律援助本质上是保障司法人权的一项重要制度，是促进司法公正、维护社会正义的重要措施。法律援助实质上是国家通过制度化的形式，对法律服务资源进行再分配，以保障贫弱残者不因经济能力、生理缺陷所限而平等地获得法律帮助，实现自己合法权益。

（三）法律援助特征

中国法律援助有以下特征：

（1）法律援助是国家行为或者是政府行为，由政府设立的法律援助机构组织实施。它体现了国家和政府对公民应尽的义务；

（2）法律援助是法律化、制度化的行为，是国家社会保障制度中的重要组成部分；

（3）受援对象为经济困难者、残疾者、弱者，或者经人民法院指定的特殊对象；

（4）法律援助机构对受援对象减免法律服务费，法院对受援对象减、免案件受理费及其他诉讼费用；

（5）法律援助的形式，既包括诉讼法律服务，也包括非诉讼法律服务。主要采取以下形式：刑事辩护和刑事代理；民事、行政诉讼代理；非诉讼法律事务代理；公证证明。

（四）法律援助的发展简史

法律援助萌芽于15世纪末期的苏格兰王国，一度创立了穷人登记册，在册者若提起诉讼，则可免费得到法律顾问和代理人的帮助。法律援助发展于20世纪中叶，绝大多数经济发达国家陆续建立和完善了现代法律援助制度。其内容从刑事诉讼扩展到民事诉讼和行政诉讼，其对象从为穷人服务扩展为中产阶级服务，其形式从法庭代理扩展到预防性服务，提供援助范围已涵盖国家法制运行的各个环节的不同层面，已从保障穷人公民权利发展到福利型福利社会保障制度。把法律援助纳入社会保障体系，成为一种国家福利性质的制度。作为建立和完善法制象征之一，越来越多的发展中国家也量力而行建立符合本国国情的法律援助制度。我国是世界上最大的发展中国家，从50年代开始，法律援助虽然没有作为一项完整的制度提出和建立，但有关法律援助的一些基本内容和基本精神在当时的法律法规中已有体现。例如1954年我国颁布的第一部《人民法院组织法》规定了法院认为有必要的时候，可以指定辩护人为被告人辩护。1956年10月20日司法部发布的《律师收费暂行办法》等文件中，规定了律师免费或减费给予法律帮助的具体案件范围。1979年以后，陆续颁布实施的《刑事诉讼法》《民事诉讼法》《律师工作暂行条例》等法律法规也都规定了一些相关的法律援助，但它们的法律地位却只能在改革开放和社会主义经济不断深入发展的时代才得以确定。现阶段我国的经济飞速发展，在改革开放和依法治国的要求下，1996年开始全面建立法律援助制度，取得较大发展，并在2003年出台了《法律援助条例》，但与发达国家相比，差距还很大。今后我们还任重道远。我国现行法律法规之中规定刑事法律援助制度还仅处于维护贫弱残者的合法权益的层次，已不能满足大多数需要法律帮助的公民的需要，法律援助的对象、范围、方式、资金管理等方面还需要完善和补充。

（五）法律援助的重要意义

法律援助在政府保障公民合法权益、发展社会公益事业，实现"公民在法律面前人人平等"的原则，健全完善社会保障体系，健全社会主义法制，以及保障人权等方面，有着极为重要的作用。

1. 体现国家对法律赋予公民的基本权利的切实保障

为了消除法定权利的平等与保障权利实现的经济条件下不平等的矛盾，国家对经济困难的当事人提供法律援助，保障实现其应有的合法权利，从而在司法体制上完善诉讼民主机制，保障实现公民在法律面前人人平等。

2. 切实保障当事人依法享有的权利，实现司法公正

对那些请不起或者没有聘请律师的无论是民事或刑事案件当事人来说，也许损失的只是应该享有的合法权益；对于国家来说，受到损害的却是司法公正的原则和形象，也不利于依法治国、社会主义法治国家的建设。

3. 完善社会保障体系，保障社会稳定和经济体制改革的顺利进行

法律援助制度的实施有利于完善社会保障机制，切实保护妇女、未成年人和盲、聋、哑残疾人等社会弱势群体的合法权益，实现社会公平正义。

4.完善法制，保障法律规定的社会关系的实现

法律援助制度的建立和实施，不仅在于减免当事人的费用，使其获得法律帮助，还在于最大限度地避免法律调整和规范的死角，从而切实保障法律所规定的社会关系得以实现，有助于构建社会主义和谐社会。

（六）法律援助机构及人员

1.法律援助机构

法律援助机构是负责组织、指导、协调、监督及实施本地区法律援助工作的机构，统称"法律援助中心"。司法部设立法律援助中心，指导和协调全国的法律援助工作。各级司法行政机关要积极向党委、政府报告，争取有关部门的支持，尽快设立法律援助中心，指导、协调、组织本地区的法律援助工作。未设立法律援助中心的地方，由司法局指派人员代行法律援助中心职责。律师事务所、公证处、基层法律服务机构在本地区法律援助中心的统一协调下，实施法律援助。其他团体、组织、学校开展的法律援助活动，由所在地法律援助中心指导和监督。

2.法律援助人员

根据《法律援助条例》第21条规定："法律援助机构可以指派律师事务所安排律师或者本机构的工作人员办理法律援助案件；也可以根据其他社会组织的要求，安排其所属人员办理法律援助案件。对人民法院指定辩护的案件，法律援助机构应当在开庭3日前将确定的承办人员名单回复作出指定的人民法院。"也就是说，具体实施法律援助的人员有接受法律援助机构指派或者安排办理法律援助的律师；法律援助机构工作人员和法律援助志愿者；其他法律专业人员。

（七）获得法律援助的途径

一般情况下，公民获得法律援助必须向法律援助机构提出申请，经审查满足一定的条件，才被批准获得法律援助。所有的民事、行政法律援助，和部分刑事法律援助的获得是以当事人的申请为前提的。在一些特殊的刑事案件中，为了保障被告人的合法权益，如果被告人没有委托辩护人，即使没有提出申请，人民法院也会为被告人指定辩护人。在人民法院指定辩护的情况

下，法律援助机构应当提供法律援助。也就是说，获得法律援助（不包括咨询服务）的途径主要有两个：申请法律援助和人民法院对特殊刑事案件指定辩护。

二、法律援助对象和范围

（一）法律援助对象

我国法律援助对象的确定，既要考虑到与各国通行的设定法律援助对象条件相统一，同时也要符合我国社会主义初级阶段的基本国情。根据《法律援助条例》等法律法规和规范性文件的立法精神，我国的法律援助对象是指具备获得法律援助的资格条件并实际获得法律援助的人。在我国要获得法律援助需具备以下资格条件：

1.申请法律援助中华人民共和国公民应具备的条件

（1）有充分理由证明为保障自己合法权益需要帮助。

（2）确因经济困难，无能力或无完全能力支付法律服务费用（公民经济困难标准由各地参照当地政府部门的规定执行）。

2.特殊群体人员可获得法律援助

（1）盲、聋、哑和未成年人为刑事被告人或犯罪嫌疑人，没有委托辩护律师的，应当获得法律援助。

（2）其他残疾人、老年人为刑事被告人或犯罪嫌疑人，因经济困难没有能力聘请辩护律师的，可以获得法律援助。

（3）可能被判处死刑的刑事被告人没有委托辩护律师的，应当获得法律援助。

3.刑事案件中外国人获得法律援助的条件

刑事案件中外国籍被告人没有委托辩护人，人民法院指定律师辩护的，可以获得法律援助。

（二）法律援助范围

1.公民可获得的法律帮助

（1）咨询：法律援助人员就公民提出的法律问题提供专业解答。

（2）代书：法律援助人员为受助人员起草法律文书，为诉讼或非诉讼程序的开始准备文书。

（3）非诉讼法律援助：法律援助人员代理受援人员参加和解、调解、仲裁等。

（4）诉讼法律援助：代理当事人参加民事诉讼、行政诉讼，在刑事诉讼中担任被告人（犯罪嫌疑人）的辩护人或公诉案件被害人、自诉人的代理人。

2.法律援助范围

《法律援助条例》专章规定了法律援助范围，根据《法律援助条例》第10、11条和第12条的规定，公民有下列事项，没有委托代理人或辩护人的，可以申请法律援助或由人民法院指定辩护。

（1）依法请求国家赔偿的。

（2）请求给予社会保险待遇或者最低生活保障待遇的。

（3）请求发给抚恤金、救济金的。

（4）请求给付赡养费、抚养费、扶养费的。

（5）请求支付劳动报酬的。

（6）主张因见义勇为行为产生的民事权益的。

（7）犯罪嫌疑人在被侦查机关第一次询问后或者采取强制措施之日起，因经济困难没有聘请律师的。

（8）公诉案件中的被害人及其法定代理人或者近亲属，自案件移送审查起诉之日起，因经济困难没有委托诉讼代理人的。

（9）自诉案件的自诉人及其法定代理人，自案件被人民法院受理之日起，因经济困难没有委托诉讼代理人的。

（10）公诉人出庭公诉的案件，被告人因经济困难或者其他原因没有委托辩护人，人民法院为被告人指定辩护时，法律援助机构应提供法律援助。

（11）被告人是盲、聋、哑人或者未成年人而没有委托辩护人的，或者被告人可能被判处死刑而没有委托辩护人的，人民法院为被告人指定辩护时，法律援助机构应当提供法律援助，无须对被告人进行经济状况的审查。

3.不予提供法律援助的情形

下列案件或事项，法律援助中心不予提供法律援助：

（1）因申请人的过错责任侵犯他人的合法权益而引起的民事诉讼或刑事自诉案件；

（2）因申请人过错而引起的行政诉讼案件；

（3）申请人提供不出涉讼案件的有关证据而且无法调查取证的案件；

（4）可由行政机关处理而不需通过诉讼程序的事务；

（5）案情及法律程序简单，通常无须聘请法律服务人员代理的案件；

（6）已竭尽法律救济的案件；

（7）申请人提供不出任何证明材料或出具虚假证明骗取法律援助的；

（8）其他经主管机关批准，法律援助中心对外声明不予受理的案件。

三、申请和办理法律援助程序

（一）法律援助的申请与受理

1. 咨询不需申请

如果仅就相关问题进行法律咨询，可以以登门、电话、书信等方式向法律援助机构提出，而无须提出专门的申请。

在工、青、妇、老、残等社会组织和监狱设立的法律援助工作站，依托司法所设立的法律援助工作站一般都设有专人接待公民的法律咨询；另外，全国大部分地方开通了148（或12348）法律咨询电话。

2. 法律援助的申请

（1）申请的形式。一般情况下，应当采用书面形式，并填写申请表。法律援助申请表的内容有：申请人的基本情况；申请法律援助的事实和理由；申请人的经济状况；申请人提供的证明、证据材料清单；申请人保证所提交的证明及证据材料属实的声明等。

如果以书面形式提出申请确有困难，可以口头申请，有关人员应作书面记录。

无民事行为能力人或者限制民事行为能力人限于自身的知识和能力，他们的法律援助申请由其法定代理人代为提出。如果无民事行为能力人或者限制民事行为能力人与其法定代理人之间发生纠纷而需要法律援助，由与该争议事项无利害关系的其他法定代理人代为提出申请。

（2）需提交相关材料。申请人除了提交申请表外，还需提交下列材料：

①有效身份户籍证明；

②代理人代为申请的，代理人应提交申请人授权委托书或有关代理权的证明；

③有关单位或组织出具的申请人及家庭成员经济困难证明；

④与所申请的法律援助事项相关的证明及证据材料；

⑤法律援助中心认为需要提供的其他证明。

无须提供经济困难证明的情形：农民工申请支付劳动报酬和工伤赔偿申请法律援助；公民因实施见义勇为行为致使自身合法权益受到损害的，申请法律援助。

下列人员应当被认定为经济困难：①属于农村"五保"对象；②社会福利机构中由政府供养的人员；③无固定生活来源的重度残疾人；④正在享受最低生活保障待遇的人员；⑤总工会核定的特困职工；⑥依靠抚恤金生活的人员；⑦人民法院给予司法救助的。

经济困难证明由申请人住所地街道办事处、乡镇人民政府出具。经济困难证明应当包括申请人家庭人口状况、就业状况、家庭人均收入等信息。

（3）申请机构。申请民事、行政法律援助，应当向义务机关或义务人所在地的法律援助机构提出。比如：请求国家赔偿的，向赔偿义务机关所在地的法律援助机构提出申请；请求给予社会保险待遇、最低生活保障待遇或者请求发给抚恤金、救济金的，向提供社会保险待遇、最低生活保障待遇或者发给抚恤金、救济金的义务机关所在地的法律援助机构提出申请；请求给付赡养费、抚养费、扶养费的，向给付赡养费、抚养费、扶养费的义务人住所地的法律援助机构提出申请；请求支付劳动报酬的，向支付劳动报酬的义务人住所地的法律援助机构提出申请；主张因见义勇为行为产生的民事权益的，向被请求人住所地的法律援助机构提出申请。

申请刑事法律援助，应当向办理案件的公安机关、人民检察院、人民法院所在地的法律援助机构提出申请。

（4）接收登记。援助中心应对申请人提出的法律援助申请进行分类登记。登记事项包括：申请类别、申请人姓名、代理人姓名、收案日期、承办人、审批人、结案时间、结案方式等。

援助中心对收到的援助申请进行初步审查。援助中心认为申请人提交的材料不完备或有疑义的，应通知申请人作必要的补充或向有关单位、个人索取有关证明材料，并可视情况作实地调查，收集证据。

（二）审查

法律援助机构收到申请援助事项的全部材料后，应严格按规定进行审查，审查的主要方面有三个：申请的事项是否属于法律援助范围、是否符合经济困难标准，以及申请是否具有合理的根据。

1. 事项范围审查

确认申请人所申请的事项是否属于法律援助事项范围。

2. 经济困难条件审查

确认申请人的经济状况是否符合当地的法律援助经济困难标准。对于民政部门出具的社会救济证明等，法律援助机构一般只审查这些证明文件的真伪。对于法律援助申请人经济状况证明表，法律援助机构将在出具证明的有关部门审查的基础上进一步展开形式和实质审查。

3. 申请合理性审查

一般情况下，法律援助机构根据当事人提供的与案情有关的材料作合乎情理的判断，只要具有胜诉的可能性，申请就会被认为是合理的。

（三）决定

法律援助机构自收到申请援助事项的全部材料之日起10个工作日内进行审查，作出是否予以法律援助的决定。

（1）对符合条件者，作出同意提供法律援助的书面决定，指派承办法律援助事务的法律服务机构，并通知受援人。法律援助机构与受援人应签订法律援助协议。

（2）对不符合条件者，作出不予法律援助的决定，并书面通知申请人。

（四）申请不被批准的补救途径

首先，当事人可以要求受理申请的法律援助机构书面告知是因为哪一方面不符合法律援助的条件而被拒绝援助。

如果当事人有异议，可以向确定该法律援助机构的司法行政部门提出。司法行政部门应当在收到异议之日起5个工作日内进行审查，经审查认为当事人符合法律援助条件的，将会以书面形式责令法律援助机构及时提供法律援助。如果司法行政机关仍然认为当事人不符合法律援助条件，当事人可以要求其书面告知理由。

四、刑事法律援助

刑事法律援助的推行不仅是由于当事人经济困难，更在于案件性质的特殊，作为政府，应该强化其责任，通过刑事法律援助机制，使弱势群体免于错误的刑事追究，避免权利遭受侵害。

（一）刑事法律援助对象

2013 年，最高人民法院、最高人民检察院和司法部根据《刑事诉讼法》《法律援助条例》等法律规定，制定了《关于刑事诉讼法律援助工作的规定》，规定了刑事法律援助对象。

（1）犯罪嫌疑人、被告人因经济困难没有委托辩护人的，本人及其近亲属可以向办理案件的公安机关、人民检察院、人民法院所在地同级司法行政机关所属法律援助机构申请法律援助。

（2）犯罪嫌疑人、被告人具有下列情形之一没有委托辩护人的，也可以申请法律援助：

①有证据证明犯罪嫌疑人、被告人属于一级或者二级智力残疾的；

②共同犯罪案件中，其他犯罪嫌疑人、被告人已委托辩护人的；

③人民检察院抗诉的；

④案件具有重大社会影响的。

（3）公诉案件中的被害人及其法定代理人或者近亲属，自诉案件中的自诉人及其法定代理人，因经济困难没有委托诉讼代理人的，可以向办理案件的人民检察院、人民法院所在地同级司法行政机关所属法律援助机构申请法律援助。

（4）犯罪嫌疑人、被告人具有下列情形之一没有委托辩护人的，公安机关、人民检察院、人民法院应当自发现该情形之日起 3 日内，通知所在地同级司法行政机关所属法律援助机构指派律师为其提供辩护：

①未成年人；

②盲、聋、哑人；

③尚未完全丧失辨认或者控制自己行为能力的精神病人；

④可能被判处无期徒刑、死刑的人。

（二）获得刑事法律援助的途径

根据《刑事诉讼法》《法律援助条例》《关于刑事诉讼法律援助工作的规定》等相关规定，符合条件的犯罪嫌疑人、被告人、自诉人可以通过申请的形式申请刑事法律援助；犯罪嫌疑人或被告人是未成年人，盲、聋、哑人，尚未完全丧失辨认或者控制自己行为能力的精神病人，可能被判处无期徒刑、死刑的人，由人民法院指定辩护。

（三）当事人申请刑事法律援助的时间

当事人申请法律援助，在诉讼阶段的任何时间都可以提出，不受诉讼阶段的限制。

（1）犯罪嫌疑人在被侦查机关第一次讯问后或者采取强制措施之日起，因经济困难没有聘请律师的可以提出申请；

（2）公诉案件自案件移送审查起诉之日起，犯罪嫌疑人因经济困难没有委托辩护人的；

（3）公诉案件自提起公诉之日起，被告人因经济困难没有委托辩护人的；

（4）公诉案件中的被害人及其法定代理人或者近亲属，自案件移送审查起诉之日起，因经济困难没有委托诉讼代理人的；

（5）自诉案件的自诉人及其法定代理人，自人民法院受理案件之日起，因经济困难没有委托诉讼代理人的。

（四）关于被羁押的犯罪嫌疑人法律援助的申请

被羁押的犯罪嫌疑人、被告人提出法律援助申请的，公安机关、人民检察院、人民法院应当在收到申请24小时内将其申请转交或者告知法律援助机构，并于3日内通知申请人的法定代理人、近亲属或者其委托的其他人员协助向法律援助机构提供有关证件、证明等相关材料。犯罪嫌疑人、被告人的法定代理人或者近亲属无法通知的，应当在转交申请时一并告知法律援助机构。

（五）指定辩护的情形

根据《民事诉讼法》《刑事诉讼法》等相关规定，当事人可以享有获得指定辩护人的权利。

1. 法院应当指定辩护人的情形

（1）被告人是盲、聋、哑人而没有委托辩护人。

（2）被告人是未成年人而没有委托辩护人。

（3）被告人可能被判处无期徒刑、死刑而没有委托辩护人。

2. 法院可以指定辩护人的情形

（1）符合当地政府规定的经济困难标准的。

（2）本人确无经济来源，其家庭经济状况无法查明的。

（3）本人确无经济来源，其家属经多次劝说仍不愿为其承担辩护律师费用的。

（4）共同犯罪案件中，其他被告人已委托辩护人的。

（5）具有外国国籍的。

（6）案件有重大社会影响的。

（7）人民法院认为起诉意见和移送的案件证据材料可能影响正确定罪量刑的。

五、受援人接受援助过程中的权利义务

（一）受援人的权利

1. 法律援助过程中的基本权利

受援人在获得法律援助过程享有以下基本权利：

（1）了解援助事项的进展情况；

（2）监督法律援助人员承办法律援助事项的行为，向法律援助机构或司法行政部门检举法律援助人员疏于履行职责或违反职业道德、执业纪律的行为；

（3）免费获得律师等法律援助人员提供的援助服务。

2. 民事诉讼法律援助中受援人的特殊权利

（1）缓交、减免诉讼费。当事人在被批准获得法律援助后，又以法律援助决定为依据向人民法院申请司法救助并被批准的，可以缓交诉讼费用。待案件

审结后，如果当事人胜诉，诉讼费用由对方当事人交纳；如果当事人败诉，可以享受减交诉讼费用的待遇（减交比例不低于30%）。如果当事人是孤寡老人、孤儿、农村"五保户"、正在享受城市居民最低生活保障、农村特困户救济或者领取失业保险金并无其他收入的人，可以免交诉讼费。

（2）缓交、免交劳动仲裁费。当事人可以法律援助机构提供法律援助的决定为依据，在申请劳动仲裁时缓交仲裁费。如果当事人胜诉，仲裁费由对方承担；如果当事人败诉，依照仲裁裁决当事人必须承担部分或全部仲裁费，而当事人交纳该笔费用确实有困难的，由法律援助机构承担。

（3）缓交、减免法律援助案件的相关鉴定费用。

（4）向法院申请先予执行可不提供担保。

3.刑事诉讼法律援助中受援人的特殊权利——拒绝辩护

人民法院指定辩护的案件，被告人有权拒绝人民法院指定的辩护人为其辩护；被告人具有应当指定辩护情形，在有正当理由的情况下，也有权拒绝人民法院指定的辩护人为其辩护，但被告人必须另行委托辩护人，或者由人民法院为其另行指定辩护人。

（二）受援人的义务

1.如实陈述案件事实和相关情况，提供有关证据和证明材料，配合法律援助人员开展法律援助；

2.经济状况和案件情况发生变化时，应及时告知法律援助机构。

六、法律援助终止的情形

受援人具有下列情形之一的，法律援助机构应当作出终止法律援助决定，制作终止法律援助决定书发送受援人，并自作出决定之日起3日内函告相关公安机关、人民检察院、人民法院。

（1）受援人的经济收入状况发生变化，不再符合法律援助条件的；

（2）案件终止审理或者已被撤销的；

（3）受援人又自行委托律师或者其他代理人的；

（4）受援人要求终止法律援助的，但应当通知辩护的情形除外；

（5）法律、法规规定应当终止的其他情形。

七、中国法律援助存在的问题及解决对策

获得法律援助是公民的权利，实施法律援助是政府的责任。尽管目前我国的法律援助工作已经取得了一定的成绩，但仍然还存在着许多问题和不足，需要我们进一步深入研究问题症结所在，探讨问题解决办法。

（一）中国法律援助存在的问题

1. 经费严重短缺

法律援助既是一项实现法律面前人人平等原则的具体制度，也是一种社会服务，它不以营利为目的。但是，法律援助同样要受到客观规律的制约，一个合格的法律援助服务，必须有一定的服务成本做基础。然而，在基层实践中，普遍存在着经费短缺的问题。

虽然国务院颁布的《法律援助条例》第3条明确规定："法律援助是政府的责任，县级以上人民政府应当采取积极措施推动法律援助工作，为法律援助提供财政支持，保障法律援助事业与经济、社会协调发展。"第7条规定："国家鼓励社会对法律援助活动提供捐助。"这些规定不仅明确了法律援助是政府的责任，也明确了我国法律援助经费是以县级以上人民政府财政拨款为主，社会捐助为辅的模式。

但由于目前我国还没有建立法律援助最低资金保障制度，许多地区法律援助经费也没有纳入当地政府财政预算。法律援助经费需要由主管法律援助的司法行政部门向财政部门申请拨款，而政府拨款要受本地经济发展水平和财政收入的影响。因此，经济发达地区的省、市政府投入的法律援助经费较高，大多数地方的政府投入很少，而最需要法律援助的经济欠发达地区的政府甚至没有投入。与经济发达国家和地区相比，我国用于法律援助的经费在总量上和人均数量上都存在较大差距，甚至低于发展中国家的平均水平。比如美国法律援助资金每个穷人每年6美元，我国人均不到5分钱。尽管近几年我国各级政府拨款的法律援助资金增幅较大，但人均也不过1角多钱。在扣除法律援助机构工作人员必要的工资、福利、办公费用等后，真正用来办案的费用就更少了。

法律援助资金严重短缺不仅直接影响到法律援助工作的开展，而且法律援

助案件质量也难以保障。

2.人员的数量和能力的不足导致法律援助中心接待能力不足，导致法律援助资源与法律援助的需求矛盾突出

福利待遇偏低，使得法律援助中心留不住专业人才，更吸引不了高层次专业人才。目前，虽然专职律师是提供法律援助的主力军，但仅依靠人数很少的专职律师难以满足庞大的受援需求。据有关资料统计，目前全国每年需要法律援助的案件约有74万件，而实际能够得到法律援助的案件只有19万件，仅占1／4。社会律师虽然人数较多，但即使按照每个律师一年承办1~3件法律援助计算，最多也只能满足50%的受援需求。在缺少激励机制，承办法律援助案件补贴费用又很少，近乎"赔本生意"的情况下，大多数社会律师为了生存，还不可能拿出太多的精力和时间去办理法律援助案件。在法律援助实践中，由于不具备执业律师资格的法律援助志愿者难以利用自身资源参与刑事案件的法律援助工作，法律资源与法律援助需求之间的供求矛盾问题愈加突出。

3.法律援助的覆盖面还不够大

从我国法律援助制度的实施情况和参照国外的法律援助制度的成熟经验，目前我国现行的法律援助在一些方面范围较窄，还不能适应法律援助的实际需求。

（1）法律援助的内容存在局限性，没有将减免、缓交法院的诉讼费用纳入法律援助的范围。我国现行法律援助的内容是对诉讼和非诉讼领域中，因经济困难的公民和特殊案件的当事人免费提供法律服务。实践中，民事案件和行政案件一般通过非诉讼方式很难解决问题，主要依靠诉讼手段维护受援人的合法权益。因此，向受援人提供法律援助的主要形式是诉讼法律服务。在大多数国家，法律援助不仅是法律服务费用的减免，而且包括法院各种诉讼费用的减免。我国现行法律援助内容侧重于法律服务收费上的援助，缺乏对法院诉讼费用援助的规定，具有局限性，不利于受援人权益的全面充分保护和法律援助的全面顺利实施。

（2）法律援助诉讼案件的范围存在局限性。根据《法律援助条例》的规定，现行法律援助案件的范围仅包括民事、行政案件的一小部分和刑事诉讼案

件的代理和辩护。虽然《法律援助条例》授权各省、自治区、直辖市人民政府可以对《法律援助条例》规定以外的事项作出补充规定。但是并非所有的民事行政事项都能获得法律援助，能够得到援助的仍然只是其中的一小部分。这就使援助项目之外的经济困难群体得不到法律援助，同时也难以真正实现法律援助的立法宗旨。

（3）法律援助对象存在局限性。①外国人还不是民事行政案件法律援助的对象。现行《法律援助条例》规定的民事行政案件法律援助对象仅限于中国公民。按照国际惯例，对外国人实行国民待遇的原则和根据我国加入《公民权利和政治权利国际公约》对建立和实施法律援助制度的承诺，外国人也应当成为中国法律援助的对象。②某些特定的法人或组织还不是法律援助的对象。近年来，理论界对法人或社会组织是否应成为法律援助的对象一直存在争议。在许多法治国家和地区，如法国、德国、日本、奥地利、塞浦路斯和我国台湾、澳门地区等，已将特定法人或组织作为法律援助的对象。我们可以根据我国的国情和国外一些国家的经验，一般法人或组织不宜作为法律援助的对象，但某些特定的法人或组织应该作为法律援助的对象。如最高人民法院《关于对经济确有困难的当事人提供司法援助的规定》列为司法救助的对象的福利院、孤儿院、敬老院、优抚医院、精神病院、SOS儿童村社会福利事业单位和民政部门主管的社会福利企业。

4.相关部门协作配合不到位，法律援助案件的质量不高

法律援助是政府的一项重要职责，它不仅是司法行政管理一个部门的责任，也是法律援助涉及的所有部门的共同责任。为此，司法部、民政部、财政部、劳动和社会保障部、工商总局等九个部门于2004年曾联合颁布了《关于贯彻落实<法律援助条例>切实解决困难群众打官司难问题的意见》，对法律援助的财政拨款、受援人办理机关证明材料、减免仲裁、查询、鉴定费用等问题作出了一些相应的具体规定。司法部和最高人民法院、最高人民检察院也分别颁布了《关于民事法律援助工作若干问题的联合通知》《关于刑事法律援助工作若干问题的联合通知》《关于在刑事诉讼活动中开展法律援助工作的联合通知》。2000年最高人民法院颁布的《关于对经济确有困难的当事人提供司法救助的规定》中，将正在接受有关部门法律援助的当事人列入司法救助的范围。

但是从近年来法律援助实践看，这些规定并没有完全得到贯彻落实，各部门之间缺乏协调配合的问题依然比较突出。在一些部门看来，法律援助仍然被认为只是律师的义务，与己无关，得到司法行政部门的法律援助，未必就要得到本部门的救助，因此，对涉及法律援助案件的查档、复印等费用不予减免，照收不误。在法律援助诉讼案中，受援人也很难得到法院，尤其是基层法院和外地法院的减免诉讼费待遇，即使得到缓交诉讼费的司法救助，当事人缓交诉讼费期限一般为1个月，最长也不能超过案件的审结期限，即最迟必须在判决前交纳，否则，即使受援人胜诉，如果不交纳诉讼费也不给判决书，也按撤诉处理。各部门之间缺乏协调配合是当前法律援助工作亟须解决的问题之一。

因前述原因，法律援助人员有时候即使倾尽全力去帮助当事人，有时也未必能得到一个满意的结果。加上有的律师和基层法律服务工作者对法律援助认识模糊，积极性不高，对受援对象态度冷淡，认为办理法律援助案件是无偿的，调查取证工作不认真细致，导致了某些法律援助案件质量不高。

5. 宣传力度不足

法律援助还没有达到人人知晓的状况，还有部分社会群体、经济困难群众不知道法律援助的存在，有的受援人是通过上访才了解到有法律援助这一无偿的法律服务。由于不了解法律援助，导致部分群众在维权时走了弯路，付出不必要的费用；错过了法律援助最佳介入时机，维权困难加大，甚至难以维权。主要因为：（1）弱势群体数量庞大，宣传工作难以满足需要。（2）法律援助宣传途径单一，内容单调，影响了宣传效果。一般情况进行法律宣传更多地采用广场咨询活动、发放宣传资料等方式进行，比较枯燥，不能吸引群众，导致宣传效果有限。

（二）完善法律援助制度的对策

法律援助制度在实践中发挥了积极的作用，取得了很大成效，但是作为一种新的制度，其不可避免地存在这样或那样的不足，故有必要在实践中逐步加以规范和完善。针对法律援助的现状，联系中国法律援助制度发展的实际，应对完善法律援助制度的对策作进一步探讨和研究。

1. 强化公众宣传力度，拓展法律援助工作的知晓度

把法律援助作为司法行政宣传工作的重点，围绕司法行政工作大局，结合

法律援助工作发展的新特点新任务，增强法律援助宣传工作的针对性、实效性。(1) 不断更新观念、大胆开拓创新，完善宣传形式，丰富宣传内容。如文艺演出、演讲、讲座、歌舞、小品等群众喜闻乐见的形式进行法律援助的宣传。(2) 整合媒体资源。加强同电视台、电台、报纸、网站的沟通和联系，利用新闻媒体优势不断扩大法律援助宣传的覆盖面和宣传的效果，形成立体化宣传格局，即电视上有画面、电台里有声音、报纸上有文章、网站上有信息，全方位多角度宣传法律援助。(3) 加强与社区合作进行法律援助宣传。社区与居民生活息息相关，通过社区宣传法律援助可以起到事半功倍的效果。加大社区宣传力度，建立固定联络机制，由法律援助进社区变为驻社区。群众在社区通过固定联络机制就可以方便迅捷申请法律援助。(4) 切实做好法律援助案件，实现口碑相传。狠抓法律援助案件质量，把每个案件办成精品案件，让受援人以口碑相传法律援助，加大典型案件的宣传报道，以案示法，以案促宣，使市民进一步了解法律援助，信任法律援助。

2. 提高弱势群体的法制观念

法律援助的重要对象是城乡中生活比较贫困的群众和一些特殊社会群体。由于他们经济上的贫困、知识和信息的匮乏、权利和义务意识的淡薄等主客观因素，使他们成为弱势群体。因此只有提高弱势群体自身的法制观念，才能使弱者成为强者，这是治本之策。

3. 扩大法律援助的覆盖面

各级人民政府及司法行政机关应当按照《法律援助条例》规定的原则和精神，采取切实措施，充分调动社会各方参与法律援助的积极性，鼓励和支持他们以自身资源积极投身到法律援助事业中来，壮大法律援助的工作力量，不断扩大法律援助的覆盖面，更广泛地满足贫困群众的法律援助需求。要积极探索工会、共青团、妇联、残联等社会团体参与法律援助的组织形式和方式，引导他们规范开展工作。

4. 积极探索、完善法律援助经费保障机制

法律援助的经费应以政府投入为主导，多渠道筹集资金，扩大"节流"的实体程序的设定和利用网络快捷的工作渠道。我们可以从以下几点考虑：(1) 将法律援助经费纳入同级财政预算，建立起政府对法律援助的最低经费保障机

制。（2）疑难的、有重大影响的法律援助案件可采用奖励的办法进行补贴。（3）积极拓展法律援助经费的社会捐赠渠道，建立公益性的基金会，接受社会捐助，专款专用，充分发挥法律援助基金的作用。各级政府要根据本行政区域法律援助工作发展的实际需要，将法律援助经费列入本级财政预算，实行专项管理，并根据财力可能和法律援助案件的实际数量予以增长。有条件的地方要积极探索建立资金筹措的社会化机制，充分利用社会财力成立基金会支持农村法律援助事业。

5. 切实加强组织领导，完善法律援助部门联动机制

法律援助是一项系统工程，需要多部门相互协调、相互配合，才能达到最大限度地服务人民。一方面，尽快与其他部门协商，制定合作规章制度，促使联动机制具体化、规范化、常态化，使法律援助与部门配合有章可循。联合检察院不断完善支持起诉机制，打击恶意欠薪潜逃；联合法院不断完善案件速办机制，为弱势群体维权提供方便快捷服务；联合信访局不断完善信访对接机制，有效化解突发性、群体性矛盾纠纷；联合残联不断完善残障救助机制，为残疾人提供上门、预约、专用通道等便民服务。同时加强与有关部门如工会、妇联等部门的信息沟通，及时掌握困难群众的情况，可依托工会、团委、妇联、监狱（看守所）等部门设立特殊的群体维权工作站，将法律援助工作前移，覆盖至社会各个群体。另一方面，建立、完善部门联动协调机制，可成立党委、政府分管领导牵头的法律援助工作领导小组，加强法律援助的协调工作。领导小组定期召开会议，处理联动机制运行中出现的问题，协调其他单位积极配合法律援助工作，对于不积极配合的单位进行处理，并责令限期整改，必要时追究当事人的责任。解决好当前面临的"会见难""会见迟""立案难""执行难"的问题。最终形成党委政府主导协调、司法行政机关具体负责、各有关部门协作配合、多种力量共同参与的法律援助实施体系。

6. 牢固树立质量第一位的理念，完善案件质量评估制度，提高法律援助水平

案件质量是法律援助的生命，直接关系到法律援助的公信力，关系到广大群众对法律援助的满意度和法律援助事业的长远发展。（1）积极开展培训工作。开展经常性的业务培训，增强律师、工作人员的法律援助意识，提高法律

援助工作人员的业务能力和素质。（2）完善法律援助案件质量评估制度。实行案件限时办理制，促使律师及时办案、归档，提高案件办结率。实行督办机制，加强办案过程控制，坚持事前、事中、事后监督，改变目前只通过查看卷宗评定案件质量的现状。实行回访制，案件办结后向受援人、案件办理涉及部门了解情况，最终综合多方面情况对案件办理质量进行评价。实行奖惩机制、模本制，从办案认真、服务周到、卷宗规范有序等方面进行综合评定，对优秀者给予精神物质奖励，将其卷宗作为模本借鉴；对于案件办理不合规范，或损害受援人合法权益的律师，不发补助或少发补助。通过奖勤罚懒，促使案件承办律师重视法律援助案件承办质量。实行通案制，对疑难案件集体讨论研究。对于重大疑难案件，法律援助中心、法援管理处、律师事务所组织集体讨论，形成案件办理方案，在案件办理过程中及时应对出现的问题，确保疑难案件的办案质量和法律效果。（3）非诉调解要尊重受援人意愿，要依法调解。对于当事人要求100%维权的，要积极采取仲裁、诉讼模式维权，追求法律援助案件法律效果和社会效果的统一。

综上所述，我们不难看出，开展好法律援助工作，对于解决社会矛盾，促进司法公正和正义，维护社会的平衡和稳定都有十分重要的意义，特别是在建设社会主义和谐社会的进程中，法律援助将发挥不可替代的作用。

八、导入情境案例操作指引

【受理】

法律援助中心工作人员接受老人的申请后，详细了解了老人的基本情况，认为老人符合援助条件，虽然老人带的援助材料不全，但老人行动不便，情况特殊，立即为老人办理了法律援助及委托手续，为其指派了办案经验丰富的张律师办理此案。

【援助经过】

张律师接到此案后，立即与老人亲属见面。张律师了解到老人三个子女现在都已经成家立业，也都有自己的子女。大儿子居住在顺义城区，经济状况稍好；二儿子居住在农村，有二女一子，小女儿和小儿子都在读书，家庭经济情况较差；女儿也是农民，家庭经济情况一般。对于赡养老人的问题，老人三个子女意见分歧较大，无法调解，经老人同意，一纸诉状将三名子女告上了法庭。

【承办结果】

在法庭上，老人的三个子女各执一词，有的称分家析产不均，有的称自身没有赡养的经济能力，有的称老人是伤残军人自己有钱，有的称自己是嫁出去的女儿、泼出去的水——没有赡养老人义务。然而，赡养老人既是子女的法定义务，也是中华民族的传统美德，《婚姻法》明确规定：没有劳动能力的或生活困难的父母有要求子女给付赡养费的权利。在子女不存在丧失劳动能力等特殊情况时，所有的辩解都无法构成拒绝赡养的理由。经过激烈的法庭辩论，老人的三个子女也认识到自己的错误，有悔改的意思表示，张律师趁机提出了希望法庭主持调解的请求。经张律师的努力，此案最终调解，法院出具调解书：每名子女每月给付老人赡养费200元，医疗费用均摊，三个子女到老人居住处轮流服侍老人，期限为每次一个月。

据此调解书，老人的生活算是有了依靠，案件就此画上了句号。但这种案件胜了也让人心寒，乌鸦尚且反哺，羊羔尚知跪乳，我们的物质生活不断丰富的同时，精神世界却在日益荒芜，可悲！可叹！再不可让中华民族传统美德继续被淡忘，礼仪之邦的名誉成为历史了。

【分析指引】

在本案中，顺义区法律援助中心工作人员接待了83岁蒋某。由于年事已高，蒋某不可能提出书面申请，只能是口述，由工作人员予以记录。法律援助中心在接到老人的申请后，进行了审查，83岁的蒋某原系农民，目前无任何经济来源，符合法律援助的条件；蒋某到法律援助中心请求是追索赡养费，属于法律援助的事项范围。但由于老人行动不便，虽然缺少相关手续，比如经济困难证明等，但法律援助中心还是批准了蒋某的申请，为蒋某办理了法律援助手续，并及时为蒋某安排了经验丰富的律师。

代理律师也很负责任，先是找老人的子女做工作，未获成功；然后帮老人起诉到法院追要赡养费。在法庭审理过程中，几个子女逐步认识到自身错误后，有悔改的意思表示，及时提出调解请求。在法官的主持下，老人的子女就老人的赡养问题达成了协议，最终解决了老人的生活，及医疗费用的分担问题。

【思考与练习】

1. 结合实例阐述申请办理法律援助的程序。

2. 申请人申请法律援助时需提交哪些材料?

3. 结合实例阐述刑事法律援助的对象及申请的时间。

4. 请结合实例阐述受援人的权利和义务。

5. 根据下列情境材料,为当事人办理法律援助的相关手续。

【情境材料1】迷途少年

2009年3月16日凌晨5时左右,浑身酒味的孟某乘坐崔某的出租车行至丰台区右安门外开阳里小区时无故将崔某划伤,后又将路过的见义勇为大学生王某扎伤,后孟某被警察带走。

孟某5岁时,父母离异,母亲离开,父亲外出打工,其自幼与爷爷奶奶一起生活,在姑姑、叔叔家吃"大家饭"长大。17岁的孟某来到北京找父亲,父亲与继母对他都很好,但是只限于不加节制地给他花钱,却忽视了他的感情需求,无所事事的孟某迷恋上了网吧。其父不满其每天出入网吧,在一次管教他的过程中踢了他两脚,孟某赌气离家出走。

漫无目的地在街上游荡了一天后,孟某来到表姐家,和5个朋友一起喝酒,酒后心情不好,觉得上天对他不公,就想找人打架。离开表姐家后,孟某拦了一辆出租车,随便说了个地方让司机送他过去。到达目的地后,孟某下车后没付款就走了,原本打算只要司机一说话或者向他要回车费,他就打这个司机,出乎他意料的是司机没理他,直接开车离开。没找到泄气机会的孟某又拦了一辆出租车,要求司机崔某送他去火车站,到火车站后,又借故等人,让崔某等了将近半个小时后说不等了,要回去。崔某要求其支付车费,孟某拔出随身携带的水果刀将崔某的右侧脖子划伤,崔某打开车门向路人求救,适逢大学生王某路过,王某与崔某一起制伏了孟某。在制伏过程中,孟某的刀子又先后将崔某的右手割伤,捅了王某的肋骨两刀,后被赶来的治安民警带走。根据《刑法》第17条第1、3款、第293条第1项,孟某随意殴打他人,情节恶劣,构成了寻衅滋事罪,被检察机关提起公诉,崔某对孟某提起了刑事附带民事诉讼。孟某的父亲得知这一消息后是手足无措,经人指点到区法律援助中心寻求帮助。

请问:孟某可否获得法律援助?如何为孟某办理法律援助手续?

相关法律：

《刑法》第17条　已满16周岁的人犯罪，应当负刑事责任。

已满14周岁不满16周岁的人，犯故意杀人、故意伤害致人重伤或者死亡、强奸、抢劫、贩卖毒品、放火、爆炸、投毒罪的，应当负刑事责任。

已满14周岁不满18周岁的人犯罪，应当从轻或者减轻处罚。

因不满16周岁不予刑事处罚的，责令他的家长或者监护人加以管教；在必要的时候，也可以由政府收容教养。

第293条　有下列寻衅滋事行为之一，破坏社会秩序的，处5年以下有期徒刑、拘役或者管制：

（一）随意殴打他人，情节恶劣的；

（二）追逐、拦截、辱骂他人，情节恶劣的；

（三）强拿硬要或者任意损毁、占用公私财物，情节严重的；

（四）在公共场所起哄闹事，造成公共场所秩序严重混乱的。

《未成年人保护法》第54条　对违法犯罪的未成年人，实行教育、感化、挽救的方针，坚持教育为主、惩罚为辅的原则。对违法犯罪的未成年人，应当依法从轻、减轻或者免除处罚。

【情境材料2】

陈某，女，汉族，安徽省人，1999年10月陈某经人介绍与病退职工文某相识，2000年4月20日结婚，第二年11月生育一女孩。文某有重男轻女的封建思想，因陈某生的是女孩，便时常找机会对陈某殴打和谩骂，对女儿也是如此。为了保护自己和女儿的合法权益，陈某曾于2003年11月起诉到法院要求离婚。后经法官调解和好结案。但是文某并不珍惜二人的此次机会，反而变本加利，动辄对陈某进行打骂，不让陈某吃饭和在家居住。对女儿，文某也不尽家庭义务，特别是最近几年来，女儿上学和生活费用近万元都是陈某替别人擦皮鞋挣钱支付的。2009年6月份始，陈某被赶出门，不得已，求助于当地派出所，当民警到达现场后，文某仍拒不开门接受处理。于是陈某只得借钱在外租房居住。为了维护自己和女儿的合法权益，在他人的指点下，陈某于2009年9月6日来到×市×区法律援助中心寻求帮助。该法援中心主任指派你来接待陈某，你该如何办理？

参考文献

[1] 张祖明. 基层法律服务制度与实务[M]. 上海：华东理工大学出版社,2000.

[2] 马建荣. 基层法律服务[M]. 北京：中国政法大学出版社,2010.

[3] 盛永彬，刘树桥. 人民调解实务[M]. 北京：中国政法大学出版社,2010.

[4] 王红梅. 民间纠纷调解[M]. 北京：清华大学出版社. 武汉：华中理工大学出版社,2011.

[5] 范愉. 纠纷解决的理论与实践[M]. 北京：清华大学出版社,2007.

[6] 刘最跃. 人民调解原理与实务[M]. 长沙：湖南人民出版社,2008.

[7] 罗纳德S克雷比尔，爱丽丝·费雷泽·埃文斯，罗伯特A埃文斯，等. 冲突调解的技巧（上、下册）[M]. 长沙：南京大学出版社,2011.

[8] 张晓秦，刘玉民. 调解要点与技巧[M]. 北京：中国民主法制出版社,2009.

[9] 范愉，刘臻荣，连艳. 物业纠纷调解与实务[M]. 北京：清华大学出版社,2012.

[10] 于丽娜，聂成涛. 社区矛盾纠纷化解机制[M]. 北京：中国社会出版社,2010.

[11] 苏州市平江区司法局. 社区调解百案精选[M]. 北京：中国社会出版社,2011.

[12] 何兵. 和谐社会与纠纷解决机制[M]. 北京：北京大学出版社 2007.

[13] 宋朝武. 调解立法研究[M]. 北京：中国政法大学出版社,2008.

[14] 尹力. 中国调解机制研究[M]. 北京：知识产权出版社,2009.

[15] 傅郁林. 农村基层法律服务研究[M]. 北京：中国政法大学出版社,2006.

[16] 宋才发，刘玉民. 调解要点与技巧总论[M]. 北京：人民法院出版社,2007.

[17] 朱深远. 诉讼调解实务技能[M]. 北京：人民法院出版社,2013.

[18] 张世平. 矛盾纠纷调解中语言表达与技巧[OL]. 载新浪博客[2010-02-19]. http://blog. si-na. com. cn/tbjw.

[19] 沈杰. 谈物业小区区分所有权及相邻关系纠纷的司法救济[OL]. 载福建顺昌法院网[2010-02-19]. http://www. fjsccourt. org/public/detail.

[20] 傅郁林. 中国基层法律服务情况考察报告[OL]. 载中国民商法律网[2004-10-22]. http://www. civillaw. com. cn/Article/default. asp?id=18661.

[21] 刘书燃. "东方之花"：走向法制现代化的争艳?：对传统调解与现代民事诉讼的合与分的反思[OL]. 载北京大学法律信息网. http://article. chinalawinfo. com/Article_Detail. asp?ArticleId.

[22] 赵辉. 如何做好法律咨询工作[OL]. 载中国法律援助网[2010-08-18]. http://www. chinalegalaid. gov. cn/China_legalaid/content/2010-08/11/content.

[23] 第九章　社区矛盾纠纷及其化解[OL]. 载百度文库[2012-03-09]. http:// http://wenku. baidu. com/view/, krhkka.

[24] 何菲. 社区调解——城市社区的整合机制[OL]. 载中国知网硕士论文库. http://www. cnki. net.

[25] 何昭义. 浅谈调解经验方法[OL]. 载中国法院网[2008-12-23]. http://www. chinacourt. org/article/detail/2008/12/id/337880. shtml.

[26] zhichi. 纠纷调解的基本方法[OL]. 载华律网[2011-04-22]. http://www. 66law. cn/topic2010/jftjff/75463. shtml.

[27] 孙志华. 人民调解工作的方法与技巧[OL]. 载百度文库[2011-04-01]. http://wenku. baidu. com/, cdled003.

参考文献

致　谢

　　本书由唐素林总体设计、统稿和定稿。其中由唐素林负责第一编第一至六章、第二编第一、二章及第三编第一至三章的编写，王玲负责第二编第三至五章的编写，刘跃新提供了诸多生动的案例及点评。

　　在本书写作过程中，得到了北京政法职业学院社会法律工作系主任孟德花教授、张书颖教授的关心和帮助，还得到知识产权出版社于晓菲女士的大力支持，在此一并致以谢忱！我的先生黄涛律师在日常生活中分担了大量家务，给予诸多帮助，表示感激！对在此书形成过程中提供帮助的赵丽媛、王玉杰及其他同学表示感谢！最后，对北京市职业院校教师素质提高工程给予的资助和便利表示感谢！

　　本书在编写过程中，参考和借鉴了部分已有的研究成果和相关数据、资料。我们尽量在引文和参考文献中予以说明，在此也表示感谢！如果有疏漏，也请谅解！同时，因编者水平有限，本书的不足之处在所难免，恳求广大读者批评指正。

唐素林

2014年7月16日

于丰益花园